Bernard Minier, né en 1960, originaire de Béziers, a grandi au pied des Pyrénées. *Glacé* (2011), son premier ouvrage, a reçu le Prix du meilleur roman francophone du Festival Polar de Cognac et figure dans la liste des 100 meilleurs polars depuis 1945 du *Sunday Times*. Son adaptation en série télévisée par Gaumont Télévision a été diffusée en 2017 sur M6 puis sur Netflix. Après *Le Cercle* (2012), *N'éteins pas la lumière* (2014), *Une putain d'histoire* (2015, Prix du meilleur roman francophone du Festival Polar de Cognac), *Nuit* (2017), *Sœurs* (2018), *M, le bord de l'abîme* (2019), *La Vallée* (2020) et *La Chasse* (2021), il a publié en 2022 *Lucia*, en 2023 *Un œil dans la nuit* et *Les Effacées* en 2024. En 2024 paraît également chez Pocket un recueil de nouvelles inédit, *Les Chats et 14 histoires mystérieuses diaboliques cruelles*. Son dernier ouvrage, *H*, a paru en 2025.

Bernard Minier est considéré aujourd'hui dans toute l'Europe comme l'un des maîtres du thriller. Ses romans, traduits en 28 langues, sont tous publiés aux Éditions XO et repris chez Pocket.

Retrouvez toute l'actualité de l'auteur sur :
www.bernard-minier.com
www.facebook.com/bernard.minier

ÉGALEMENT CHEZ POCKET

Glacé

Le Cercle

N'éteins pas la lumière

Une putain d'histoire

Nuit

Sœurs

M, le bord de l'abîme

La Vallée

La Chasse

Un œil dans la nuit

Les Chats et 14 histoires mystérieuses diaboliques cruelles

H

Lucia

1. Lucia
2. Les Effacées

H

BERNARD MINIER

H

XO ÉDITIONS

ISBN : 978-2-266-35762-3
Dépôt légal : mars 2026

AVERTISSEMENT

Si ce roman semble par moments inspiré de la plus célèbre affaire judiciaire qui ait défrayé la chronique toulousaine à la fin du siècle dernier et au début de celui-ci – une affaire qui s'efface petit à petit de la mémoire collective mais pas de celle des familles des victimes, une affaire dont les nombreuses zones d'ombre et les sidérants mystères n'ont toujours pas été levés, une affaire qui a donné lieu, avec la complicité de certains journalistes peu regardants, à la plus rocambolesque et nauséabonde chasse aux sorcières qu'on ait vue dans l'histoire criminelle de ce pays –, ce roman n'en est que le reflet très lointain et imaginaire.

Car ceci est une fiction – et rien qu'une fiction. Aussi, toute ressemblance avec des personnes et des situations réelles, y compris relevant de l'affaire en question, est à exclure.

Extrait de *La Dépêche* du 28 juillet 2022 :

« LE TUEUR EN SÉRIE JULIAN HIRTMANN TOUJOURS INTROUVABLE

« Depuis son évasion de l'unité médicale de la prison de Leoben en Autriche, le tueur en série suisse Julian Alois Hirtmann est introuvable. A-t-il quitté l'Autriche ? Est-il retourné en Suisse, ou bien se trouve-t-il ailleurs en Europe ou dans le monde ? Suspecté du rapt et du meurtre d'une quarantaine de femmes dans son pays mais aussi en Autriche, en Bavière, dans le nord de l'Italie et dans les Alpes françaises et condamné pour plusieurs de ces meurtres, l'ancien procureur du tribunal de Genève s'était évadé une première fois de l'institut psychiatrique Wargnier situé dans les Pyrénées, près de la ville de Saint-Martin-de-Comminges, il y a maintenant quatorze ans, avant d'être mis hors d'état de nuire au terme d'une longue traque. Le mois dernier, il est parvenu à s'évader une nouvelle fois après avoir simulé un problème cardiaque. Depuis, il s'est évanoui dans la nature et une notice rouge a été émise par Interpol. Aux dernières nouvelles […]. »

Extrait de *Fakt* (Pologne) du 1er juillet 2022 :

« HIRTMANN APERÇU EN POLOGNE ?

« Plusieurs étudiants de l'université Adam-Mickiewicz de Poznań affirment qu'ils ont aperçu le célèbre tueur en série suisse Julian Hirtmann se promenant sur la place du Vieux-Marché et assis en terrasse rue Woźna alors qu'ils déambulaient en ville mardi soir. Les jeunes gens ont tenu à préciser qu'ils n'avaient pas encore bu une goutte d'alcool à ce moment-là, et qu'il ne s'agissait absolument pas d'une mauvaise blague. Ils l'ont reconnu, soutiennent-ils, grâce aux nombreuses chaînes de *true crime* qu'ils regardent sur Internet. »

Extrait de *La Garonne* du 7 juillet 2022 :

« JULIAN HIRTMANN AURAIT ÉTÉ VU SUR UN VOL MUNICH-TOULOUSE

« Le passager d'un vol Lufthansa Munich-Toulouse est convaincu qu'il était assis ce jeudi 30 juin à côté du tueur en série suisse Julian Hirtmann recherché par toutes les polices d'Europe. Selon lui, l'homme n'a pas prononcé un mot de tout le vol, même pour répondre à l'hôtesse. Il a passé son temps à lire un livre dont le passager a pu apercevoir le titre : il s'agit de *Glacé*, un roman policier à succès. Il portait une casquette et des lunettes, mais le passager l'a formellement reconnu. Un témoignage d'autant plus troublant si l'on se souvient que c'est un membre de la police toulousaine qui a permis l'arrestation d'Hirtmann en Autriche en 2017. »

Extrait de *La Dépêche* du 3 octobre 2022 :

« QUI S'EN EST PRIS À HILMA ET NIKLAS EIDINGER ?

« Le 29 septembre dernier, alertée par un fermier du voisinage, la gendarmerie de Bagnères-de-Luchon découvrait au petit matin une scène d'horreur dans un chalet de la vallée du Lys loué par un couple de touristes allemands : le chiot du couple pendu à la rambarde de la terrasse et le mari gisant dans une chambre au milieu d'une mare de sang, le bébé bien vivant dans son lit à barreaux. La jeune femme, elle, avait disparu. Hilma et Niklas Eidinger sont deux touristes venus de la Sarre, ce Land limitrophe de la frontière franco-allemande, pour randonner dans les Pyrénées. Ils se sont mariés l'an passé. »

Extrait de *La Garonne* du 14 novembre 2022 :

« DISPARITION DE NOÉMIE COLIN À SAINT-GAUDENS

« Jeudi dernier, Noémie Colin, dix-sept ans, en terminale au lycée de Bagatelle à Saint-Gaudens, rentrait à pied à son domicile après les cours. Il était environ 17 heures quand elle a été vue pour la dernière fois marchant le long de l'avenue François-Mitterrand en compagnie d'autres élèves, qu'elle a quittés à la hauteur de la rue du Docteur-Olle. Ensuite, plus rien. Plus aucune trace, plus de nouvelles : Noémie Colin s'est évaporée. On ne peut imaginer dans quelle angoisse vivent ses parents. De l'avis de tous, Noémie Colin est une jeune fille sans histoires, appréciée de ses camarades de classe comme de ses professeurs. Une fugue est à exclure, selon les parents. Que s'est-il passé ce jeudi de novembre à la sortie du lycée de Saint-Gaudens ? Quelle mauvaise rencontre Noémie a-t-elle faite ? Bien entendu, *La Garonne* vous tiendra au courant des progrès de l'enquête. »

de couple perdu [illegible] le mari [illegible] dans une chambre au milieu d'une nuit [illegible] bien vivant dans [illegible]
[illegible]
mes [illegible] ? »

Extrait de *La Germaine* du 14 novembre [illegible]

DISPARITION [illegible]

Jeudi dernier, [illegible] au lycée de [illegible] [illegible] Plus aucune trace [illegible] [illegible]

PREMIÈRE PARTIE

L'induction a posteriori *aurait conduit la phrénologie à admettre comme principe primitif et inné de l'action humaine un je-ne-sais-quoi paradoxal ; que nous nommerons* perversité, *faute d'un terme plus caractéristique. Dans le sens que j'y attache, c'est, en réalité, un mobile sans mobile, un motif non motivé. Sous son influence, nous agissons sans but intelligible ; ou, si cela apparaît comme une contradiction dans les termes, nous pouvons modifier la proposition jusqu'à dire que, sous son influence, nous agissons par la raison que* nous ne le devrions pas. *En théorie, il ne peut pas y avoir de raison plus déraisonnable : mais, en fait, il n'y en a pas de plus forte.*

Edgar Allan POE,
Le Démon de la perversité

Dois-je demander comment finira ce monde, ou comment a débuté cet enfer ?

ADONIS, *Zócalo*

CHAPITRE 1

Les mots

« Cher commandant,

Mon nom est Emmanuel Sachs. Peut-être vous dit-il quelque chose. J'aimerais vous rencontrer et vous entretenir d'un sujet qui vous intéresse au plus haut point, et sur lequel je crois avoir des informations inédites. Je veux parler de Julian Hirtmann. Je suis votre travail d'enquêteur depuis des années, je collectionne tous les articles que la presse écrite vous a consacrés. Ayant moi-même accordé pas mal d'interviews, je sais combien nos propos peuvent être déformés.

Quand je dis que j'ai des informations nouvelles, je suis persuadé que vous les trouverez du plus haut intérêt. Nous sommes quelques-uns à vouloir tout autant que vous découvrir où Hirtmann se cache. En ce qui me concerne, la raison en est simple : le 13 avril 2003, près du lieu-dit Les Gravières, dans les Hautes-Alpes, ma sœur Camille, vingt ans, a été enlevée, violée et tuée par ce monstre et son corps abandonné sur les rives du Drac Noir. Il a été condamné pour ce crime. Un acte qui n'est pour lui qu'un parmi une longue série d'actes semblables, mais dont, vous le comprendrez, je ne me suis jamais complètement relevé. Aussi, l'idée qu'il soit de nouveau libre m'est insupportable. J'ai l'intention d'écrire un livre, c'est mon métier, mais j'ai aussi la ferme intention de retrouver Hirtmann. D'ailleurs, nous pensons qu'un certain nombre de disparitions ces derniers mois dans le Sud-Ouest sont liées à son retour dans la région. Cette présence du Suisse n'est pas attestée par la police, mais nous avons des méthodes d'investigation un peu différentes, dont je vous parlerai le moment venu, des méthodes qui nous ont menés à des conclusions également différentes.

Cher commandant, je sais tout de vous ou presque. Je sais que vous êtes né le 31 décembre 1968, que vous êtes quelqu'un de prudent, de coriace et de flegmatique. Bref, quelqu'un de sérieux, à qui on peut se fier. Peut-être un peu ennuyeux sur les bords, c'est possible… Vous avez une cicatrice sur la poitrine, vestige de la balle qui vous a traversé le cœur et vous a plongé dans le coma en 2017. On vous a aussi recousu le pouce de la main gauche, après qu'il a été presque arraché par un porc au mois de juin dernier dans les circonstances terribles que l'on sait et qui ont vu la mort de votre équipier. Toutes mes condoléances, à propos. Vous avez une passion pour la musique de Mahler, que vous partagez avec Hirtmann. S'agissant de ce dernier, vous êtes sans doute – avec moi – l'homme qui le connaît le mieux.

À la suite de son évasion en juin, vous avez été placé en congé temporaire, et votre famille et vous-même mis en sécurité dans un lieu tenu secret.

Rencontrons-nous. Nous avons beaucoup de choses à nous dire, et je suis certain de pouvoir vous aider.

Bien à vous,

Emmanuel Sachs. »

Il resta un long moment à regarder le message. Il se terminait par l'adresse postale de l'auteur.

Servaz réfléchit.

Sachs disait tantôt « je », tantôt « nous ». Qui était ce « nous » ? Le mail avait été envoyé à 4 h 15 du matin. Qui envoyait des messages à une heure pareille ? Et comment diable l'écrivain avait-il obtenu son adresse électronique ? Il sentit le rouge de la colère lui monter aux joues : de quel droit ce Sachs s'immisçait-il dans sa vie privée ?

Il réduisit la fenêtre de sa messagerie, entra « Emmanuel Sachs » dans Google, obtint plusieurs dizaines de pages de résultats. Les photos montraient un homme dans la quarantaine au visage singulier : bouche large, sourire de guingois, lunettes à fine monture, yeux bleus. Un visage juvénile mais des cheveux gris. Servaz alla directement à la page Wikipédia :

> https://fr.wikipedia.org>wiki>Emmanuel Sachs
> « Emmanuel Sachs, né le 21 juin 1976 à Paris, écrivain, journaliste, critique de cinéma, chroniqueur judiciaire, voyageur, poète, essayiste et scénariste français. Il se fait connaître en 2003 avec *Trois vies*, son premier roman, qui reçoit le prix Octobre. Auteur d'une vingtaine d'ouvrages mêlant réalité et fiction, création et essai, il est l'un des pionniers de ce qu'on appelle dans les pays anglo-saxons “*creative non-fiction*” et en France “littérature du réel”. Il écrit aussi pour le cinéma et couvre pour la presse des procès médiatisés, dont certains lui fournissent la matière de ses livres. »

Servaz alla se faire couler un café dans la cuisine-véranda. Il était seul dans la maison des bois, celle qu'on leur avait dénichée à Léa, Gustav et lui après l'évasion de Julian Hirtmann, moins pour les mettre à l'abri que pour les soustraire à la curiosité de la presse et du public : Gustav était parti pour son collège et Léa pour l'hôpital (elle avait refusé d'en changer).

Quant à lui, depuis qu'on l'avait mis en congé temporaire, tout était bon pour meubler ses journées. Il marcha jusqu'à la chaîne hi-fi, mit un vinyle sur la platine : *Symphonie n° 5* en *do* dièse mineur de Gustav Mahler. Lorsque les cuivres retentirent et que les premières mesures de la marche funèbre se firent entendre, il revint aux pages consacrées à Emmanuel Sachs sur la Toile. Il y en avait un paquet. Aussi se contenta-t-il de survoler les premières, s'attachant à cerner la personnalité de l'écrivain.

L'écriture de celui-ci était qualifiée d'« hybride, à mi-chemin entre la fiction et le témoignage », mais aussi d'« une clarté et d'une limpidité exemplaires », « mêlant expérience intérieure et enquête, faisant la part belle au reportage, à la biographie, au journal intime, et même au poème », « animée par la volonté de comprendre et d'éclairer ». Quelques critiques lui reprochaient « une compulsion à se mettre en scène », « une tendance à oublier son sujet ». D'autres saluaient au contraire « la puissance, la finesse des analyses, la profondeur de l'érudition » et l'inscrivaient dans la lignée des Kessel, Cendrars, du Truman Capote de *De sang-froid*, du Gide de *Souvenirs de la cour d'assises*, de Virginia Woolf. Servaz les avait tous lus. Mais il n'avait jamais lu Sachs. Il était peu porté sur les auteurs contemporains, préférant attendre que la postérité ait fait son tri. Il se souvenait en revanche d'avoir aperçu un de ses livres entre les mains de Léa, mais il ne se rappelait plus ni le titre ni dans quelles circonstances. N'importe comment, l'auteur figurait régulièrement sur la liste des best-sellers. Servaz crut cependant lire entre les lignes que ça n'était plus arrivé depuis quelque temps.

Peut-être était-ce pour cette raison que l'écrivain avait décidé de se tourner vers le *true crime*…

Peut-être qu'il était sincère quand il parlait de sa sœur. Ou peut-être qu'il voulait surfer sur la vague pour renouer avec le succès.

Car le *true crime* était partout désormais : dans les livres, sur les chaînes de la TNT et de YouTube comme sur les plateformes de streaming. Cette fascination pour le fait divers n'était pas nouvelle. Quand il était gamin, des vieux messieurs achetaient dans les maisons de la presse des magazines sur les couvertures desquels des femmes hurlaient de terreur. Aujourd'hui, avec l'avènement des podcasts et de Netflix, la passion pour les enquêtes criminelles avait pris des proportions que Servaz jugeait extravagantes.

Il s'apprêtait à décliner l'invitation – si le gars avait des infos, il devrait montrer un peu son jeu avant de pouvoir s'asseoir à la table, mais le flic pensait que c'était du bluff – quand le téléphone fixe sonna sur le petit bureau en bois. Servaz regarda le numéro qui s'affichait. Inconnu. Comme souvent ces derniers temps lorsque le téléphone sonnait, il fut instantanément sur la défensive.

— Commandant ?

À l'autre bout du fil, la voix était à peine plus qu'un murmure. Elle ne lui était pas familière.

— Qui est à l'appareil ?

— Emmanuel Sachs.

Il se raidit.

Il n'aimait pas qu'on lui forçât la main. Il n'aimait pas ceux qui réclament votre attention et ne vous laissent pas en paix tant qu'ils ne l'ont pas obtenue.

Il en avait croisé un certain nombre dans sa carrière, de ces individus qui pensent que ce qu'ils ont à dire est plus important que tout le reste.

— Comment avez-vous eu mon numéro ?

Il eut conscience de la sécheresse de son ton. Mais il n'avait pas l'intention de prendre des gants, écrivain célèbre ou pas.

— Détendez-vous, commandant. Je vous expliquerai ça quand nous nous verrons.

La voix était douce, presque féminine, un peu nasillarde. Servaz soupira :

— Écoutez, Sachs. Ça n'arrivera pas. Je ne sais pas quelles sont vos intentions, mais la mienne n'est pas de répondre à votre invitation. Peut-être que pour vous il s'agit d'une affaire personnelle, que vous avez l'habitude qu'on vous dise oui, mais vous perdez votre temps : je ne suis pas votre homme.

Le silence au bout du fil dura assez longtemps pour créer en lui une attente, et il se dit que c'était exactement ce que Sachs recherchait.

— Commandant, je suis persuadé du contraire. Je vous offre une occasion unique. Je vous assure que nous avons des informations *très convaincantes*. Vous en jugerez par vous-même. Ne me dites pas que vous ne souhaitez pas retrouver Julian Hirtmann…

— Ce « nous », c'est qui ?

— Je vous le dirai quand on se verra.

Il soupira de plus belle. L'homme lui tapait sur les nerfs avec son assurance à toute épreuve.

— C'est non, Sachs, n'insistez pas.

— Je pense que votre cerveau cherche à éviter tout ce qui pourrait vous conduire à vous confronter à Julian Hirtmann, mais tôt ou tard il vous faudra vous rendre à l'évidence : tant qu'il est là-dehors, vous et les vôtres ne serez pas en sécurité.

— Vous n'êtes pas dans mon cerveau, Sachs ! lança-t-il, exaspéré. Au revoir.

Il allait raccrocher quand il entendit l'écrivain prendre une inspiration, comme quelqu'un qui remplit ses poumons avant de s'élancer.

— Je vous connais mieux que vous ne croyez, commandant. Et si les infos que je détiens sur Julian Hirtmann ne vous intéressent pas, *peut-être celles concernant votre compagne, Léa Delambre, vous intéresseront-elles*.

Servaz se figea. Il sentit son cœur lui manquer.

— Qu'est-ce que vous avez dit ?

Sa voix était aussi râpeuse qu'une lime à bois.

— Que j'ai aussi des infos concernant votre amie, Léa Delambre. Je pense que vous méritez de connaître certaines choses à son sujet qui m'ont été communiquées de manière disons… *fortuite*. Certaines choses que, à l'évidence, vous ignorez. Certaines choses qui pourraient ne pas vous plaire.

Cette fois, Sachs avait raccroché.

CHAPITRE 2

À rebours

13 décembre 2022, 15 heures, col de l'Ours, Haute-Garonne. Altitude : 1 725 mètres. Température : 5 degrés en dessous de zéro. Ciel dégagé, bon ensoleillement, vent de secteur nord.

Au sortir du dernier tunnel, Servaz aperçut le grand chalet.

Là-bas, sur la pente verglacée.

Une construction massive en pierre, bois et ardoise typiquement montagnarde, dressée à une centaine de mètres de la falaise. En contrebas de celle-ci, sur sa gauche, la vallée et, au loin, les toits serrés de Saint-Martin-de-Comminges, au milieu de toute cette blancheur qui l'aveuglait.

Il ne décolérait pas, mais il avait paradoxalement retrouvé son sang-froid. Ce n'était pas dans ses habitudes de réagir de la sorte ; il faut croire que l'écrivain avait touché une corde sensible. Ou que, depuis les événements de l'été dernier, il était moins capable de se raisonner. Il se demandait d'où Sachs connaissait l'existence de Léa, quelles informations l'écrivain détenait sur elle. Et comment il les avait obtenues.

Il avait cependant hésité à prendre la route. Il avait continué de sonder la réputation numérique de l'écrivain.

Un homme qui aimait la lumière, qui aimait faire l'actualité, qui côtoyait aussi bien les puissants que les humbles. Sur le chemin, il avait tenté de le rappeler, mais il était chaque fois tombé sur la messagerie.

Un dernier virage et il se gara au pied de la grande terrasse maçonnée qui surplombait la chaussée. Coupant le moteur, il alluma une cigarette et prit le temps de la fumer en scrutant le chalet. Sachs était là, ou du moins *quelqu'un* était là : il y avait une Jeep Wrangler garée trois mètres plus loin.

Je pense que vous méritez de connaître certaines choses à son sujet qui m'ont été communiquées de manière disons... fortuite.

Léa. Pour la centième fois, il revit le moment où elle avait franchi la porte de l'appartement en juin dernier, retour d'Afrique[1]. Elle gardait de son séjour de deux ans en République du Congo un hâle qui faisait ressortir ses yeux verts et ses cheveux fauves. Elle portait un jean clair, un gilet vieux rose sur un débardeur écru : il n'avait rien oublié de ce moment. Belle, incontestablement. Seulement il y avait une ombre au tableau, une ombre interposée entre cette beauté et lui, une ombre qui l'empêchait d'aimer cette beauté comme naguère il l'avait aimée. Qui la rendait même *cruelle*. Car elle avait perdu son innocence à ses yeux – et c'est le genre de chose qu'on ne retrouve jamais complètement, quoi qu'on fasse.

En avait-elle conscience ? Il était persuadé que oui.

Le Congo...

Il était là – entre Léa et lui – depuis que celle-ci était rentrée de sa mission humanitaire. Depuis qu'elle lui

1. Voir *Un œil dans la nuit*, XO Éditions et Pocket.

avait déclaré dès les premiers instants : « J'ai quelque chose à te dire. »

Il avait eu envie de la faire taire. Il savait ce qui allait venir, il s'y était préparé. Trop de photos en ligne où on les voyait ensemble, le jeune toubib et elle, avec derrière eux des couchers de soleil rouge sang sur ce qu'il supposait être la savane. Y avait-il de la savane au Congo ? Des crépuscules à la *Out of Africa*. Tous ces clichés où se mêlaient aventure et romance, toute cette panoplie hollywoodienne si éloignée de la réalité. Il aurait préféré ne rien savoir. Mais trop tard. Elle était lancée. Elle aussi avait dû préparer ce qu'elle allait lui dire, choisir ses mots, se les répéter, en éliminer certains.

Elle avait besoin de les dire.

Il avait jugé ce besoin égoïste.

Elle lui avait assuré que l'autre était sorti de sa vie, que ça avait été une « passade », une « erreur » : c'étaient ses mots. Là encore, elle avait dû les sélectionner parmi plusieurs autres : « Aventure » ? « Liaison » ? « Trahison » ? Non, elle n'avait certainement pas pensé à « trahison ». Pourtant, la trahison était là – et avec elle la morsure. Douloureuse.

Parce que avec les mots étaient venues les images.

Une en particulier : Léa dans les bras du jeune toubib. Servaz avait cherché le profil de celui-ci sur Instagram. Il n'aurait pas dû. Cela avait rendu l'image encore plus précise.

Il revit aussi le moment *avant* : quand, quelques heures plus tôt, il avait appris que Julian Hirtmann s'était évadé de la prison autrichienne de Leoben. Et alors qu'il attendait Léa d'une minute à l'autre, on avait sonné à la porte de l'appartement.

Il avait senti son pouls s'accélérer, quelque chose remuer dans son ventre.

Léa ou bien le Suisse ? Ou l'équipe de protection ?

Dès qu'il avait su pour Hirtmann, il avait demandé une protection policière – moins pour lui que pour Gustav –, mais, en ce soir de juin, elle tardait à arriver. Et son fils qui dormait dans sa chambre, au fond de l'appartement. La main tremblante, il avait ouvert la porte, tandis que, de l'autre, il tenait le flingue.

Quand, plus tard, l'équipe de protection avait débarqué, on les avait invités, Léa, Gustav et lui, à plier bagage. On les conduisait en lieu sûr. Quant à lui, il serait en congé jusqu'à nouvel ordre. Décision de la direction. Il avait eu envie de refuser, de leur dire qu'ils ne pouvaient l'y forcer, mais il avait pensé à son fils. On était au début de l'été : Léa et lui auraient tout le temps de lui trouver un nouveau collège. Un endroit où on ne saurait pas qui était son père, où aucun élève ne ferait courir des rumeurs sur son compte.

En descendant de voiture au pied de la terrasse, il constata qu'il y avait au moins dix degrés d'écart avec là d'où il venait.

Il progressa lentement sur la pellicule de glace qui recouvrait la chaussée, enjamba la congère d'un demi-mètre de haut qui longeait les fondations de la terrasse et gravit les marches de celle-ci. La porte d'entrée du chalet s'ouvrit.

Sachs apparut.

Même visage juvénile, mêmes cheveux grisonnants que sur les photos. Un détail cependant n'apparaissait pas sur celles-ci : son corps était celui d'un adolescent. L'écrivain tenait la forme. Il portait un pull bleu moulant sur son torse élancé, un jean sur ses hanches étroites et avait aux pieds de solides chaussures pour la neige et la caillasse.

Sachs le regarda approcher à la manière d'un chasseur de papillons qui a repéré un beau spécimen. Servaz lut de la prudence, de la curiosité, de la malice dans ses yeux.

— Bonjour, commandant. (Un sourire plein de chaleur, son souffle transformé en vapeur dans l'air froid.) C'est ce qu'on appelle une *rencontre au sommet*.

Servaz sentit la fureur revenir. Il n'était pas monté jusqu'ici pour faire assaut d'humour et de politesse.

— Sachs, commença-t-il d'une voix vibrante, je ne sais pas pour qui vous *vous* prenez, ni pour qui vous *me* prenez, mais vous allez me fournir une explication !

Il se rendit compte que les rafales de vent emportaient la moitié de ses paroles.

— C'est bien ce que je compte faire, répondit l'écrivain.

— Vraiment ? Je vous écoute. Un conseil, allez droit au but.

Sachs continua de le dévisager.

— Si vous le permettez, commandant, dit-il avec un calme parfait, il fait froid. Je vous donne ma parole que vous aurez bientôt toutes les réponses à vos questions. Et vous verrez qu'il n'y avait aucune mauvaise intention de ma part. Voulez-vous entrer ? S'il vous plaît…

Il fallait lui reconnaître ça : il émanait de l'écrivain une forme de décontraction qui devait désamorcer plus d'un conflit, bien que la colère n'eût pas déserté Servaz.

Sachs fit volte-face et le flic lui emboîta le pas. Ils pénétrèrent dans un vaste séjour cathédrale qui était conforme à l'image qu'on se fait d'un « intérieur d'écrivain » : des rayonnages de livres sur toute la longueur de la pièce, des lambris en bois blond et de solides meubles en chêne, des tapis bigarrés, des souvenirs de voyages en nombre – masques africains, statuettes égyptiennes, grecques –, des lampes, gravures, aquarelles, deux canapés en cuir qui se faisaient face et une table basse entre eux, près d'un poêle au design contemporain. D'autres livres s'empilaient dans un savant désordre sur les fauteuils et les guéridons.

Trois fenêtres à petits carreaux donnaient sur les cimes blanches. L'hiver était là. Cette année, des conditions d'enneigement extrêmes isolaient les vallées pyrénéennes du reste du monde.

Sachs désigna un des canapés. Il disparut et revint presque aussitôt avec une cafetière italienne et des tasses en porcelaine sur un plateau, les disposa sur la table basse. Servaz s'assit sans ôter son manteau.

— Accouchez, Sachs : d'où connaissez-vous Léa ?

Sa voix n'avait rien perdu de sa rugosité.

— Je ne la connais pas, répondit l'écrivain en remplissant les tasses. En tout cas, pas personnellement.

Servaz lui lança un regard sévère. L'écrivain prit place dans le second canapé, sa tasse à la main.

— Et vous, est-ce que vous la connaissez vraiment ? Est-ce qu'elle ne s'absente pas souvent depuis qu'elle est rentrée d'Afrique ? Est-ce qu'elle a changé ?

Servaz tressaillit comme un boxeur qui venait de recevoir un coup qu'il n'avait pas vu venir. Il eut envie de sauter à la gorge de l'insolent.

— En quoi ça vous regarde ? demanda-t-il d'un ton grinçant.

— Qu'est-ce que vous savez d'elle ? de sa famille ?

Pas grand-chose en vérité. Léa avait toujours esquivé ces questions. Il savait que ses parents vivaient dans le nord de la France, qu'ils étaient à la retraite. Mais il ne les avait jamais rencontrés.

— Bon, fit Sachs, se penchant pour poser sa tasse, je n'irai pas par quatre chemins. Ne croyez pas que je joue un jeu avec vous, commandant. Ce n'est pas du tout mon intention. Les informations que j'ai me sont parvenues *accidentellement*. Indirectement, en quelque sorte. Les voici : pendant sa mission au Congo, votre compagne était, semble-t-il, *très proche* d'un médecin qui travaillait pour la même ONG…

Servaz sentit sa gorge se nouer. Il s'enfonça dans son siège, comme pour mettre de la distance entre eux.

— Ce… toubib, poursuivit Sachs sans quitter le flic des yeux, est rentré en France quelques semaines avant Léa, et il s'est installé dans la région de Toulouse avec femme et enfant, alors qu'avant de partir en mission, il habitait en banlieue parisienne. Voilà ce que je peux vous dire. Est-ce que vous le saviez ?

Servaz sentit un grand froid l'envahir. Rien ne l'avait préparé à ça.

— Comment… comment vous savez ça ? D'où est-ce que vous la connaissez ?

— Je vous l'ai dit, je ne la connais pas.

— Alors comment vous savez tout ça, bordel ?

Il avait presque crié. Il eut la sensation que sa température corporelle avait chuté. Qu'il faisait aussi froid en lui que dehors. À travers ses lunettes, Sachs planta de nouveau son regard dans le sien :

— Vous avez déjà entendu parler de *web sleuthing* ?

CHAPITRE 3

Eaux profondes

— Venez, dit l'écrivain.

Il se leva, le conduisit à l'étage : une pièce sous les combles, après une mezzanine. Un cabinet de travail qui était sans doute l'endroit où Sachs écrivait, avec comme en bas, des rayonnages sur toute la longueur des murs supportant dossiers, chemises cartonnées, épais classeurs, revues, volumes en tous genres : cela allait – Servaz le constata en jetant un rapide coup d'œil – de romans russes aux ouvrages du style *La Science à la poursuite du crime* ou *Les Secrets du darknet*, en passant par dictionnaires et manuels. S'il régnait un ordre ici, il ne sautait pas aux yeux.

Une petite fenêtre taillée dans l'épaisseur du mur, devant laquelle pendait une guirlande de stalactites de glace, et, sur un bureau, un grand écran de PC incurvé – Servaz n'y connaissait rien, sans quoi il aurait reconnu un Samsung Odyssey Ark de 55 pouces avec dalle VA et rétroéclairage –, lui-même divisé en une douzaine d'écrans plus petits.

Sachs s'assit dans un fauteuil de *gamer* qui faisait face à l'écran, tournant le dos à Servaz. Sous le bureau, câbles et multiprises rampaient. Il se dit que Sachs devait s'adonner aux jeux vidéo à ses heures perdues.

Cependant, ce qui jaillissait des écrans évoquait moins l'univers du jeu qu'une régie de télévision : des visages en gros plan, communiquant visiblement entre eux mais le son était coupé, des échanges sur des forums, des images de rubans d'autoroutes et de rues capturées par des caméras de surveillance, des portraits de criminels devant la toise, et aussi des chiffres et des données défilant à grande vitesse.

— Le *Web sleuthing*, répéta Sachs en montrant les écrans. Le mot vient de *sleuth*, « détective » en anglais, et de « Web » : en gros, des milliers d'enquêteurs en herbe, des communautés de *nerds* littéralement obsédés par les faits divers, le *true crime* et les *cold cases*, s'unissent pour résoudre des affaires criminelles non élucidées… Des Sherlock Holmes du dimanche, mais qui ne sont pas bridés par la loi et qui « travaillent » jour et nuit. Imaginez que vous ayez à votre disposition non pas dix ou vingt enquêteurs, mais plusieurs centaines, tous ultra-motivés et répartis aux quatre coins de la planète. Et qui ont à leur service le plus gigantesque gisement d'informations de toute l'histoire de l'humanité, une source quasi infinie de renseignements sur tout et tout le monde : Internet. C'est ça le *web sleuthing*… Aux États-Unis, il a déjà permis de résoudre des affaires là où les flics avaient renoncé depuis longtemps. Vous avez entendu parler de Luka Rocco Magnotta ?

Servaz secoua la tête.

— Quel rapport avec Léa ? voulut-il savoir d'un ton rogue.

— J'y viens… D'abord, laissez-moi vous dire que c'est à regret que j'ai découvert ces informations sur votre compagne, commandant, reprit l'écrivain. J'insiste. En fait, ce n'est même pas moi mais un des geeks de la communauté qui est tombé dessus. Ces gamins – car la plupart sont à peine plus que des gosses – sont hyper doués pour faire remonter des infos du fin fond du Net, même certaines parfois très… *personnelles.*

Il montra quelques-uns des visages qui s'encadraient sur les sous-écrans divisant le grand panneau lumineux. Tous ou presque étaient jeunes.

— C'est vrai que je leur ai demandé de s'intéresser à vous, à tout ce qui vous concernait, et croyez-moi, quand ils se mettent au travail, ils ne font pas semblant. Désolé pour ça – mais ça faisait des semaines que je réfléchissais à la manière de vous aborder et de vous convaincre de vous joindre à nous. Le hic, c'est quand ils ont commencé à s'intéresser à votre… hum… entourage. Comme d'habitude, ils ont fourré leur nez partout, et c'est là qu'ils ont trouvé des photos de Léa avec ce médecin en Afrique, des photos où ils avaient l'air… euh, disons très complices… Ça a attiré leur attention, forcément. Alors ils sont allés fureter dans le compte Instagram du toubib et dans ses autres réseaux sociaux. Ils ont passé à la loupe ses activités, ses déplacements, tout…

— Attendez, l'interrompit Servaz, comment ont-ils fait pour suivre ses déplacements ?

Sachs haussa les épaules.

— Je vous l'ai dit, ils sont très doués. Imaginez que, tout à coup, cent personnes ou mille s'intéressent à vous, braquent leurs projecteurs sur tous les aspects de votre existence… À votre avis, combien de temps leur faudra-t-il pour tomber sur des choses que vous n'avez pas envie de voir s'ébruiter ? Ils ont d'abord étudié toutes les photos qu'il avait postées récemment, où il apparaissait avec son fils, sa femme, au bord de la piscine de sa maison, dans son salon avec des amis… Les gens ont tort de livrer leur vie en pâture de la sorte. Quand une photo est prise avec un appareil numérique, elle peut contenir beaucoup d'informations cachées, des métadonnées telles que l'appareil utilisé, la date, l'heure, mais aussi les coordonnées GPS de l'endroit où la photo a été prise. Si vous n'y prenez pas garde, vous pouvez indiquer au monde entier l'endroit où vous vivez et livrer un tas d'autres informations personnelles. On appelle ça des données EXIF. Bon, de toute façon, les réseaux sociaux les effacent avant publication. À l'inverse, il existe des sites web qui vous fournissent la localisation exacte de la photo à partir de ces mêmes données. Ils ont ensuite utilisé PimEyes, un site de reconnaissance faciale qui permet de retrouver à partir d'une seule image toutes les autres images d'une personne présentes sur Internet. Ils l'ont aussi tracé à l'aide de Strava.

— Strava ?

— Une application qui enregistre des données sportives, qui met en relation des coureurs à pied, des cyclistes et des randonneurs. Elle a déjà donné lieu à plusieurs polémiques : des militaires américains en Syrie et des Français de l'opération *Barkhane* ont été tracés grâce à Strava, et même des chefs d'État. Bref, c'est comme ça qu'on a pu le localiser : il habite aujourd'hui à Toulouse, dans le quartier Purpan, dans le secteur de l'hôpital, donc. *C'est bien là que Léa travaille ?*

Servaz sursauta.

— Espèce de salopard, j'ai bien envie de vous coffrer pour atteinte à la vie privée !

Sachs fit pivoter son siège. Il leva les yeux pour fixer Servaz.

— Je vous présente toutes mes excuses, commandant. Elles sont sincères. Je comprends votre colère. À votre place, je réagirais de la même façon. Ces gamins sont allés trop loin, c'est certain. Je leur ai d'ailleurs dit de laisser tomber toutes ces recherches.

— Qu'est-ce qui me prouve que vous dites la vérité ?

— Rien.

— Et Hirtmann ?

Sachs se retourna vers les écrans.

— Je ne vous ai pas menti en disant que nous avions des informations inédites le concernant, des informations *du plus haut intérêt*...

Il avait laissé les quatre derniers mots en suspens. Comme un appât dissimulant un hameçon.

Mais Servaz n'était pas encore prêt à se laisser ferrer, pas si facilement – même si sa curiosité croissait exponentiellement.

— Nous avons des infos qui nous autorisent à penser qu'il est dans la région, compléta l'écrivain. Des infos sérieuses. Plus que des infos, je dirais : *des preuves.*

Il pianota sur le clavier.

— Bon, fit-il, il est temps que je vous présente la crème de la crème des *web sleuths*. Je l'ai surnommée le « Club des Inénarrables Enquêteurs ». Car, parmi nos membres, il y en a quatre qui sortent tout particulièrement du lot. Oh oui. Ou plutôt quatre et demi, car ils sont cinq, mais deux d'entre eux ne font qu'un. Vous allez vite comprendre...

Le Club des Inénarrables Enquêteurs... Pas franchement original de la part d'un écrivain, songea Servaz. Puis sa pensée dériva vers Léa. Il n'arrivait pas à admettre qu'elle lui eût menti.

Ah bon ? Et ce qu'il s'est passé au Congo alors, tu appelles ça comment ?

Un dernier visage s'imposa à lui : un visage qui avait longtemps hanté ses nuits, avant de s'effacer pour n'être plus qu'un halo au fond des couloirs du palais de sa mémoire, mais qui était revenu – selon Sachs et sa bande de geeks perfusés au *true crime*. Et désormais il était plus que jamais présent dans son esprit.

Charismatique. Intelligent. Effrayant.

L'homme le plus dangereux qu'il eût rencontré.

Julian Hirtmann.

CHAPITRE 4

Le signe des quatre

[Lisa et Louise] : des jumelles. Blondes. Servaz leur donnait à peine vingt ans. Regard gris acier insondable et faible sourire. Elles maintenaient une distance proche de l'hostilité.

[John Doe] : grand, même assis. La trentaine. Une tignasse ébouriffée. Des yeux globuleux. Une face chevaline.

[Révérend Powell] : la soixantaine. Costume-cravate à fines rayures et pochette assortie à la cravate. Ancien banquier d'affaires, selon Sachs. Regard bleu d'une intensité blessante.

[Anton Chigurh] : un gamin, comme les jumelles. Des cheveux blonds et rebelles dépassant d'un bonnet de laine, sweat à capuche. Une barbiche teinte en mauve. Un million d'abonnés sur sa chaîne YouTube.

— Je vous présente le Club des Inénarrables Enquêteurs, déclara l'écrivain solennellement. Bien entendu, nous utilisons des alter ego numériques pour dissimuler nos identités réelles quand nous sommes sur les forums. Le groupe compte plus de six cents membres. Quelqu'un pourrait très bien l'infiltrer avec de mauvaises intentions. C'est pour cette raison que nous avons créé ce groupe privé sur Telegram qui ne compte que six membres, et peut-être bientôt sept… si vous acceptez de le rejoindre, ajouta-t-il avec un sourire de commis voyageur. Lisa et Louise sont les prénoms des jumelles de *Shining*, John Doe est une référence à *Seven*, évidemment, le révérend Powell, c'est le personnage interprété par Robert Mitchum dans *La Nuit du chasseur*, et Anton Chigurh le terrifiant méchant de *No Country for Old Men*. Mon alias est Dupin, tout simplement.

Servaz ne souriait pas. Il n'était pas particulièrement cinéphile. Et il se sentait piégé. Tout le monde le matait comme s'il était une foutue célébrité. L'espace d'un instant, il se demanda s'il n'allait pas prendre ses cliques et ses claques et laisser ces *nerds* à leurs obsessions. Mais Sachs lui avait promis des informations sur Hirtmann.

— Asseyez-vous, commandant, s'il vous plaît, dit l'écrivain en lui montrant un autre fauteuil à roulettes.

Il hésita. Après tout, puisqu'il était arrivé jusque-là, autant écouter ce qu'ils avaient à lui dire.

— Chacun ici a son affaire préférée, commença Sachs comme s'il animait un club de lecture. Pour Lisa et Louise, c'est celle du « fantôme d'Heilbronn », qui est aussi appelé « la tueuse sans visage ». N'est-ce pas, Lisa ?

Lisa sourit à l'écran.

— C'est vrai. Il faut dire que c'est une affaire incroyable.

Les jumelles échangèrent un regard.

— Pendant quinze ans, celle qu'on a appelée « le fantôme d'Heilbronn » a nargué toutes les polices dans au moins trois pays différents[1]. L'histoire commence

1. Affaires authentiques.

le 26 mai 1993 à Idar-Oberstein, en Rhénanie, quand une retraitée, Lieselotte Schlenger, est retrouvée à son domicile étranglée avec du fil de fer. La police relève plusieurs traces d'un ADN, l'analyse révèle qu'il s'agit d'un ADN féminin inconnu.

— Huit ans plus tard et à quatre cents kilomètres de là, enchaîna sa jumelle, à Fribourg, un brocanteur est sauvagement assassiné, étranglé, crâne défoncé. Le même ADN est retrouvé sur la scène de crime. Toujours la même année, un enfant se blesse avec une seringue contenant des résidus d'héroïne dans une forêt près de Gerolstein. Là encore, l'ADN de la mystérieuse inconnue est isolé. Les enquêteurs en déduisent que la tueuse est une junkie qui a besoin d'argent.

Servaz cherchait une différence entre les jumelles, n'en trouva pas, ni sur leurs traits ni dans leurs attitudes.

— L'ADN de « la tueuse sans visage » est retrouvé au fil des ans sur plusieurs dizaines de scènes de crime en Allemagne, mais aussi en France et en Autriche, reprit la première. Cambriolages, braquages à main armée, tentatives d'homicides : la liste s'allonge, les années passent et la tueuse demeure introuvable. On dirait même qu'elle se joue de la police. Un important groupe d'enquêteurs est alors constitué. Puis les crimes de sang s'arrêtent brutalement. La tueuse ne semble plus se livrer qu'à des cambriolages sans violence, qui ne rapportent que des sommes dérisoires. Jusqu'en 2007…

Louise ou Lisa se tourna vers sa sœur jumelle.

— Ce jour-là, deux jeunes policiers en tenue déjeunent dans leur voiture quand ils sont abattus d'une balle dans la tête. Ils n'ont même pas eu le temps de sortir leur arme de service. Et devinez quel ADN est relevé sur les lieux ? Puis l'affaire se corse quand trois Géorgiens victimes d'un règlement de comptes mafieux sont repêchés par des plongeurs de la police : deux d'entre eux ont été tués par arme à feu, le troisième étranglé. Encore une fois, l'ADN de la tueuse fantôme est sur les lieux ! Comme il sera présent peu de temps après sur le cadavre d'une infirmière assassinée dans les bois aux environs d'Heilbronn – où la peur se répand dans la population.

— Et ce n'est pas fini, enchaîna sa sœur. Le 28 septembre 2008, plus de quinze ans après le premier crime, une bagarre éclate dans une discothèque, au cours de laquelle un Serbe est mortellement blessé. On relève l'ADN de la tueuse sur les doigts de la victime, or aucune femme n'était présente sur les lieux.

— Certains enquêteurs émettent l'hypothèse d'une tueuse transsexuelle, expliqua Lisa ou Louise, mais d'autres commencent à douter sérieusement de son existence et pensent plutôt à une contamination des prélèvements. Mais comment expliquer qu'autant de prélèvements soient pollués par le même ADN à des centaines de kilomètres de distance, dans différents pays et pendant tant d'années ? Le mystérieux ADN a fini par être identifié : c'était celui d'une employée suisse de l'entreprise qui fabriquait les écouvillons servant aux prélèvements, et qui fournissait des services de police aussi bien en Allemagne qu'en Autriche et en France.

Les sœurs jumelles sourirent comme si elles venaient de lui jouer un bon tour. Les autres participants aussi souriaient, à l'exception de Servaz.

— Merveilleux ! s'exclama celui qui se faisait appeler John Doe, mais pas autant que l'affaire Pierre Bodein, dit « Pierrot le fou », qui a été entendu par près d'une centaine de psychiatres et dont les talents de comédien ont réussi à tromper la quasi-totalité d'entre eux et des médecins auxquels il a été présenté. Il est même parvenu à simuler une paralysie des jambes… avant de recouvrer subitement l'usage de celles-ci et de s'évader par une fenêtre ! Bodein a notamment été reconnu coupable d'avoir tué et mutilé une fillette, une ado et une femme de trente-huit ans, et d'avoir violé les deux premières. À l'intérieur de sa caravane, on a retrouvé un dessin de l'appareil génital féminin.

Dans la pièce où il se tenait, les stores étaient baissés et, dans la pénombre zébrée, les yeux de John Doe brillaient.

— Écoutez…, commença Servaz, agacé.

— Paul Bernardo et Karla Homolka, les « Ken et Barbie du Mal », s'écria à son tour le gamin au bonnet de laine. Jeunes, beaux, blonds, superficiels : il voulait devenir milliardaire, elle était sataniste ! Il voulait des esclaves sexuelles, elle les lui trouvait par amour. Et ils enregistraient les viols sur cassettes vidéo. La première fois qu'il lui a révélé avoir déjà violé trois femmes, elle a répondu « c'est cool » et ils se sont mariés. Quand il a voulu violer la petite sœur de Karla, cette dernière l'a droguée et a filmé le viol, mais la séance a mal tourné et la gosse est morte. Une autre fois, ils ont ramené chez eux une ado de quinze ans et l'ont torturée non-stop pendant quatre jours. Il l'a violée, a uriné sur elle et l'a forcée à manger ses propres cheveux, que Karla coupait. Paul Bernardo, c'est l'incarnation du Mal, c'est…

— Stop ! s'écria Servaz. C'est bon. Je croyais qu'on était là pour parler d'Hirtmann ?

Il regarda Sachs. L'écrivain fit un geste :

— Le commandant Servaz a raison. Je sais que vous avez hâte de lui poser tout un tas de questions, mais je voudrais qu'on commence par lui expliquer pourquoi on est persuadés que le Suisse est dans la région, d'accord ? Qui s'y colle ?

— Moi, dit l'ancien banquier en costard-cravate, mince sourire aux lèvres.

Servaz trouva qu'il ressemblait à un homme d'affaires qui s'apprête à savourer un repas fin dans un restaurant gastronomique. Il était peut-être convaincu d'agir pour le bien commun, mais sa conviction ne s'en doublait pas moins d'une curiosité morbide et d'une forme de voyeurisme. Le retraité présenta devant la caméra une coupure de presse rédigée dans une langue que Servaz ne reconnut pas. La photo, elle, ne laissait pas de doute quant au sujet de l'article : un portrait en noir et blanc de Julian Hirtmann.

— C'est un article extrait d'un tabloïd polonais, *Fakt*, datant du 1er juillet, expliqua le faux révérend. Des étudiants auraient aperçu le Suisse le 28 juin dans la ville de Poznań. Ils affirment l'avoir reconnu grâce aux *true crimes* qu'ils ont l'habitude de regarder : l'un d'eux parlait du Suisse. Ils se sont empressés de partager leur découverte sur les réseaux sociaux, et le journal a repris l'info.

Des étudiants en goguette, sans doute avec quelques grammes d'alcool dans le sang, songea Servaz.

— En raison de sa proximité, de sa facilité d'accès et du réseau d'autoroutes, l'Autriche est une des destinations de vacances préférées des habitants de Poznań. Après son évasion, Hirtmann a très bien pu se faire prendre en voiture par quelqu'un qui rentrait au pays.

— D'accord… Et comment passez-vous de cet article polonais à l'affirmation qu'Hirtmann est ici ? voulut-il savoir.

Ce fut une des jumelles qui reprit le flambeau :

— Selon un des membres de notre communauté qui habite Poznań et qui prend régulièrement l'avion, certains matins l'aéroport Henryk-Wienawski est une vraie passoire. Il est presque désert et il y a très peu de personnel. Personne ne vérifie vos documents avant que vous embarquiez : vous vous contentez de déposer vos affaires sur le tapis, de les passer dans le tunnel et de les récupérer de l'autre côté. Personne ne se soucie de vous. Vos bagages sont contrôlés, mais pas votre passeport ni votre billet. La sécurité dans cet aéroport, c'est une blague. À la limite, vous pouvez très bien monter dans l'avion sans document d'identité pour peu que vous trouviez une place à bord.

Sachs avait affiché une carte de l'Europe dans le coin supérieur droit de l'écran. Pologne, Allemagne, Pays-Bas, Belgique, France, Luxembourg, Suisse, Autriche.

— Une fois à bord, poursuivit Louise ou Lisa, vous êtes entré dans ce gigantesque hub interconnecté que sont les aéroports européens et vous pouvez facilement passer d'un pays à l'autre. Il y a mieux : mettons que, de Poznań, vous preniez un vol Lufthansa pour Munich. (Servaz vit le petit symbole d'un avion se déplacer sur l'écran, en décrivant une courbe de l'ouest de la Pologne jusqu'à la capitale de la Bavière.) À Munich, pour un passager en correspondance, il n'y a pas plus de vérification des documents d'identité qu'à Poznań : rien que des portillons automatiques. Que vous franchissez avec votre téléphone pour prendre l'avion suivant. *Pas le moindre contrôle humain.* Et vous pouvez embarquer pour n'importe quelle destination desservie depuis Munich…

Le gamin au bonnet exhiba à son tour un article de *La Garonne* :

— Or, il se trouve qu'un passager du vol Munich-Toulouse du 30 juin affirme qu'Hirtmann était assis à côté de lui dans l'avion. Les étudiants ont donc aperçu le Suisse à Poznań le mardi soir, et le passager du vol Munich-Toulouse l'a vu le jeudi suivant. Naturellement, des dizaines d'autres personnes ont affirmé avoir vu le Suisse ici ou là depuis qu'il s'est fait la belle, mais c'est la seule fois où on a deux témoignages qui concordent dans le temps.

— Mais pas dans l'espace, fit remarquer Servaz, toujours aussi sceptique.

Il se demanda cependant pourquoi, à l'hôtel de police, personne n'avait pris la peine de vérifier les caméras de surveillance de l'aéroport suite à la publication de cette information dans la presse régionale. Sans doute parce que l'évasion du Suisse avait été médiatisée un peu partout en Europe, que des dizaines d'émissions télé et d'articles lui avaient été consacrés depuis et que, par la force des choses, des tonnes de signalements étaient arrivés dans les services de police. Un tas de gens, sincères ou non, qui prétendaient avoir vu Hirtmann. Résultat, une flopée de vérifications à effectuer et pas assez de temps ni de moyens humains pour le faire, surtout si l'on considérait que de *vraies* affaires occupaient déjà les services.

— Quand on a appris ça, continua l'une des jumelles en replaçant une mèche de cheveux derrière son oreille, on a demandé à un membre de la communauté qui habite sur place d'interroger les chauffeurs de taxi toulousains. Ça n'a rien donné jusqu'à présent. Mais il continue de chercher. Ils sont plusieurs centaines dans la ville.

— On a aussi recensé près de deux mille entreprises de transport dans toute la Haute-Garonne, ajouta sa sœur. Et puis, il a pu prendre le bus, monter dans la voiture d'un particulier…

Lisa et Louise : même leurs voix étaient étonnamment semblables, et plutôt graves pour des jeunes femmes de leur âge, avec, nota Servaz, une pointe d'accent. Il n'en revenait pas. Ils avaient travaillé comme de *vrais* flics l'auraient fait.

— D'accord, dit-il en se tournant vers Sachs. Donc, tout ce que vous avez, c'est des étudiants en Pologne et un vague témoin dans un avion ?

— Pas si vague, le reprit Sachs.

— Ah bon ?

— On a retrouvé l'homme. Et on l'a interrogé. Et devinez quoi ?

Servaz attendit la réponse. Il vit que, sur l'écran, les membres du groupe souriaient.

— Ce type, c'est le témoin idéal, poursuivit l'écrivain. Tenez-vous bien, il est physionomiste à l'entrée d'un casino de la région : c'est lui qui repère les clients interdits de jeu, les mineurs, les fraudeurs. Il a l'œil pour ça. On peut se fier à lui.

— Et il n'en a pas parlé à la police ?

— Il affirme avoir appelé l'hôtel de police et avoir eu un interlocuteur mais, apparemment, ça n'a débouché sur rien.

— On a tout vérifié, dit une des jumelles, ses antécédents, son métier. On a même réussi à interroger un de ses employeurs. Le bonhomme est hyper fiable. Un vrai pro.

Servaz sentit qu'il avait la gorge sèche. Ces gens-là avaient obtenu plus de résultats que la police avec moins de moyens techniques, mais en partant d'une hypothèse de départ que la police de Toulouse n'avait peut-être pas suffisamment prise au sérieux : celle que le témoignage de ce passager fût plus fiable que les dizaines d'autres qu'elle avait reçus.

— Je ne sais pas vous, commandant, intervint Sachs, mais de notre côté, nous sommes à présent convaincus qu'Hirtmann n'est pas loin. Il est même probable que, sans que vous le sachiez, *il se soit approché de vous*. Qu'il vous ait observés, scrutés, épiés : *vous, votre compagne et votre fils*. Même si on vous a mis en sécurité dans un lieu tenu secret et même si on vous a éloignés de la presse et des curieux, il n'est pas si difficile que ça de retrouver votre trace, ne serait-ce qu'en pistant votre compagne à la fin de ses journées à l'hôpital.

Servaz songea que c'était exactement l'argument qu'il avait avancé – en vain – quand Léa avait refusé de changer ses habitudes et d'établissement.

— Et Hirtmann sait se fondre dans la foule. Il a toujours su se glisser dans la vie des autres à leur insu. Invisible mais proche, silencieux mais présent. Se nourrissant de leur existence, s'en imprégnant, absorbant chaque détail, chaque habitude de ses proies, attendant le moment idéal pour frapper. Il se grise de sa toute-puissance comme de son anonymat. Seulement, vous le savez aussi bien que moi : *il n'agit jamais sans raison*.

Servaz déglutit. Un courant électrique dans sa nuque. Sans prêter attention aux regards posés sur lui, il se massa les tempes, où une veine battait sous la peau. Sachs ne le quittait pas des yeux. Pas plus que Lisa et Louise et que les trois autres membres du Club des Inénarrables Enquêteurs.

Il leva les yeux vers la petite fenêtre, considéra le ciel en train de virer au noir au-dessus des sommets enneigés.

— Hirtmann est à vos trousses, commandant, continua Sachs sans paraître remarquer son trouble, et il est malin. Il n'est pas loin. Il est tout près. Vous ne le voyez pas, mais lui vous voit. Il attend son heure. La question, c'est : pour quoi faire ? Quelles sont ses intentions ? *Pourquoi est-il revenu ?*

CHAPITRE 5

Abattoir 5

— Il y a autre chose.

Servaz regardait par la fenêtre le ciel sombre, les montagnes, le paysage gris, sans couleurs. Il pensa au chemin du retour, mais c'était devenu secondaire.

— Allez-y, dit-il. Je vous écoute.

Sachs pivota vers l'écran et les aficionados du *true crime*. Il eut un imperceptible hochement de tête à leur intention.

— On s'est dit que, depuis qu'il est en liberté, Hirtmann n'est sans doute pas resté inactif, commença l'une des jumelles.

Louise, c'était Louise, croyait-il se souvenir. Louise qui avait, tatouée sur la paupière inférieure gauche, une toute petite étoile de mer que n'avait pas sa sœur.

— Alors, enchaîna Lisa, en supposant que c'est bien lui qui a été aperçu à Poznań et à l'aéroport de Toulouse-Blagnac, on a commencé à chercher de potentielles victimes en Pologne et dans le Sud-Ouest. À Munich, il n'a pas eu le temps de quitter l'aéroport.

Une pensée effleura Servaz : si on oubliait le fait qu'elles étaient blondes et que le Suisse préférait les brunes, les jumelles avaient l'âge et le profil de ses victimes.

— Daniela Janowski, une étudiante polonaise : son cadavre est découvert dans sa chambre sous les toits à quelques dizaines de mètres de la basilique de Poznań. Elle a été aperçue pour la dernière fois la nuit précédant sa mort au Pacha Poznań, une discothèque du centre-ville, près de la place du Vieux-Marché. On l'a trouvée morte sur son lit, déguisée en ce qu'on suppose être Marie-Madeleine – c'est le nom complet de l'église voisine : Notre-Dame-du-Perpétuel-Secours, Sainte-Marie-Madeleine-et-Saint-Stanislas –, le matin du 30 juin. D'après un de nos contacts dans la presse polonaise, la chambre de l'étudiante était presque entièrement remplie de projections sanglantes, du sol au plafond. Elle a reçu plus de soixante-dix coups de couteau, dont un très profond dans la gorge, à hauteur du larynx et des muscles vocaux, lui ôtant la faculté de crier et noyant ses poumons dans son sang. Il y avait du sang artériel partout dans la chambre, sauf à un endroit sur le mur, préservé des giclées. La police pense qu'il y avait là, tout près du mur, un objet qui a fait écran aux projections : une caméra ou un appareil photo sur un trépied.

— Et ils ont retrouvé un DVD parmi les affaires de Daniela. Qui regarde encore des DVD de nos jours ? Bien sûr, ils n'ont pas trouvé de lecteur dans la chambre. Ils pensent par conséquent que c'est un indice laissé volontairement par le tueur, car le film sur le DVD était *Peeping Tom.*

— *Peeping Tom* ? répéta Servaz.

— *Le Voyeur* en français, précisa Sachs. Un film maudit, réhabilité sur le tard par quelques grands cinéastes comme Scorsese ou De Palma, qui raconte l'histoire d'un jeune homme solitaire, opérateur de cinéma, qui tue des femmes et les filme pour saisir leur ultime expression avant qu'elles meurent.

Oui, c'était bien dans le style d'Hirtmann, ce genre de jeu pseudo-intellectuel, songea-t-il.

— Étonnamment, reprit Louise, la police n'a pas fait le rapprochement avec le témoignage des étudiants qui affirment avoir vu Hirtmann dans les rues de la vieille ville deux jours plus tôt. Sans doute parce qu'ils ont jugé ce témoignage peu fiable. Cependant, si on part du principe que celui-ci comme celui du passager du vol Munich-Toulouse sont recevables, cela voudrait dire qu'Hirtmann a tué l'étudiante polonaise dans la nuit de mercredi à jeudi, sans doute après avoir fait sa connaissance au Pacha Poznań, et qu'il a tranquillement pris l'avion à peine quelques heures plus tard.

Servaz fronça les sourcils. À supposer que ce soit vrai, comment Hirtmann avait-il fait pour quitter la chambre de l'étudiante sans une tache de sang ? Avait-il revêtu une combinaison ? Dans ce cas, où s'en était-il débarrassé ? Probablement dans une poubelle à proximité. Et où était-il descendu ? Dans un hôtel en ville ?

Un deuxième visage succéda au premier. Une jeune femme, brune elle aussi, de longs cils sombres encadrant des yeux clairs magnifiques, telles des fenêtres ouvertes sur un paysage intérieur.

— Nadia El Madani, vingt-six ans, infirmière à l'hôpital d'Auch. Mère célibataire. Elle laisse un petit garçon de quatre ans et une fillette de sept. Aperçue pour la dernière fois en train de charger ses courses sur le parking d'un supermarché début octobre. Depuis, plus aucune trace. Son téléphone a été retrouvé près de son véhicule.

Le troisième portrait était celui d'une adolescente sur le point d'entrer dans l'âge adulte.

— Noémie Colin, dix-sept ans, disparue en novembre alors qu'elle rentrait de son lycée à Saint-Gaudens. Elle dit au revoir à ses camarades à moins de six cents mètres de chez elle. En plein après-midi. Après ça, personne ne l'a revue. Comme si elle avait été avalée par le sol. D'après ses parents, elle n'est pas du genre à fuguer. Son téléphone cesse d'émettre peu après 17 heures, heure à laquelle elle a été vue pour la dernière fois.

Le gamin au bonnet prit la parole :

— Il y a aussi un couple de touristes allemands, Hilma et Niklas Eidinger, elle disparue, lui trouvé mort dans leur chalet de location de la vallée du Lys, à environ dix kilomètres au sud de Bagnères-de-Luchon, avec leur bébé encore vivant à côté de lui et le chiot du couple pendu par le cou à la rambarde de la terrasse.

— Une minute. Quel est le rapport avec les deux autres ? s'étonna-t-il. Pourquoi les ranger parmi les victimes d'Hirtmann ? Ça ne lui ressemble pas du tout.

— Parce que la femme a le profil, dit Louise. Brune, cheveux longs, jolie, la trentaine… Et à cause du timing et de la zone géographique : ils ont été découverts le 29 septembre dernier.

— Hirtmann ne s'en est jamais pris à des enfants, fit observer Servaz en pensant, pendant qu'il parlait, au bébé qu'on avait épargné. Et, à ma connaissance, il ne s'en est jamais pris non plus à des animaux ou à des familles. Pourquoi le chien ?

— Pour le neutraliser… Peut-être qu'il avait peur que le clebs donne l'alerte… Il attire le chiot, l'étrangle avec une corde, entre pour violer la femme et se fait surprendre par le mari.

Il secoua la tête :

— Non, ça ne colle pas. Hirtmann est froid, méthodique. Il étudie longuement ses proies, sauf celles qu'il rencontre par hasard dans des circonstances qui les rendent vulnérables. Sur la route, par exemple, à l'époque où les filles faisaient encore du stop. Auquel cas il pouvait agir en prédateur opportuniste. Mais il n'aurait certainement pas pris le risque de se faire surprendre par le mari. Et il ne serait pas entré dans ce chalet sans avoir un plan en tête.

— Quelque chose a pu faire foirer son plan, soutint mordicus Louise, visiblement agacée par ses objections.

Plus conciliante, sa sœur hocha la tête. Servaz devina que c'était Louise la « dominante » du binôme gémellaire.

Il compta : trois victimes potentielles et un meurtre en l'espace de trois mois. Plus un autre à Poznań. Il se demanda par où il allait commencer, et s'il allait commencer. Les deux jeunes femmes disparues en octobre et novembre ou le couple du chalet ? Il réfléchit. Ils avaient beau être bons, ils avaient beau avoir abattu un boulot remarquable, il possédait une information dont ils ne disposaient pas.

Une information capitale. Qui changeait tout. Et qu'il n'avait pas l'intention de partager avec eux.

Il se rendit compte que Sachs avait réussi son coup : *il était ferré*.

Il avait avalé l'appât, l'hameçon et la ligne. Mais il en voulait toujours à l'écrivain pour Léa.

— Bien, fit Sachs en joignant les mains, il se fait tard, on va en rester là pour aujourd'hui, si vous le permettez. Merci à tous !

Il repoussa son fauteuil à roulettes, se leva, se dirigea vers la porte du bureau. Une fois en bas, dans le séjour, l'écrivain s'approcha des fenêtres. Il s'était remis à neiger.

— Le temps ne s'améliore pas, dit-il. La route peut être dangereuse quand il neige. La météo annonce que la tempête devrait prendre fin dans quelques heures. Vous pouvez dormir ici si vous voulez. J'ai toujours un lit prêt pour les amis.

— Je rentre, décréta Servaz. Et on n'est pas des amis, Sachs.

— Comme vous voudrez.

Il s'aperçut qu'il n'avait même pas ôté son manteau et qu'il transpirait.

— Vous avez gagné, Sachs, dit-il. Je vais enquêter. Du moins, je vais me renseigner. Mais ne comptez pas sur moi pour faire partie de votre petit groupe. Les gens comme votre bande de détectives amateurs font autant de dégâts qu'ils apportent de solutions. Dès qu'une affaire est médiatisée, ils se précipitent sur place, polluent les scènes de crime, contaminent les zones de recherches, piétinent les indices. Ils accusent sans preuves, balancent des rumeurs, font perdre du temps à la police.

Sachs sourit. Un sourire de chat matois.

— C'est notre drame. La police ne nous prend pas au sérieux, elle ne voit en nous qu'une bande de fêlés, le nez collé à leurs ordinateurs. On verra bien qui trouvera Hirtmann en premier, commandant…

— Je sais à quoi vous pensez : au livre que vous allez écrire, au succès. Mais ces histoires ne sont pas seulement des histoires, Sachs : vous êtes mieux placé que quiconque pour savoir qu'il y a de vraies personnes derrière.

Il s'était fait plus d'une fois la réflexion, ces derniers temps, qu'à force d'être nourri de fictions en séries, en films et en livres le public finissait par devenir perméable aux fables et aux inventions, y compris dans la vie réelle.

La voix de Sachs l'interrompit alors qu'il marchait vers la porte :

— Commandant, il y a quelque chose que je n'ai pas dit au groupe mais que vous devez savoir.

Servaz se retourna. Sachs s'approchait de lui, l'air inquiet.

— Je suis quasiment certain qu'Hirtmann fait partie de notre communauté d'enquêteurs en herbe, déclara l'écrivain, qu'il observe chaque progrès de l'enquête, planqué derrière un faux profil. J'en arrive à me demander si ce n'est pas lui qui est sur nos traces plutôt que l'inverse. C'est pour ça que j'ai créé ce groupe privé. Croyez-moi : *il est là, dans l'ombre*. Invisible, à nous observer, à suivre chacun de nos mouvements. À anticiper le suivant.

— Comment pouvez-vous en être aussi sûr ?

À travers ses lunettes, le regard de l'écrivain étincela.

— Vous n'avez jamais d'intuition, commandant ? Je suis certain que si. Tous les enquêteurs en ont. Quelque chose qui vous dit : je suis sur la bonne voie. Comme une sorte de… *sixième sens*, pardonnez ce cliché.

Servaz soutint le regard de Sachs.

Il savait très exactement à quoi l'écrivain faisait allusion. Oh que oui ! Parce qu'il l'avait en ce moment même, ce fameux sixième sens.

CHAPITRE 6

Contes de pluie et de lune

Il coupa le moteur, regarda les lumières ruisseler par les fenêtres et par la baie vitrée, les vit plaquer des rectangles jaunes sur l'allée. La neige était partie avec la dernière pluie. Des nuages voguaient dans le ciel nocturne, oblitérant la lune. Il eut l'impression de contempler la maison de paille ou la maison de bois des *Trois Petits Cochons* : il suffirait que le loup souffle dessus pour qu'elle s'envole.

En considérant la bâtisse à travers le pare-brise, il songea qu'en matière de déceptions la vie ne vous décevait jamais. On pouvait être assuré qu'elle serait toujours au rendez-vous. La vie comme une garantie invariable de déconvenues : on était déçu par ses proches, par ses amis, par ses collègues. Et d'abord par soi-même, par son propre comportement, par ses ambitions qu'on révisait à la baisse, par les promesses qu'on s'était faites et qu'on ne tenait pas, par notre façon de décevoir les autres, d'avaler des couleuvres, de nous mentir à nous-même. Il y avait fort à parier que, le moment venu, la mort elle-même serait décevante.

Il descendit. Nuit noire. L'allée était éclairée du côté de la maison, entre les arbres, et plongée dans les ténèbres côté route. Le vent d'hiver feulait ; à chaque rafale, on entendait la forêt gémir.

Un œil rouge dans le noir, là-bas.

Cigarette.

L'un des deux gardes venait de s'en allumer une. Ils allaient se relayer toute la nuit, malgré le froid. Et le jour aussi. Quatre équipes. Il se dit que, dans cette obscurité et avec ce vent, n'importe qui aurait pu s'approcher de la maison sans qu'ils s'en aperçoivent. De la pure dissuasion. Mais qui comptaient-ils dissuader avec un dispositif aussi réduit ? Il ne put s'empêcher de penser une fois de plus à ce jour de juin où l'officier de liaison d'Europol l'avait appelé pour l'informer qu'Hirtmann s'était évadé de prison. Et à la peur qui l'avait traversé quelques heures plus tard lorsqu'on avait sonné à la porte.

Il leva la main pour saluer les deux plantons, entra dans la maison. On était le mardi 13 décembre, et il était presque 22 heures.

Pas le moindre mouvement dans le living. Il se demanda si Léa était partie se coucher. Elle n'aurait certainement pas laissé la porte déverrouillée, malgré les gardes. Puis il aperçut le sommet de ses cheveux fauves dépassant du dossier d'un fauteuil, près de la cheminée, accrochant les dernières lueurs du feu.

— Alors, ça y est, tu reprends du service ?

Le ton était neutre mais la voix distante. Il sentit la colère revenir. Il repensa à ce que Sachs avait dit.

— Il est tard, dit-il. Tu ne dors pas ?

Elle se leva, et sa silhouette se détacha de celle du fauteuil. Quand elle se retourna, ses yeux verts captèrent l'éclat des braises, mais ce n'était pas seulement le feu qui les faisait briller.

— Réponds-moi, Martin.

Il ne dit rien.

— Ils ont pu faire sans toi jusqu'à présent, ajouta-t-elle.

— Les choses ont changé, finit-il par dire.

— Qu'est-ce qui a changé ?

— Hirtmann.

Le silence se fit dans la pièce, qu'il choisit de rompre le premier.

— Il est peut-être de retour…

Il la vit se raidir. Elle n'avait pas peur pour elle, ni pour lui. Mais pour Gustav. Après qu'il eut enlevé Marianne et l'eut fait accoucher pendant sa séquestration, le Suisse avait élevé Gustav comme son propre fils, avant de le confier finalement à Servaz, son vrai père. Peut-être était-il revenu pour le reprendre. De son côté, Léa l'avait élevé elle aussi comme le fils d'une autre femme mais comme le sien – *avant de les abandonner tous les deux pour l'Afrique*.

— De retour ? demanda-t-elle.

Il perçut l'inquiétude dans sa voix.

— Ici. Dans la région.

Il devait se faire violence pour prononcer chaque mot. Ce n'était pas facile. *Pas avec ce qu'il savait*.

— J'ai de fortes présomptions, déclara-t-il.

— Comment tu le sais ?

Il eut un geste vague.

— Des gens, des… *enquêteurs amateurs* m'ont fourni des preuves qu'il est revenu.

Elle plissa le front.

— Des quoi… ? Et quand bien même, pourquoi ce serait à toi de le pourchasser ? Ça ne t'a pas suffi, la mort de…

Elle ne dit pas son prénom. Mais il lui en voulut d'avoir été tout près de le faire. *Ne mêle pas Vincent à ça*, pensa-t-il.

— Il est peut-être lié à plusieurs disparitions récentes. Des jeunes femmes…

Elle eut une grimace, qui était à la fois une moue de compréhension et un refus d'entendre l'argument.

— Martin, depuis que je suis rentrée, on a eu de bons moments tous les trois, non ? Je ne veux pas perdre ça… Ce que nous avons réussi à… reconstruire.

Reconstruire ? songea-t-il. Il pensa à Léa allongée sur lui dans leur chambre à coucher, dans le lit *conjugal*, ses seins sur son torse, sa langue et ses mains s'activant de concert ; il pensa au bassin dur de Léa cognant contre le sien, à ses gémissements, à ses mouvements furieux, impérieux, qui exigeaient qu'il l'amène à la jouissance. Et c'est ce qu'il faisait. À cette façon presque douloureuse qu'elle avait de gémir juste avant, comme si elle pleurait. Et il se demanda si l'autre provoquait chez elle *exactement* les mêmes spasmes, la même transe – ou si elle était différente dans ses bras à lui.

— Je te rappelle que c'est toi qui es partie pour l'Afrique, lâcha-t-il d'un ton plus cinglant qu'il n'aurait voulu.

— C'est une revanche, alors ? siffla-t-elle. Tu te venges de ce que je t'ai fait ?

Et de ce que tu me fais encore.

— J'ai peur, Martin. De ce qui pourrait arriver.

— Je ne prendrai aucun risque, cette fois.

— Je ne parle pas de ça, je parle de ces pensées dont tu m'as parlé, de tes cauchemars, de tes idées noires… De ces jours où tu avais l'air d'un zombie. Tu te rappelles ce qu'a dit la psy ?

— Syndrome de stress post-traumatique.

— Et tu crois que tu es guéri ?

Il chercha à se souvenir de quelque chose qu'il avait lu : le concept inverse du SSPT. « Croissance post-traumatique », ça s'appelait. Ou comment, victimes d'événements traumatiques, des individus en venaient à se surpasser. *Ingenium mala saepe movent*, affirmait Ovide : « Le génie est éveillé par le malheur. » Seuls les difficultés et les drames forgeaient le caractère, les anciens le savaient, mais cette sagesse-là avait été perdue. Aujourd'hui, magazines et émissions vous inondaient d'incitations à rechercher le bonheur, le bien-être, la paix de l'âme – et à fuir les épreuves.

— Si je suis guéri ? dit-il. J'en sais rien… Mais je n'ai pas le choix.

— Ça, tu l'as déjà dit. On a toujours le choix.

— Comme de partir ou pas au Congo ?

Il la sentit vaciller sous l'assaut. C'était vicieux, soit. Mais elle l'avait bien cherché.

— Va te faire foutre, Martin ! Je suis rentrée, c'est tout ce qui compte.

Elle parut s'enfoncer en elle-même, le regard tourné vers l'intérieur, puis elle le fixa :

— Il faut que je te parle d'autre chose.

Il se tendit. Le ton était grave. Allait-elle avouer ? Était-il arrivé, le moment de vérité ?

— Gustav…, commença-t-elle.

Il eut l'impression qu'une main glacée lui tordait l'estomac :

— Quoi, Gustav ?

— Je viens de découvrir qu'il s'est créé à notre insu un compte Snapchat sur son téléphone. Il n'est pas le seul dans ce cas : même si les réseaux sociaux sont interdits aux moins de treize ans, il y a un paquet de gosses sur Snapchat et sur TikTok, j'en vois tous les jours à l'hôpital. Et il y a plus grave : il est harcelé. Par d'autres enfants. Il reçoit des messages de haine, et même des menaces de mort.

— Quoi ?

Elle se dirigea vers un meuble, en revint avec l'appareil de Gustav. L'alluma, le lui tendit :

— Je l'ai surpris en train de pleurer dans sa chambre, ce matin, et, à force de gentiment le cuisiner, il m'a montré ça.

Il regarda l'écran du téléphone portable :

TU VAS CREVÉ TOI ET TES PARENTS
PERSONNE NE VEU DE VOUS ICI RETOURNÉ
DOU VOUS VENÉ
ON VA TOUS VOUS CREVÉ

— On sait qui les envoie ? demanda-t-il.

— Non, ils se cachent derrière des pseudos.

— Passe-moi ce téléphone, dit-il, je vais le faire examiner.

Sachs… Léa et son amant… Hirtmann… Les disparues… L'homme massacré dans un chalet… *Et maintenant ça…* Soudain, il l'entendit, la petite musique, celle que le philosophe et musicologue Theodor Adorno avait baptisée « tout est mal qui finit mal » : Gustav Mahler, le finale de la *Sixième Symphonie*. La musique de la défaite.

Ça recommençait.

CHAPITRE 7

Une maison de poupée

Sur la mort, Bogdan Czubek en connaissait un rayon.

Sur le deuil, le chagrin des proches, le professionnalisme – ou non – des flics, le cynisme plus ou moins assumé des employés des pompes funèbres. À trente-huit ans, il était le fondateur et le patron de PMC, Post Mortem Cleaning, une entreprise spécialisée dans le nettoyage après décès qui employait trois personnes, lui, inclus (il l'avait baptisée ainsi parce que, selon lui, les noms anglais, ça claquait davantage).

En d'autres termes, ses deux salariés et lui intervenaient quelques heures après la levée des corps, qu'il s'agît d'une scène de crime, d'un suicide ou d'une mort naturelle dont le cadavre – en général une personne seule et oubliée de tous – avait eu le temps d'entrer en décomposition.

Bogdan n'avait pas choisi cette branche par vocation (personne n'a vocation à côtoyer la mort, à part quelques jeunes gens dont la fascination romantique pour le trépas se joint à la perspective d'une mort suffisamment lointaine pour demeurer abstraite), mais par ambition et sens pratique. Arrivé en France à l'âge de dix-huit ans, il avait eu le choix entre travailler au noir dans le BTP pour une paie dérisoire ou obtenir un vrai salaire assorti d'une fiche de paie dans le secteur des pompes funèbres. Il présentait bien, avait appris le français à l'école, savait montrer à la fois tact et compassion, et il était rapidement devenu le chouchou du patron, lequel lui avait enseigné les ficelles du métier et présenté par la même occasion sa fille, que Bogdan avait épousée pour divorcer deux ans plus tard, quand il avait réalisé qu'elle l'avait trompé dès la nuit de noces et avait continué de le faire.

Bogdan était ambitieux. Un temps, il avait envisagé de monter sa propre entreprise de pompes funèbres, mais la concurrence était rude et le secteur – bien qu'assuré de ne jamais manquer de clients – pas loin d'être saturé. Bogdan était aussi intelligent et observateur. Il lui était apparu qu'un autre secteur en rapport avec la mort manquait cruellement de main-d'œuvre : contrairement aux pays anglo-saxons, la France comptait très peu de professionnels dans le domaine du nettoyage post mortem.

Il avait immédiatement vu le parti qu'il pouvait tirer d'une telle situation, avait suivi une formation en microbiologie et en chimie (dans son métier, on était exposé à toutes sortes de substances pathogènes et on manipulait un grand nombre de produits chimiques), s'était également formé à la gestion des DASRI, les déchets d'activités de soins à risques infectieux, qui faisaient l'objet de procédures très réglementées. Puis il avait démarché les banques, lesquelles avaient accueilli son projet avec la froideur d'un cadavre vieux de deux jours. Seule l'Association pour le droit à l'initiative économique lui avait octroyé un crédit lui permettant d'acquérir son premier matériel. Pas rancunier pour deux sous, et connaissant les infidélités de sa fille, son ex-beau-père avait aussi mis la main à la poche, en tant qu'associé. Recruter d'autres employés et les former n'avait pas non plus été une sinécure. En dehors du fait qu'il s'agissait d'un métier trop pénible pour la majorité des jeunes gens de ce pays, il y avait l'aspect psychologique et émotionnel, et les candidats ne se bousculaient pas. Aussi, dès le départ, Bogdan avait pensé faire appel à une main-d'œuvre étrangère à la fois bon marché et travailleuse – et il savait où la trouver : là d'où il venait, en Pologne.

En quelques années à peine, l'entreprise de Bogdan était devenue l'une des plus florissantes du secteur, réalisant bon an mal an un chiffre d'affaires qui avoisinait le demi-million d'euros. Ce matin-là, PMC avait été appelée par le tribunal judiciaire de Saint-Gaudens, Haute-Garonne, pour nettoyer les traces d'un suicide dans une maison située au-dessus de Saint-Martin-de-Comminges. On lui avait dit que le macchabée vivait seul et qu'il était journaliste. Puis on lui avait donné un nom en même temps qu'une adresse et quelques détails sur le décès : le type s'était pendu à une poutre de son séjour et, comme pour tous les pendus, son corps avait libéré une certaine quantité de ce qu'on appelait pudiquement *fluides biologiques*. En entendant le nom, Bogdan avait réagi, mais il ne s'était pas donné la peine de faire de commentaire.

Quand lui et ses deux employés étaient arrivés sur place ce matin-là, au volant de leur camionnette, un épais brouillard noyait les lieux. On avait l'impression d'être seul au monde dans cette purée de pois, plongé dans un univers sans contours, débarqué sur une planète peuplée de spectres flous.

Cernés par les volutes humides, les trois hommes s'étaient mis au travail, tirant du véhicule brosses, balais, seaux, pulvérisateurs, tests de fluorescence pour analyser la teneur en bactéries de l'air ambiant, et poubelles DASRI pour les objets souillés. Puis ils avaient revêtu leurs combinaisons plastifiées et chiffonnées, trois fois trop grandes, leurs bottes, leurs gants, leurs masques et leurs lunettes protectrices qui les faisaient ressembler à des cosmonautes, et avaient déverrouillé la porte.

Bogdan avait toutefois avalé une goulée d'air humide avant d'entrer. Non à cause des odeurs nauséabondes qui les attendaient à l'intérieur, mais à cause du syndrome de Diogène.

Trop fréquemment à son goût, les personnes seules dont ils effaçaient le passage sur terre avaient sombré avant de clamser dans l'insalubrité et l'accumulation compulsive, qu'on désignait paradoxalement sous le joli terme de syllogomanie. La réalité était infiniment moins jolie. Il ne redoutait rien tant que de trouver un logement rempli à ras bord de sacs en plastique, d'ordures et d'autres écœurants souvenirs qu'il leur faudrait non seulement emporter mais décontaminer.

Une surcharge de travail dont il se passait volontiers.

Rien de tel ici, avait-il constaté avec soulagement.

La maison du journaliste était étonnamment nue et propre, presque vide de mobilier à l'exception du strict nécessaire. Bogdan avait très vite repéré la tache sombre sur le plancher, à l'aplomb de l'endroit où le type s'était pendu. Il avait froncé les sourcils : elle aurait dû être beaucoup plus importante.

Deux heures plus tard, tandis qu'ils finissaient de pulvériser un produit antifongique, virucide et bactéricide sur les murs et le sol du séjour, Bogdan s'adressa à ses deux employés en pleine action.

— Je vais voir s'il n'y a pas d'autres endroits à nettoyer, dit-il.

Michal et Wojciech lui lancèrent un regard étonné à travers leurs lunettes de protection, puis en échangèrent un autre, tout aussi désemparé. D'autres endroits à nettoyer ? Qu'est-ce que ça pouvait bien vouloir dire ? Depuis quand on s'écartait du périmètre défini au départ ?

Mais Bogdan avait déjà disparu.

Ils continuèrent de pulvériser jusqu'au moment où il revint, cinq bonnes minutes plus tard.

— Venez voir, dit-il en polonais.

Michal et Wojciech se regardèrent de nouveau. *Cholera*[1] ! Qu'est-ce qu'il lui arrivait, au boss ? Et où était-il passé pendant tout ce temps ? Michal et Wojciech étaient des taiseux. Ils avaient appris en arrivant dans ce pays qu'il valait mieux faire profil bas et garder sa langue au chaud dans sa bouche. On avait beau travailler deux fois plus que les autres, on n'était jamais que toléré. Ils suivirent à regret. Un couloir étroit bordé de grandes fenêtres qui donnaient sur le banc de brume opalescent. Ils débouchèrent sur une cuisine de taille modeste. Les lambris en pin, les placards et les plaques chauffantes devaient dater du siècle dernier. Une porte à droite du frigidaire, lui aussi une antiquité. Bogdan la poussa. Derrière se trouvait un cellier qui servait d'atelier, avec un vieil établi sous l'unique fenêtre.

— *Patrzcie !*[2] leur dit-il.

Michal avait beau se crever les yeux, il ne voyait rien à part des étagères métalliques remplies de vieilles choses poussiéreuses et d'outils, des toiles d'araignées grises constellées d'insectes morts, un étau fixé au

1. « Merde ! », « Bon sang ! » en polonais.
2. « Regardez ! »

bord de l'établi – dont le bois avait l'aspect d'une peau de rhinocéros couverte de cicatrices – et une grande maison de poupées posée dessus.

— *Czym ?*[1] demanda-t-il.

— La maison de poupées…

Michal fronça les sourcils. Il se pencha pour l'examiner. *Cholera !* jura-t-il intérieurement en baissant les yeux sur les figurines qui se trouvaient dans les petites pièces. Il sentit une décharge électrique le parcourir. Les personnages miniatures, au nombre de sept, étaient sculptés et peints avec une extrême précision. *On aurait dit une famille…* Deux adultes assis sur un canapé dans le salon devant une télé. Trois jeunes garçons, chacun dans sa chambre. Et deux filles dans la même chambre.

Sauf que… sauf que, si l'une d'elles était debout, l'autre en revanche était allongée sur le tapis entre les deux petits lits et avait sa robe relevée sur les hanches. Entre ses jambes écartées, une tache de peinture d'un rouge éclatant représentait ce qu'il supposa être du sang.

Si tel était le cas, elle avait aussi une grosse flaque de sang sous elle, s'étalant sur le plancher, des blessures matérialisées par des coups de pinceau rouges un peu partout, un lien autour du cou comme si elle avait été étranglée, et la robe déchirée, contrairement à celle de sa sœur… Michal cligna nerveusement des paupières et se redressa.

Il n'aimait pas ça.

Par les saints martyrs de Košice, qu'est-ce que ça signifiait ? Il n'avait pas l'estomac aussi endurci que son patron et ami. Il n'avait accepté ce job que parce que Bogdan et lui avaient usé leurs fonds de culotte sur

1. « Quoi ? »

les mêmes bancs d'école et que les salaires étaient plus élevés ici qu'en Pologne. Mais il détestait ce boulot. La pensée de tous ces morts – même si Bogdan, Wojciech et lui passaient après qu'ils eurent quitté la scène – instillait en Michal un malaise dont il avait du mal à se défaire une fois la journée de travail terminée. *Des suicides... des meurtres... des personnes seules, oubliées de tous...* Michal était un garçon sensible. Il écrivait de la poésie à ses heures perdues, lisait Czesław Miłosz et Wisława Szymborska. Il ne pouvait s'empêcher de penser à tous ces défunts. Ça lui flanquait la frousse chaque fois qu'ils entraient dans un nouveau logis et, s'il n'y avait pas eu Bogdan et Wojciech avec lui, jamais il ne l'aurait fait. Il ne comptait pas faire de vieux os dans le métier. Et, à présent, plus il contemplait ces figurines, plus il les jugeait sinistres. Les avoir trouvées dans la maison d'un pendu n'arrangeait rien. Pour finir, la panique prit le dessus et, les yeux exorbités, il fixa Bogdan.

— Qu'est-ce qu'on fait ? demanda-t-il d'une voix mal assurée.

Bogdan garda le silence pendant une bonne minute.

— On prévient cette fliquette, dit-il, celle qui s'est occupée du meurtre le mois dernier dans cette maison au nord de Toulouse, tu te rappelles ?

— Celle qui était habillée comme une gothique ? demanda à son tour Wojciech, qui semblait plus curieux qu'impressionné.

— Ouais, celle qui était moche et canon en même temps... Elle m'a laissé ses coordonnées. Elle était plutôt cool.

Il n'était pas rare qu'ils collaborent avec la police. Un corps de métier que leur profession les amenait à côtoyer régulièrement. Aussi Bogdan avait-il dans son répertoire téléphonique pas mal de flics et de gendarmes, mais aussi des employés de tribunaux et des pompes funèbres.

— Elle avait un drôle de nom, se souvint Wojciech. Un nom chinois. Mais elle n'avait pas l'air d'une Chinoise.

Bogdan consulta son téléphone.

— Lieutenante Cheung, répondit-il.

CHAPITRE 8

Les apparences

Samira Cheung écoutait *Catch Me Falling* des Cold War Kids dans ses AirPods Pro tout en pianotant sur son clavier quand la musique s'interrompit. Ce n'était pas du métal et la voix du chanteur avait tendance à lui taper sur les nerfs quand elle grimpait dans les aigus mais, putain, la rythmique derrière, cette pulsation lourde et métallique vous remuait méchamment les tripes.

Une voix dans ses écouteurs lui demanda si elle voulait répondre à :

« CZUBEK, PMC. »

Il lui fallut une demi-seconde pour remettre le type – et la raison sociale de son entreprise : Post Mortem Cleaning.

Les nettoyeurs…

Ils n'avaient pas un boulot facile. Raison pour laquelle, peut-être, ils étaient polonais. Elle avait lu quelque part que, dans les années 1930, 30 000 familles polonaises vivaient dans le nord de la France et que 60 % des immigrés polonais travaillaient dans les mines.

Des gens durs au mal.

Samira était elle-même la fille d'un financier chinois de Hong Kong et d'une Franco-Marocaine. Sa mère avait connu son père alors que, décoratrice d'intérieur de réputation internationale, elle réaménageait ses luxueux bureaux de Central et était tombée sous le charme de cet homme à l'intelligence et à la beauté hors du commun. Jusqu'au jour où elle avait découvert que l'homme qui l'avait mise enceinte était un adepte des drogues dures et qu'il avait dans le dos un singe de la taille d'un orang-outan. Samira n'avait jamais compris pourquoi sa mère avait gardé le nom de ce connard. Elle n'avait jamais vu son père : sa mère était rentrée à Paris pendant la grossesse. Samira avait appris un beau matin par un coup de fil qu'il était mort d'un empoisonnement, là-bas, dans l'un des clinquants gratte-ciel pour riches de Central, et que la police locale avait arrêté sa compagne et l'amant de celle-ci, un membre des Triades. Elle avait aussi appris qu'il lui léguait une collection de tableaux qui, d'après la voix lointaine, valait une fortune. Elle lui avait dit de tout jeter à la poubelle, puis s'était ravisée : elle savait qu'à Hong Kong il y avait les riches d'un côté, les pauvres de l'autre, et pas grand-chose au milieu. « Organisez une vente de charité et donnez le fric aux pauvres », avait-elle rectifié. « *Are you sure ?* » avait demandé la voix au bout du fil, et, au ton de celle-ci, elle avait décidé de prendre un avocat sur place pour s'assurer que l'argent de la vente irait dans les bonnes poches. Pour remplir sa mission, l'avocat – tout en la félicitant pour son altruisme – lui avait demandé une commission absolument indécente. *Damned sharks*. Foutus requins.

Qu'est-ce qu'il lui voulait, le Czubek ? Elle se souvint de son prénom : Bogdan.

Elle s'en souvenait parce qu'elle remettait aussi son physique. Atypique mais intéressant. Pâle, un visage long, des bras grêles, ce qui la changeait de tous ces adeptes des salles de gym qui croyaient que la virilité se logeait dans les abdos et les biceps. C'était le genre qui ne quittait sans doute jamais son canapé en dehors des heures de travail, mais elle lui avait trouvé une forme d'humour et d'intelligence qui avait fait son chemin en elle.

Le garçon toutefois ne cherchait pas à plaire, encore moins à la draguer. Dommage.

Elle se souvint de la scène de crime qu'il était venu nettoyer avec son équipe : deux personnes âgées qui avaient surpris des cambrioleurs dans leur pavillon de Borderouge, au nord de la ville. Les choses avaient mal tourné : on avait retrouvé leurs cadavres ficelés et bâillonnés sur des chaises dans le séjour. Apparemment, c'était le palpitant qui avait lâché dans les deux cas, de peur ou d'épuisement. Ils étaient morts depuis un certain temps quand les voisins avaient commencé à s'inquiéter de l'absence de mouvement dans le pavillon. Les trois matous de la maison avaient réussi à ouvrir un placard et à éventrer un paquet de croquettes, ce qui leur avait évité de mourir de faim, mais ils devaient commencer à envisager de s'attaquer aux macchabées, car ils avaient sérieusement miaulé après les visiteurs. De leur côté, les voleurs avaient laissé une belle empreinte digitale à l'endroit le plus imprévu : la chasse d'eau – qu'ils avaient pris soin de tirer.

Encore des crétins drogués à la haine. L'empreinte correspondait à un mineur déjà fiché : dix-sept ans. Il avait lâché le nom de ses complices en garde à vue. Quatorze et quinze.

Le temps qu'elle se décide, son téléphone avait basculé l'appel sur son répondeur. Il avait laissé un message lui demandant de le rappeler incessamment. Ce mercredi matin, Samira Cheung avait une tonne de trucs à faire : de la paperasse, encore de la paperasse… Elle jugea la distraction bienvenue.

— Salut, dit-elle quand il eut répondu, qu'est-ce qu'il se passe ?

Elle l'écouta lui parler de la scène de suicide qu'ils étaient en train de nettoyer. Tout ce qu'il savait, c'était que le suicidé était un journaliste. Puis il lui parla de la trouvaille qu'il avait faite.

— Une… *maison de poupées* ? répéta-t-elle lentement.

— Oui, mais ce qui compte, c'est la scène représentée à l'intérieur, lieutenante.

Elle entendit la nuance de perplexité dans sa voix.

— C'est « capitaine » maintenant, rectifia-t-elle. Je vous écoute.

Et, de fait, elle écouta : chaque mot qu'il prononça. Elle écouta en sentant comment, de seconde en seconde, son sang pulsait plus puissamment dans ses artères.

— Ne bougez pas, j'arrive ! dit-elle quand il eut terminé.

Comme souvent en cette saison, le brouillard colmatait la plaine de la Garonne jusqu'aux confins pyrénéens. Il était 15 h 40 quand elle gara le SUV Peugeot devant la maison en bois. En descendant, elle comprit immédiatement que ses vêtements n'étaient pas adaptés aux rigueurs de l'endroit. Elle portait un blouson de cuir noir trop léger, un tee-shirt noir sur lequel était écrit : « JE SUIS LA FÉE… LA FÉE PAS CHIER », un jean troué et des bottines plus adaptées pour arpenter les trottoirs d'une ville que les chemins de campagne.

Bogdan attendait sur le pas de la porte en fumant. Il l'accueillit avec un vaste sourire qu'il devait réserver aux grandes occasions. Elle constata qu'il faisait presque aussi froid à l'intérieur quand le nettoyeur la conduisit à l'arrière-cuisine.

Dans la pénombre de l'atelier seulement percée par la clarté grise qui tombait de la fenêtre peuplée de grandes toiles d'araignées, elle eut tout de suite la chair de poule en contemplant la maison de poupées sur l'établi – mais ce n'était pas à cause du froid.

Si c'est bien ce que je crois, ma belle, te voilà dans un beau pétrin.

Elle tourna vers Bogdan un regard incertain, vacant, rencontra le sien. Même perplexité.

Savait-il – c'était paru dans la presse – qu'avaient existé *d'autres maisons de poupées* ailleurs ? En un lieu totalement inattendu. Réalisées par quelqu'un qui ne s'était pas contenté de placer des figurines dans des pièces factices. Sans doute pas. Il les aurait mentionnées si ça avait été le cas. Pour combattre sa nervosité, elle glissa un chewing-gum dans sa bouche, médita un instant en ruminant, consciente qu'elle devait avoir l'air bovin en cet instant. Bogdan la contemplait pourtant comme si ce simple geste débordait d'érotisme.

— Qui l'a trouvé ? demanda-t-elle.

— La maison de poupées ? C'est moi.

— Le pendu…

— La femme de ménage… Elle passe tous les mercredis matin, à ce qu'il paraît.

— À quelle heure a eu lieu la levée du corps ?

— Je dirais… aux environs de 11 heures.

Elle consulta sa montre. 15 h 52. Réfléchit. Ils avaient conclu à un suicide. Par conséquent, le corps avait dû partir directement à l'institut médico-légal. Après quoi, il serait placé en chambre funéraire ou à la morgue de l'hôpital pendant un certain temps avant d'être confié aux bons soins des pompes funèbres, qui se chargeraient de lui rendre une apparence humaine, le recoudraient, injecteraient formaldéhyde et éthanol, laveraient le corps à l'aide d'une solution désinfectante, manipuleraient ses membres pour diminuer la rigidité cadavérique et lui donner une attitude plus naturelle, brosseraient ses cheveux, nettoieraient ses ongles – toutes choses qui, depuis l'Égypte ancienne, avaient pour but de cacher aux vivants le vrai visage de la mort.

— Qui s'en est occupé ?

— La sûreté de Saint-Gaudens et le légiste ont constaté le décès, répondit Bogdan, qui était en train de se dire que cette femme était décidément très laide et attirante à la fois – *cholera*, comment était-ce possible ?

Elle lâcha un juron. Puis elle attrapa son téléphone.

— Il faut que je passe quelques coups de fil, dit-elle en sortant de la maison pour s'enfoncer dans le brouillard, tel un fantôme en Écosse qui disparaît après être revenu hanter les vivants.

CHAPITRE 9

L'appel de la forêt

— Je savais que vous reviendriez, dit Sachs en le voyant.

Servaz se tenait sur la terrasse enneigée, devant le chalet. Il clignait des yeux à cause de la blancheur. Malgré les lunettes de soleil que, cette fois, il avait pensé à prendre.

Le temps n'avait pas changé. Le ciel était dégagé, le soleil brillait. *Flambait* plutôt, car ses brasillements sur la neige étaient aveuglants.

— Ne bougez pas, dit l'écrivain.

Il rentra dans la maison, réapparut avec une vareuse en Gore-Tex passée sur son pull-over.

— Allons faire un tour. On a toujours les idées plus claires au grand air, et cette vallée est trop belle pour ne pas en profiter.

Sachs avait raison : la vallée était belle.

Large, plane, évasée, bordée de courtes cimes blanches de part et d'autre. C'était une réserve de chasse et de faune sauvage et, en dehors du chalet de Sachs, qui était un ancien refuge, il n'y avait pas la moindre construction. Aussi, le silence les enveloppa jusqu'au moment où ils eurent franchi les deux cents mètres qui les séparaient des bois.

Alors montèrent – à côté du chant cristallin d'un ruisseau – les discrètes manifestations des espèces osant braver l'hiver.

— Vous entendez ? dit l'écrivain, qui n'avait pas encore prononcé un mot. Ce qu'on entend, c'est un bouvreuil, une mésange huppée et une sittelle torchepot. Ils se répondent malgré le froid. Et ce tac-tac plus loin, c'est un pic noir qui tape du morse sur un tronc quelque part dans les profondeurs de la forêt.

Il posa une main sur le bras de Servaz.

— Ne bougez pas, chuchota-t-il soudain. Regardez ! Là-bas, dans les branches, perchés à l'écart… Deux grands tétras… Vous avez une sacrée chance, commandant. Regardez comme ils sont aussi immobiles que des statues de sel, à la fois pour économiser le peu d'énergie que leur procure leur maigre régime hivernal et pour éviter de se faire repérer par les prédateurs…

Servaz distinguait vaguement deux gros volatiles sur une branche, qui lui évoquaient des coqs de bruyère. Mais les deux grands tétras, surpris par la présence humaine, s'envolèrent lourdement, leurs ailes froissant le silence. Sachs se tourna vers lui :

— … car, même au milieu de tant de pureté, les prédateurs ne manquent pas, poursuivit-il. J'ai déjà observé dans la neige autour de la maison les empreintes d'une belette, d'un renard, de plusieurs chats forestiers, et même d'une ourse et de ses oursons… Et puis plane sur la réserve et ses habitants la menace d'un couple d'aigles royaux.

Il regarda le flic.

— Il existe cependant une autre catégorie de prédateurs infiniment plus dangereuse, glissa-t-il. Infiniment plus sournoise – *bipèdes ceux-là.*

Servaz sembla méditer un instant, puis il prit la balle au bond :

— À ce propos, j'ai appelé les services de gendarmerie qui enquêtent sur ces trois disparitions récentes et ce meurtre d'un touriste allemand. Ils n'ont aucune piste sérieuse.

— Je parie qu'ils n'ont pas envisagé l'option Hirtmann.

— Pas jusqu'à ce jour, confirma le flic.

— Vous leur avez suggéré de le faire ?

Ils continuaient d'avancer entre les arbres nus, leurs semelles faisant craquer doucement la neige fraîche. Les rayons du soleil, cependant, commençaient à réchauffer Servaz.

— Je parie que vous ne leur avez pas dit que l'idée venait d'un groupe d'enquêteurs amateurs, avança Sachs avec un demi-sourire.

— Mettez-vous à leur place : déjà la suggestion vient d'un policier qu'on a mis en congé.

— Bon, par où commence-t-on, commandant ?

— On commence quoi ?

— La traque…

— Vous pensez vraiment pouvoir retrouver Hirtmann avec votre bande d'amateurs ?

— Et avec votre aide, commandant. *Et avec votre aide…* Vous êtes là, non ?

— Qui vous dit qu'Hirtmann est derrière la disparition de ces femmes ? Après tout, il y en a eu beaucoup dans la région au cours des dernières décennies.

— Oui, concéda Sachs, c'est même quasiment devenu un sport local.

Servaz hocha la tête. Il se dit que l'image choisie par Sachs était sinistrement juste. Pendant presque quinze ans, la région avait effectivement connu une vague de disparitions, de morts suspectes classées sans suite, de viols et de meurtres avec actes de torture non élucidés absolument sans précédent dans l'histoire criminelle de ce pays. Toulouse, sa justice et sa police traînaient, depuis cette époque, un taux de crimes non résolus tout à fait inexplicable et unique dans les annales judiciaires. Des dizaines de cas, sur lesquels la lumière n'avait jamais été faite, étalés sur une bonne quinzaine d'années. Il fut un temps où certains policiers toulousains répondaient même aux familles des victimes qu'ils étaient « submergés par les homicides ». Servaz se souvenait qu'à l'époque certains flics et gendarmes pensaient que des puissants étaient mêlés à ce fiasco. De son côté, il avait toujours estimé qu'autant de meurtres et de disparitions restés sans réponse sur une zone géographique et dans un laps de temps aussi restreints supposaient des regards qui se détournaient, des bouches qui se scellaient, de vieux péchés enfouis, un sol qui enfantait le crime plus facilement que d'autres.

— Qu'est-ce qui me dit que le Suisse est derrière ces disparitions ? reprit Sachs, faisant écho à sa question. Eh bien, nous savons qu'Hirtmann est revenu parmi nous, que les disparitions ont recommencé quelques mois après son retour et que les disparues ont le profil de ses anciennes victimes. À votre avis, quelles probabilités y a-t-il pour que ce soit *quelqu'un d'autre* ?

Servaz ne se donna pas la peine de répondre. Il réfléchissait.

— Vous allez nous aider, n'est-ce pas ? insista l'écrivain.

Oui, il allait les aider. Mais pas pour les raisons que Sachs croyait…

— À une condition, dit-il finalement, je n'apparaîtrai pas dans votre livre. Même pas sous un pseudo. Quoi qu'il se passe. Rien, pas une ligne. C'est à prendre ou à laisser.

Sachs parut contrarié. Il eut une grimace, qui s'effaça aussitôt, remplacée par un sourire de bonimenteur.

— C'est d'accord, dit-il.

CHAPITRE 10

Un héros de notre temps

— Damien, il reste une minute !

La voix d'Adam, le réalisateur, dans l'oreillette.

— Tenez-vous prêts, mes p'tits chatons ! s'écria Annette, la cheffe d'édition, dans la pénombre de la régie.

— Trente secondes ! beugla l'opérateur de diffusion.

Le réalisateur parcourut du regard la tapisserie d'écrans devant lui, son pupitre truffé de boutons et de voyants pareil au poste de navigation/opérations d'un sous-marin. À sa gauche, le chef opérateur ; à sa droite, le truquiste, chargé des incrustations à l'écran. Derrière lui, la cheffe d'édition et le rédacteur en chef. Encore plus en retrait, se tenaient l'opérateur de diffusion et, enfermé dans sa cage vitrée, l'ingénieur du son.

— Dix secondes ! annonça l'opérateur de diffusion.

L'air fut soudain chargé d'ordres, d'impulsions électriques, de vibrations, d'effervescence, de tension.

Sur le plateau, Damien Dix reçut une ultime retouche de la part de la maquilleuse, qui s'éclipsa en sautillant par-dessus les câbles.

— OK, cinq secondes ! lança le réal.

— 5-4-3-2-1 ! décompta l'opérateur de diffusion.

— La 4 ! beugla le réal.

— Les titres ! s'écria la cheffe d'édition.
— Top !

Dix fixa le public, tout sourire :
— BONSOIR TOUT LE MONDE ! COMMENT ÇA VA CE SOIR ?
Un signal « APPLAUDISSEMENTS » s'alluma. Derrière la muraille de projos et de caméras, un tonnerre d'encouragements lui répondit. La caméra-grue pivota, glissant sur les visages, son long bras articulé piloté par un opérateur vissé à son siège.
Damien Dix afficha son sourire n° 1. Celui qui signifiait : *Je suis formidable, vous êtes formidables, on est tous formidables.*
Comme chaque fois, il aspirait ce cocktail de ferveur, de bruit et de lumière, l'esprit chauffé à blanc. Il avait beau en être à sa millième émission ou pas loin – à raison de cinq soirs par semaine, exception faite des vacances d'été et d'hiver, depuis sept ans –, il ne s'en lassait pas.
Pouvait-on se lasser d'être le présentateur du talk-show le plus regardé de France ? Pouvait-on se lasser d'être celui dont le portrait géant s'affichait sur la façade en verre de la chaîne, au bord du périphérique, un visage que tous les habitants de ce pays connaissaient – même ceux, nombreux, qui ne pouvaient pas le sentir ? Pouvait-on se lasser d'être Damien Dix, le trublion du paysage audiovisuel français, le roi de la provoc et du clash, l'homme par qui le scandale arrive ?
Oui. Peut-être que oui. Peut-être qu'un jour il serait fatigué de tout ça. Mais pas aujourd'hui.
— Ce soir, enchaîna-t-il une fois que le tumulte fut retombé, nous allons aborder deux sujets : 1°) l'insécurité grandissante dans la république néo-anarchiste de

France, 2°) la délinquance des mineurs et l'incapacité de la justice à la juguler. Mais nous allons commencer par votre rubrique préférée, mes chéris : *Murder Show, le quart d'heure des tueurs en série* ! (Nouvelle salve d'applaudissements.) On va parler de quelqu'un qui a réussi à s'évader deux fois, la première d'un hôpital psychiatrique ultra-sécurisé au fond d'une vallée des Pyrénées, la seconde d'une prison autrichienne, et on va parler aussi de celui qui le traque sans relâche depuis des années. Je suis Damien Dix, et je vous dis : BIENVENUE DANS *TOUT LE MONDE REGARDE* !

Il prit le pouls des trois cents personnes présentes. Ça répondait bien ce soir. Carrément, même. Dix revint vers la grande table blanche autour de laquelle étaient rassemblés ses chroniqueurs.

— Mélanie, si je te dis : « montres de luxe, coffres-forts, chocolat et tennis », tu me réponds quoi ?

— La Suisse ? hasarda Mélanie Lenoir, sourire aux lèvres.

Mélanie Lenoir, la complice de toujours, l'alter ego féminin de Dix, éternellement souriante, éternellement enjouée, qui, en privé, confiait volontiers qu'elle en avait « vraiment plein le cul de passer les plats à ce connard imbu de sa personne avec sa tchatche de vendeur de bagnoles ».

— Et si j'ajoute « tueur en série » ?

Elle fit mine d'hésiter, alors qu'ils avaient répété tout l'après-midi :

— Julian Hirtmann ?

Dix pivota vers la caméra 4, celle dédiée aux plans serrés.

— Gagné !

Il fixa l'objectif comme s'il cherchait à l'hypnotiser.

— Cela fait cinq mois maintenant que le plus célèbre des tueurs en série s'est évadé de la prison autrichienne de Leoben où il était détenu et que sa traque est devenue virale. Depuis son évasion, des centaines de personnes un peu partout en Europe prétendent l'avoir aperçu : en France, en Allemagne, en Pologne, en République tchèque, en Norvège. Et même aux États-Unis. (Derrière Dix, des silhouettes floues apparurent, des individus pris en photo et à distance à l'aide de téléphones portables.) Parallèlement, les amateurs de *true crime* et d'énigmes policières se déchaînent sur Internet pour retrouver non seulement le Suisse, poursuivit le présentateur, mais aussi celui qui a permis son arrestation et que la police nationale semble avoir mis à l'abri de la curiosité publique : je veux parler du commandant de police Martin Servaz.

Nouvelle image sur le mur de leds : un homme poussant un caddie dans les allées d'un supermarché, portant lunettes noires et casquette. Dix allait sûrement être rappelé à l'ordre par l'Arcom pour s'être immiscé dans la vie privée d'un policier, mais il n'en avait rien à foutre.

— Aujourd'hui, selon nos sources, Martin Servaz et sa famille vivent quelque part dans le Sud-Ouest de la France. Nous éviterons de montrer des images de sa compagne et de son fils, ce que certains tabloïds ne se sont pas privés de faire. Julien, dit-il en s'adressant à l'un de ses chroniqueurs, un jeune homme talentueux, mais assez futé pour ne pas chercher à lui faire de l'ombre, du moins pour le moment, tu es notre spécialiste médias, crois-tu que le commandant Servaz puisse échapper longtemps à une telle curiosité de la part des internautes ?

Dix avait institué le tutoiement sur le plateau. Il voulait donner au spectateur le sentiment d'une connivence, d'un naturel qui avaient fait le succès de l'émission. Pour lui, la relation avec son public primait sur toute autre considération.

— Je ne crois pas, Damien, répondit le chroniqueur blond. À l'heure des réseaux sociaux, de TikTok, de Discord, de Twitch et des *réels* d'Instagram, ça me paraît compliqué de…

Tout en feignant d'écouter, Dix se tourna vers la salle, la balaya discrètement.

Il ne lui fallut pas plus de trois secondes pour la repérer.

Au deuxième rang.

Jolie. Blonde. Visage angélique. Innocent. Mais son regard l'appelait et le toisait en même temps, suppliait et provoquait, riait et implorait. Elle ne le quittait pas des yeux. Même quand c'était un autre qui parlait.

Dans les vingt ans, estima-t-il. Grand max. Il observa les personnes assises autour d'elle, étudia leur langage corporel.

On dirait bien que tu es venue seule, petite Cendrillon.

D'habitude, à cet âge, elles se déplaçaient à deux ou à trois. Mais pas elle. Dix savait ce que cela signifiait : qu'elle était venue avec le secret espoir – un espoir déraisonnable, un espoir insensé – de pouvoir l'approcher et, encore plus dingue, d'arriver à lui parler.

Comment réagiras-tu quand cet espoir se concrétisera, quand ton rêve deviendra réalité, dis-moi, petite Cendrillon ?

Oh, il savait bien comment : elle réagirait comme toutes les autres avaient réagi avant elle. Il était le roi. Et il voulait son divertissement.

Son chroniqueur arrivant au terme de son intervention, Dix se concentra de nouveau sur le plateau et l'émission.

— Y a un portable qui vibre, dit le réalisateur dans les oreillettes. Merde, qui n'a pas éteint son portable, bande de connards ?

— Allez, on enchaîne, mes p'tits chatons, lança la cheffe d'édition. Damien, tu as un appel, tu le vois ? Vas-y ! C'est à toi.

— On a un appel, annonça Damien Dix à la cantonade.

— 3-2-1, fit l'opérateur de diffusion en régie.

— Isabelle, c'est ça ? articula Dix. Bonjour, Isabelle, on vous écoute. C'est à vous.

Un temps.

— Pourquoi vous n'offrez pas une récompense à celui ou celle qui retrouvera Julian Hirtmann ? proposa dans les haut-parleurs la voix rauque de quelqu'un ayant abusé de la cigarette, de l'alcool ou des deux.

Dix sourit.

Exactement le genre d'intervention qu'il affectionnait. Sûr qu'après ça tout le monde était suspendu à son poste dans l'attente de sa réponse.

Il prit tout son temps. Regarda ses chroniqueurs. Plusieurs lui répondirent d'un discret signe de tête.

— Mettez-y de la conviction, merde, lança la cheffe d'édition dans les oreillettes. Damien, c'est bon, le suspense, là…

— Excellente idée, répondit-il en arborant son sourire n° 2, celui qui voulait dire : *Qu'est-ce qu'on s'amuse !*

Maintenant, tout le monde attendait de voir combien il allait proposer. Dans la pénombre traversée de lueurs de la régie, la cheffe d'édition posa sur le rédac-chef un regard interrogateur.

— Quoi ? dit celui-ci en écartant son gobelet de café de ses lèvres, bien qu'il fût écrit à l'entrée de la pièce que les boissons y étaient interdites. Vous voulez vraiment… ?

— Dépêche, l'interrompit-elle.

— Trente mille. Pas un euro de plus.

— Trente mille, pas un euro de plus, répéta la cheffe d'édition dans son micro.

Sur le plateau, Damien Dix sourit. Il pointa du doigt l'endroit approximatif où se situait la régie.

— Là-bas, en régie, ils m'ont proposé une certaine somme et ont ajouté : « Pas un euro de plus. »

— Espèce d'enfoiré ! s'écria la cheffe d'édition.

— Ah ah, le salopard, s'exclama le réal, en se retournant vers le rédac-chef et elle.

À l'antenne, Damien Dix fit mine de réfléchir.

— Très bien, dit-il après un temps suffisamment long pour que le pouls du public battît plus fort. Je vais tripler cette somme… Oui : la *tripler*. Cent mille euros à qui nous fournira une information sur l'endroit où se trouve Julian Hirtmann ! Pas à l'antenne, bien entendu… Un QR Code va s'afficher à la fin de l'émission. Et, naturellement, nous devrons nous assurer que cette information est valable.

Nouveaux jurons en régie et dans l'oreillette. Le standard allait exploser, il allait leur falloir recruter du personnel supplémentaire. Il retira l'oreillette, la posa ostensiblement sur la table devant lui. Il ne craignait rien. Il était Damien Dix, le roi du paysage audiovisuel, le mâle sigma, la bête médiatique par excellence. Il rapportait trop de fric à la chaîne pour que quiconque osât se mêler du contenu éditorial de son émission. En outre, il en était non seulement le présentateur, mais aussi le producteur.

Le signal « APPLAUDISSEMENTS » se ralluma.

L'assistance répondit comme un seul homme, enthousiasmée par cet ultime rebondissement. Dix jeta un coup d'œil satisfait au public. De nouveau, elle entra dans son champ de vision : *Cendrillon*. Elle souriait. Un sourire plus large que précédemment, un sourire qui disait : *bien joué*.

Leurs regards se connectèrent pendant une seconde et demie, pas plus – assez longtemps cependant pour qu'elle comprît le message : *il l'avait remarquée*.

Elle devait se dire que c'était inespéré.

Ce qui viendrait ensuite le serait encore plus, songea-t-il.

CHAPITRE 11

Fondation

Servaz éteignit la télé. Il se leva et marcha jusqu'à la baie vitrée. Il faisait nuit noire dehors.

Il entendit Léa revenir de la chambre de Gustav. Elle entra dans la pièce, passant près du grand sapin de Noël clignotant. Elle portait un jean confortable, un gros pull dont le col montait jusqu'à son menton. Telle la bavière d'une armure. Quel dragon s'apprêtait-elle à combattre ? Celui de la jalousie ? De sa jalousie à *lui* ? Sa jalousie qu'il feignait d'avoir vaincue.

— Ça y est, c'est fini ? demanda-t-elle. J'ai raté la fin, qu'est-ce qu'ils ont dit ?

— Ils offrent une récompense.

— Une récompense ?

— Pour retrouver Hirtmann.

— Sérieux ? Qu'est-ce qu'on va faire ? demanda-t-elle.

— Comment ça ?

Elle s'était arrêtée là où les lueurs clignotantes du sapin jouaient sur sa peau cuivrée et dans son regard ourlé de cils clairs.

— Je ne veux pas déménager encore une fois, dit-elle. Gustav s'est fait des copains dans son collège. On ne va pas le changer en cours d'année scolaire.

Des copains ? Qui menaçaient de le « crever » ?

— Nous n'allons pas déménager, dit-il.

— Cette émission a remis une pièce dans la machine, Martin. C'est un aimant irrésistible pour tous les connards qui n'ont rien d'autre à faire de leur vie que de se mêler de celle des autres. Tu peux être sûr que, dès cette nuit, ils vont être des milliers à fouiner partout à la recherche de l'endroit où on se cache. Il suffit que quelqu'un t'aperçoive à la station-service ou au supermarché, comme la dernière fois…

— J'irai faire le plein loin d'ici. Pareil pour les courses.

— Tu ne peux pas passer ta vie à te terrer.

C'est vrai, pensa-t-il.

— C'est l'affaire de quelques semaines, répondit-il. Ensuite, ça se tassera.

En es-tu certain ? On vivait dans un monde où désormais rien ne passait vraiment. Où les clebs du Web pouvaient ronger le même os éternellement. Où Internet conservait tout dans le formol digital pour les siècles à venir, y compris les sales rumeurs, les fausses accusations, les saloperies, toutes les émanations putrides du marécage des réseaux.

— Je vais me coucher, dit-elle. Bonne nuit.

— Bonne nuit.

Il aurait voulu y mettre plus de chaleur, mais il en était incapable. Il ne vit pas le regard qu'elle lui lança. Il avait déjà son visage tourné vers la baie vitrée, où il affrontait son propre reflet superposé sur la nuit noire. Cet homme qui le scrutait dans la vitre, *ce n'était pas lui*. Il ne se reconnaissait pas. Il n'aimait pas le regard qu'avait son double. Ni, plus généralement, son allure.

Était-ce cet homme que les autres voyaient ?

Il se demanda ce qu'en aurait pensé le jeune homme de vingt ans idéaliste qu'il avait été, voire le gamin de douze, ce qu'ils auraient pensé de l'adulte qu'il était devenu, à part le fait que les deux l'auraient trouvé *vieux*. À quel âge se situait le vrai *moi* d'une personne ? Dans la mesure où, sur bien des points, elle changeait, la question était pertinente. On était tant de personnes différentes au fil d'une vie. Et, en même temps, on ne changeait pas vraiment. Ou bien si ? Il passa dans la cuisine-véranda, sortit par la porte de celle-ci et s'alluma une cigarette. Il avait laissé son manteau à l'intérieur, et il eut vite froid. Après un léger redoux dans l'après-midi, la température était redescendue. Le vent de décembre prêtait aux arbres une voix dolente. La lune s'abritait sous une couette de nuages. Il pensa aux gardes. Ils devaient être frigorifiés.

Et si j'allais leur proposer un café ?

Léa détestait les avoir dans la maison – mais Léa était partie se coucher, et les chambres étaient à l'autre bout.

Il n'avait qu'une cafetière en plastique ici, qui gémissait, crachait et soufflait comme un vieux chat en colère, mais ça ferait l'affaire. Il avait laissé à l'appartement sa belle cafetière italienne.

Il se mit en marche sur le tapis de feuilles mortes.

— C'est moi, dit-il quand il fut assez près.

— Bonsoir, dirent-ils, leurs voix sortant des ténèbres.

Il ne voyait pas leurs visages dans le noir, seulement leurs deux silhouettes. Il jeta un coup d'œil à la route déserte et brillante derrière le rideau d'arbres.

— J'ai fait du café. Vous en voulez ? Et rentrer au chaud un moment ?

Il devina qu'ils hésitaient.

— C'est pas de refus, dit l'un d'eux.

— Rien à signaler ? demanda-t-il en les précédant vers la maison, plus pour faire la conversation que par vraie curiosité.

— Un type est passé dans l'après-midi. Il voulait emprunter le chemin. Il a dit qu'il le prenait depuis plus de dix ans. On lui a fait remarquer que c'était une propriété privée. Il nous a débité l'habituel couplet sur la police qui n'est jamais là où on a besoin d'elle et il est reparti. À part ça, le calme plat.

Un type qui prétendait prendre ce chemin depuis dix ans mais qui, depuis des semaines qu'ils étaient planqués ici, ne l'avait pas emprunté une seule fois...

Ils continuèrent de parler, mais il n'écoutait plus. Ses pensées venaient de s'évader vers l'homme qu'avait évoqué l'émission, l'homme qui, comme lui, aimait la musique de Mahler, l'homme dont Sachs et sa petite bande étaient persuadés qu'il était revenu dans la région. L'homme à cause de qui on l'avait mis en congé et exilé dans ce coin de campagne.

Quand ils entrèrent dans la cuisine bien chauffée, son téléphone était en train de sonner et de vibrer tel un crustacé colérique sur le plan de travail.

Il soupira. Le prit.

Samira.

Ça faisait combien de temps qu'il ne l'avait pas eue au bout du fil ?

— Oui ? dit-il.

— Salut, lança-t-elle comme s'ils s'étaient quittés la veille. Tu es où là ? J'entends des voix.

Il sourit malgré lui. Du Samira tout craché. Pas de fioritures, pas d'excuses. Et pourtant, elle s'était inquiétée pour lui, il le savait. Et elle s'inquiétait encore.

— Qu'est-ce que ça peut foutre où je suis ?

— Ouais, t'as raison, commenta-t-elle sobrement. Mets-toi à l'écart, faut qu'on cause. Il vient de se passer un truc.

Il se raidit. Il connaissait ce ton. Il se dirigea vers le salon.

— C'est bon, dit-il. J'écoute.

— Tu te souviens de ce que confectionnait Hirtmann dans sa cellule de Leoben avant son évasion ? demanda-t-elle après un silence.

Il dressa l'oreille.

— Évidemment. Des maisons de poupées, répondit-il. Pourquoi ?

— Et de ce qu'il y avait dedans ?

Putain, où voulait-elle en venir ? Il sentit son pouls s'accélérer.

— Des scènes de crime… *Ses* crimes… La justice autrichienne le laissait faire parce qu'elle espérait que ça permettrait de retrouver et d'identifier certaines de ses victimes. Hirtmann avait accès à un atelier de modélisme à Leoben. Accouche. Pourquoi tu me parles de ça ?

Elle le lui dit. Elle lui parla de la maison de poupées trouvée chez le journaliste. Servaz expira. Son cœur battit plus lourdement. Une pulsation sur une fréquence plus basse. Comme si, dans sa poitrine, le batteur était passé des toms alto et médium au tom grave.

— Tu es toujours là ?

— Oui.

Elle lui expliqua ensuite ce qu'elle avait fait au cours des dernières heures : elle était allée voir le patron de la Crim, lequel avait prévenu le directeur, et elle avait contacté le procureur. Et la machine s'était emballée, la pesante machine administrative : enquête de flagrance, constats, autopsie, groupe d'enquête…

Il sut ce qu'elle pensait : il ne manquait plus que lui.

— On reprend l'affaire, Martin, conclut-elle.

— « On » ? Qui ça, « on » ? Je te signale que j'ai été mis en congé jusqu'à nouvel ordre.

— Tu ne l'es plus. Le patron a donné son accord pour que tu reviennes. Cette histoire, ça change tout.

— Je ne sais pas si j'en suis capable, Samira.

Un silence. Il ne s'était pas préparé à ce qui vint ensuite :

— Bon Dieu ! s'emporta-t-elle. Tu crois que j'en ai pas bavé après la mort de Vincent ? Tu crois que tu es le seul ? Je travaillais avec lui chaque jour, putain ! Depuis quoi, seize ans ?

Il en resta sans voix.

— Merde, je sais par quoi tu es passé, Martin ! Je sais que ce n'est pas facile pour toi en ce moment. *Mais ce n'est pas facile pour moi non plus !*

Il se tut ; il devina qu'elle était furieuse en cet instant. Qu'elle avait la gorge serrée. Car sa voix était enrouée. Il se demanda si elle avait les yeux humides. Probablement. Il s'en voulut de s'être apitoyé sur son sort. Après tout, elle n'avait peut-être pas été aussi proche de Vincent que lui, mais ils n'en étaient pas moins des collègues et des amis.

— C'est pour ça que je ne t'ai pas appelé avant, continua-t-elle en recouvrant son calme. Parce que je voulais te laisser le temps. Et aussi parce que… parce que t'appeler me faisait… me faisait penser à *lui*, tu comprends ? Est-ce que tu comprends ? Mais là, on a besoin de toi, putain ! Tu ne sais pas si tu en es capable ? Il n'y a qu'une façon de le savoir.

CHAPITRE 12

Les fiancés

Damien Dix esquissa un sourire. Il savait ce que « Cendrillon » voyait en ce moment même, *voulait voir* : le Damien Dix de la télé, le Damien Dix plus vrai que le vrai. Celui qu'ils étaient tous venus voir.

— Bonsoir, dit-il.

Dans la petite salle de réception qui jouxtait le plateau, elle cligna des yeux plusieurs fois, lui décocha un sourire étincelant :

— Bonsoir.

Il lui demanda comment elle s'appelait. *Emma.*

— Je t'ai aperçue tout à l'heure dans le public, Emma, dit-il.

— Oh oui, je vous ai vu me regarder, répondit-elle avec un brin de fanfaronnade.

Ses yeux pétillaient du bonheur d'être là. D'être en face de lui. Elle partit d'un grand rire nerveux, qui fit se tourner quelques têtes.

Doucement, se dit-il, *doucement. Inutile d'attirer l'attention.*

Elle rougit. Qu'elle était jolie quand elle rougissait. Tout ce qu'il aimait : innocence et séduction mêlées. Chaud et froid. Eau et vin. Derrière lui, les autres spectateurs devisaient avec ses chroniqueurs en tapant dans les petits-fours, le jus d'orange et le champagne mis à leur disposition. Et surtout en attendant de pouvoir parler à leur tour à Dieu en personne : c'était une tradition après l'émission – il avait eu cette idée pour que tous gardent de leur passage un souvenir inoubliable. Et en parlent autour d'eux.

Il chercha son regard, le trouva.

Ses pupilles agrandies, d'un noir de charbon, qui absorbaient littéralement la lumière et l'image qu'elle avait devant elle : *Damien Dix pour elle toute seule*. Il était sûr cependant qu'elle aurait réagi de la même façon avec n'importe quelle autre célébrité. Ce pouvoir qu'avaient les médias de créer des idoles. Des divinités païennes qu'on vénérait et qu'on haïssait en même temps, comme celles de l'Antiquité.

Il lisait tout ça dans ses yeux.

Appel. Fièvre. Surexcitation. Nervosité. Trouble. Désir. Il rectifia son estimation. Elle n'avait pas vingt ans. Dix-huit tout au plus.

— Je suis votre plus grande fan, dit-elle d'une voix très douce, profonde, sincère, qui fit courir chez Dix un frisson.

Sa voix. Ses traits. Le doute revint.

— Quel âge tu as, Emma ?

— Seize ans.

Elle avait baissé la voix. Il serra les dents. Il fut un temps où l'âge ne l'aurait pas arrêté, où, au contraire, il aurait aiguillonné son désir. Mais #MeToo était passé par là. La petite chanson guillerette qui tournait dans sa tête se tut brusquement.

— Personne ne le saura, dit-elle sur une fréquence encore plus basse, plus intime, dans les 130 Hz, après avoir jeté un coup d'œil autour d'eux – et avoir fait revenir son regard aux grandes pupilles noires droit dans celui de Dix.

— Quoi ?

— Personne ne le saura, *Damien*, répéta-t-elle.

Elle n'avait plus du tout l'air d'avoir seize ans, tout à coup.

— Je ne sais pas de quoi tu parles, Emma, dit-il en prenant un ton sévère.

— Oh si, *tu le sais*, rétorqua-t-elle sans le quitter des yeux.

Il avait eu l'intention d'utiliser son baratin habituel. Un boniment qui confinait à l'hypnose. Où il usait de son ascendant sur eux, les fans. Charisme. Magnétisme. *Emprise*. Mais c'était lui qui était victime du pouvoir de cette… *gamine*.

— Tu es mineure, Emma, reviens dans deux ans, dit-il sèchement.

— *Personne ne le saura.*

Elle répétait ça comme un mantra, une formule magique. Une clé. *Non*, acquiesça la petite voix dangereusement aventureuse en lui, *personne ne le saura.*

— Je ne peux pas prendre un tel risque, dit-il néanmoins. Je vais patienter jusqu'à ce que tu…

Elle l'interrompit :

— J'ai bien entendu ? Le grand Damien Dix a peur ? Je suis déçue… Vraiment.

D'un geste gracieux, elle chassa une mèche de cheveux devant ses yeux verts en le fixant d'un air de défi. Quel culot, quelle audace ! Il savait très bien ce qu'elle faisait. Elle titillait son ego, elle le *manipulait*. Un jeu dans lequel il était passé maître. Et pourtant… et pourtant, zut, ça marchait.

Eh bien, d'accord, soit. Puisque c'est ça que tu veux, petite Cendrillon… Mais tu n'as pas la moindre idée de là où tu mets les pieds.

Un peu plus de 23 heures.

Ils étaient tous là, autour de la table, quand Dix entra dans la salle de réunion.

Le quatorzième et dernier étage de la tour TV7, à Boulogne-Billancourt, avait été aménagé par deux architectes de renom pour abriter les principales salles de réunion et salles à manger de la direction, et aussi pour servir de vitrine aux visiteurs. Et, par conséquent, pour en mettre plein la vue. Le résultat était à la hauteur : tout l'étage était visible des ascenseurs à travers le labyrinthe des murs de verre, des couloirs et des salles de réunion, comme dans un foutu palais des glaces. Au-delà, on apercevait le collier scintillant des lumières du front de Seine et, bien entendu, la tour Eiffel en majesté.

Tout, dans la salle où il venait d'entrer, contribuait à créer une atmosphère de luxe et de sérénité : l'épaisse moquette pour amortir les pas, les fauteuils profonds, la longue table de conférence en noyer noir américain, les absorbeurs acoustiques sur les parois non vitrées… Mais la sérénité n'était pas au rendez-vous : l'air était chargé d'électricité, d'aigreur, d'exaspération.

Dix s'était changé dans sa loge. Il était le seul à être habillé *casual*, si on pouvait appeler *casual* un jogging blanc avec des bandes dorées réfléchissantes. Tous les autres étaient en costard – avec ou sans cravate – et en robe.

Il prit place dans l'un des fauteuils vacants, posa sur la table ses pieds chaussés de Nike Sacai VaporWaffle au design futuriste.

— Bonsoir tout le monde, les salua-t-il. Désolé pour le retard.

Il avait prononcé ces mots avec une désinvolture qui fit se dilater les narines de David Enguerran, le directeur des programmes, la cinquantaine. Enguerran était bel homme, et la pratique assidue du tennis et de l'équitation le maintenait dans un état de forme remarquable.

— On avait dit qu'on ne montrerait pas d'image du flic, attaqua d'emblée le directeur des programmes, le visage fermé. On va encore se prendre une réprimande de l'Arcom.

Dix haussa les épaules. Il tendit le bras pour tripoter les lacets de ses Nike à mille euros la paire.

— Ce n'est pas nous qui avons pris ces photos, David, se défendit-il. Ce sont les internautes. Elles sont partout.

— Mais on ne devait pas les passer à l'antenne, on s'était mis d'accord.

— Et aller dire que la famille de ce flic vit dans le Sud-Ouest, comme pour inviter les internautes à une sorte de… chasse à l'homme, c'était… pour le moins malheureux, renchérit Loïc Maisonneuve, le directeur général de la chaîne, dont la calvitie brillait sous les néons et qui arborait des bretelles à motifs, la seule touche d'excentricité dans sa vie comme dans son métier.

— On aurait pu montrer des clichés de sa compagne et de son fils, certains torchons l'ont fait, fit remarquer Dix en fixant le DG, pour lequel il n'éprouvait qu'un mépris abyssal. On s'y est refusés.

— Ça va trop loin, maugréa Maisonneuve.

— Je suis là pour faire de l'audience, assena le présentateur, avec l'air de s'ennuyer. Donc pour ramener des ressources publicitaires. Et, ma foi, c'est ce que je fais.

— Dans ce cas, mieux vaudrait éviter de froisser les annonceurs, répliqua Enguerran en posant sur Dix un regard sans tendresse.

Le présentateur le lui rendit. À ses yeux, Enguerran n'était qu'un fils à papa, qui devait sa carrière à sa bonne éducation, aux relations paternelles et à la chance d'avoir côtoyé très tôt dans sa vie de privilégié ceux qui peuvent vous donner un coup de pouce au moment opportun, quand Dix – qui sortait d'une cité de la Seine-Saint-Denis – avait dû se faire un nom à la force du poignet, servir de bouche-trou pour des sujets de trois minutes au fin fond de la Creuse, dépasser l'un après l'autre tous ses rivaux en rongeant son frein jusqu'au moment où il avait pu enfin imposer son concept d'émission et ses conditions à la chaîne.

Posant ses Nike au sol, il se redressa et se pencha en avant, les coudes sur la table. Tout le monde comprit qu'on passait aux choses sérieuses.

— Pourquoi suis-je là ? demanda-t-il en les dévisageant un par un. Pourquoi m'inviter à l'étage des puissants, moi, le gamin du 93 que secrètement vous méprisez mais dont cette chaîne a tant besoin ? Pourquoi ? Je vais vous le dire : parce que je présente le talk-show le plus regardé de France, parce que vos annonceurs se battent pour passer pendant *mon* émission. Et pourquoi en est-il ainsi ? Parce que les gens adorent *Tout le monde regarde*. Et d'abord les jeunes, qui constituent aujourd'hui la meilleure cible en termes économiques pour vos annonceurs, comme on le sait tous. Or, les jeunes qui nous regardent aujourd'hui sont des « nomades ». Ils ne restent plus le cul vissé sur leur canapé : ils nous visionnent sur tablette, sur smartphone, sur YouTube, en replay… Ils veulent des émissions où ça bouge, où ça clashe, des vannes, du franc-parler, du conflit, sinon ils iront zapper ailleurs. Ils adorent l'émission parce qu'ils ne savent pas ce qu'il va se passer dans le numéro suivant et parce qu'ils ont vraiment l'impression d'en faire partie. Parce que je leur donne la parole, parce que je les écoute. Parce que mon public est roi. Et *mon* public, c'est *votre* public. Penchez-vous sur les audiences qu'on a faites ce soir. Hirtmann, c'est le nouveau Dupont de Ligonnès : la France entière veut savoir ce qu'il est devenu.

— Tout de même, proposer cent mille euros pour une vague information, c'est du délire, s'insurgea Claire Blanchard, la vice-présidente et directrice d'antenne. On va recevoir des tonnes de signalements. On n'est pas un service de police.

Il tourna vers elle un regard noir. Comment cette pétasse osait lui parler sur ce ton ? Il savait ce que c'était : depuis quelque temps ses audiences baissaient. Une érosion certes pas catastrophique, mais lente, constante, irrésistible. Une tendance lourde, comme on disait dans le jargon. Et tous ceux qui avaient fait le gros dos quand il était porté aux nues se prenaient à espérer sa chute et se préparaient déjà à la curée.

— Il n'empêche que, globalement, les audiences baissent lentement mais inexorablement depuis la rentrée, l'informa Enguerran, comme s'il lisait dans ses pensées. Comment tu comptes redresser la barre ?

— Il faut plus de clashs, plus de sensationnalisme, plus d'infos non vérifiées, plus d'esclandres.

— C'est la porte ouverte à toutes les dérives ! objecta Claire Blanchard.

— Et n'oublie pas que l'année prochaine cette chaîne va passer sous contrôle d'un nouvel actionnaire, poursuivit le directeur des programmes. Je ne suis pas sûr qu'il goûte tous ces avertissements de l'Arcom et tous ces scandales.

Et la vulgarité sans nom de ton émission de merde, pensa Enguerran sans le dire.

— Et la vraie information, le journalisme fiable, sérieux, vous en faites quoi, Damien ? demanda Maisonneuve.

Dix lui décocha un sourire caustique. Il n'avait jamais témoigné le moindre respect au directeur général de la chaîne. Ce n'était pas maintenant qu'il allait commencer.

— Ce journalisme-là est mort avec Twitter, dit-il, avec les podcasts, avec les plateformes, avec Trump et Elon Musk, avec les *fake news* venues de Russie. Les gens ne s'intéressent plus à la vérité, ils veulent juste que ça saigne. Ils préfèrent le mensonge assumé, le scandale, la polémique, du moment que ça va dans leur sens. Ouvrez les yeux : la télé de papa est morte. *Dead*. La majorité de vos programmes sentent la naphtaline. Ils ne sont plus regardés par les jeunes, et les jeunes sont les téléspectateurs de demain. Quelle est la moyenne d'âge des vôtres ? Vous êtes au courant qu'il existe un truc qui s'appelle *mortalité* ? Ce show, c'est la télé du futur : rumeurs, clashs, *haters*, provocations… Lequel d'entre vous est au courant qu'un homme a suspendu son bébé dans le vide pour obtenir plus de likes ? Sans rire. Le message disait : « 1 000 J'aime ou je le jette. » C'est ça, le monde d'aujourd'hui. Réveillez-vous. Ou vous mourrez…

Il y eut quelques secondes d'un silence plein de stupeur.

— Je veux interviewer Julian Hirtmann, dit-il. Seul à seul.

Un blanc autour de la table.

— Quoi ? fit Enguerran.

Dix répéta.

— Et tu comptes faire ça comment ? voulut savoir le directeur des programmes.

Toi, mon pote, songea Dix, *quand le nouvel actionnaire aura pris le pouvoir, tu vas être le premier à dégager.*

— Je compte le retrouver et ensuite le rencontrer. Lui et moi… Personne d'autre.

Il constata que son annonce avait fait son petit effet. Les visages autour de lui étaient muets, concentrés, médusés mais attentifs.

— Et comment on le retrouve avant la police ? demanda finalement Maisonneuve.

Dix sourit. Il les tenait.

— J'ai ma petite idée. Il existe des communautés en ligne de milliers de détectives amateurs. Croyez-le ou non, ces gens-là sont très doués et arrivent à résoudre des affaires. Ils travaillent jour et nuit. Ils échangent des informations. On appelle ça du *web sleuthing*. Quelqu'un ici a déjà vu *Don't F**k With Cats* ?

David Enguerran leva la main. Dix regarda le reste de l'assemblée.

— Qu'est-ce que c'est ? demanda Maisonneuve en fronçant ses épais sourcils poivre et sel.

— Un documentaire, dit Enguerran. Sur Netflix. Ça montre comment une bande d'internautes a réussi à retrouver un assassin nommé Luka Rocco Magnotta, surnommé « le Dépeceur de Montréal ». Il s'est filmé en train de torturer un étudiant chinois et il a mis la vidéo en ligne. Mais ce n'est pas à cause de ce malheureux étudiant que les internautes lui en voulaient à mort, non, mais parce qu'il avait d'abord fait la même chose à des chatons. D'où le titre du documentaire : « On ne déconne pas avec les chats ». En se filmant là aussi. Les internautes ont été tellement choqués qu'ils se sont aussitôt mis en chasse. La vidéo leur fournissait très peu d'informations, mais ils ont uni leurs forces pour localiser le bourreau et l'identifier. Et ils y sont parvenus.

Dix repoussa son fauteuil et se leva.

— Bref, fit-il en les regardant, vous devriez visionner ce truc, ça vous apprendra peut-être quelque chose sur le monde dans lequel on vit.

Il consulta sa montre.

— Bon, je dois y aller. J'ai une affaire qui n'attend pas.

Tous devinèrent de quelle sorte d'affaire il s'agissait. À se demander où il trouvait le temps et l'énergie.

— Rencontrer Hirtmann et l'interviewer, soupira la vice-présidente une fois qu'il eut disparu dans l'ascenseur. N'importe quoi.

— Méfiez-vous, dit Enguerran en rassemblant ses papiers, il serait bien capable de réussir.

CHAPITRE 13

Les somnambules

Il pleuvait à verse, une pluie lourde, glaciale, quand il se rangea devant la brasserie Auteuil, dans le XVIe arrondissement.

Il klaxonna.

Bras serrés autour de son torse, à l'abri sous l'auvent, elle grelottait sur le trottoir, dans son manteau bien trop léger pour la saison. La neige qui était tombée tout l'après-midi n'avait pas encore totalement fondu et, quand elle la piétina pour venir à lui, il vit, l'espace d'un instant, une âme fragile, esseulée, désespérément en quête d'un peu de lumière, et non plus la jeune fille provocante et sûre d'elle qui le défiait dans le studio.

Il se pencha pour lui ouvrir la portière, et elle se réfugia dans la chaleur de l'habitacle avec un soulagement qui n'était pas dû qu'au mauvais temps. Et il sut ce que c'était. *La peur d'être rejetée. La peur de ne pas lui plaire. La peur de ne pas être à la hauteur.*

— Qu'est-ce que tu as dit à tes parents ? demanda-t-il dès qu'elle fut assise sur le siège passager chauffant.

— Que je dormais chez ma meilleure amie après l'émission.

Il tiqua.

— Tu l'as mise dans la confidence ?

— Non ! Je te promets : je lui ai juste dit que j'avais un rencard.

Il sonda son regard. Elle disait la vérité. Elle aurait vendu père et mère pour ce moment d'intimité avec lui. Il démarra, s'insinua dans la circulation parisienne, au milieu des klaxons, des appels de phares, du surgissement intempestif des deux-roues – toute une population à cran, stressée –, direction le bois de Boulogne et l'ouest de l'Île-de-France.

Tandis qu'ils franchissaient le fleuve avec, devant eux, le damier de fenêtres illuminées qui escaladait la colline noire de Saint-Cloud, il demanda :

— Tu as bien désactivé la localisation de ton téléphone ?

Elle lui répondit d'un hochement de tête, le visage éclairé par l'écran de son portable, sur lequel elle se penchait. Lâchant le levier de vitesse, il lui arracha l'appareil des mains.

— Hé ! protesta-t-elle en levant les yeux.

— Personne ne doit savoir que tu es avec moi.

— Personne n'est au courant ! s'insurgea-t-elle. Rends-moi mon téléphone !

— Détends-toi, Emma, dit-il en glissant l'appareil dans le logement entre les deux sièges. Relax. Je te le rendrai le moment venu. On a mieux à faire, tu ne crois pas ? ajouta-t-il en posant une main sur sa cuisse mince et glacée.

Aussitôt, le visage d'Emma s'illumina. Moins en raison de son geste que parce qu'il l'avait appelée Emma sur un ton très intime qui la réchauffa entièrement.

Tandis que les lumières du tunnel de Saint-Cloud défilaient telles des comètes sur le pare-brise, sur le tableau de bord et sur les cuisses d'Emma, la main de Dix remonta. Il n'était pas sûr qu'elle appréciât la manœuvre, et d'ailleurs il s'en fichait. Il la touchait pour *lui*, pas pour elle.

Il devina qu'elle l'observait, mais il demeura les yeux fixés sur les feux des voitures devant lui, non par prudence mais par désintérêt pour ce qu'elle éprouvait.

Ils suivirent l'A13, puis la N12 à travers la campagne obscure des Yvelines et, quand ils quittèrent la voie rapide plongée dans la nuit, les doigts de Dix avaient exploré tout ce qu'il y avait à explorer. La fille ne parvenait pas à l'exciter. Malgré ses efforts, malgré les massages qu'elle avait effectués avec application sur son entrejambe – et qu'il avait filmés, tout comme il avait filmé son joli minois et ses cuisses entrouvertes, avec son propre téléphone, en conduisant, un œil sur la route, l'autre sur elle. Non qu'elle manquât de bonne volonté, mais il avait besoin d'un autre genre de stimulus.

D'un piment supplémentaire…

Dans la nuit noire, des rafales de neige et de pluie mêlées châtiaient la campagne de l'ouest des Yvelines, et de petites congères s'étaient formées au bord des routes, qui défilaient dans le pinceau des phares. C'était une région connue pour ses jolis villages, ses forêts, ses résidences secondaires de riches, de très riches et de très très riches. Ses centres équestres et ses artistes. Ses terres agricoles et ses bois épais séparant des hameaux endormis. Ils traversèrent un patelin assoupi, et il ralentit à la sortie devant une grande clôture en métal, saisit la télécommande et attendit que le portail s'ouvre lentement dans le faisceau lumineux.

Cette vision rappela-t-elle à sa jeune voisine quelque scène de film ? Ou bien fut-ce à cause de la rudesse de ses caresses sur la route ? Quoi qu'il en soit, quand il la regarda, elle eut tout à coup l'air moins enthousiaste. Il lut même un début d'inquiétude dans ses beaux yeux de jeune animal, animal qui se sentait pris au piège, et qui avait raison.

Il coupa le moteur, lui sourit gentiment :

— On est arrivés. Bienvenue chez moi, Emma.

Elle comprit que quelque chose clochait quand, après avoir bu du champagne rosé, écouté de vieilles ballades rock – Aerosmith, The Smiths, Led Zeppelin : des cris d'écorchés sur des riffs de guitares aussi aigus que la scie sauteuse de son père lorsqu'il bricolait – et parlé de ce qu'elle voulait faire dans la vie – et ce moment-là avait été plutôt agréable, il fallait bien le reconnaître –, elle commença à se sentir mal.

Elle était assise dans le canapé et une migraine carabinée lui plantait des clous de charpentier dans les tempes tandis que sa tête tournait. Vertige, nausée.

— Tu as mis quelque chose dans mon champagne ? demanda-t-elle, d'une voix qui lui parut étrangère.

— Bien sûr, trésor, répondit-il, mais je crois bien que tu ne t'en souviendras plus demain matin, ni de ce que je t'aurai fait.

Elle se rendit soudain compte qu'elle était totalement nue, elle en prit conscience parce que le cuir du canapé était froid sous ses fesses. Nue et enveloppée dans un brouillard de pensées confuses, d'intuitions vagues, de peurs plus nettes, dans une somnolence toute-puissante.

Une minute : *à quel moment s'était-elle déshabillée ?* Ou était-ce *lui* qui lui avait enlevé ses vêtements ?

Elle avait dû louper un épisode, perdre momentanément le contact avec la réalité parce qu'elle ne se souvenait pas de s'être dévêtue. D'ailleurs, lui l'était toujours, habillé.

— Va dans la chambre, dit-il, la porte au fond du couloir. Allonge-toi sur le lit.

— Quoi ?

Il répéta l'ordre, car c'en était un, calmement et distinctement. Ce fut le ton, surtout, qui la mit mal à l'aise. Il n'admettait pas de réplique. Presque… *vénéneux*. Sans compter qu'elle ne s'attendait pas du tout à ce que ça se passe de cette façon.

— VA DANS LA CHAMBRE ! ordonna-t-il encore une fois.

Elle ne comprit pas pourquoi elle obéissait. C'était comme si ses actes lui échappaient, comme si elle n'avait plus de volonté propre. Et cet horrible mal de tête.

Elle se leva. Aussitôt, la pièce se mit à tanguer. Un roulis semblable à celui du bateau de son père, quand elle marchait sur le pont pour aller bronzer à l'avant, l'été. Elle remonta le couloir vers la chambre à coucher en posant par instants une main sur le mur pour maintenir son équilibre. La porte était entrouverte.

À présent, allongée nue sur le grand lit, seule dans la pièce aux murs de pierre brute – toute la maison était un mélange d'ancien et de moderne –, elle ne percevait plus le moindre mouvement. Elle commença à avoir froid – il ne devait pas faire plus de 19 degrés. Nota qu'elle avait la chair de poule.

Puis la porte s'ouvrit et il fut là. Devant elle. Elle constata qu'il était toujours habillé de son jogging blanc. Il n'avait même pas ôté ses Nike.

Cela la fit se sentir encore plus nue – mais il ne lui fit même pas l'aumône d'un regard.

— Damien, je…, commença-t-elle d'une voix hésitante.

— Chut, ne dis rien. Ça va bien se passer.

Elle reçut le message cinq sur cinq. *Ça va bien se passer si je fais exactement ce qu'il veut.*

À cet instant, elle aurait voulu être n'importe où ailleurs : chez elle, par exemple, en compagnie de ses parents si insupportablement vieux jeu, si étroits d'esprit, si carrément *has been* dans leurs goûts comme dans leur façon de s'exprimer, et pourtant qui lui manquaient si cruellement en cette seconde.

Un visage tout à coup près du sien, au-dessus d'elle. *Son* visage. Il ne ressemblait plus du tout à celui de la télé. Il était rouge et congestionné. Une haleine métallique, écœurante, médicament ou drogue. Des yeux vitreux, luisants. Trop proches. Un voile de sueur la recouvrit tout entière et une vague de dégoût la souleva.

Puis elle perdit de nouveau le contact.

Il la contempla. Nue, à sa merci. Il était là, le piment dont il avait besoin : l'avoir entièrement à lui, simple poupée de chair dont il pouvait user et abuser à sa guise, entièrement et uniquement dévolue à son plaisir. Objectivée, réifiée. Elle n'existait plus en tant que telle. À peine plus qu'une poupée gonflable, mais une poupée gonflable chaude et vivante. Il mit *Cryin'* d'Aerosmith à plein volume dans les enceintes, se déshabilla. Fit le tour du lit, se pencha, l'examina sous toutes les coutures, glissa un doigt dans sa bouche.

Elle gémit faiblement, le dévisagea – mais son regard était absent, ailleurs.

Puis il reprit son téléphone, le posa sur le support, lança la caméra et grimpa sur le lit. Il bandait.

— Tu… fais… quoi… ? demanda-t-elle, la voix pâteuse, les yeux dans le vague.

— Tu vois : je te filme. Approche, dit-il en sortant son sexe.

Une heure plus tard, perché sur un tabouret, son PC portable ouvert sur le comptoir de la cuisine américaine, il l'entendit remuer dans le canapé derrière lui. Il se sentait épuisé. Il alluma une autre cigarette, pivota sur son siège pour la voir se réveiller. Elle cligna des yeux, regarda autour d'elle d'un air hagard, puis ses yeux vinrent se fixer sur lui.

— Qu'est-ce qu'il s'est passé ? demanda-t-elle d'un ton hostile. Qu'est-ce que tu m'as fait ?

Il haussa les sourcils.

— Rien, je ne t'ai rien fait, tu t'es endormie, c'est tout. Tu prends de la drogue ?

Elle croisa les bras sur sa poitrine pour la cacher, serra les cuisses. Il songea que c'était un peu tard pour ça.

— Tu mens. Tu m'as fait quelque chose !

— On a baisé, tu te souviens ? Tu voulais que je te baise. Alors on a baisé et je t'ai filmée, et puis tu t'es endormie juste après. Alors je t'ai portée jusqu'ici pour t'avoir à l'œil malgré tout. Ça t'arrive souvent de t'endormir comme ça ? Tu fais peut-être de la narcolepsie…

Elle avait mal en plusieurs endroits intimes, les yeux rouges et larmoyants. Des tremblements incoercibles la secouaient.

— Je me sens bizarre… *Tu m'as droguée !*

— Mais non, pas du tout. C'est quoi, ce délire ? Tu te souviens de ce que tu m'as fait dans la voiture, quand je t'ai *filmée* ? Je n'ai pas eu l'impression que j'avais besoin de te droguer. Qu'est-ce que t'en penses, Emma ?

Elle était toujours nue. Un frisson la parcourut, elle chercha sa culotte. Il avait jeté ses vêtements en vrac sur le canapé. Elle passa la petite culotte à fleurs qu'elle avait choisie entre plusieurs autres pour le moment où il la déshabillerait – et elle se souvint qu'en l'enfilant elle avait prié à voix haute pour que ce moment arrive – avec un sentiment de répulsion et de culpabilité.

— Rhabille-toi, dit-il, je vais t'appeler un taxi.

Ils ne parlèrent quasiment pas jusqu'à l'arrivée du taxi. Il la poussa doucement vers la porte, lui caressa tendrement la joue, essuya du pouce une larme qui brillait sur celle-ci.

— N'oublie pas que je t'ai filmée, petite Cendrillon. Tu n'as certainement pas envie que tes parents reçoivent des extraits de cette vidéo, pas vrai ? Ni tes amis, ni… les élèves de ta classe. Vas-y, le taxi t'attend. Tu verras : dans deux jours tu auras tout oublié. Ou tu en redemanderas, va savoir.

Il lui rendit son téléphone, glissa un billet de cinquante euros dans sa pogne menue et tremblante, ouvrit la porte. Mais il resta à l'intérieur. Il la regarda marcher comme une somnambule jusqu'au taxi, grimper à l'arrière. *C'est une dure leçon que tu viens d'apprendre*, songea-t-il. *Tu ne feras plus jamais confiance aux hommes après ça. Tu éprouveras toujours un fond de méfiance à leur égard. Et c'est peut-être mieux ainsi.*

Dès que le bruit du moteur se fut éteint dans la nuit, il verrouilla la porte et retourna dans le living.

Il se servit une autre coupe de champagne, se percha de nouveau sur le tabouret et entra dans le moteur de recherche deux mots :

JULIAN HIRTMANN

CHAPITRE 14

Le temps de l'innocence

Un rayon de lune tombait sur les cochons. Des dizaines de suidés, qui grognaient et s'agitaient, frottaient nerveusement leurs panses lourdes les unes contre les autres.

Servaz s'avança au milieu d'eux, en direction de la fosse à lisier, les repoussant, le cœur battant. Il savait déjà ce qu'il allait trouver. À côté de lui, Samira dit : « Tu ne sais pas si tu en es capable ? Il n'y a qu'un moyen de le savoir. »

Furieux, il la fusilla du regard. Puis il reprit sa marche en avant.

Sa première vision fut celle d'un visage flottant à la surface brunâtre de boue et de merde telle une méduse – un visage comme recouvert d'une couche huileuse de peinture rouge, un visage tellement réduit en bouillie qu'il eut du mal à le reconnaître. Le torse nu flottait également, souillé pareillement de lisier et de sang. Et Servaz aperçut des traces noirâtres de pneus en travers, comme si on avait roulé dessus.

« Merde, Vincent, qu'est-ce qu'ils t'ont fait ? »

Il se rendit compte qu'il allait chialer ou vomir quand Espérandieu se redressa brusquement et, en titubant, parvint à se mettre debout dans la fosse, du lisier jusqu'à la taille.

« Putain, je l'ai échappé belle, Martin. J'ai bien cru que cette fois, c'était la bonne ! »

Servaz sourit, entra dans la fosse, tendit les mains vers celles de son adjoint et ami, indifférent à la puanteur, à toutes ces matières impures qui s'accrochaient à leurs vêtements.

« Vincent, s'écria-t-il. Tu nous as fait une de ces peurs ! »

Quelque chose ne va pas, pensa-t-il au même instant. *Quelque chose cloche*. Car, tandis qu'il avançait, chancelant, en direction de Servaz, Vincent Espérandieu avait le crâne fendu, et on voyait nettement la matière cérébrale briller par l'ouverture. Et il y avait aussi tout ce sang qui coulait de sa poitrine.

« Vincent, articula-t-il, tu as la moitié du crâne ouvert, et tu perds beaucoup de sang… »

Espérandieu lui sourit. Un sourire moqueur. C'est alors que Servaz le remarqua : son ami n'avait pas d'yeux mais deux grands trous noirs éteints à la place, et pourtant il voyait.

« Et après ? dit son adjoint en souriant. Les morts n'ont pas besoin de sang, tu devrais savoir ça. »

Servaz prit son adjoint dans ses bras. Vincent était étonnamment froid, aussi froid qu'un morceau de glace.

« Viens avec moi, Martin », murmura-t-il dans son oreille.

Servaz se réveilla en nage. Il faisait encore noir dans la maison et tout le monde dormait. Son cœur battait tellement fort qu'il crut l'espace d'un instant qu'il était en train de faire une crise de panique, ou pire : un infarctus.

La seconde d'après, les larmes roulaient, chaudes et salées, sur ses joues.

— Qu'est-ce que tu as ? demanda Léa à côté de lui, en posant une main légère sur son bras.

— Rien… C'était juste un cauchemar.

— Le même que les autres fois ?

Il hocha la tête, repoussa la couette mouillée de sueur.

— Papa, demanda Gustav à la table du petit déjeuner, cinquante minutes plus tard, je vais voir Anastasia pendant les vacances ? C'est elle qui va s'occuper de moi ?

Anastasia était la fille de Radomil, son voisin de palier, premier violon à l'Orchestre national du Capitole et ami. C'était elle qui jouait les baby-sitters la plupart du temps quand ils habitaient encore l'appartement. Anastasia était une jeune fille intelligente et débrouillarde – il le fallait quand on avait un père artiste. Surtout, elle considérait Gustav comme le petit frère qu'elle n'avait pas eu : elle était fille unique, vivait seule avec son père. Pour ce que Servaz en savait, sa mère était restée en Bulgarie où elle avait refait sa vie. Radomil et sa fille étaient arrivés en France sept ans plus tôt.

— Pas cette fois, répondit-il.

— Quand est-ce qu'on va pouvoir retourner à l'appartement ? demanda Gustav d'un ton soupçonneux, un ton qu'il affectait de plus en plus souvent ces temps-ci.

— Bientôt, dit Léa.

— Bientôt, c'est quand ?

Servaz perçut dans la voix de son garçon un grincement qui était en général le signe avant-coureur d'un pétage de plombs en bonne et due forme.

— Si on retourne à l'appart, tu ne pourras plus jouer avec eux, objecta-t-il en montrant les silhouettes des gardes en faction dehors.

Il vit le front de son fils se plisser : ça méritait réflexion. Gustav s'était attaché aux équipes qui montaient la garde. Contrairement à son père, il connaissait le prénom de chacun d'eux. Il jouait régulièrement à taper dans un ballon avec eux, bavardait et rigolait avec eux, passait du temps avec eux quand il rentrait du collège et qu'il avait fini ses devoirs. Léa, qui – quoi qu'elle en dise – avait toujours eu un préjugé vis-à-vis des forces de l'ordre, regardait cette proximité avec circonspection mais ne l'empêchait pas.

— Tu me donnes ton téléphone ? dit-il ensuite. Je vais le faire examiner. Tu sais : à cause de ces messages que tu reçois.

Il vit le visage de son fils se rembrunir.

— Mais j'en ai besoin !

— C'est juste pour quelques jours.

Le visage de Gustav s'empourpra :

— Non ! (Il s'adressa à Léa.) Je ne te raconterai plus rien ! lui lança-t-il.

— Ça n'est pas négociable, dit Servaz fermement.

— On y va, fit Léa pour mettre fin à l'affrontement. On est déjà en retard.

— Je veux mon téléphone ! s'écria Gustav. Il est à moi !

— Vous en parlerez ce soir, trancha-t-elle en tirant Gustav par la main.

Léa... La veille, en rentrant de chez Sachs, il avait fait un détour par l'hôpital. Il s'était garé loin de l'entrée et il avait attendu qu'elle en sorte. Il n'avait pas eu l'intention de la suivre, rien de prémédité : il avait agi sur un coup de tête. Il l'avait néanmoins filée jusqu'au moment où il avait été sûr qu'elle prenait la direction du collège de Gustav et où il n'y avait plus moyen de se cacher au milieu de la circulation. Il s'était senti sale, mesquin. Il avait eu honte. Puis il avait repensé à ce qu'avait dit Sachs et la honte s'était envolée.

Il s'était rangé au bord de la route, laissant à Léa le temps de regagner la maison en compagnie de Gustav, faisant en sorte de ne pas arriver trop vite derrière eux. Le regard fixé sur un point indifférent à travers le pare-brise, il avait revu leurs premiers temps. Quand il la connaissait sous le nom et le titre de Dr Léa Delambre. Le Dr Delambre exerçait au pôle enfants de l'hôpital Purpan de Toulouse, spécialité gastro-entérologie, hépatologie et nutrition pédiatriques, et Gustav était un de ses patients. Son fils souffrait d'atrésie biliaire. Une maladie qui se traduisait par un rétrécissement des canaux permettant l'évacuation de la bile du foie et qui provoquait des dommages irréparables et, à terme, si rien n'était fait, mortels. Après l'échec des autres traitements, la greffe avait été envisagée. Il avait ainsi fait don d'une partie de son propre foie à son fils. Le foie est un organe qui repousse, lui avait-on expliqué ; il le savait déjà : il connaissait le mythe de Prométhée. La greffe avait eu lieu dans des conditions rocambolesques au sein d'une clinique autrichienne où Servaz avait failli laisser sa peau.

Bien qu'elle n'eût pas pris part à cet épisode, le Dr Léa Delambre était devenu, des mois plus tard, l'ange gardien de Gustav, sa bonne fée, vigilante, compétente, au sein du service de gastro-entérologie pédiatrique.

Il se souvenait de la première fois où il s'était adressé à la bonne fée en question dans les couloirs de l'hôpital. Il avait tout de suite été sous le charme. Grande, presque aussi large d'épaules qu'une championne de natation, des yeux verts malicieux, intenses, rieurs, des cheveux fauves, des traits nets et un sourire qui aurait fait le bonheur de n'importe quelle marque de fil dentaire.

Ils n'avaient échangé que des données concernant l'état de santé de Gustav ce jour-là. Mais, quand il était rentré chez lui, il s'était rendu compte qu'il était incapable de se rappeler ce qu'elle lui avait dit. Tout ce dont il se souvenait, c'était ces yeux verts, ces cheveux fauves, cette haute silhouette drapée dans une blouse de médecin, ce parfum d'antiseptique qui flottait autour d'elle dans les couloirs et que, pour la première fois de sa vie, il avait trouvé agréable. Et ce sourire renversant…

Et *renversé*, il l'était.

Il avait pris son téléphone : elle lui avait laissé son numéro perso, au cas où.

— Pardon de vous déranger, s'était-il excusé, je… j'ai tout oublié… de ce que vous m'avez dit, je veux dire. Je… je ne sais pas pourquoi. J'ai plutôt bonne mémoire, d'habitude.

Elle avait ri. Un rire si spontané, si communicatif qu'il l'avait imitée. Et, dès cet instant, il avait su qu'il voulait la revoir, qu'il en avait besoin. Qu'il avait besoin qu'elle entre dans sa vie d'une manière ou d'une autre – alors qu'il ne savait même pas si elle était célibataire. Bonne nouvelle : elle l'était. Cela, il l'avait appris quand il avait eu le courage de l'inviter à prendre un verre, au bout de la cinquième ou sixième visite à l'hôpital.

— Je me demandais quand tu me l'offrirais, ce verre, avait-elle déclaré d'emblée.

— Ça se voyait tant que ça ?

Elle avait hoché la tête en souriant.

— Pas de mari alors ?

Elle avait secoué la tête en souriant.

— Pas de petit copain ?

Nouvelle dénégation, nouveau sourire.

— Un chien ? Un chat ?

Le sourire s'était élargi :

— Trop compliqué avec l'hôpital.

— On en prend un deuxième ?

Elle avait considéré le bar autour d'eux, dont le seul mérite était d'être proche de son travail.

— Tu ne trouves pas que c'est un peu glauque ici ? Tu ne l'aurais pas fait exprès pour que j'aie envie d'aller ailleurs, par hasard ?

Gustav l'avait aimée tout de suite. Dès la première seconde. Sans doute parce qu'il avait conscience qu'elle était sa protectrice, son ange gardien, celle grâce à qui il pouvait vivre une vie quasi normale. Celle qui représentait l'espoir. La maladie avait rendu son fils plus mûr que la plupart des garçons de son âge. Elle lui avait fait partager l'humanité en deux catégories : ceux qui étaient en bonne santé et ceux qui ne l'étaient pas. Léa était en quelque sorte celle qui lui permettait de passer d'un camp à l'autre. Elle avait ce pouvoir – et avec le pouvoir, l'autorité, qu'elle enveloppait de douceur et d'une vraie tendresse pour Gustav.

C'était pour ça qu'il lui en avait tant voulu quand elle avait pris la décision de partir pour le Congo.

Il l'avait détestée non parce qu'elle l'abandonnait *lui*, mais parce qu'elle abandonnait son fils. Quand elle était rentrée, il avait décidé que la meilleure option était le pardon. C'était une décision froide, rationnelle, nullement émotionnelle – et peut-être que son erreur était là : la raison n'avait pas sa place dans une relation, pas la première en tout cas.

Mais les cartes venaient d'être rebattues. De la manière la plus soudaine, la plus violente qui soit : le mensonge s'était glissé, tel un serpent, dans leur foyer.

CHAPITRE 15

Voyage à Lilliput

Il entra dans la salle de réunion au deuxième étage du 23 boulevard de l'Embouchure, à 10 heures du matin, ce jeudi 15 décembre. Étaient présents Samira Cheung, un flic de la Financière avec qui ils avaient déjà collaboré et une jeune femme qu'il ne connaissait pas en veste de tailleur, jean et talons. Pendant un quart de seconde, il chercha Vincent au milieu des autres, et il eut une sorte de hoquet, de bref sursaut mental, quand son cerveau le ramena à la réalité. Ses yeux s'embuèrent – mais ça ne dura qu'un instant.

Quatre personnes, lui inclus. S'il s'avérait que le suicide du journaliste n'en était pas un, le groupe allait s'étoffer fissa.

— Salut tout le monde, dit-il d'un air faussement dégagé.

Il avait rasé les murs pour arriver jusqu'ici et espéré ne pas croiser trop de visages familiers. À sa grande surprise, personne n'avait semblé s'intéresser à lui. Pour un peu, il en aurait pris ombrage. Puis il avait dépassé un flic qu'il connaissait mais qui lui tournait le dos, en train d'expliquer à un petit groupe que le Maroc méritait autant que la France d'aller en finale. D'accord, s'était-il dit : lendemain de match. Il s'était demandé s'il s'agissait de rugby ou de foot. Est-ce que le Maroc jouait au rugby ? Voilà une question à laquelle il était incapable de répondre.

En entrant dans la salle de réunion, il nota que Samira avait coupé ses cheveux en un carré élégant, ce qui ne lui ressemblait guère, et que son pull noir à col montant était de loin la chose la plus sobre qu'il l'ait vue porter en presque quinze ans de vie professionnelle commune. Devait-il la prendre dans ses bras ou garder ses distances devant les autres ? Il devina à son regard qu'elle se posait la même question et ça le fit sourire.

— Oh, et puis merde, souffla-t-elle.

Sur ces mots, elle se jeta contre lui pour le serrer de toutes ses forces. Le menton posé sur son épaule, il respira son parfum – *La Petite Robe noire*, ça lui revint – et observa comment leur effusion laissait perplexe la nouvelle recrue. *Ne t'inquiète pas, dans ce groupe, tu auras maintes autres occasions de l'être*, se dit-il. Samira tremblait. Et il devina ce qu'il y avait dans ce tremblement : *le souvenir de Vincent, sa présence entre eux, comme un fantôme*.

Il s'écarta doucement, jeta un coup d'œil autour de lui. Un *paperboard* dans un coin, des croissants, du café et des bouteilles d'eau sur la table. Les croissants et le café venaient de Samira, il le savait : c'était son truc pour les réunions du matin. Le tableau blanc portait les mots « FAYOLLE JOUR 1 » au marqueur. Ça sentait son école de police, le management et autres conneries bureaucratiques : ça devait venir de la nouvelle.

Puis ses yeux tombèrent sur la maison de poupées au centre de la table.

Il supposa qu'elle était déjà passée entre les mains de la police scientifique, qu'elle avait déjà subi la séquence des traces papillaires et qu'elle avait aussi fait l'objet d'une recherche en traces biologiques, car elle n'était entourée d'aucune protection. Du reste, quand il s'approcha, il découvrit des marques de doigts blanches là où les vapeurs de colle cyanoacrylate s'étaient polymérisées.

— Que dit le fichier des empreintes ? demanda-t-il.

— Comme d'hab, le FAED a proposé un jeu d'empreintes pouvant correspondre, et le technicien a effectué des comparaisons à partir de ces propositions : le maximum de points caractéristiques qu'il a obtenus, c'est trois. « NO HIT » donc : la personne qui a laissé ces traces n'est pas dans le fichier.

Il fallait douze points pour une identification officielle, mais à partir de huit on était quasiment sûr de tenir la bonne personne. Et on pouvait avoir des soupçons pour moins que ça. En fonction du contexte, de la qualité des traces, de ce que les doctes spécialistes appelaient l'« approche holistique ». Il savait que sa question suivante allait paraître stupide, mais il devait la poser :

— Ce n'était donc pas… ?

— Non, ce ne sont pas les siennes. C'est la première chose qu'on a vérifiée. *Et ce ne sont pas non plus celles du pendu.*

Il se pencha pour regarder à l'intérieur de la maison, eut soudain l'impression d'être Gulliver au pays des Lilliputiens : les minuscules personnages qui la peuplaient étaient remarquables de précision et de réalisme, et ils le fixaient d'un air qu'il trouva malveillant, comme s'il n'était pas le bienvenu, comme s'ils le mettaient au défi de résoudre cette affaire. Il ne put s'empêcher de frissonner.

— Les figurines, dit-il en se redressant, elles étaient exactement dans cette position ?

Samira lui tendit une photo format A4. Il la saisit entre l'index et son pouce recousu, surprit le regard de Samira sur ce dernier. Le cliché aurait pu être pris à l'instant : rien n'avait changé, n'était l'éclairage.

— Elles sont collées sur leur support.

— Le pendu, parlez-moi de lui, dit-il en se redressant.

— Viens que je fasse d'abord les présentations, déclara Samira.

Ils s'approchèrent de la jeune femme. Dans les vingt-cinq ans. Petite, pas maquillée. Elle ne ressemblait pas exactement à ce qu'on attend d'un enquêteur de la Criminelle. Un mètre cinquante-cinq à tout casser, une ossature d'oiseau, fine, gracile – elle ne devait pas peser plus de cinquante kilos. Un menton pointu, des cheveux châtain foncé et un petit nez retroussé : presque tout son visage était occupé par une bouche trop grande et d'immenses yeux mobiles. Elle portait une veste de tailleur grise sur un chemisier blanc et un jean qui lui donnait des airs d'employée de banque.

— Lieutenante Stéphanie Kraczyk, dit Samira. Major de sa promo. Elle nous a été chaudement recommandée, ajouta-t-elle, sans qu'il pût déterminer s'il y avait dans sa voix une pointe de sarcasme ou non.

Servaz comprit : *elle avait des relations*. Ou plutôt papa-maman. Il tiqua.

— Kraczyk comme le député ? demanda-t-il.

— C'est mon père, répondit la jeune femme.

Il battit des cils. L'homme était un de ces politiciens animés par ce que Locke appelait l'« esprit de carnage ». Gonflé de suffisance et de certitudes, paranoïaque, il s'emportait et éructait contre tous ceux qui avaient le malheur de le contredire tout en s'adressant à ses ennemis du haut d'un supposé magistère moral dont il se réclamait. Et il ne perdait pas une occasion de taper sur les flics. Un de plus qui prétendait parler au nom du peuple, mais qui devait ses votes à la bourgeoisie, à des universitaires bon teint et à des professionnels de la contestation qui n'auraient certainement pas échangé leur situation contre un haut poste en Corée du Nord. Pourtant, quand le nombre des super-riches explosait, que 1 % des plus riches captaient près de deux tiers des richesses produites dans le monde et que, dans le même temps, la tendance pour les classes moyennes était à la soustraction, il ne fallait pas s'étonner que des individus comme Kraczyk trouvassent un auditoire à la mesure de leur démagogie. Car le moteur de Kraczyk, c'était la haine : il fédérait tous les passifs-agressifs du pays.

— Je sais ce que vous pensez, dit-elle en croisant son regard.

— Et qu'est-ce que je pense ?

— Comment se fait-il que je sois là puisque j'ai été élevée par un père qui déteste la police et qui ne manque pas une occasion de le faire savoir ?

— Et la réponse est… ?

— Peut-être que je suis là *justement* parce que je suis la fille de mon père.

Il la vit rougir. Comme si elle venait de partager avec eux un secret honteux. En même temps, était-ce une impression ou elle le fixait avec dans le regard un mélange de défi et de respect ? C'était peut-être une histoire de génération. Elle était sortie major de sa promo, et le fossé entre ce qu'on apprenait à l'école de police de nos jours et ce qu'il y avait appris en son temps devait être immense : c'est ce qu'elle se disait.

— Bienvenue dans le groupe, déclara-t-il.

Il se souvint de ces jeunes gens très polis qu'il avait croisés quelques mois plus tôt, juste avant l'été, sur le campus de l'école de police de Nîmes, celle où on formait les gardiens de la paix. Il avait dormi sur place après y avoir donné une conférence. Certains venaient des cités, d'autres de la petite bourgeoisie ou du monde agricole, et ils bavardaient tranquillement, à voix basse, sous les frondaisons des arbres que caressait la lueur des lampadaires, en cette douce soirée, dans un environnement si paisible qu'il n'aurait pu être plus éloigné de la guerre dans laquelle ils allaient être plongés. Il s'était dit qu'ils n'avaient pas la moindre idée de ce qui les attendait. Même si, intellectuellement, ils s'y préparaient.

Il se tourna vers l'autre personne.

Fortunat Meyrink était un grand gaillard large d'épaules dans la cinquantaine. Il portait toujours des couvre-chefs bizarres, chapeau ou casquette, été comme hiver. Ce jour-là, il s'agissait d'un bob de couleur marron, informe et trop petit pour sa grosse tête rougeaude.

— Salut, Meyrink, dit-il. Qu'est-ce que tu fais là ?

— Salut, Martin, content que tu sois de retour. J'ai demandé mon affectation à la BC.

Dans la maison, Fortunat Meyrink avait la réputation d'être cabochard, soupe au lait mais aussi ultra-compétent. Servaz lui lança un regard étonné :

— Tu quittes la Financière ?

Meyrink y avait fait toute sa carrière. C'était un vrai *lagotto romagnolo* lorsqu'il s'agissait de déterrer abus de biens sociaux, délits de favoritisme dans l'attribution de marchés publics et escroqueries créatives ou de démêler des montages financiers opaques. À plusieurs reprises, Meyrink avait assisté la BC dans ses enquêtes pour les volets financiers de celles-ci, dans le cadre d'une cosaisine. Servaz se dit qu'il leur serait utile quand il s'agirait de plonger dans des enquêtes complexes où les preuves manquaient.

— J'ai eu envie de changer d'air. La délinquance en col blanc, j'en ai fait le tour. Ça n'est plus aussi fun qu'avant. Quand les hommes politiques recevaient dans leurs bureaux des valises pleines de biffetons et qu'ils fourraient des liasses de billets dans les poches de leurs costumes en veillant à ce qu'elles ne fassent pas trop de bosses. Aujourd'hui, le narcotrafic corrompt tout : les flics, les juges, les élus. Les chefs sont planqués à Dubai, ils ont des bataillons d'experts et d'avocats payés à prix d'or, et l'argent est devenu intraçable. On est passés de *Wall Street* et *French Connection* à *Margin Call*. Et *Margin Call*, c'est nettement moins rigolo.

Servaz se souvint que Meyrink était aussi connu dans la maison pour sa façon de placer des références cinématographiques à tout bout de champ dans ses causeries.

— Excellente nouvelle, estima-t-il en se retournant vers Samira et la fille Kraczyk. Alors, ce pendu ?

CHAPITRE 16

L'enquête

— Il s'appelle Charles Fayolle, *s'appelait*… Soixante-quatre ans, journaliste à *La Garonne*, spécialiste police-justice. Même si, de temps en temps, il quittait son domaine de prédilection pour se pencher sur d'autres sujets. Veuf, sans enfants.

— Veuf depuis combien de temps ? demanda la nouvelle.

— Deux ans, répondit Samira.

Servaz devina où la jeune lieutenante voulait en venir, il jugea la question pertinente : pour certains, la solitude est un cancer qui vous dévore de l'intérieur, surtout quand on a passé une vie entière auprès de quelqu'un. Peut-être que la défunte cumulait les rôles d'épouse, d'amie, de sœur, de confidente et d'un tas d'autres choses, qui sait ? Deux ans, c'était suffisant pour se rendre compte si on avait envie de continuer sans elle ou pas.

— Ancien grand reporter, poursuivit Samira en parcourant ses notes. À ses débuts, en 1989, il a couvert la chute du mur de Berlin, puis l'opération *Tempête du désert* pendant la première guerre d'Irak en 1991, où il a accompagné la division Daguet le long de ce qu'on appelait alors « l'autoroute de la mort », entre Koweït et Bassora. Il a ensuite été à Sarajevo à deux reprises pendant le siège de la ville : de janvier à juillet 1993 et en 1996. Il était sur place le 22 juillet 1993, le jour où 3 777 obus se sont abattus sur la ville.

Servaz surprit les yeux agrandis de Stéphanie Kraczyk. Presque quatre mille obus en une seule journée sur une ville du continent européen : elle devait avoir du mal à y croire. Et pourtant, ce n'était pas si vieux : ça datait plus ou moins de l'année de sa naissance. Il se demanda combien de personnes s'en souvenaient, combien se rappelaient que le siège de Sarajevo avait été le plus long de l'histoire moderne : quatre ans, avec une moyenne de trois cent vingt-cinq impacts d'obus par jour sur une ville de quatre cent mille habitants, sans parler des snipers postés dans les collines. On était si prompts à oublier et à passer à autre chose. Et à croire que le peu qu'on savait suffisait à faire de nous des gens compétents pour juger de l'état du monde.

Combien d'informations capitales pour comprendre celui-ci tombées aux oubliettes à cause des choix des médias, de notre obsession pour les sujets à la mode, de nos biais idéologiques et de nos amnésies sélectives ? Combien d'infanticides – un enfant mourrait en France tous les trois ou quatre jours sous les coups d'un de ses parents – faisaient la une des journaux à côté des féminicides ? Combien de meurtres de personnes âgées étaient relégués en pages du milieu du journal local ? Combien avaient seulement entendu parler de la deuxième guerre du Congo, la plus meurtrière pourtant du XXIe siècle, bien plus meurtrière en vérité que toutes les guerres au Proche et au Moyen-Orient, avec plusieurs millions de victimes et des millions de déplacés ? Pourquoi les mêmes qui faisaient si grand cas des morts au Proche-Orient et en Ukraine se désintéressaient des morts au Soudan et au Congo ? Qui décidait que telle actualité était plus importante que telle autre ? Et au nom de quoi ?

— En 1999, il en a marre de la région parisienne, poursuivit Samira, et il redescend prendre ses quartiers à Toulouse, sa ville natale. C'était l'un des plus anciens journalistes de *La Garonne* : vingt-trois ans de bons et loyaux services au sein de la rédaction. Un excellent journaliste : sobre, factuel, compétent.

Servaz hocha la tête. Tous les flics, les avocats et les magistrats de la ville connaissaient Fayolle. C'était un de ces reporters qui mettait les flics et les juges à l'aise parce qu'il n'était pas du genre à faire passer le sensationnel avant les faits.

— Tu as essayé de joindre Esther Kopelman ? demanda-t-il.

Samira leva les yeux vers lui.

— Pas encore. Je t'attendais.

Esther Kopelman. L'autre membre de la rédaction de *La Garonne*, chargée des faits divers et des enquêtes de police. À la rédaction, on l'appelait « la Reine Mère ». À la fois crainte et respectée. Tous les flics de la ville savaient que, dès lors qu'Esther Kopelman se penchait sur leur enquête, ils avaient intérêt à ne pas merder. S'il avait fallu la représenter sous la forme d'un animal, ç'aurait été un pitbull ou un bouledogue avec une clope au coin du museau et une bouteille de Jack Daniel's entre les pattes. Pour *La Garonne*, Esther, c'était à la fois les joyaux de la Couronne et la plus grosse épine dans le pied de Chaumette, le rédacteur en chef. À propos de pied, Servaz se dit qu'il était temps de mettre les siens dans le plat.

— À ce stade, a-t-on des raisons de penser que cette pendaison est autre chose qu'un suicide ? demanda-t-il. Je veux dire : en dehors de la présence de cette maison de poupées et de ses figurines…

— Tout va dépendre des résultats de l'enquête préliminaire, répondit Samira. La PTS est sur place, l'autopsie aura lieu cet après-midi : Fortunat et Stéphanie y assisteront. On verra ce qu'il en sort.

— D'accord. Donc, s'il s'avère qu'on l'a… aidé, une information judiciaire va être ouverte et le service saisi. Dès que cette réunion est terminée, on appelle ses collègues au journal, à commencer par Kopelman. Fayolle avait de la famille ?

— Une sœur dans la région parisienne, on l'a contactée. Apparemment, elle parlait peu à son frère. Elle n'a pas eu l'air très émue. Elle descend. On va l'auditionner.

— OK. Revenons à cette… chose. Qui l'a trouvée ?

— L'entreprise chargée du nettoyage après décès.

— Pourquoi les gendarmes ne l'ont pas remarquée avant ?

— Comme elle était ailleurs dans la maison et que c'était rien qu'un jouet, ils n'ont pas fait gaffe à ce qui se trouvait à l'intérieur.

— D'accord, mais qu'est-ce que les employés chargés du nettoyage sont allés faire dans cette partie de la maison ?

Un sourire se dessina sur le visage de Samira : Martin n'avait rien perdu de sa faculté à poser les bonnes questions.

— Le patron de la boîte de nettoyage n'a pas été très clair sur ce point. Je crois qu'il est tombé dessus en allant chercher un outil ou quelque chose comme ça. Il s'appelle Bogdan Czubek. Il a bonne réputation.

Servaz fronça les sourcils.

— Je veux qu'on s'intéresse à ce type, dit-il. Venons-en à la maison de poupées…

— Pour ceux qui ne sont pas au courant, déclara Samira, le tueur en série suisse Julian Hirtmann avait l'habitude d'en confectionner de semblables dans l'atelier de la prison de Leoben.

Les regards se tournèrent vers Servaz. Tout le monde à l'hôtel de police connaissait l'histoire de sa « relation » avec Hirtmann. Elle faisait partie de la légende locale.

— Si c'est Hirtmann qui l'a mise là, poursuivit-elle, ça veut dire qu'il est dans le coin et qu'il nous envoie un message.

Cette perspective installa un silence dans la salle.

— Rien ne prouve pour le moment que c'est l'œuvre du Suisse, nuança-t-il. N'oublions pas que cette histoire de maisons de poupées est sortie dans la presse. N'importe qui a pu s'en inspirer.

— Ce truc, ça me fait penser à Frances Glessner, dit Fortunat Meyrink.

— Qui ça ? demanda Servaz.

— Frances Glessner Lee. Dans les années 1930-1940, elle s'est rendue célèbre aux États-Unis en reproduisant des scènes de crime sous forme de maquettes : des miniatures hyper-réalistes qui évoquaient des maisons de poupées. Tout y était : le mobilier, la tache de sang sur le tapis, la lampe renversée, les impacts de balle sur les murs, le papier peint, les portes, les fenêtres, les escaliers, et bien sûr les victimes : même l'inclinaison d'un couteau dans la poitrine était scrupuleusement respectée. Elle appelait ça ses « *Nutshell Studies* ». Dans une de ses miniatures baptisée « *Attic* », il y a même une femme pendue dans un grenier. Elle a révolutionné les méthodes d'enquête outre-Atlantique en faisant prendre conscience de l'importance de « geler » la scène de crime en trois dimensions. À part ça, c'était une vieille dame avec un chignon et des lunettes, une sorte de Mamie Nova, en somme.

Servaz considéra Meyrink.

— Ces miniatures annoncent peut-être un crime à venir, proposa-t-il.

Il y eut un silence.

— Un crime intrafamilial alors, déclara Samira au bout d'un moment, en montrant les sept figurines, qui semblaient les écouter et les espionner du fond de la maison.

— Pas forcément, ça peut simplement vouloir dire que la future victime a des frères et sœurs et ses deux parents.

— Ce qui correspond quand même à beaucoup de jeunes femmes là-dehors, rappela-t-elle d'un air sombre.

— On dirait des sœurs jumelles, vous ne trouvez pas ? fit observer Stéphanie Kraczyk, les yeux braqués sur la maison de poupées.

Tout le monde l'imita. Elle avait raison : les deux sœurs étaient identiques. Servaz pensa soudain à Lisa et Louise. Se pouvait-il qu'il y eût un lien ? Mais Lisa et Louise étaient d'une blondeur scandinave alors que les deux miniatures étaient brunes. Et qui aurait pu avoir vent de l'existence des jumelles ? Sur les forums, elles se planquaient derrière des pseudos – même lui ignorait leur véritable identité. Il eut soudain envie de parler de ce que Sachs lui avait appris, de partager avec eux l'existence du Club des Inénarrables Enquêteurs. Mais il devinait la réaction de Samira quand il lui expliquerait de quelle manière une bande de détectives amateurs en était arrivée à certaines conclusions. Il aurait réagi de la même façon à sa place : par le scepticisme et le sarcasme.

— Je peux vous montrer quelque chose, commandant ? dit soudain la jeune lieutenante.

Stéphanie Kraczyk avait tourné vers eux l'écran de son PC portable. Servaz et Samira s'approchèrent.

Des photos de maisons de poupées. La jeune femme cliqua sur l'une d'elles, l'agrandit.

Le regard de Servaz alla de la photo à l'objet qui trônait au centre de la table. Exactement la même structure. Seul l'aménagement des pièces différait. Et les personnages miniatures sur la photo possédaient le même degré de précision et de réalisme que ceux qui peuplaient la pièce à conviction trouvée chez Fayolle. Ils partageaient avec eux un incontestable air de famille, pas de doute : c'était la même personne qui avait fabriqué les deux maisons de poupées et leurs figurines.

Une raison sociale s'affichait en dessous de l'image :

Miniatures & Co, Toulouse

— Bien joué, dit-il avec un sourire.

La nouvelle le lui rendit. Le sien était le sourire triomphant d'une génération qui se croit meilleure que les précédentes, comme toutes les générations avant la sienne l'avaient cru, qui pense ses valeurs plus hautes, ses standards plus élevés, ses motivations plus nobles.

Il hocha la tête d'un air compréhensif. Il avait été comme elle au même âge – mais c'était il y a longtemps.

CHAPITRE 17

Rue des boutiques obscures

Miniatures & Co, Toulouse
Depuis 1985
Modélisme ferroviaire, maquettes de bateaux, avions, jouets anciens

C'était écrit sur la vitrine. Ils franchirent le seuil sous une pluie froide, rue Sainte-Ursule, dans le cœur ancien de la ville.

Une clochette émit un tintement grêle quand Samira poussa la porte à bec-de-cane. C'était un endroit qui tenait à la fois de la caverne d'Ali Baba et du musée du Modélisme. Un musée lui aussi modèle réduit : tout y était empilé dans moins de cinquante mètres carrés.

En descendant les trois marches – l'échoppe était en dessous du niveau de la rue –, Servaz eut immédiatement dans l'oreille un bruit familier, qu'il n'avait pourtant pas entendu depuis l'enfance. Celui d'un train électrique galopant sur des rails et des aiguillages miniatures. Il tourna son regard vers la droite. Le bruit venait d'un diorama à l'échelle N. Une locomotive à vapeur tirait ses wagons dans un décor de rochers et de sapins. Une gare, des maisons à colombages, des montagnes, des viaducs, des tunnels. Il leva les yeux vers les avions des deux guerres mondiales – Spitfire, Messerschmitt, Fokker, SPAD – suspendus à des fils de pêche.

Des cartons partout. On aurait dit qu'un déménagement se préparait. À moins qu'il ne s'agît des dernières livraisons.

Une demi-douzaine de maisons de poupées sur leur gauche... semblables à celle trouvée chez Fayolle...

Dans l'ombre au fond, derrière le comptoir, vaguement éclairé par une lampe kitsch coiffée d'un abat-jour à glands, se tenait un type costaud dont le crâne frôlait le plafond bas. Une carrure de première ligne. Ses lunettes rondes, sa moustache blanche et son gilet sans manches à rayures étaient en parfaite harmonie avec le décor.

— Salut, Gepetto, dit Servaz.

Samira considéra son chef de groupe d'un air désemparé. Pourquoi ne lui avait-il pas dit qu'il connaissait l'endroit et le bonhomme ?

— Salut, Servaz, répondit le géant, et ce fut comme si sa moustache aussi souriait.

Il dévisagea Samira.

— Et vous êtes ?

— Capitaine Samira Cheung.

— Enchanté, Samuel Le Goff, dit-il en faisant le tour de son comptoir et en tendant une grande main qui semblait peu faite pour manipuler toutes ces choses délicates.

De près, il était encore plus impressionnant. Son regard rieur passa de Samira à Servaz, puis revint sur celle-ci.

— J'étais flic avant de m'occuper du magasin, lui dit le géant. Il y a de ça une bonne quinzaine d'années. Mais je fabriquais déjà des marionnettes, dont je peuplais mon bureau. Ça faisait marrer les collègues. (Il jeta un coup d'œil à Servaz.) D'où mon surnom. Personne n'est rien *que* flic, pas vrai ? conclut-il.

— Vous n'avez pas attendu l'âge de la retraite, on dirait, avança Samira.

Il la gratifia d'un sourire :

— Flic de terrain, donc patrouille de nuit. Un soir, on a voulu interpeller un gars qui faisait du grabuge dans un bar boulevard de Strasbourg. Il avait blessé un client au visage avec un tesson de bouteille et il en menaçait un autre. Pendant qu'on le maîtrisait, le type m'a mordu le poignet jusqu'au sang. Puis il m'a craché dessus en gueulant qu'il avait le sida. On l'a neutralisé et on l'a embarqué. J'ai aussitôt filé à l'hôpital. On m'a fait une prise de sang et on m'a donné des médocs à titre préventif. Il s'est avéré que le type était bien séropositif mais qu'il ne m'avait pas contaminé. À la place, il m'avait refilé l'hépatite C. Depuis, j'ai des médicaments à vie. L'individu, lui, a été jugé irresponsable. Il a passé trois jours en psychiatrie et il s'est retrouvé dehors. Après ça, le ressort s'est cassé. J'ai tout plaqué et j'ai ouvert ce magasin. Le modélisme, c'était ma seconde passion, après la rue.

Il montra la boutique d'un geste ample.

— Si quelque chose vous intéresse, allez-y, c'est le moment, je fais 50 %. À partir de lundi, on brade tout.

Son regard revint vers eux, un brin terni.

— On va devoir fermer. Du jour au lendemain, le propriétaire a doublé le loyer. Ses charges ont augmenté, qu'il a dit. Sa rapacité naturelle aussi, probable. Sans doute qu'il a vu les autres en faire autant et qu'il s'est dit : *pourquoi pas moi ?* Et puis, on faisait déjà les trois quarts de nos ventes sur Internet, alors... Qu'est-ce qui me vaut la visite de la BC ?

— Tes maisons de poupées, répondit Servaz.

L'ancien gardien de la paix fronça ses sourcils aussi blancs que sa moustache. Servaz posa un cliché sur le comptoir.

— Ça te dit quelque chose ?

Gepetto se pencha, étudia la photo.

— Bien sûr, elle sort d'ici. Attendez… Ne me dites pas que ça représente une *vraie* scène de crime ?

La stupeur se lut sur les traits du miniaturiste.

— Moi, je croyais que c'était juste une blague, un cadeau…

— On ne sait pas si ça en représente une, précisa Servaz, mais en tout cas ça a été trouvé sur une *possible* scène de crime.

— Tu m'expliques ? demanda Le Goff.

— Un type qui s'est pendu, sauf qu'on l'a peut-être aidé… Ta maison était chez lui.

L'ancien flic sembla perdre de sa superbe :

— Oh, merde !

— Tu te souviens de la personne qui te l'a commandée ?

— Oh que oui. C'est pas le genre de cliente qu'on oublie… Un sacré lot. N'y voyez aucune offense, ajouta-t-il à l'intention de Samira. Vous êtes tout à fait mon genre, mais cette fille… Plutôt grande, brune, cheveux longs, un imper en cuir noir et des bottes jusqu'aux genoux. On aurait dit qu'elle sortait d'un roman de Dashiell Hammett, vous voyez le genre.

Servaz voyait.

— Quel âge ? demanda-t-il.

— Je dirais entre vingt et vingt-cinq. Très belle. Je la reconnaîtrais sans problème.

— Elle a payé comment ?

— En cash, je me rappelle très bien. La première fois, elle est venue avec un croquis très précis de ce qu'elle voulait.

— Tu l'as toujours ?

— Non, elle a tenu à le récupérer. J'ai souvenir d'avoir fait une blague sur le côté sinistre de la scène et elle a ri, elle m'a dit que c'était pour son fiancé, qu'elle allait se marier et que ça représentait sa belle-famille. Je me suis dit que ça promettait.

— Pour la commande, elle a dû te laisser un nom, quelque chose.

— Attendez…

Le géant retourna derrière son comptoir, sortit une petite boîte en bois dans laquelle se trouvaient des fiches cartonnées, à l'ancienne. Il fouilla dedans, en tira une.

— Lamia, dit-il. C'est le nom qu'elle a donné. Ni mail ni numéro de téléphone. Elle a dit qu'elle repasserait, c'est tout, et c'est ce qu'elle a fait.

Samira montra la caméra de surveillance dans un angle du plafond.

— Purement dissuasif, dit Gepetto. C'est une fausse. Cette fille, Lamia, c'était quelque chose, ajouta-t-il d'un air rêveur.

Derrière eux, la clochette de la porte tinta, aussitôt suivie du bruit de la pluie tombant à verse et d'une bouffée d'air humide. La porte fut close d'une main ferme.

— Puis je vous aider ? demanda Gepetto en s'adressant par-dessus l'épaule de Servaz au client qui venait d'entrer.

— Je cherche un cadeau pour mon père, dit l'homme.

Voix profonde, frémissante.

— Je m'occupe de ces messieurs-dames et je suis à vous.

— Pas de problème.

— Une maison de poupées comme celle-là, ça va chercher dans les combien ? demanda Samira.

— 1 500 euros, ce sont des heures de travail.

— Vous n'avez pas trouvé ça bizarre, quand même, cette commande ? insista-t-elle.

L'ancien flic jeta un regard à la personne derrière eux, haussa les épaules.

— Le monde est plein de gens bizarres.

— Merci, Sam, dit Servaz. Si quelque chose te revient, tu sais où nous trouver. Et si jamais cette cliente se manifeste de nouveau…

Ils lui serrèrent la main, passèrent près du client qui venait d'entrer. L'homme portait un chapeau à larges bords qui s'égouttait, bas sur le front : c'est à peine si on voyait ses yeux.

En quittant le magasin, Servaz se souvint de quelque chose. Dans la rue, tandis qu'ils se dirigeaient sous la pluie vers l'emplacement où ils avaient garé le SUV, il sortit le téléphone de Gustav de sa poche, le tendit à Samira.

— Qu'est-ce que c'est ?

— Le téléphone de mon fils. Tu peux le filer à la technique ? Il reçoit des menaces de mort depuis quelque temps. Qui nous visent aussi, Léa et moi. J'aimerais savoir qui les envoie, si c'est possible. Si on porte plainte, ajouta-t-il, ça va prendre des plombes.

— Donc, en plus, tu veux une recherche prioritaire et sans autorisation d'un juge, fit-elle observer.

— C'est le prix à payer pour bénéficier de mes lumières.

— Le cou présentait un sillon de strangulation ascendant vers l'arrière, parfaitement dessiné, conforme à une pendaison, expliqua une heure plus tard Fortunat Meyrink à l'hôtel de police.

Il s'était tapé l'autopsie avec la nouvelle recrue – qui était pour l'heure de la couleur du skyr nature que Samira prenait tous les matins au petit déjeuner avec son œuf. *Première autopsie*. Même les enquêteurs chevronnés ne restaient pas de marbre devant un corps martyrisé sur une table en métal – mais la première autopsie, ça revenait à perdre sa virginité : la première empreinte laissée par un monde en souffrance. Tout à coup, ce monde cessait d'être innocent, cessait d'être juste. Et cette certitude ne vous quittait plus.

— Le larynx et l'os hyoïde étaient intacts, poursuivit Meyrink, ce qui est rarement le cas lors d'un étranglement criminel. Tout converge donc vers une pendaison en bonne et due forme, à deux détails près : pas de pétéchies dans ses yeux et on n'a trouvé aucune infiltration sanguine au niveau des muscles du cou qui nous aurait permis d'affirmer avec certitude que Fayolle était bien vivant lorsque le nœud coulant s'est resserré.

Personne ne pipait mot. L'atmosphère était soudain devenue pesante. Une fascination morbide les gagnait, se répandant dans la pièce, pareille à une humeur sombre, une maladie contagieuse, exerçant son emprise, comme toujours à ce stade.

— En clair ? finit par demander Samira.

— Eh bien, comme on n'a trouvé aucun autre hématome ni aucune trace de coup, on attend le résultat des analyses toxicologiques pour savoir ce qu'il s'est passé avant. Mais, selon le Dr Fatiha Djellali, on peut d'ores et déjà affirmer avec 80 % de certitude *qu'il était mort avant d'être pendu.*

Il leur laissa le temps de digérer l'information, puis il ajouta :

— Ah, et sinon, notre amie Stéphanie nous a rejoué *L'Exorciste* : elle a vomi son déjeuner. Je crois qu'elle a compris qu'une vraie autopsie ressemble autant à ce qu'elle a appris à l'école que le film suédois *Crime à froid* à un Truffaut. J'ai pas raison, lieutenante ?

Servaz surprit le regard noir que la nouvelle recrue lui lança. Il se dit qu'il allait peut-être avoir quelques querelles d'ego à gérer dans un avenir proche si ces deux-là faisaient équipe.

CHAPITRE 18

La conspiration

L'endroit s'appelait *Sami Kebab* et pouvait se prévaloir d'une esthétique au mieux minimaliste – tables et chaises en plastique, murs bleu layette, photos en noir et blanc de Steve McQueen, Belmondo, Alain Delon et Bruce Lee –, au pire inexistante, mais il proposait les meilleurs *dürüms* de la ville, à en croire Esther Kopelman. Qui s'y connaissait en *dürüms*.

— Qu'est-ce que vous voulez savoir ? demanda la journaliste en s'essuyant les lèvres avec une serviette en papier. La dernière fois que j'ai collaboré avec la police, j'ai failli y laisser ma peau.

— Et moi, je me suis retrouvé en garde à vue, dit Sami, qui se tenait debout à côté de leur table, laquelle était la seule occupée.

Novembre 2020, se souvint Servaz, le deuxième confinement. Le général Thibault Donnadieu de Ribes – celui que ses hommes appelaient « le Lion » – pris dans les barbelés tel un Christ aux épines. Les tirs, les rafales, les chevaux affolés s'éparpillant dans la prairie. Les hommes de la BRI donnant l'assaut au château. Servaz n'était pas près d'oublier[1].

1. Voir *La Chasse*, XO Éditions et Pocket.

— Mmm, fit Esther, vous avez tort de ne pas goûter ça. Avec le *ras el-hanout* de Sami, c'est divin.

— On sort d'une autopsie, mentit-il.

Dans un coin, un téléviseur diffusait du foot, son coupé. Coupe du monde au Qatar : une rediffusion de la demi-finale de la veille. Samira eut le temps de voir le gardien de l'équipe de France sauver une situation brûlante devant un attaquant marocain. Elle se dit que le foot, c'était comme la vie : on ne savait pas de quoi demain serait fait, ni la minute suivante. Il fallait saisir les occasions quand elles se présentaient. Elle oublia le match, qu'elle avait regardé en supportant le Maroc pendant que son voisin et amant, un homme marié, bondissait du canapé à chaque but marqué par la France.

— Fayolle, fit-elle, je suppose qu'au journal on parle beaucoup de son suicide.

Esther Kopelman hocha prudemment la tête. Samira remarqua qu'elle avait troqué le marron cirage à chaussures de ses cheveux pour un auburn plus seyant, mais les racines blanches se dévoilaient déjà. Hormis ce changement, elle ressemblait toujours autant à un bouledogue anglais, dont elle avait aussi l'air renfrogné.

— Est-ce qu'il était dépressif ? Est-ce qu'il avait des problèmes financiers, sentimentaux ?

Un éclair traversa l'œil de gerfaut de la journaliste. Elle regarda Servaz, puis reporta son attention sur Samira.

— Fayolle était dépressif depuis la mort de sa femme. Il voulait laisser tomber le métier, il n'en pouvait plus. Il disait qu'il avait l'impression d'être égoutier, et plus reporter. Il en avait marre de toute cette merde. Il avait acheté un bateau. Il parlait de démissionner et de faire le tour du monde avec l'argent qu'il avait mis de côté. Vous savez ce que c'est : ce genre de rêve qu'on fait tous, en sachant que jamais il ne se réalisera.

— Il avait déjà parlé de mettre fin à ses jours ? insista la policière.

Esther Kopelman leva les yeux vers Sami, qui n'avait pas bougé.

— Sami, dit-elle, tu veux bien aller en cuisine ?

— La cuisine, c'est la place de Sami, dit Sami en s'éloignant.

Elle tourna vers eux un regard interrogateur :

— D'accord, si on jouait cartes sur table ? Qu'est-ce qu'il se passe ? Vous pensez que ce n'est pas un suicide ?

Samira et Servaz se sondèrent en silence. Tous deux étaient conscients que la journaliste finirait par découvrir le pot aux roses : elle avait toujours eu ses sources à l'hôtel de police, et elle était plutôt fine mouche.

— Qu'est-ce que vous avez ? insista-t-elle d'une voix que des décennies de tabagisme avaient transformée en un profond bruit de râpe. C'était mon collègue, on travaillait ensemble : j'ai le droit de savoir. Je ne publierai rien qui puisse compromettre l'enquête, si enquête il y a. Ce n'est certainement pas moi qui vais vous mettre des bâtons dans les roues dans cette affaire.

Elle se pencha pour tousser, une toux grasse, se redressa. Attendit qu'ils se décident.

— Il ne s'est pas pendu tout seul, dit Servaz. Il était sans doute mort avant qu'on le pende.

Elle jeta un coup d'œil à Samira, comme pour chercher une confirmation. Eut l'air secouée.

— Vous voulez dire… qu'on l'a *tué* ?

Servaz acquiesça d'un signe de tête.

— Bordel à cul ! s'exclama la journaliste. Et vous savez comment… ?

— Pas encore.

— Je peux publier ça ?

Il secoua la tête.

— Pas pour le moment. Sur quoi il travaillait, les derniers temps ?

Elle haussa les épaules, l'air désorientée.

— Ça, faudrait demander à Chaumette… (Elle plissa les paupières, qu'elle avait lourdement maquillées.) Vous pensez qu'on l'a tué à cause de quelque chose qu'il aurait découvert, c'est ça ?

Servaz la dévisagea.

— C'est une hypothèse.

— D'accord, dit-elle, d'accord : je me charge de Chaumette. En échange, vous me tenez au courant des progrès de l'enquête. Putain ! Fayolle assassiné… C'est… Il y a autre chose que je devrais savoir ?

Servaz se demanda s'il fallait lui parler de la maison de poupées. Il regarda Samira. Qui prit la décision à sa place :

— En fin de compte, j'ai la dalle, dit celle-ci pour changer de sujet. Ils sont vraiment bons, ces *dürüms* ?

— Avec du *ras el-hanout*, conseilla Esther Kopelman, ils sont exceptionnels.

CHAPITRE 19

La ruche

La ruche bourdonnait. Ça allait et venait, ça s'interpellait sur fond de téléphones sonnant, de claviers martyrisés, d'imprimantes crachant du papier. La rédaction de *La Garonne* à l'heure de pointe. Installée dans l'entresol d'un vieil immeuble de la rue des Lois.

Esther Kopelman traversa la salle à grandes enjambées, une démarche qui – eu égard à son mètre cinquante-deux et à son centre de gravité bas – évoquait pour les turfistes de la rédaction un trot attelé.

Elle cogna à la porte du rédac-chef, le seul qui eût un bureau à lui, n'attendit pas la réponse pour entrer.

— Esther ? s'alarma Chaumette du ton que prendrait un présentateur météo pour annoncer une alerte orange avec orages.

— Salut, je peux m'asseoir ? T'as une minute ?

— Ai-je vraiment le choix ?

Même assis, on devinait que Chaumette était un homme aux proportions considérables : corps immense, bras interminables, longue tête couronnée d'un épais buisson de cheveux bouclés et grands yeux saillants. Il souffrait en outre d'un catalogue de pathologies qui aurait effrayé tout autre que lui et qui faisait le désespoir de son médecin.

Chaumette affichait en permanence un air qui balançait entre la perplexité et la colère, air sans nul doute destiné à impressionner ses interlocuteurs, mais qui laissait Esther Kopelman d'une froideur de marbre funéraire. Elle savait que, si quelqu'un devait s'inquiéter dans cette pièce quand elle y pénétrait, c'était lui.

— Sur quoi travaillait Fayolle ? demanda-t-elle d'emblée en s'asseyant.

Il était en train de lire un papier qui s'intitulait : « POURQUOI L'INTELLIGENCE ARTIFICIELLE EST UNE MENACE POUR L'HUMANITÉ ». Assez ironiquement, il était amusant – ou déprimant – de penser que, très bientôt, ce genre de marronnier serait rédigé par l'IA elle-même. Il le repoussa, maussade, à côté d'un autre article qui commençait ainsi : « *Corruption, empreinte carbone, droits des travailleurs migrants, interdiction des brassards One Love : Qatar, le Mondial de la honte ?* »

— Pourquoi tu veux le savoir ?

— Fayolle ne s'est pas suicidé.

Le silence qui suivit fut seulement troublé par le bip-bip strident d'un véhicule de livraison faisant marche arrière en bas, dans la rue.

Incrédule, Chaumette se redressa.

— Pardon ?

— Charles était mort avant qu'on le pende.

En bas, une voiture démarra en faisant hurler ses pneus. Chaumette respira par les naseaux, tel un cheval qui renâcle. Il fouilla le regard de la journaliste. Il eut l'air perdu, tout à coup.

— Comment tu sais ça ? Tes sources à l'hôtel de police ?

Elle hocha la tête :

— Je viens de leur parler. On ne publie rien pour l'instant, c'est le deal.

— Ils sont sûrs de ça ?

— Ils ont l'air.

— Seigneur !

Il se renversa en arrière, croisa les mains derrière sa nuque, une pose faussement détendue destinée à masquer le trouble qui avait envahi ses traits épuisés.

— Bon, je te repose la question, sur quoi Charles travaillait-il ?

Il baissa les yeux vers elle, et elle vit qu'il cherchait à se souvenir avec exactitude de ce que Fayolle lui avait raconté :

— Il enquêtait sur des meurtres et des disparitions récentes qu'il pensait liés à la vague de disparitions et de meurtres entre les années 1995 et 2010, commença-t-il d'une voix lente.

Elle attendit la suite. Comme n'importe quel journaliste, flic ou juge toulousain ayant suffisamment d'ancienneté, elle savait à quoi le rédac-chef faisait référence. La période la plus noire de la chronique judiciaire et criminelle de la ville. Se penchant en avant, les manches retroussées, Chaumette posa ses coudes sur les papiers étalés devant lui et planta son regard dans celui d'Esther :

— Il avait repris la liste des disparitions de l'époque. Il en avait aussi repéré d'autres. Les enquêtes étant menées par des services différents, personne n'avait fait le lien. C'était avant les logiciels comme AnaCrim et Salvac. Toutes ces disparitions avaient cessé brusquement en 2009. Avant de reprendre récemment, selon lui.

Il attrapa un coupe-papier, en éprouva le fil, et Esther devina que ce geste avait pour but de cacher son agitation. Elle ne fit aucun commentaire, le laissa venir. La tension dans le petit bureau était palpable.

— Il appelait les disparues ses « étoiles mortes ». Il y a souvent une frontière assez mince entre l'investigation menée avec une extrême conscience professionnelle et l'obsession personnelle. Il avait contacté un policier en qui il avait confiance, mais qui ne voulait pas que son identité fuite : il l'appelait Virgile. Tu sais, comme le poète latin qui, dans *La Divine Comédie*…

— … guide Dante à travers les cercles de l'enfer. Oui, je connais, merci. Continue.

Chaumette prit une inspiration :

— Les derniers temps, il était en plein délire, il voyait des complots partout… C'est tout juste si ce n'était pas un coup des francs-maçons ou des Illuminati. Il disait qu'il n'y avait pas une personne mais plusieurs derrière tout ça. Il m'inquiétait, il était devenu… paranoïaque.

Elle émit un grognement :

— Oui, ben, ce n'était peut-être pas de la paranoïa en fin de compte.

Chaumette eut une moue dubitative :

— À force de voir des complots partout, même les paranoïaques finissent par tomber juste un jour ou l'autre, rétorqua-t-il. Mais tu as raison, ajouta-t-il en croisant le regard d'Esther. En l'occurrence, ce n'était peut-être pas de la paranoïa.

— Virgile…, commenta la journaliste. Tu parles d'un pseudo. Tu as une idée de qui ça pourrait être ?

Chaumette haussa les épaules.

— Pas la moindre. Fayolle se gardait bien de me faire des confidences à ce sujet. Virgile, c'était son secret.

Esther nota qu'une atmosphère presque morbide s'était installée dans le petit bureau encombré de meubles-classeurs métalliques et de dossiers. Chacun convoquait en silence les souvenirs qu'il avait de Fayolle. Un homme qui, bien que dépressif, était là pour les autres, pour leur offrir une écoute attentive, pour déminer les conflits – il y en avait toujours dans la rédaction d'un journal –, pour apporter à chacun quelques paroles de réconfort ou d'encouragement.

Un homme bon, mais qui n'hésitait pas à côtoyer les ténèbres, à affronter ce que l'humanité a de plus exécrable, à y perdre ses dernières illusions et peut-être à y laisser sa santé mentale.

— Merde, dit Chaumette au bout d'un moment, c'est moche… C'était un sacrément bon journaliste.

Esther le regarda. Chaumette n'était pas du genre émotif. Et il était plutôt avare de compliments en général. Quand il vous en faisait, c'était toujours du bout des lèvres et à demi-mot. Mais ses yeux étaient rouges en cet instant.

— Tu crois que je peux avoir accès à ses notes et à son ordinateur avant la police ?

Elle le vit redresser la tête, une lueur nouvelle dans ses yeux pleins de tristesse et de colère.

— Ce qui me surprend, c'est que tu me demandes la permission.

CHAPITRE 20

Cloud atlas

Un mug sur lequel était écrit : « C'EST ÉPUISANT D'AVOIR TOUJOURS RAISON », des Post-it roses, jaunes, verts – partout, pareils à des feuilles en automne. Collés sur l'écran du PC, sur le bureau, sur les tasses, sur des chemises cartonnées.

Elle se pencha vers les bouts de papier, essaya d'en déchiffrer quelques-uns.

La plupart portaient des messages plus ou moins sibyllins : « Appeler Nadine », « Jeudi 13 heures D » ; D pour « Dentiste » ? Pour « Déjeuner » ? Pour « Dermato » ? Elle repensa au rendez-vous avec un dermatologue qu'elle avait essayé d'obtenir quelques jours plus tôt, après avoir trouvé un beau matin une grosseur sous la peau de son épaule, juste en dessous de la clavicule : Doctolib lui en avait proposé un huit mois plus tard ! Quant aux autres spécialistes consultés, elle avait eu droit à la réponse : « Ce médecin ne prend pas de nouveaux patients. » Elle avait renoncé. Si ça empirait, elle irait encombrer les urgences, comme tout le monde. *Ou bien D désignait-il quelqu'un ?*

Soudain, l'un des Post-it capta son attention : « Virgile ne me dit pas tout. »

« VIRGILE »

Dans *La Divine Comédie*, Virgile était le guide qui accompagnait Dante en Enfer, et au Purgatoire. Il était aussi cette figure protectrice vers qui Dante se tournait pour demander aide et conseil. Le vrai Virgile, lui, était un poète latin né au Iᵉʳ siècle av. J.-C., auteur de l'*Énéide*. C'était à peu près tout ce qu'elle en savait. Elle n'avait jamais lu ni l'*Énéide* ni *La Divine Comédie*.

Elle savait juste que le second bouquin était un truc passablement gonflant et tordu avec toutes sortes de tortures raffinées subies par les pécheurs sous prétexte de morale et de religion : ce Dante Alighieri était sans doute un grand malade avec un penchant prononcé pour le SM.

Le surnom avait-il été choisi au hasard ou le symbole était-il clair : le flic qui aidait Fayolle en coulisse lui servait de guide ? Mais pour traverser quoi ?

Elle alluma le PC de Fayolle. Il mit un peu de temps à démarrer. *Pas de mot de passe…* Ce n'était pas vraiment bon signe, ça voulait dire qu'il ne conservait rien de confidentiel là-dedans.

Puis un iconique Einstein tirant la langue s'afficha en fond d'écran avec la phrase : « RIEN N'EST PLUS PROCHE DU VRAI QUE LE FAUX. » Elle faillit lever les yeux au plafond : *Fayolle et ses maximes…*

À cette pensée, sa gorge se noua. C'était comme s'il était là, encore vivant, dans son dos, à sourire de son exaspération.

— Va te faire foutre, Charles, murmura-t-elle.

Elle regarda autour d'elle pour s'assurer que personne ne l'avait surprise en train de parler à un mort.

Des dossiers sur le bureau de l'ordinateur, intitulés « maison », « santé », « impôts ». Fayolle gardait visiblement toute sa paperasse perso sur son PC pro. Elle les parcourut rapidement, glissant de l'un à l'autre, s'arrêta brusquement, revint en arrière :

« *Pour Esther* »

Nom d'un chien ! Qu'est-ce que c'était que ça ? Un dossier intitulé « Pour Esther » ? Sans blague ? Elle l'ouvrit, la gorge nouée. Un unique fichier Word à l'intérieur. Elle cliqua dessus. Une seule phrase : « *Tu devrais arrêter de fumer, Esther, et jeter les cigarettes.* » Quoi ? Sérieux ? Charles avait créé un dossier rien que pour ça ? Pour lui envoyer ce message… post mortem ?

Elle sentit les larmes lui monter aux yeux. *Oh merde, Charles, t'es vraiment trop, tu sais ? Putain, ce que tu vas me manquer…*

Elle prit une respiration.

Une minute, une minute…

C'était quoi, au juste, cette histoire d'arrêter de fumer ? Fayolle ne pouvait quand même pas avoir prévu qu'on allait l'assassiner. Mais, dans cette hypothèse, il aurait sans doute eu d'autres préoccupations immédiates que d'inciter sa chère collègue à arrêter de fumer… En revanche, il avait visiblement prévu qu'en cas de décès suspect elle irait fouiller dans son ordinateur : *bien vu, il la connaissait.*

Par conséquent, ce message avait peut-être une signification plus profonde qu'il n'y paraissait. Esther réfléchit. « Tu devrais arrêter de fumer et jeter les cigarettes. » *Qu'est-ce que tu essaies de me dire, Carlito ?* Elle éprouva soudain une violente envie de s'en griller une. Mais le besoin de résoudre l'énigme était le plus fort. *Toi aussi, mon p'tit père, tu fumais comme un pompier*, se souvint-elle.

Soudain, elle tressaillit. Il avait écrit : « jeter les cigarettes ». *Les* cigarettes, pas *tes* cigarettes…

Elle ouvrit un tiroir après l'autre. Trouva ce qu'elle cherchait dans le deuxième : un paquet de clopes, bien en vue.

Elle l'ouvrit.

Intact.

Jetant un coup d'œil autour d'elle, Esther vida nerveusement les cigarettes dans le tiroir, en vrac. Il y avait un truc dans le fond du paquet… Un bout de papier. Elle le récupéra, le déplia. Mince de mince, Fayolle se la jouait Robert Redford dans *Les Trois Jours du Condor*. Il n'avait pourtant pas le physique de l'emploi.

Il était écrit : « DP jsCFj52a %&_ ». Ça ressemblait tout à fait à un mot de passe, mais il y avait une espace entre DP et la suite. « DP » ? Double page ? Non, ça ne voulait rien dire. Elle regarda par la fenêtre. Le ciel était lourd de nuages. *Le cloud !* Bien sûr. Fayolle avait certainement stocké les infos les plus importantes dans le cloud : DP pour Dropbox, l'un des clouds les plus utilisés. La suite, c'était son mot de passe.

Elle ouvrit le moteur de recherche, se connecta à Dropbox, qui lui demanda une adresse e-mail ou un numéro de téléphone. Elle entra le mail professionnel de Fayolle : cfayolle@lagaronne.fr. Tapa le mot de passe. Bingo ! Ça y était ! Elle était entrée.

Il y avait un seul dossier dans le cloud. Il contenait un fichier Word : un texte intitulé *Journal des ténèbres*.

Un tressaillement la parcourut.

Bon sang, Charles, quel ton dramatique ! L'espace d'un instant, elle se demanda, à l'instar de Chaumette, si Fayolle n'avait pas vrillé. Quoi qu'il en soit, cela voulait dire une chose : si ce texte contenait des infos confidentielles, Fayolle l'avait choisie *elle* pour recevoir ces révélations – *lesquelles avaient peut-être conduit à son assassinat*.

Tout à coup, sans qu'elle ait rien vu venir, elle eut une frousse de tous les diables.

Cela ne dura que quelques secondes avant qu'elle se reprenne mais, durant cette poignée de secondes, l'inquiétude lui laboura la poitrine. Un sentiment de danger aussi solide qu'un bout de ferraille qui aurait heurté son crâne. Il lui suffisait d'imaginer Fayolle tournant sur lui-même au bout d'une corde, les pieds à un mètre du sol, pour se convaincre que ce danger *n'était pas une vue de l'esprit*. De nouveau, elle regarda autour d'elle – comme si le danger en question pouvait venir de l'intérieur de la rédaction. Est-ce que Charles se sentait suivi, épié ? *Arrête ta parano, ma petite, et garde ton calme*... Fayolle l'avait choisie elle parce qu'il avait confiance, mais aussi parce qu'elle était la plus acharnée, la plus coriace des investigatrices quand elle s'y mettait, et ça, il le savait.

Il voulait que quelqu'un finisse le travail dans l'éventualité où il lui arriverait quelque chose...

Et s'il a pris toutes ces précautions, c'est parce qu'il n'avait pas confiance en tout le monde ici, fut la réflexion qu'elle se fit aussitôt après.

Merde.

Elle se leva. Marcha jusqu'à son bureau. Récupéra une clé USB dans un tiroir. Revint au poste de Fayolle.

Le fichier ne pesait que 297 octets. Elle introduisit la clé USB dans son logement, le sauvegarda.

Puis elle glissa le papier avec le mot de passe et la clé USB dans son sac, se déconnecta du cloud, éteignit le PC et quitta la rédaction.

CHAPITRE 21

Journal de la nuit

Le crépuscule renforçait le rose brique des façades, colorait de mauve et d'indigo le ciel sous des nuages gris chargés de neige quand Esther Kopelman débarrassa la table de la cuisine pour y déposer les feuillets crachés par l'imprimante et y ajouta un carnet, un stylo et un cendrier.

Après quoi, elle alla jusqu'à la chaîne hi-fi, y connecta le Bluetooth de son téléphone et choisit un album dans sa playlist : Agnes Obel, *Citizen of Glass*. La voix aussi diaphane qu'un voile de mariée s'éleva sur fond de violoncelle. Elle se servit une demi-rasade de Jack Daniel's n° 7 dans un verre à eau, alluma une cigarette avec la précédente et observa le paquet de feuilles en se demandant si elle était prête.

Les échos de la ville : klaxons, rires et voix en bas dans la rue du Taur, cloches d'une église. Elle habitait dans le centre, un petit deux-pièces sous les toits, le même depuis quinze ans, et les églises les plus proches étaient Saint-Sernin, Saint-Pierre-des-Chartreux, Saint-Jérôme et Notre-Dame-de-la-Daurade.

De nouveau, le titre sur la page blanche :

Journal des ténèbres

Quel ton dramatique ! se répéta-t-elle.

Comme une porte prête à s'ouvrir sur… sur quoi, d'abord ? Charles avait-il l'intention d'écrire un livre à partir de tout ce matériau accumulé ? Peu importait. Ce qui importait, c'était de découvrir s'il y avait là-dedans quelque chose qui pourrait les mener à son meurtrier. Par « les », elle entendait la police et elle.

Elle feuilleta rapidement la pile. Plus de trois cents pages en caractères Times New Roman 12 et interligne simple. Des années de notes, de réflexions, de questions, de pistes explorées…

En les survolant, elle se souvint à quel point Fayolle excellait quand il s'agissait de communiquer aux lecteurs de *La Garonne* une émotion, une sensation. Elle retrouvait son sens du mot juste, son goût de l'image frappante, son habileté à forger des formules qu'on retenait, de celles qui s'impriment dans l'esprit du lecteur. Soudain, elle frissonna. Elle venait de ressentir sa présence dans la pièce d'une manière presque palpable. Comme s'il était revenu d'entre les morts pour lui chuchoter à l'oreille les mots qu'elle lisait, et elle se surprit à avoir la chair de poule : elle pouvait presque entendre sa voix dans le silence de l'appartement.

Le journal de Charles Fayolle méritait son titre.

Il décrivait jour après jour, avec une précision maniaque, les recherches que le reporter avait menées pendant des mois, des années, pour identifier le ou les coupables de la disparition et de la mort de dizaines de jeunes femmes dans la région depuis la décennie 1990 jusqu'à la fin des années 2000. Investigations qui avaient trouvé un second souffle et une nouvelle urgence quand les disparitions avaient repris quelques mois plus tôt. Il mentionnait en détail la biographie de chacune des disparues (avec une ou plusieurs photos), les pistes explorées par la police ou la gendarmerie – pistes qui s'étaient refroidies les unes après les autres –, les hypothèses, les soupçons, les rumeurs les plus extravagantes qui avaient couru. Fayolle avait aussi établi une carte avec les adresses des disparues, le lieu probable de leurs disparitions, les noms des enquêteurs chargés des investigations à l'époque… Il ressortait de ces centaines de pages que, comme l'avait soupçonné Chaumette, cette recherche avait viré à l'obsession pour le reporter et qu'elle hantait ses jours et ses nuits. Car il notait minutieusement date et heure de chaque entrée dans son journal, et il n'était pas rare que l'une d'elles ait été rédigée à 3 ou 4 heures du matin.

Qu'il eût été proche de la folie n'était pas douteux non plus. Certaines de ses réflexions étaient des plus étranges :

Les Origines… *Il faut remonter le fleuve du sang, il faut remonter aux origines ; tout a commencé en un lieu maudit, un lieu mauvais. Les lieux portent en eux leur passé, surtout quand y ont été commis des violences et des crimes… Le crime va au crime, le mal est comme l'eau : il coule toujours vers le bas.*

Le Styx, le Léthé, le Nil, le fleuve Jaune : les fleuves ont toujours été au centre des mythologies.

Virgile a découvert à quel point les enquêtes ont été bâclées « Les affaires ne semblaient pas leur tenir particulièrement à cœur », a-t il dit.

J'ai rarement vu Virgile aussi furieux. Il a taxé les enquêteurs de l'époque de « branleurs incompétents ».

Virgile est découragé : il n'en revient pas comme les dossiers sont vides. Par manque d'investissement ou par volonté de ne pas aboutir ? En tout cas, Virgile, lui, m'est précieux.

Il lui faudrait des heures et des heures de lecture pour venir à bout de toutes ces pages, de ces milliers d'entrées.

Toutefois, en arrivant aux dernières, elle ralentit, délaissant une lecture en diagonale pour un examen plus scrupuleux.

Alors qu'elle parcourait en fumant les entrées des derniers mois, elle fut frappée par un fait nouveau : à côté du flic surnommé Virgile, dont lui avait parlé Chaumette, un second informateur, au pseudo non moins énigmatique, était apparu dans le journal :

« LUCRÈCE »

Nouveau contact. Je l'ai appelé Lucrèce. Parce que je ne sais presque rien de lui. Un appel anonyme : il a lu mon récent article sur les dernières disparitions. Il veut en parler.

Et les annotations le concernant se multipliaient à mesure que les semaines passaient :

Lucrèce est l'opposé de Virgile : Virgile pèse chaque mot, Lucrèce m'envoie de longs messages, Lucrèce veut imposer son point de vue, Virgile doute.

Plus elle avançait dans sa lecture, plus les annotations concernant Lucrèce balançaient entre perplexité et soupçon :

Parfois, j'ai l'impression que Lucrèce en sait plus qu'il ne le dit, qu'il ne veut pas qu'on aille trop vite, qu'il prend plaisir à jouer avec moi.

Elle nota dans son carnet, d'une écriture si fébrile qu'elle déchira presque la page avec la pointe du stylo :

Virgile : flic. Lucrèce : quelle profession ???
Lieu maudit : que s'est-il passé ?? quand ? où ?
Pourquoi le mot « fleuve » revient-il ?

Puis elle alla directement à la dernière page, lut la toute dernière entrée – celle que Fayolle avait rédigée la veille de sa mort – et se figea :

Demain, j'aurai la visite de Lucrèce : un tas de questions à lui poser...

Son cœur se mit à battre plus vite. Elle se renversa contre le dossier de sa chaise. Réfléchit. Se pouvait-il que la réponse fût là ? Dans l'identité de Lucrèce ? Encore un poète latin... Esther repoussa la chaise, marcha jusqu'aux étagères de livres, en revint avec le *Petit Larousse* :

« **LUCRÈCE**, en lat. **Titus Lucretius Carus**, *Rome ? v. 98 - 55 av. J.-C.*, poète et philosophe latin. Son *De natura rerum*, poème philosophique puissant et sensuel, oppose la physique et la morale épicuriennes à la crainte des dieux et de la mort, entrave au bonheur. »

Virgile, Lucrèce... Fayolle avait-il choisi ces pseudos pour une raison précise ? Elle se frotta les yeux avec les paumes. Comme si elle se réveillait d'un long rêve. Parcourir le journal de Fayolle, même en diagonale, était une expérience perturbante, un pur moment de lecture hallucinée, une plongée dans les méandres d'un esprit en proie à la fièvre et à la peur. Peur qui finissait par être communicative : elle en sentait les effets, l'emprise sur elle à travers les mots du reporter. Elle savait qu'elle allait devoir reprendre l'intégralité du journal, étudier chaque entrée. Elle composa le numéro de Chaumette.

— C'est pas croyable, dit-elle quand il eut décroché, et elle se rendit compte à quel point sa voix frôlait l'hystérie. Fayolle était littéralement obsédé par cette histoire.

Elle lui expliqua en quelques mots ce qu'elle avait trouvé dans l'ordinateur de son collègue et dans le cloud. Un silence.

— Je te l'ai dit, Kopelman, répondit le rédac-chef avec son flegme habituel, ça virait à la dinguerie.

— Non, non. Il y a là-dedans des choses très concrètes. On a vraiment l'impression qu'il était sur le point de découvrir la vérité. Et il n'avait pas un informateur, mais deux. Il y a ce flic surnommé Virgile et un autre : Lucrèce.

— Lucrèce, Virgile… Je ne savais pas qu'il avait à ce point le goût des poètes latins… Attends, comment ça : « deux » ? Il ne m'a jamais parlé du second…

— Celui-là est apparu très tardivement dans le paysage. Il n'est fait aucune mention de lui avant ces dernières semaines.

Nouveau silence.

— Donc, on a un nouvel informateur qui apparaît et, quelques semaines plus tard, on a Charles qui est assassiné, c'est bien ça ? dit le rédacteur en chef lentement.

— Où tu veux en venir ?

— La concomitance est troublante, tu ne trouves pas ? Supposons que ce second informateur ait été envoyé pour vérifier si Charles s'approchait de la vérité. Si on part du principe qu'il a été assassiné et que cela a un rapport avec ses investigations, on peut penser que c'est en découvrant à quel point il était proche de résoudre l'affaire que la décision a été prise de le tuer. Mouais… un peu tiré par les cheveux, peut-être.

Esther opina, bien que Chaumette ne pût la voir.

— N'empêche que je suis d'accord avec toi : ça ne sent pas bon, ajouta le rédac-chef. Fayolle dit dans quelles circonstances il a fait la connaissance de ce… comment déjà ? Lucrèce ?

— Oui. Un appel anonyme, après la parution d'un article de Fayolle. J'ai retrouvé l'article.

Elle en lut le titre et le chapeau à Chaumette :

— « Trois femmes disparues et un mort en un mois et demi : et si la vague des disparitions et des meurtres de 1995 à 2009 était en train de renaître ? » Mais, à part ça, le journal reste hermétique, ajouta-t-elle. Fayolle s'exprime la plupart du temps par allusions, propos indirects, énigmes. Il avait peut-être garanti à ses sources que rien ne permettrait de remonter jusqu'à elles. Et il voulait s'assurer que ce serait bien le cas, même si son journal venait à tomber dans de mauvaises mains.

Au bout du fil, Chaumette émit un sifflement.

— Tout ça, ce ne sont que des hypothèses, Esther. Un bon gros paquet d'hypothèses. Rien de plus.

— À partir du moment où Charles a fini au bout d'une corde avec l'aide de quelqu'un, tu me permettras de considérer que ce sont un peu plus que des hypothèses, déclara-t-elle fermement.

Il laissa passer un silence.

— En tout cas, lâcha-t-il au bout d'un temps, il semble qu'il n'avait confiance qu'en une seule personne ici : *toi*.

— D'autant plus surprenant qu'on a eu nos différends. Mais tout le monde sait que je me ferais couper en deux pour une bonne histoire, ajouta-t-elle en portant le verre à ses lèvres.

CHAPITRE 22

Les mots

La neige s'était remise à tomber. Des rafales de flocons fouettaient le chalet. Emmanuel Sachs suspendit un instant sa main au-dessus du clavier, relut ce qu'il venait d'écrire :

Emmanuel, né sous le signe des Gémeaux, se demande comment il réagira le jour où il se trouvera face à Hirtmann. Car Emmanuel, homme qui doute peu, est certain de le trouver avec l'aide de ses « amis » du Club des Inénarrables Enquêteurs. Sinon, Emmanuel n'éprouve pour son sujet d'étude que mépris et scepticisme. Il n'aime pas l'homme. Il le trouve certes doué de charme en comparaison des artistes, auteurs, grands bourgeois qu'il fréquente dans les salons parisiens (quand il ne joue pas les explorateurs), mais il se dit qu'à sa place il serait bien plus fin, plus subtil. Il en vient à se demander pourquoi il l'a choisi pour sujet d'étude. Et pourquoi tant de gens s'intéressent à lui... Est-ce à cause de cet effluve vertigineux de sauvagerie et de monstruosité qu'il dégage, comme tous ceux de son espèce ? N'est-ce pas plutôt parce qu'il fait écho au monstre qui est en nous ? Celui qui n'ose pas sortir au grand jour ? Celui qui n'attend qu'un déclic pour naître au monde ?

Trop d'épithètes, se dit-il en revenant en arrière. Il supprima « vertigineux ». Se relut. Pas si mal. Avec un peu de travail, il pourrait peut-être élever ce fragment de pur égotisme à des hauteurs que ses admirateurs ne manqueraient pas de saluer. Il aimait parler de lui à la troisième personne, se mettre en scène, quel que fût l'objet du livre. Car, au fond, n'était-ce pas lui, Emmanuel Sachs, le vrai sujet de chacun de ses livres ? Emmanuel, né sous le signe des Gémeaux, être double, se regardant écrire autant qu'il observe les autres, offrant le spectacle de la gestation de chacune de ses œuvres en même temps que l'œuvre elle-même, exhibitionniste notoire de la plume.

Comme l'avait souligné Norman Mailer, autre grand nombriliste, il y avait trois sortes d'écrivains : les poètes, les romanciers et les reporters. Les poètes, même fauchés, étaient l'aristocratie ; les romanciers, même riches, la classe ouvrière ; les reporters, enfin, des petits-bourgeois secs, « réalistes et dépourvus d'imagination, d'une intelligence solide sans être exceptionnelle ». Sachs se considérait comme portant la triple casquette. Des premiers il avait le talent ailé, l'impudeur, des deuxièmes le tempérament laborieux, le morne quotidien rythmé par la contrainte, des troisièmes le sens pratique, le goût du réel, du fait brut, de l'anecdote à peine extraite de sa gangue de réalité.

Ses doigts coururent sur le clavier. *Bon, ça*, se dit-il. Il ne voulait pas perdre l'inspiration du moment. En pianotant, il pensa pourtant au commandant Servaz. Dans quelle catégorie le ranger ? Servaz était plus complexe et insaisissable qu'il n'y paraissait. Ils avaient en commun le goût des latins et, depuis peu, la musique de Mahler.

Sachs était venu à Mahler très récemment.

Auparavant, il avait toujours trouvé sa musique trop pesante, trop touffue, trop tout. Toutes ces interminables symphonies surchargées d'instruments ! Il s'était mis à Mahler quand il avait découvert qu'il était le compositeur préféré d'Hirtmann et aussi celui de Servaz. Quels autres liens les unissaient, ces deux-là ? Aujourd'hui, il avait longuement parlé avec son Club des Inénarrables Enquêteurs. Les jumelles avaient déterré une information intéressante au sujet du commandant : sa mère avait été assassinée par deux vagabonds sous les yeux de son mari ligoté. Où était le petit Martin à ce moment-là ? Qu'avait-il vu ou entendu ? C'était le genre d'information dont il avait besoin pour construire son personnage.

Mais sur Hirtmann : rien.

Il commençait à s'impatienter. Peut-être devrait-il utiliser une chèvre pour le faire sortir du bois ? *Qui ?* Il voyait bien l'une des jumelles dans le rôle. Avec une bonne teinture, ça ferait la blague. Car Hirtmann préférait les brunes. Mais comment attirer son attention sur Lisa ou Louise ?

Il allait mettre le point final à son paragraphe quand il entendit un bruit.

Il pivota sur son siège : cela venait d'en bas, ou du dehors. Un choc sourd. Sans doute dû à la tempête. Normal, ça n'arrêtait pas de souffler. Un volet avait dû se décrocher. Il retourna à son clavier :

Emmanuel se dit que le tueur en série est peut-être le stade ultime d'une société chaque jour plus customisée, *où chacun exige que ce soit la société qui s'adapte à lui (ou elle), et non lui (ou elle) à la société : je veux que ma singularité, ma différence, ma religion, mon originalité, ma bizarrerie, pour minoritaires qu'elles soient, soient imposées à la majorité ; je veux que mon moi soit* sacré, institutionnalisé, reconnu, intouchable, *au nom de mon égoïsme tout-puissant.*

Si le tueur en série est devenu si populaire, si mainstream, *se dit Emmanuel, c'est parce qu'il est le degré ultime du narcissisme ambiant, un cliché au sein d'une société qui est elle-même devenue un cliché, le symbole d'une société où tout le monde se surestime. Il puise son oxygène dans l'air raréfié de l'individualisme. Petit traité de manipulation à l'usage des honnêtes gens à l'heure d'Internet et des réseaux sociaux :* ne dites jamais ce que vous pensez. *Comme le tueur en série, devenez* invisible. *Soyez* mainstream. *Et méfiez-vous de ceux qui prônent la tolérance : ce sont les plus intolérants.*

De nouveau, le bruit.

Même choc. Mais un peu moins sourd que précédemment. Venant d'en bas ou du dehors…

Il sauvegarda son texte. Au-dessus de l'écran, les flocons se précipitaient vers la petite fenêtre taillée dans l'épaisseur du mur tel un bombardement de particules dans un collisionneur. Il repoussa son fauteuil de *gamer*. Se leva. Traversa la pièce sous les combles en direction de la porte. Depuis la mezzanine, il plongea son regard dans le séjour cathédrale, ne vit aucun mouvement ni aucun changement.

Il descendit les marches, ses pas étouffés par le tapis que maintenaient des tringles de cuivre.

Parvenu au rez-de-chaussée, il constata que tous les volets semblaient à leur place, c'est-à-dire fermés.

Même chose dans la cuisine. *Dans ce cas, d'où provenait le bruit ?* Tout à coup, ce ne fut plus aussi drôle de se trouver la nuit en un lieu aussi isolé, au cœur des montagnes, loin de toute présence humaine.

Et encore moins drôle quand on écrivait sur quelqu'un comme Julian Hirtmann, qu'on venait juste de traiter de « peu subtil » et pour lequel on venait aussi d'exprimer tout son mépris dans un texte resté affiché là-haut sur son écran.

Non qu'il crût le Suisse capable d'entrer dans son ordinateur. Mais il envisageait comme très sérieuse la possibilité qu'Hirtmann eût découvert l'existence du forum des détectives amateurs lancés à ses trousses et l'identité de celui qui se trouvait à leur tête.

D'ici à ce que le Suisse décide de lui rendre une petite visite nocturne…

Il faillit remonter dans son bureau pour faire disparaître illico les quelques phrases peu flatteuses qu'il venait d'écrire. Au lieu de quoi il enfila ses chaussures, se dirigea vers la porte d'entrée, la déverrouilla et alluma la lampe extérieure. Il fit un pas dehors. Le vent lui souffla tout de suite des flocons dans la figure, traversa ses vêtements.

La lanterne faisait de son mieux pour percer les tourbillons blancs et éclairer la terrasse, mais sa clarté jaune n'allait pas plus loin que celle-ci. Hors ces limites, c'était l'obscurité venteuse et neigeuse.

Le néant. La nuit. Le froid.

Dans la faible lumière, il étudia la neige accumulée sur la terrasse. Au moins dix centimètres de poudreuse fraîche. Il y avait bien des traces de pas, mais il supposa que c'étaient celles qu'il avait laissées un peu plus tôt dans la journée, que les empreintes crénelées qu'il voyait étaient les siennes, celles de ses grosses chaussures. Cela étant, n'importe qui s'aventurant dans la neige par une nuit pareille en aurait chaussé de semblables. Cependant, il était assez évident que ces traces n'avaient pas été faites au cours des minutes qui précédaient, car une pellicule translucide les effaçait déjà.

Avait-il envie de faire le tour du chalet, une lampe torche à la main, pour vérifier ? Pour voir ce qui avait produit le bruit ou si quelqu'un s'était approché ?

Certainement pas. Non, il n'en avait pas envie.

Parce que c'était une chose de fanfaronner devant son clavier, de tenter de pénétrer l'esprit d'un Julian Hirtmann par des métaphores, des raisonnements et des clichés, c'en était une autre de se trouver seul en pleine nuit dans la montagne quand un type comme Hirtmann est de nouveau dans la nature – et peut-être bien en train de s'intéresser à vous.

Il prit une profonde inspiration, retourna à l'intérieur, tira tous les verrous une fois la porte fermée. Il secoua la neige de ses semelles sur le paillasson et se déchaussa. Puis, en chaussettes sur les larges lattes du plancher, il alla se préparer un café dans la cuisine, mit deux bûches dans le poêle et remonta dans son bureau.

DEUXIÈME PARTIE

Dans les ténèbres, à chacun son destin.
Gao XINGJIAN, *La Montagne de l'âme*

CHAPITRE 23

Les voix de l'aube

Vendredi 16 décembre. Tôt le matin. Il fait encore nuit, mais il est levé depuis des heures. Il guette à travers les vitres l'ecchymose d'une aube hivernale qui se fait attendre. On commence enfin à la deviner, là-bas, à l'est, au-dessus des bois. Derrière lui, Gustav prend son petit déjeuner à la table de la cuisine, sous l'éclairage du plafonnier, Léa son café, debout, les reins appuyés au plan de travail. Sa voix à elle, dans son dos :

— C'est son dernier jour de classe. Qui va le garder si tu retournes au travail ?

— Je peux me garder tout seul, dit Gustav. Et puis, je serai pas seul : il y aura Quentin et Yacine dehors.

Il suppose que son fils parle de l'équipe en faction. Léa ajoute :

— Je ne peux pas poser des jours comme ça, Martin.

— Quand est-ce que tu me rendras mon téléphone ? demande Gustav.

Il ne dit rien, il les entend se préparer, se retourne pour prendre son fils dans ses bras, une chose que son propre père n'a jamais faite. En ce temps-là, pères et fils gardaient leurs distances.

— Ça va aller ? demande Léa en s'approchant de lui.

Il a du mal à la regarder dans les yeux. En a-t-elle conscience ? Elle dépose un rapide baiser sur ses lèvres et s'en va. Il les voit monter dans la voiture de Léa, son fils lui adresse un dernier coucou, auquel il répond. Derrière eux, les occupants de la voiture de police banalisée qui suit Gustav dans tous ses déplacements se préparent à démarrer.

Il sait que ce dispositif coûte cher au contribuable, qu'ils ne pourront pas le maintenir très longtemps. Il n'a pas peur d'Hirtmann, non : *il a peur de quelqu'un d'autre*.

Là-bas, les voitures se mettent en route.

Il pense soudain au grand amour. Combien de fois l'a-t-il connu ? Le vrai ? Celui qui s'écrit avec un A majuscule. Celui pour lequel on serait prêt à tout abandonner, à renoncer à tout, à tuer. Il calcule. Quatre fois. Non, *trois* : la première ne comptait pas, la première, il était trop jeune, trop désespérément romantique et affamé. *Trois.* Plus que la plupart des gens sans doute. Est-ce parce qu'il est un sentimental ? *Trois femmes…* Chacune si différente des autres. On ne peut plus différentes, en vérité. Alors qu'avaient-elles en commun, ces trois femmes qui ont bouleversé sa vie, qui l'ont marqué à jamais de leur empreinte ? Il voit leurs visages, leurs sourires, leurs regards ; il entend leurs voix. Alexandra, son ex-femme et la mère de Margot, sa fille devenue presque plus québécoise que française, et qu'il n'a pas vue depuis combien… trois, quatre ans ? Marianne, la mère de Gustav, l'amour de jeunesse retrouvé bien des années plus tard, kidnappée par Hirtmann, l'esprit tellement détruit par ce dernier qu'elle dort aujourd'hui dans un asile… Léa, l'ange gardien de son fils et le sien aussi, pour un temps du moins, avant le départ pour l'Afrique, ce continent qui les a peut-être éloignés à jamais…

Il se sent béni de les avoir connues, malgré tout ce qui a pu les séparer ensuite. Il ferme les yeux au moment où le soleil perce enfin entre deux couches de nuages et caresse ses paupières, les rouvre dans la lumière du matin.

Trois femmes… Trois fois le grand Amour… Pas si mal pour une seule vie, en vérité, pense-t-il.

CHAPITRE 24

Perturbation

— Servaz, dit Chaumette, je suppose que vous ne venez pas pour l'offre d'emploi qu'on a fait paraître dans le journal.

Il ne put s'empêcher de sourire :

— Quelle offre d'emploi ?

Le rédac-chef fourragea dans le buisson-ardent qui lui tenait lieu de tignasse, à dix bons centimètres au-dessus de la tête de Martin.

— Correcteur/relecteur. On s'est aperçus que le dernier faisait des fautes d'orthographe.

— Sans rire ?

Chaumette prit un exemplaire sur un bureau et le lui tendit. Servaz lut :

La discothèque en but aux plaintes des riverains

— Une métaphore footballistique, commenta Samira. C'est de saison.

— Et vous avez laissé passer ça ?

— C'était correctement orthographié avant que l'ancien correcteur le… euh… *corrige* à sa façon et l'envoie tel quel.

— Je vois.

— Donc je suppose que votre visite est en rapport avec la mort de Charles ?

Samira se tourna vers la jeune femme à sa gauche. La petite trentaine, brune, cheveux attachés en chignon. Des sourcils épais qui se rejoignaient presque au-dessus de l'arête d'un nez droit, des yeux noisette. Un tailleur gris. Cette dernière hocha la tête et brandit un papier sous le nez du rédacteur en chef – lequel dut se baisser pour y jeter un coup d'œil.

— Perquisition, déclara la juge d'instruction d'une voix frêle. On emporte juste les ordinateurs de M. Fayolle, ses dispositifs électroniques et ses dossiers.

— Il y a donc du nouveau, conclut Chaumette en contemplant Servaz.

— Exact, répondit celui-ci.

Mais il ne lui dit pas quoi. Le labo avait appelé. Le sang de Fayolle contenait une surdose de sédatif. Des molécules de zolpidem en quantités surprenantes. Samira avait soulevé l'hypothèse d'un double suicide, typique de quelqu'un qui ne veut pas se rater, du genre « ceinture et bretelles ». Mais le Dr Fatiha Djellali avait écarté cette possibilité ou en tout cas l'avait jugée peu vraisemblable : l'absence d'hémorragie dans les muscles du cou et de pétéchies constatée lors de l'autopsie les orientait plutôt vers un arrêt cardiaque et un décès *avant* pendaison.

En conséquence de quoi la petite lampe « meurtre » restait allumée dans l'esprit des enquêteurs comme du procureur – lequel avait clos l'enquête préliminaire et saisi dans la foulée le juge d'instruction de permanence. Qui était *une* juge, en l'occurrence.

D'où la saisine du service…

D'où l'ouverture d'une information judiciaire contre X du chef d'assassinat…

D'où leur présence dans les locaux de *La Garonne*…

Celle de la juge était due au fait que seul un magistrat instructeur peut mener une perquisition dans des locaux de presse.

— On vous le rendra, dit Samira en emportant l'ordinateur.

Chaumette haussa les épaules :

— Vous plaisantez ? Vous pouvez le garder. Mais on en veut bien un neuf en échange.

— On vient de l'hôtel de police, répliqua-t-elle, pas de l'Assemblée nationale. Vous y avez touché ?

— Depuis que Fayolle est mort, vous voulez dire ? Il est possible qu'Esther Kopelman y ait jeté un coup d'œil. Rien de plus : on ne voudrait pas faire obstacle à une enquête de police et à la manifestation de la vérité s'agissant de la mort d'un de nos collaborateurs…

Belle tirade. Qui n'en exprimait pas moins le fond de la pensée de Chaumette : il attendait d'eux qu'ils trouvent le coupable. Servaz était en train de se dire que, s'ils savaient désormais que Fayolle s'était endormi pour toujours *avant* qu'une corde ne s'enroule autour de son cou, ils ne savaient pas en revanche de quelle manière ces substances étaient entrées dans son système digestif avant de passer dans son sang. L'avait-on forcé à ingérer les somnifères ? Il ne portait aucune trace de coup ou de violence. Les avait-on glissés à son insu dans sa boisson ? Une telle quantité excluait l'éventualité.

Il regarda la jeune juge. Elle était attentive à tout. Elle venait d'arriver à Toulouse. Premier poste. Mais elle avait déjà eu le temps d'enquêter sur le cas de Monique B., morte sous les coups de son conjoint, avec marques dues à une tentative d'étranglement, fracture de la pommette gauche à la suite d'un coup de poing très violent et hématome à la nuque après une chute mortelle en arrière. Il se demanda pourquoi les juges d'instruction n'avaient pas droit à un suivi psychologique au même titre que les familles des victimes. Tout comme on envoyait les jeunes flics de l'école de police à la guerre sans véritable préparation mentale, on lâchait les jeunes juges dans l'arène en priant pour qu'ils survivent.

En quittant les locaux de *La Garonne*, il chercha le numéro d'Esther Kopelman dans son répertoire.

— Servaz, répondit la journaliste d'un ton qui semblait vouloir dire : « Qui que vous soyez, vous n'êtes pas le bienvenu. »

— Il paraît que vous avez jeté un coup d'œil à l'ordinateur de Fayolle…

— Qui a dit ça ?

— Votre patron.

— Alors ça doit être vrai.

— Et *on* a trouvé quelque chose ? demanda-t-il d'un ton faussement léger.

Un temps.

— Oui. *On* allait vous appeler. *On* prenait juste son temps.

Il stoppa au milieu des marches qui conduisaient au rez-de-chaussée du vieil immeuble.

— Vous êtes où là ? demanda-t-il.

— Je travaille chez moi, aujourd'hui.

— E vous avez trouvé quoi dans l'ordinateur de Fayolle ?

— Il m'a laissé un mot de passe dedans. Pour son cloud. Et dans le cloud, il y avait quelque chose…

Il attendit la suite, sous le regard interrogatif de Samira, qui s'était arrêtée deux marches plus bas.

— Fayolle tenait un journal, déclara Esther Kopelman. Il consignait jour après jour tous ses progrès et tous ses faits et gestes dans l'enquête qu'il menait sur les disparitions, et quand je dis tous, c'est tous : ses doutes, ses questionnements, ses humeurs…

Nom de Dieu, songea-t-il.

— Il n'y a pas le nom du ou des coupables, si c'est ça que vous espérez. J'ai vérifié, même si je n'ai eu le temps que de le survoler. Mais c'est une putain de mine d'informations, ce truc. Je crois vraiment que la police devrait y jeter un coup d'œil. Vous avez une adresse e-mail sécurisée où je peux vous l'envoyer ?

CHAPITRE 25

Un étrange mariage

Damien Dix regarda David Enguerran, le directeur des programmes de TV7, assis de l'autre côté du bureau. Tout à coup, il se rendit compte qu'Enguerran lui rappelait un acteur de cinéma. Ça avait toujours été dans un coin de sa tête mais aujourd'hui, dans ce bureau aux lambris d'acajou avec vue sur la Seine, ça lui sautait carrément aux yeux.

Quel acteur ? Bordel, il l'avait sur le bout de la langue ! Beau gosse mais pas trop. Connu mais pas trop. Celui qui jouait Iron Man dans les films Marvel. Robert Downey Jr. ! C'était ça ! Le genre à la fois frimeur et distancié, cool et arrogant. Même bouche, même sourire étiré à l'extrême limite du sarcasme.

Dix n'aimait pas ce sourire.

Il n'aimait pas que ce fils à papa fût distancié et ironique en sa présence ; il aurait dû être déférent et reconnaissant, au contraire. Pour tout ce que Dix avait apporté et apportait encore à cette chaîne. Putain, sans lui, elle serait déjà en train de licencier, d'expliquer à ses actionnaires que « les temps sont difficiles » et de compter ses pertes ! Et aussi de se chercher un nouveau siège social du côté de la Plaine-Saint-Denis ! Enguerran le savait parfaitement. Alors, en sa présence, il aurait dû retirer ce petit sourire suffisant de sa jolie gueule cramée aux UV.

— Les derniers chiffres ne sont pas bons, attaqua d'entrée le directeur des programmes après lui avoir proposé un café – que Dix avait décliné. L'audience ne cesse de baisser depuis la rentrée.

Dix attendit qu'il aille au bout de son propos. Il savait parfaitement que la meilleure réaction à ce genre d'offensive était précisément l'absence de réaction. Toute autre attitude serait entrer dans le jeu de cet imbécile.

— Pour la partie principale diffusée de 20 h 10 à 21 h 10, on est même passé derrière *C arrivé aujourd'hui* cette semaine et la semaine précédente, poursuivit Enguerran.

La principale émission concurrente sur la même tranche horaire ; les autres ne comptaient pas : elles boxaient plusieurs catégories en dessous.

— On a perdu de l'audience à la rentrée, finit par dire le présentateur/producteur après un temps suffisamment long. Mais c'était pareil l'an dernier à la même époque, rappelle-toi. On l'a regagnée ensuite. Il a suffi d'une polémique ou deux. À chaque rentrée, on essaie des choses nouvelles, on tente d'apporter du sang neuf. Ça marche ou ça marche pas. Et puis, on est en tête sur le replay. Tu sais très bien que de plus en plus de spectateurs regardent les programmes à la carte, quand ils en ont envie, sans être tributaires de la case horaire établie par le distributeur. Et cette *délinéarisation* de la consommation va s'accentuer, toutes les études le disent. Tu devrais savoir ça, toi qui es directeur des programmes.

Enguerran ne releva pas. Il avait coutume de ranger les individus tels que Dix dans la catégorie des « scorpions » : ceux qui ne peuvent s'empêcher de balancer leur venin, comme dans cette blague où un scorpion qui ne sait pas nager traverse une rivière sur le dos d'un poisson et le pique au beau milieu du courant. Et le poisson, avant de mourir, de demander : « Pourquoi tu as fait ça ? On va y passer tous les deux ! » À quoi le scorpion répond : « C'est plus fort que moi. »

— Va expliquer ça aux annonceurs, dit calmement le directeur des programmes sans se départir de son sourire, dont il savait qu'il exaspérait Dix.

Ce dernier lui jeta un regard noir.

— Certains parlent déjà de revoir leurs contrats, poursuivit Enguerran. Ça ronronne, Damien. Tu n'es plus le seul trublion, tu n'es plus qu'un provocateur parmi d'autres, ils sont plusieurs sur ton créneau et ils sont plus jeunes que toi. Ils sont en train de boulotter ton public semaine après semaine.

Dix grimaça :

— Inviter un homme politique qui accuse le président d'être sataniste et d'organiser des orgies sadomasochistes à l'Élysée, ou offrir cent mille euros pour toute info sur le plus célèbre des tueurs en série, tu appelles ça « ronronner » ? Aucune autre chaîne n'a les couilles de faire ça !

Enguerran secoua la tête.

— Une chaîne est à la fois une entreprise et une marque. TV7 a toujours été la chaîne de l'innovation. Aujourd'hui, nos programmes ont vieilli. On se rouille, Damien

Dix eut envie de dire à Enguerran de se sortir les doigts du cul et de les trouver lui-même, les idées, plutôt que de passer son temps à soigner son bronzage et ses relations.

— Et tu proposes quoi, *monsieur le directeur* ? demanda-t-il en appuyant sur les trois derniers mots.

Une nouvelle fois, David Enguerran fit mine de ne pas remarquer le ton ironique – ou de s'en ficher complètement.

— Tu es devenu trop répétitif, trop prévisible. Tes petites provocs finissent par toutes se ressembler et n'émeuvent plus personne. Les gens se sont habitués à elles. Il faut du neuf. Il faut *surprendre*, il nous faut un truc *que personne n'attend*. Et vite. Avant que nos spectateurs ne soient définitivement passés à la concurrence.

Enguerran examina ses mains. Elles étaient parfaitement manucurées. Le directeur des programmes était quelqu'un qui prenait grand soin de sa personne. Dix savait d'expérience que compétence et trop grande attention portée à soi vont rarement de pair, sauf chez les acteurs et les présentateurs télé – mais Enguerran n'était ni l'un ni l'autre.

— Alors ce que je prépare devrait te plaire, glissa le présentateur.

Enguerran attendit. Il n'aimait pas Dix. Il aurait adoré le virer et le remplacer. Mais il était assez pro pour faire passer l'intérêt de la chaîne avant ses sentiments personnels.

— Un nouveau concept d'émission. Ça s'appellera *La Plus Grande Interview du monde*.

Le directeur des programmes croisa les mains sous son menton, hocha la tête pour encourager Dix à continuer.

— Chaque semaine, un entretien exclusif d'une heure avec une personnalité qui n'a encore jamais été interviewée ou qui ne donne que très rarement d'interviews, en quatre tranches d'un quart d'heure, chacune entrecoupée de cinq minutes de commentaires en direct sur le plateau avec mes chroniqueurs et le public…

— Des… *entretiens* de… *personnalités* ? dit Enguerran d'un ton franchement sceptique.

— J'ai pas fini. Pas n'importe quelles personnalités. Imagine que je parvienne à interviewer Elon Musk ou Vladimir Poutine pendant soixante minutes et à leur poser des questions qu'aucun journaliste n'a osé leur poser avant nous…

— T'es pas sérieux, là ? Et comment tu comptes faire ça ?

Dix soutint le regard d'Enguerran.

— Ce sont des exemples, dit-il. Mais il faudra que ce soit *énorme* à chaque fois. Vraiment énorme. Et je sais déjà par qui je veux commencer, qui je veux interviewer pour la première…

Enguerran réfléchit, le présentateur ne le lâchait pas des yeux. Il savait que son vis-à-vis était on ne peut plus sérieux en cet instant. Dix pouvait être un bouffon incontrôlable à l'antenne mais, en coulisse, c'était un professionnel froid, stratège et calculateur.

— Qui ? finit par demander le directeur des programmes comme Dix tardait à conclure.

— Julian Hirtmann. La première émission sera une interview en exclusivité du criminel le plus recherché de France.

Enguerran fronça les sourcils.

— Une interview que tu mèneras ?

Acquiescement de Dix.

— Oui. Là où il se cache.

— *Parce que tu sais où il se cache ?*

— Pas encore. C'est pourquoi il faut qu'on le trouve avant la police. Il faut qu'on mette nos meilleurs journalistes d'investigation sur le coup.

— Et tu penses vraiment que ça va suffire ?

Il vit Dix se pencher vers lui. *Fini la rigolade*, pensa-t-il en se calant au fond de son fauteuil. Il y avait dans le regard du présentateur une flamme féroce que le directeur des programmes connaissait bien. Le grand Damien Dix était de retour.

— Ce n'est pas tout, dit celui-ci. J'ai lu toute la littérature qui a été publiée sur lui. Ce type a un ego gigantesque.

Comme toi, songea Enguerran.

— On va faire courir le bruit que je veux l'interviewer à ses conditions, poursuivit Dix.

Enguerran retint un instant sa respiration :

— Et comment tu vas faire pour que l'information lui parvienne ?

— Je vais l'annoncer à l'antenne.

CHAPITRE 26

Alcools

— Putain, tu as bien lu la même chose que moi ?

Le soir tombait. Précoce. Rapide. Fichues soirées d'hiver. Ça ressemblait à une maladie qui revenait chaque année à la même époque, à la grippe, cette façon qu'avait le jour de tirer sa révérence prématurément. Comment faisaient les Norvégiens et les Suédois pour garder le moral avec leurs nuits sans fin ?

— Oui, dit-il.

Comme Samira, il avait parcouru le journal de Fayolle en diagonale. Ils s'étaient donné l'après-midi pour le faire.

Journal des ténèbres.

Drôle de titre. Dehors, l'éclairage public s'était mis en route sur le boulevard et les voitures avaient allumé leurs phares, tandis qu'au-dessus des platanes et des toits le ciel virait au bleu-noir.

— Une vague de disparitions et de crimes non résolus, des tueurs qui passent sous les radars depuis des années ? Sérieux ? fit Samira.

— Tu es trop jeune pour t'en souvenir, dit-il, mais, entre 1995 et 2009, il y a eu effectivement une vague de disparitions, de morts suspectes, de crimes classés sans suite, de viols et de meurtres dans la région, confirma Servaz.

Il eut l'impression tout à coup de marcher sur une fine couche de glace, et que cette couche fragile – prête à se craqueler au moindre faux pas – le séparait d'une eau noire qui pourrait bien l'engloutir s'il s'aventurait trop loin de la rive.

— Et ces pseudos, dit Samira sombrement. Virgile, Lucrèce… c'est du délire.

— Des poètes latins, précisa-t-il en baissant la voix. Virgile est celui qui guide Dante à travers l'inframonde et les enfers dans *La Divine Comédie*. Le poème est divisé en trois parties : *Inferno*, *Purgatorio* et *Paradiso*. Lucrèce a écrit un seul poème : *De natura rerum*, « De la nature des choses ». Il a vécu à une époque troublée par les guerres civiles, les massacres, la révolte de Spartacus et écrit des pages très sombres sur la mort.

Samira lui jeta un regard perplexe.

— Fayolle affirme que Virgile est un flic. Un flic cultivé. Ça réduit sérieusement le champ des possibles, tu ne trouves pas ? Le seul flic vraiment cultivé que je connaisse, c'est toi.

Il ne put s'empêcher de sourire. Mais son sourire s'effaça presque aussitôt.

— Il a sans doute voulu dire par là que Virgile lui servait de guide dans ce labyrinthe, à l'image du Virgile de Dante. En revanche, il ne dit rien de la profession de son second informateur…

— Peut-être parce qu'il ne la connaissait pas, suggéra Samira.

Servaz sentit que les mots du journaliste avaient instillé dans la pièce une atmosphère bizarre, dont le crépuscule tombant en avance et les lampes allumées tôt renforçaient le caractère lugubre. C'était comme si, à travers son journal, Fayolle était présent avec eux. Il avait travaillé un peu à la façon d'un flic, explorant toutes les pistes, les refermant une par une. Certains noms très connus dans la région avaient été évoqués, puis abandonnés. Il consignait absolument tout. Ça rendait la lecture difficile : il y avait trop d'informations. Il leur faudrait des heures, des jours pour faire le tri. Car non seulement le journal de Fayolle était celui d'une enquête hors norme, mais il apportait également un éclairage sur l'existence du journaliste, sur ses humeurs, ses problèmes personnels, ses angoisses, ses désaccords professionnels, sa mélancolie qui transpirait à chaque page. Un mélange qui en rendait la lecture encore plus troublante, qui établissait une proximité entre le journaliste et ses deux lecteurs. Servaz avait l'impression de jouer les voyeurs, d'entrer dans l'intimité du reporter, de partager le quotidien d'un homme littéralement obsédé par l'affaire, qui s'était laissé dévorer par elle.

Il regarda l'heure. 17 h 45. Il était temps de rentrer à la maison. Samira et lui avaient imprimé chacun un exemplaire. Il reprendrait sa lecture là-bas. Il voulait être le plus présent possible pour Gustav. Une heure plus tard, en retrouvant la chaleur du foyer, en retrouvant sa vie rangée, routinière (si on faisait abstraction des gardes au-dehors), il ressentit un intense soulagement. Il bavarda avec son fils, regarda un film choisi par Léa une fois Gustav couché : *Drive My Car*, un film japonais qui explorait les rapports entre un metteur en scène de théâtre et la femme qui lui servait de chauffeur, poignante méditation sur le deuil, dont la conclusion semblait être qu'il n'y avait aucun chemin vers la guérison, qu'il fallait seulement continuer à vivre en hommage à ceux qu'on avait perdus. Puis, quand Léa fut couchée elle aussi, il ressortit la pile de feuillets dont le titre mystérieux et menaçant ne cessait d'attirer son regard : *Journal des ténèbres*.

Il la posa sur le petit bureau du living et se laissa de nouveau envahir par les mots de Fayolle. Par son obsession. La première entrée du journal datait de mai 2011, mais les crimes et les disparitions évoqués par le journaliste remontaient à la décennie précédente :

9 décembre 1995 : Nicole Lepage, vingt-huit ans, prostituée, dite « La Grande Nicole », poignardée et étranglée dans une chambre d'hôtel près de la gare Matabiau à Toulouse.

10 janvier 1996 : Corinne Laliman, vingt ans, secrétaire, disparaît de son domicile, à Saint-Geniès-Bellevue. Traces de sang dans l'escalier.

13 avril 1996 : Sabine Esquirol, vingt-deux ans, retrouvée noyée et mains liées dans le canal du Midi à Toulouse.

5 novembre 1997 : Béatrice Kabanga, morte poignardée au ventre et aux seins chez elle, à Ramonville, appartement incendié. Elle cachait à sa fille qu'elle se prostituait.

7 août 1999 : Valérie Monteiro, vingt-sept ans, mère d'un petit garçon, disparaît d'une clinique de Balma où elle était hospitalisée.

18 juin 2000 : Eugénie Mulumu, vingt-neuf ans, retrouvée morte dans la forêt de Bouconne, multiples fractures à la mâchoire.

16 août 2000 : Lucinda Mendes, seize ans, disparaît à Saint-Jory.

22 octobre 2000 : Sonia Lienhart, vingt-six ans, retrouvée morte dans un verger près de Saint-Julien-sur-Garonne, collants baissés, jupe relevée.

3 mars 2001 : Suzanne Lazare, trente-sept ans, aide-soignante, disparaît de son domicile à Cornebarrieu, sa voiture est retrouvée près de Saint-Gaudens.

6 juin 2002 : Monika Favelle, vingt-neuf ans, vendeuse à Toulouse, mariée, un enfant, disparaît en sortant de son travail.

18 octobre 2002 : Ludivine Ennon, quarante-quatre ans, tuée à coups de couteau chez elle à Toulouse, son appartement incendié.

La liste ne s'arrêtait pas là.

Elle s'achevait en 2009, année où les disparitions et les meurtres cessaient. *Pour reprendre en 2022...* Dans le silence de la maisonnée endormie, il sentit revenir ses doutes. Rien ne permettait de relier ces disparitions et ces crimes entre eux, sinon le fait que les victimes étaient des femmes et les circonstances assez similaires. Il y avait toutefois trop de variantes pour en dégager véritablement un *modus operandi*. En outre, cette écœurante litanie d'horreurs l'emplissait de tristesse et de malaise ; il sentit que les idées noires de Fayolle le contaminaient. Toutes ces mortes demandaient réparation. Une réparation dont, pour de mystérieuses raisons, la police et la justice toulousaines les avaient privées. Il se leva, alla se faire un café dans la cuisine-véranda, revint dans le living et mit sur la platine un vinyle de quatuors à cordes : Haydn, Schubert, Dvořák...

Il survola la majeure partie des pages suivantes pour s'intéresser aux dernières semaines.

L'esprit de Fayolle semblait de plus en plus perdre pied à mesure que les mois passaient, à tel point que Servaz se demanda si le journaliste prenait quelque chose. Il faudrait qu'il pose la question à Kopelman.

Dans la nuit, les mots se déposaient pareils à des flocons glacés sur un paysage nocturne.

J'ai l'impression que ce monde agonise. Que dans ses interstices de plus en plus nombreux la folie, l'obscénité et le mal se répandent. Que la raison, la décence, la sagesse, la vertu ont déserté nos cœurs, tandis que des armées obscènes chevauchent, noyant sous leurs vomissures tout ce qui reste en nous d'estimable et de bon. Notre humanité fuit comme un tonneau percé. Tout autour de nous n'est qu'aberration, bestialité, cruauté, fausseté, mensonge.

Je ne suis pas du genre craintif. J'ai eu peur quelquefois du temps où j'étais grand reporter, mais c'était une peur contrôlée, même dans les situations les plus extrêmes, comme cette fois où je me suis retrouvé face aux soldats de Ratko Mladić, ou lorsqu'à Cali, en Colombie, j'ai rencontré un baron de la drogue connu pour sa cruauté et son impulsivité. Mais ce qu'il se passe ici me terrifie.

Cette région est pourrie jusqu'au tréfonds, jusqu'à son sous-sol qui est infecté. Je suis sûr que dans ses forêts profondes se cachent les cimetières invisibles que ces monstres ont laissés : des charniers dissimulés sous la mousse, les feuilles et les racines. Des lieux secrets où, dans l'ombre, leurs victimes pourrissent lentement, tandis que leurs âmes captives réclament justice.

J'ai pleuré, cette nuit, pleuré tel un enfant, pleuré sur toutes ces vies dont on a coupé le fil, pleuré à chaudes larmes comme je n'avais pas pleuré depuis longtemps. Et ça m'a fait du bien.

Il y en avait comme ça des pages entières. Servaz se demanda si Fayolle voyait un psy. Quelque chose dans ses mots vous serrait le cœur. C'étaient des murmures plus que des cris, les chuchotements de quelqu'un qui a peur d'être surpris, comme si, même en écrivant, Fayolle ne cessait de regarder par-dessus son épaule.

Servaz se remémora une illustration ancienne représentant Edgar Poe à sa table de travail, cerné par ses démons intérieurs : chauve-souris, chat noir, corbeau, sphinx inquiétant, anges et démons, Mort à la faux, faces grimaçantes… C'était à ça que lui faisait penser l'écriture enfiévrée du journaliste.

Il existe des degrés dans l'horreur. Certes, tous ces crimes sont affreux, d'une laideur sans nom. Mais certains le sont encore plus que d'autres. Priver un enfant de sa mère ou de ses deux parents par exemple, et lui laisser pour tout souvenir d'eux celui d'un crime atroce.

Qui sont-ils, ces ogres ? À quoi ressembleraient-ils si leur dépravation et leur abjection pouvaient se lire sur leurs visages ? Leur pousserait-il des cornes, des protubérances, des écailles de serpent, des groins de porc ?

J'ai rencontré l'association des familles de victimes. Ils l'ont appelée « Ne les oublions pas ». Le président est un homme brisé. Il a perdu sa fille, elle avait vingt-six ans. On l'a retrouvée morte dans un verger de pommiers, couchée entre les arbres.

Au détour d'une page, son regard tomba de nouveau sur le pseudo « Lucrèce ». Et il fut soudainement assailli par un sentiment de mal-être. Car Lucrèce apparaissait dans le journal un beau jour de novembre dernier et semblait sorti de nulle part :

Nouveau contact. Je l'ai appelé Lucrèce. Parce que je ne sais presque rien de lui. Un appel anonyme : il a lu mon récent article sur les dernières disparitions. Il veut en parler. Il prétend pouvoir m'aider. Mais il veut rester anonyme, échanger par mail. Affabulateur ?

Servaz fronça les sourcils. Fayolle était-il si désespéré que n'importe quel individu affirmant avoir des informations l'intéressait ? « Il prétend pouvoir m'aider. » De quelle façon ?

Lucrèce dit qu'il faut changer de perspective, qu'il faut une vision plus large au lieu de se concentrer sur une zone trop étroite. Je ne sais pas ce que cela signifie.

Lucrèce prétend que les dernières disparitions ne sont pas liées aux anciennes. Nous nous opposons sur ce point.

Lucrèce lui-même semble jouer avec moi un jeu pervers.

Perplexe, Servaz s'arrêta sur cette dernière entrée. Lucrèce apparaissait alors que les disparitions venaient tout juste de reprendre. Se pouvait-il que Fayolle n'eût pas vu la coïncidence ? Servaz jeta quelques notes dans son carnet, se promit de prendre le temps de relire chaque entrée. Puis il passa à la suivante :

G1 + G2 + G3 + 2 x F + M + P = 7 – 1F = 6.

Il posa ses lunettes de vue, se frotta les paupières. Perplexe. Comment interpréter cette formule cryptique ? Qu'est-ce qu'elle signifiait ?

Décidément, ce journal était plein de devinettes. Il s'étira, se pencha de nouveau sur le petit bureau, reprit la liste des disparues et des victimes qui s'y trouvait. Il remarqua soudain non seulement que la liste s'interrompait en 2009, mais qu'il y avait un trou entre l'été 2007 et janvier 2009 : aucune disparition ni victime signalée pendant cette période. Ensuite deux disparitions au début de 2009, puis plus rien. Il essaya d'interpréter ce silence, nota :

Coupable en prison ? parti ailleurs ?

Puis ses yeux tombèrent sur la dernière entrée du journal, celle rédigée par le journaliste la veille de sa mort :

Demain, j'aurai la visite de Lucrèce : un tas de questions à lui poser…

Bon sang ! Il prit son carnet, écrivit, souligna :

Lucrèce : meurtrier ???

Il se rejeta contre le dossier de sa chaise. S'aperçut que son cœur était oppressé, sa nuque humide. Insensiblement, les mots de Fayolle avaient refermé sur lui leurs griffes, exerçant leur emprise. Après tout, c'était la voix d'un homme qui avait été très près de découvrir une vérité pour laquelle il était sans doute mort.

Que se passerait-il si Samira et lui s'en approchaient à leur tour ?

Il constata à quel point le silence de la maison, seulement troublé par la musique en sourdine, le mettait mal à l'aise. Il venait juste de se faire cette réflexion quand toutes les lumières s'éteignirent. *C'était quoi, ça ?* Les plombs avaient dû sauter. Il n'y avait pourtant pas d'orage. Il écarta la chaise, se leva dans le noir. Il se demanda où il avait laissé son téléphone portable. Il n'arrivait pas à s'en souvenir. Il y avait une lampe torche dans un tiroir de la cuisine. Il partit dans cette direction, à l'aveugle. Se cogna presque aussitôt le tibia contre la table basse du salon. Jura tout bas, grimaça. Tendant les bras devant lui, il changea d'orientation, marcha en direction du mur jusqu'à le sentir au bout de ses doigts, le longea ensuite à tâtons, en prenant soin de ne pas faire tomber les cadres.

Toujours hésitant, il trouva la porte de la cuisine-véranda ouverte. En entrant dans la pièce, il vit des lueurs dansantes à travers les vitres : lampes torches.

Les gardes…

Ils avaient dû remarquer que la maison était plongée dans l'obscurité. À la demande de Léa, la lumière restait toujours allumée dans le living.

Un des faisceaux traversa une vitre et l'éblouit, cisaillant ses nerfs optiques. Il cligna des yeux, mit une main en écran pour se protéger de l'explosion de lumière. Une forme devant la porte vitrée, sur la droite. Il marcha jusqu'à celle-ci, paupières plissées, tira le loquet. Ouvrit.

Il tressaillit. *Cette silhouette…*

Il se figea, les yeux grands ouverts. Puis il se ressaisit. Non, ça ne pouvait pas être *lui.* C'était un des gardes… La voix de celui-ci s'éleva :

— Ça va ? On a vu que la maison était dans le noir. Qu'est-ce qu'il s'est passé ?

La voix du policier semblait jaillir du cœur même de la nuit.

— Je ne sais pas. L'électricité a dû sauter. Vous pouvez m'accompagner ? On va examiner le compteur.

— Bien sûr, dit l'homme.

Était-ce une illusion ou sa voix trahissait une forme de nervosité ? Ils se dirigèrent vers le garage dans la lueur dansante de la torche, traversèrent la moitié de la maison. Servaz descendit deux marches, ouvrit le compteur au-dessus de l'établi, près du râtelier à outils. Le bouton du disjoncteur saillait de son logement. Il poussa, rien ne se passa : il refusait de rester enclenché.

— Ça doit être une panne générale, dit le jeune garde derrière lui, la torche braquée par-dessus son épaule. Il faut attendre. Vous avez des bougies, quelque chose ?

Servaz se demanda ce qu'il entendait par « générale », vu qu'on était au beau milieu de nulle part et que la construction la plus proche se trouvait à des kilomètres.

— Oui, dit-il.

Trois minutes plus tard, ils étaient assis à la table de la cuisine dans la lueur vacillante qui montait de deux bougies plantées dans une assiette. Le halo tremblotant éclairait par en dessous le visage du jeune policier, sculptait la ligne d'une pommette, avivait le regard.

— Gustav vous aime beaucoup, dit Servaz pour meubler le silence pendant que son vis-à-vis portait un fond de café froid à ses lèvres.

— Il est chouette, votre garçon, commenta le flic. Un vrai champion. Vous l'avez déjà inscrit au foot ? Il est sacrément doué balle au pied.

Servaz n'y avait jamais songé. Il ignorait que son fils possédât ce talent, et Léa l'avait inscrit à la natation. Il porta à ses lèvres le cognac qu'il s'était servi.

— Un vrai petit Maradona, ajouta le garde.

— Qui ça ?

Il lut la stupeur dans les yeux du flic.

— Euh… Un footballeur célèbre… un génie… une légende.

Servaz hocha la tête.

— Je vois, fit-il en souriant.

— Merci pour le café.

— De rien. Il était froid, désolé. Bonne nuit.

— Bonne nuit, commandant.

Sa lecture terminée, Esther alluma une dernière cigarette. Il était tard. Pas loin de 3 heures du matin. Mais il n'y avait personne pour le lui faire remarquer. Ni pour lui reprocher d'empuantir l'appartement avec ses cigarettes fumées à la chaîne. Ni même pour la blâmer d'avoir descendu une bouteille entière de Jack Daniel's Old n° 7 en une soirée.

C'était l'avantage de vivre seule. En contrepartie, il n'y avait personne non plus pour vous tenir chaud dans le lit, mais elle avait renoncé à tout espoir de ce côté-là depuis belle lurette. Elle n'avait jamais craint la solitude, sauf peut-être ce soir. Ou plutôt cette nuit… On était plus près du matin que de la soirée.

Cette nuit, elle aurait aimé avoir de la compagnie. Car les mots de Fayolle l'emplissaient d'une crainte toute-puissante. Et d'une détresse non moins grande. *Toutes ces femmes*… Qui se souciait d'elles aujourd'hui, en dehors des familles des victimes ? Il y avait bien cette association qui se battait pour que leur calvaire ne soit pas oublié. Et Fayolle… qui avait cherché jusqu'au bout.

Et peut-être *trouvé*…

Comment expliquer son assassinat, sinon ?

Tandis qu'elle se plongeait dans les pensées et les hypothèses de son défunt collègue, elle s'était fait la réflexion que le nombre des violeurs et des tueurs en série en activité dans ce pays était sans doute sous-estimé. *Grandement* sous-estimé.

Elle constata qu'il restait un tout petit fond de whisky dans la bouteille et la bascula verticalement au-dessus du verre, la secouant jusqu'à ce qu'il n'y ait plus une seule goutte à l'intérieur. Elle but le fond de Jack Daniel's le visage renversé en arrière, la langue sortie.

Puis elle se leva et s'approcha de la fenêtre mansardée. La cour intérieure de l'immeuble était plongée dans l'obscurité. Tout le monde pionçait. À part elle. Il était temps qu'elle aille au lit – un lit aux draps froissés, à la couette chiffonnée, ni accueillant ni douillet. Un lit dans lequel elle avait autant envie de s'allonger que dans un cercueil.

La lumière revint vers 3 heures du matin et Servaz vérifia que la maison était verrouillée avant de s'écrouler tout habillé sur le lit de la chambre d'amis.

Cette nuit-là, il rêva qu'Hirtmann jouait au football avec son fils sur un terrain désert au clair de lune. Servaz était assis dans les tribunes vides et il applaudissait et encourageait Gustav chaque fois que celui-ci marquait un but, jusqu'au moment où il réalisait que le ballon était une tête coupée et que son fils avait les chaussures et les chaussettes pleines de sang.

Et aussi que le gardien était une femme aux orbites vides. Il lui fallut un certain temps pour retrouver le sommeil après ça.

CHAPITRE 27

Le cavalier seul

Un autre rêve. Cette fois, il rêvait qu'il chevauchait un pur-sang alezan par une nuit aussi chaude qu'un front fiévreux. Il le montait à cru, en le tenant par la crinière, et il sentait chaque mouvement, chaque vibration du bel animal entre ses cuisses et dans son fondement. Puis le sol se mit à trembler. Une sonnerie d'alarme retentit et le rêve s'évanouit.

Il ouvrit les yeux. Son téléphone tremblait sur la table de nuit, émettant une musique sérielle qu'il n'avait pas choisie.

Le rêve le quitta tout à fait. D'ailleurs, il n'aimait pas les chevaux. Encore moins depuis qu'il en avait découvert un, décapité, pris dans les câbles d'un téléphérique, là-haut dans les montagnes, quatorze ans plus tôt.

Il regarda l'écran illuminé. Samira.

— Tu es où, là ? demanda-t-elle quand il eut répondu.

— Dans mon lit.

— Seul ?

Il fut tout à coup très réveillé.

— Oui. Pourquoi ?

— Sors de ton lit. Fais-toi un café. Je te rappelle dans cinq minutes. *À l'abri des oreilles indiscrètes*.

— Qu'est-ce qu'il se passe ?

— Cinq minutes.

Il n'attendit pas. Se rendit dans la cuisine. Nuit noire dehors. Il regarda l'heure sur son téléphone. Il avait dormi quatre heures. Il avait envie de s'en fumer une. Aussi retourna-t-il dans la chambre où dormait Léa pour y attraper un pull et un peignoir. Les pieds nus, il enfila des chaussures et sortit dans la nuit glaciale en pantalon de pyjama. Le froid lui remonta le long des jambes. Il alluma sa cigarette et rappela Samira.

— Vas-y, je t'écoute.

— C'est la merde, annonça-t-elle d'emblée. Quelqu'un a balancé une vidéo sur X où on voit Gustav sortir de son collège et monter en voiture avec Léa, et une deuxième voiture qui les suit avec deux hommes à bord.

Il déglutit ; sa pomme d'Adam fit un aller-retour.

— Il y a combien d'habitants dans ton patelin ? demanda-t-elle. Deux mille ? Combien de temps il faudra à tous ces crétins pour repérer ta maison ? Vous allez devoir bouger, Martin.

Il jura. Réfléchit.

— Léa n'en peut plus de devoir se planquer, répondit-il au bout d'une seconde, et on ne va pas changer Gustav de collège en pleine année scolaire. On ne bouge pas. De toute façon, si quelqu'un veut vraiment nous retrouver, il y parviendra toujours.

— Par quelqu'un, tu veux dire… Hirtmann ?

Il hésita.

— Ou la presse, les curieux, tous ces amateurs de *true crime*, ajouta-t-il.

— Tu es sûr de toi ?

— On n'a qu'à doubler la sécurité, dit-il, en sachant qu'à ça aussi il allait bientôt falloir renoncer, question de budget.

Il regarda autour de lui, chercha les gardes des yeux. Il ne vit pas le moindre mouvement. Pas de rougeoiement de cigarette non plus. Rien à part les ténèbres qui s'épanouissaient autour de la maison.

— Attends une seconde, dit-il.

Il s'avança dans l'allée. Où étaient-ils passés ? Il ne voyait personne. Merde ! Il s'enfonça entre les troncs, foulant l'herbe dure et crissante de gel, les héla :

— Hé oh !

Seul le vent, qui avait molli mais restait glacial, et le bruissement sec et accablé des branches nues lui répondirent. Il tourna sur lui-même, appela plus fort :

— Hé ! Vous êtes là ?

De toute évidence, non.

— Bon sang ! rugit-il dans le téléphone.

— Qu'est-ce qu'il y a ?

— Les gardes… ils ont disparu.

— Quoi ?

— Il n'y a personne.

— Comment ça, personne ?

— Personne ! Pas d'équipe de surveillance, rien. C'est le désert ici ! Ils ne sont plus là !

Il devina que sa voix se faisait de plus en plus hystérique, mais il ne parvenait pas à la contrôler. Du diable s'il comprenait ce qu'il se passait. L'inquiétude lui soufflait dans la nuque.

Un silence au bout du fil. Puis Samira conclut rapidement la conversation :

— Bordel, s'exclama-t-elle. Je m'en occupe… Enfermez-vous. Je te rappelle !

Il rentra, tira le verrou de la porte de la cuisine, tourna la clé. Puis il alla vérifier les autres portes, celle de l'entrée et celle qui communiquait avec le garage.

— Qu'est-ce que tu fais debout ? demanda une voix derrière lui.

Il fit volte-face. Léa.

— Et toi ?

On était samedi. Et, ce week-end, elle n'était pas de service mais d'astreinte. D'ordinaire, ces jours-là, Léa en profitait pour récupérer de la fatigue accumulée pendant la semaine.

— Je t'ai entendu appeler, dit-elle. Qu'est-ce qu'il se passe ?

— Il n'y a personne dehors. Je ne sais pas où sont les gardes…

Il vit aussitôt la frayeur dans ses yeux. Elle tourna son visage vers la baie vitrée, comme un cerf qui a perçu les aboiements de la meute.

— Et il y a autre chose, ajouta-t-il.

Il lui parla de la vidéo de Gustav sur X. Les yeux de Léa s'agrandirent. En l'espace de quelques secondes, ses traits passèrent par plusieurs expressions : stupeur, panique, colère.

— Quels connards ! cracha-t-elle. Il n'est pas question qu'on déménage encore une fois !

— On ne va pas déménager, l'assura-t-il.

— Alors, qu'est-ce qu'on va faire ?

— Samira s'en occupe. J'attends que l'équipe de surveillance soit là et je file au bureau. Il n'y a rien à craindre.

Le pensait-il vraiment ?

L'expression de Léa se fit plus sévère, l'amertume assombrit son regard et sa voix monta d'un ton :

— Tu files au bureau ? Tu sais que Gustav est en vacances ? On avait prévu de se balader en montagne, tu as oublié ?

— Il y a eu un loupé, déclara Samira dans le téléphone.

Il était debout devant la baie vitrée, les yeux fixés sur la bande grise qui commençait à éclaircir le ciel à l'est, au-dessus des arbres et des champs.

— Comment ça, un loupé ?

— Quelqu'un s'est planté. D'après le planning, la surveillance s'arrêtait aujourd'hui.

— Nom de Dieu, c'est pas vrai ! Je veux une équipe devant chez moi tout de suite !

— Je l'ai déjà fait partir, Martin ! Qu'est-ce que tu crois ? Elle sera là dans moins de quarante minutes. Et ne t'inquiète pas : je vais pas en rester là. Celui qui a déconné va entendre parler du pays.

— D'accord, d'accord.

Une pause.

— Au fait, fit-elle, tu sais, cette association des familles de victimes qui est mentionnée dans le journal de Fayolle ? Celle qui s'appelle « Ne les oublions pas ». C'est un certain Évariste Lienhart qui la dirige.

Servaz se souvint que Fayolle parlait de lui dans son journal.

— Un ancien élu, poursuivit Samira, le genre qui a toujours été dans les affaires locales, qui en connaît chaque rouage : il a été en son temps vice-président du conseil régional de Midi-Pyrénées, député-maire, secrétaire d'État au Commerce et à l'Artisanat. De ceux qui agissent dans l'ombre et qui ont parfois plus de pouvoir que ceux qu'on voit à la télé. Il est aujourd'hui à la retraite. Et son pouvoir ne lui a pas servi à grand-chose quand sa fille unique, Sonia Lienhart, a disparu il y a vingt-deux ans. (Servaz se souvint d'avoir vu ce nom dans la liste.) Il continue de poster régulièrement des photos d'elle sur les réseaux sociaux. Et avec les membres de l'association, ils continuent de harceler les pouvoirs publics et la justice pour que les enquêtes soient rouvertes. Sans grand résultat, apparemment. Je l'ai eu hier soir au téléphone. Il est d'accord pour nous parler, conclut-elle.

— Entendu, fit-il.

Il se surprit à penser à cet homme, aujourd'hui vieux, qui avait perdu sa fille unique alors qu'il était encore dans la force de l'âge, alors qu'ils avaient tous les deux devant eux tant de choses à vivre, à partager, tant d'anniversaires à célébrer, cet homme qui avait vu sa vie brisée, tous les rêves et les espoirs qu'il avait placés en elle envolés, le condamnant à affronter cette absence pour le restant de ses jours, cet homme à qui la police et la justice de ce pays avaient été incapables de fournir une réponse et qui devait redouter de partir à son tour sans l'avoir obtenue. Combien d'insomnies, de nuits d'angoisse, de crises de larmes et de jours au bord de la folie ? Comment faisait-on pour survivre à ça ? Comment se relevait-on ?

Il serra les dents. Inclina le front, l'appuya contre la vitre froide. Il pensa à Vincent. Mort dans la fosse à lisier. Il ne se sentait pas la force d'affronter le regard d'un tel homme, il n'était pas prêt.

— Vas-y toi, dit-il. Va lui parler. Je préfère rester avec Léa et Gustav pour le moment.

Il devina qu'elle était contrariée, car elle mit du temps à répondre :

— D'accord.

CHAPITRE 28
La jalousie

Dix plongea ses lèvres dans son café.

Vraiment excellent. Sans commune mesure avec le jus infect qu'on vous servait au siège de TV7. Il faut dire que leur machine à espresso était une Van der Westen fabriquée à la main, un modèle dont quatre cents exemplaires seulement sortaient chaque année des usines néerlandaises, et dont la plupart partaient au Japon.

S'il y avait une chose pour laquelle son épouse Angelina était douée, c'était choisir le meilleur dans tous les domaines. Il reposa sa tasse. La table du petit déjeuner était encombrée de pots de confiture, viennoiseries, œufs à la coque, corbeille de fruits, porcelaine, argenterie, serviettes brodées, comme s'ils se trouvaient dans un putain d'hôtel de luxe.

Ce qui n'empêchait pas Agathe, leur fille de seize ans, de bouder. Cette idiote n'avait pas la moindre idée de la chance qui était la sienne.

Dix savait que c'était dû à l'âge, mais il en voulait à tous ceux qui faisaient gober à cette génération qu'elle était le sel de la terre. *Le sel de la terre, mon cul...* Tous ces petits branleurs pourris gâtés qui voulaient changer le monde sans trop se fatiguer. *Le travail est une valeur passée de mode, vous comprenez ?* Et les entreprises auraient dû s'adapter à ces nouveaux profils ? Sans déconner ?

Il était le fils d'un serrurier et d'une femme de ménage et jamais on ne lui avait dit : *Mec, tu auras plein de vacances si tu viens chez nous, on tient à ton bien-être et à ton équilibre.* Et puis quoi encore ? Il n'y avait personne pour leur dire que rien de valeur ne s'obtient sans efforts ? *Ce pays part vraiment en couille*, songea-t-il.

— Tu es rentré tard hier soir, dit soudain Angelina. Ou plutôt ce matin.

Il la regarda.

Elle était déjà apprêtée et maquillée. Pourtant, même au réveil et sans maquillage, elle était bien plus belle que les femmes de ses amis. Il l'avait rencontrée à la fac. Dès le premier soir où ils avaient couché ensemble, il lui avait dit : « Je veux huit enfants de toi. » Résultat, après la naissance – difficile – d'Agathe, elle lui avait annoncé qu'elle serait la seule et l'unique. Il lui en avait voulu. Et encore, si leur fille avait été douée pour quoi que ce soit…

— Il y a eu une petite fête après l'émission pour le départ à la retraite d'un des techniciens, répondit-il.

— Une fête qui a duré jusqu'à 4 heures du matin ? questionna sa femme d'un ton sarcastique.

Il jeta un coup d'œil à sa fille : était-ce un sourire moqueur qu'il venait de surprendre sur sa figure ingrate ?

— C'est vrai qu'on a un peu débordé, dit-il sans faire vraiment d'efforts pour rendre son mensonge crédible.

Il savait que jamais elle ne le quitterait. Il avait déposé sa semence dans ses entrailles, il lui avait donné la vie dont elle rêvait, il avait comblé le moindre de ses désirs, sauf peut-être celui de sa fidélité, et il avait fait rédiger un contrat de mariage en béton armé. Même s'il savait qu'avec un bon avocat et un juge acquis à la cause de la plaignante les contrats peuvent être défaits.

— Tu devrais te ménager, mon chéri, dit-elle, tu as l'air fatigué. Tu as vraiment une sale gueule.

Nouveau sourire goguenard sur le visage de sa fille. Pas seulement goguenard. *Méprisant*. Putain. Il sentit la colère monter.

— Toi, tu es resplendissante, ma chérie, rétorqua-t-il sur le même ton doucereux et hypocrite. Il est vrai qu'entre les massages, les séances de natation, le fitness, les soins du visage et ton chirurgien, tes journées sont presque aussi remplies que les miennes.

— Mes nuits sans doute moins, répliqua-t-elle. J'espère que c'était un bon technicien, au moins.

— Pardon ?

— Celui qui est parti à la retraite…

— Hein ?… Oui.

Avait-il rêvé ou sa fille avait gloussé ? Il se tourna vers elle, mais elle l'ignora et fixa sa mère comme s'il était devenu invisible et insignifiant. Le sourire qui, en revanche, persistait sur les lèvres d'Agathe était indubitablement un rictus de mépris.

— J'y vais, déclara sa fille en se levant.

— Bonne journée, mon poussin, dit Angelina.

— Bonne journée, maman ! lança-t-elle en s'éloignant et en ignorant superbement son père.

Il attendit qu'elle se soit lavé les mains dans l'évier de la cuisine, qu'elle eût attrapé sa besace et claqué la porte d'entrée.

— C'était quoi, ça ? dit-il d'une voix tout à coup refroidie.

— Ça ? dit Angelina d'un ton léger en le toisant.
— Ce cirque devant notre fille…
— Je ne vois pas de quoi tu parles.
Elle avait un coude sur la table, entre les doigts un croissant, dont les pointes avaient été décapitées par ses jolies dents blanches. Il saisit son poignet avec la vivacité d'un serpent et le tordit, si bien que le bout de croissant chut sur le carrelage.
— Aïe ! s'exclama-t-elle.
Il accentua à la fois la torsion et la pression de ses doigts.
Elle grimaça :
— Tu me fais mal !
— Ne t'ai-je pas déjà dit de ne pas me parler comme ça devant notre fille ? rugit-il, furieux.
Elle émit un gémissement.
— Si ! Lâche-moi !
Il n'en fit rien. Il se pencha davantage, demanda d'un ton venimeux sans relâcher son étreinte :
— Alors, qu'est-ce qu'il y a là-dedans que tu ne comprends pas ?
— Rien !
Il la lâcha. Se rejeta contre le dossier de sa chaise en respirant fort : ce genre d'incident faisait toujours monter en lui un flot d'adrénaline et d'endorphine. Elle se frotta le poignet, qui portait la marque blanche de ses doigts là où le sang s'était retiré sous l'étau de sa poigne. Elle prit une inspiration.
— Tu sais quoi ? cracha-t-elle en faisant des mouvements de poignet. Tu peux me faire mal, autant que tu voudras, mais tu ne peux pas me faire peur. Je n'ai plus peur de toi. Plus du tout…
Il la sonda. Ne vit que de la fureur dans ses yeux.
— Tu devrais, pourtant, menaça-t-il.

Elle le défia du regard :

— Ah bon ? Pourquoi ? Tu vas faire quoi ? Me cogner ? Tu en es sûr ? Parce que tu sais que les temps ont changé. Tu ne peux plus faire ça à ta femme sans en payer les conséquences. Parce qu'un seul mot de ma part dans les journaux et ta carrière est finie, foutue.

— Espèce de sale pute, gronda-t-il.

— Ce que tu peux être vulgaire, tu as toujours manqué de classe. Tu resteras ce petit plouc sorti de sa cité, quoi que tu fasses. Et non, les putes, ce sont ces traînées que tu mets dans ton lit, mon amour. Qui ouvrent généreusement leurs cuisses au grand Damien Dix. J'espère pour toi qu'elles ne sont pas mineures, au moins…

Il sursauta. C'était nouveau, ce ton. Tout à coup, il eut la puce à l'oreille. Avait-elle eu vent de quelque chose ? Embauché un détective ? Reçu une lettre anonyme ? Est-ce qu'en douce elle réunissait des preuves contre lui en vue d'un coûteux divorce ? Ou bien avait-elle pris un amant ? Ouais, ça aurait expliqué son audace soudaine et ses velléités de combat.

Il la scruta, cherchant des signes.

Il allait devoir la faire surveiller. Il se moquait qu'elle lui fût infidèle, mais un divorce avec à la clé un grand déballage médiatique, c'était autre chose. Elle avait raison : de nos jours, les conséquences sur sa carrière pouvaient être incalculables. La presse se jetterait sur la moindre accusation le concernant, trop contente de clouer au pilori celui qui l'avait si souvent narguée et tournée en ridicule.

— Je m'excuse, dit-il en s'essuyant les lèvres et en se levant, je n'aurais pas dû. Je suis sincèrement désolé, ma chérie. Et inutile de te dire que je t'aime, comme je n'ai jamais aimé personne avant toi, tu le sais…

Il l'embrassa sur le front. Elle se tint très droite sur sa chaise, lèvres serrées, le visage sans expression, aussi froide que du marbre.

Sous la douche, il alterna jet brûlant et jet glacé jusqu'à ce que sa peau soit presque aussi rouge qu'un homard ébouillanté. Petit à petit, comme l'eau savonneuse fuyait par la bonde, la fureur le désertait, remplacée par autre chose : un fantasme, une vision…

Demain soir, il défierait Julian Hirtmann en direct devant des millions de téléspectateurs. Une pensée lui vint : et s'il se débrouillait pour qu'Hirtmann s'intéresse à Angelina ? Il se rendit compte que cette idée l'excitait au plus haut point – au point même d'avoir une érection.

CHAPITRE 29

Vies cruelles

Évariste Lienhart était un petit homme précieux dans la soixantaine, qui, pour être exact, en aurait soixante-dix le mois suivant. C'était curieux d'ailleurs cette façon d'exprimer l'âge en dizaines jusqu'à la soixantaine alors qu'on cessait de le faire au-delà. Était-ce par pure nécessité syntaxique ou fallait-il y voir un sens plus profond ? Peut-être parce qu'à partir de soixante-dix ans on n'était plus très sûr d'aller au bout de la dizaine en question ? Cheveux teints, même s'ils battaient en retraite sur le front, veste à carreaux, pochette mauve, pli du pantalon impeccable, souliers vernis, il estimait avoir encore fière allure, mais c'était peut-être une illusion d'optique due à un bon éclairage. Fils d'Occitanie, Lienhart était un socialiste en terres historiquement à gauche, mais de l'espèce tempérée, car il ne comprenait rien aux fureurs de l'époque, à toute cette rage révolutionnaire qui s'était emparée des classes populaires du monde occidental, et sur les braises de laquelle soufflaient à pleines joues les démagogues, d'Europe aux États-Unis. Alors que, comme il l'avait déclaré récemment dans un entretien radiophonique : « N'en déplaise à tous les déclinistes, jamais au cours de l'histoire les classes populaires n'ont mieux vécu qu'aujourd'hui », sortie qui lui avait valu d'être taxé de « sénile », de « gâteux », de « gaga » sur les réseaux sociaux, où on avait également suggéré qu'il était le meilleur argument pour la légalisation de l'euthanasie. Avec quelques menaces de mort en prime.

Charmante époque...

Il devait admettre que c'était un peu idiot d'avoir dit ça. Avaient-ils raison : *est-ce qu'il devenait gâteux ?* Depuis qu'il était veuf, vieillir le terrorisait.

Il savait aussi que sa famille politique n'avait plus les faveurs du « peuple ». Ou du moins de celle qui se présentait comme telle aujourd'hui. Aussi considérait-il la jeune femme sur le pas de sa porte avec défiance, en se demandant dans quelle catégorie il allait la ranger. Amie ou ennemie ? Pas si jeune que ça, d'ailleurs : elle devait avoir la petite quarantaine. Elle portait un blouson de cuir noir, un pantalon de cuir noir, des bottines noires et un pull à col cheminée noir. Ça lui rappelait cette actrice dans une vieille série anglaise, *Chapeau melon et bottes de cuir*. À cette différence près qu'elle ne ressemblait pas à une Anglaise.

Et puis, il se passait un phénomène curieux en sa présence : d'emblée on la trouvait laide, un visage ingrat, trop maquillé, des yeux globuleux, et puis, l'instant d'après, on la trouvait attirante. Il n'avait jamais vu quelqu'un de pareil, encore moins sur son paillasson.

— Capitaine Samira Cheung de la police judiciaire, dit-elle en sortant un écusson de sa poche. On s'est parlé au téléphone.

— Euh... oui..., dit-il, pris au dépourvu. Entrez.

Il s'effaça en gardant grand ouvert un des deux battants et observa avec satisfaction sa réaction quand elle découvrit le vaste hall de son appartement. Trois cent cinquante mètres carrés sur un seul étage dans le quartier des Carmes, dans un immeuble ancien et noble. De grands volumes, du marbre, des moulures au plafond, des meubles et des toiles d'époque, des bouquets de fleurs fraîches, des objets chinés chez les antiquaires… Et surtout, dans l'entrée, éclairé par un spot, surplombant les visiteurs du haut de ses trois mètres, un authentique ours polaire acheté dix ans plus tôt chez Deyrolle, au 46 rue du Bac, à Paris.

Entre indemnités de base, indemnités de résidence, indemnités de fonction, dépenses de représentation, frais de réception, etc., la République, généreuse mère nourricière, donnait son sein avec libéralité à ses élus des chambres haute et basse, des assemblées régionales, à ses ministres, à ses secrétaires d'État, à ses directeurs de cabinet, à ses directeurs de cabinet adjoints, ses chefs de cabinet, ses conseillers techniques, ses conseillers spéciaux, ses ministres délégués, ses hauts fonctionnaires : il en fallait du lait pour nourrir tous ces gens, et rares étaient ceux qui refusaient de téter. Pas étonnant qu'ils fussent si nombreux à ne pas souhaiter un changement de régime.

— Ouah ! s'exclama la policière en levant la tête et en se reculant pour mieux embrasser l'ours des yeux. C'est vous qui l'avez tué ?

Il sourit devant tant de naïveté. Il allait dire quelque chose quand elle prit les devants :

— Je plaisantais.

Ah bon, les flics avaient de l'humour, maintenant. Son sourire devint un peu forcé.

— Suivez-moi, dit-il.

Il la conduisit dans un salon trop vaste pour son existence solitaire, où même la télé à écran plasma paraissait petite, s'absenta cinq minutes, le temps de revenir avec une cafetière et deux tasses sur un plateau en métal, qu'il posa sur la table basse avant de s'installer dans un canapé et de montrer l'autre à la policière. Laquelle fixa son regard sur le bel objet trônant au milieu de la table basse.

Un vase noir. À l'évidence, il avait été brisé puis recollé. Mais recollé avec quelque chose qui ressemblait à de l'or, car les brisures irrégulières brillaient sur la céramique noire comme de la lave incandescente dévalant un volcan la nuit. Samira trouva le résultat fascinant. Plus beau peut-être que l'avait été l'objet originel.

— Vous savez ce que c'est ? demanda-t-il en surprenant son regard tandis qu'il versait le café dans les tasses.

— Non, fit-elle. On dirait un vase cassé et recollé avec de l'or.

— C'est exactement ça. *Kintsugi*. Ça vient du Japon. Le kintsugi est un art japonais ancestral qui consiste à réparer les choses cassées, en particulier les céramiques servant à la cérémonie du thé, en employant un mélange à base de poudre d'or, de manière à souligner les brisures au lieu de les dissimuler. En mettant ainsi en évidence l'histoire de l'objet réparé, on considère que ses blessures et ses cicatrices font partie de lui, et même qu'elles l'ont rendu plus beau, plus fort. Au Japon, que vos blessures soient physiques et dues à un accident, une longue maladie, la vieillesse, ou bien émotionnelles, deuil, rupture, dépression, on estime que l'énergie du kintsugi vous rend plus beau, que vos cicatrices sont de l'or, en quelque sorte.

En écoutant sa voix vibrante, Samira comprit immédiatement deux choses : elle avait en face d'elle un homme brisé et ses blessures, contrairement à celles du vase, n'avaient jamais complètement cicatrisé.

Elle frissonna en se penchant pour saisir sa tasse fumante. Le grand appartement était glacial. Aussi glacial que cette bourgeoisie sinistre qui tremblait et mourait, tandis que dehors la fureur du monde menaçait d'ensevelir sous la cendre des siècles de civilisation et de progrès.

— Elle est morte un jour d'automne 2000, déclara-t-il sans transition, en portant la tasse à ses lèvres. On a trouvé son corps dans un verger de pommiers, près de Saint-Julien-sur-Garonne, étendu au milieu des feuilles mortes. Ma fille était couchée en chien de fusil, jupe relevée, collants baissés. Elle avait vingt-six ans.

Ils échangèrent un regard muet. Vingt-six ans. Toute une vie à venir. Peut-être pas la vie parfaite, peut-être pas la vie rêvée, mais une vie avec ses hauts et ses bas, ses joies et ses peines, ses moments sublimes et ceux qu'on préférait oublier. Tout ça lui avait été refusé, volé.

— Selon les légistes toulousains, elle avait dans son sang de l'Equanil, un anxiolytique, et du Stilnox, un somnifère, à des taux mortels si on les combine à l'alcool qu'elle avait ingéré, et ils ont conclu à un suicide, malgré les collants baissés, la jupe relevée et l'endroit improbable où on l'a trouvée. J'ai remué ciel et terre pour obtenir une seconde expertise, j'ai alerté le garde des Sceaux de l'époque, un ami. J'avais quelques relais politiques en ce temps-là, dont la plupart sont morts aujourd'hui. Finalement, on a exhumé le corps et deux autres légistes venus de Bordeaux ont réalisé une nouvelle autopsie. Ils ont découvert que les deux légistes toulousains avaient omis un examen capital : l'analyse de la bile, le seul liquide biologique permettant de mesurer avec exactitude les quantités de drogue présentes dans le corps. Par conséquent, les « taux mortels » évoqués dans le premier rapport étaient tout à fait fantaisistes. Les deux légistes toulousains s'étaient aussi abstenus d'un examen interne de son… hum, sexe, malgré tous les indices. Enfin, la deuxième équipe a trouvé trois dents cassées dans sa bouche et deux éclats d'émail dans sa gorge. Leur conclusion : une très probable mort violente. Savez-vous que les deux premiers légistes, ceux qui ont rédigé ces rapports erronés, non seulement dans le cas de ma fille mais aussi dans plusieurs autres, ont continué d'exercer comme si de rien n'était ?

Ses doigts déformés par l'arthrose tremblèrent de colère sur sa tasse, et quelques gouttes de café tombèrent sur le tapis sable.

— J'ai fondé l'association Ne les oublions pas quand les dysfonctionnements au sein de la police, de la justice et de la médecine légale toulousaines sont devenus trop manifestes et trop nombreux. Nous sommes en présence de crimes et de sévices à grande échelle commis sur plus d'une décennie, dont presque aucun n'a été élucidé.

Il tremblait tellement qu'il dut poser la tasse avant que tout son contenu ne se déverse sur le sol. Apparemment, les années écoulées n'avaient en rien émoussé sa fureur.

— Vous saviez que Charles Fayolle, un journaliste de *La Garonne*, enquêtait sur ces meurtres et ces disparitions ? demanda-t-elle après un temps.

Le regard d'Évariste Lienhart se porta sur le vase noir et or, puis revint se fixer sur Samira.

— Oui, bien sûr. On s'est rencontrés une demi-douzaine de fois. Il était devenu presque aussi obsédé que moi par toutes ces histoires.

— Vous savez donc qu'il est mort récemment ?

Il plissa les yeux pour mieux la scruter.

— Je l'ai lu dans la presse… Ils ont parlé d'une pendaison, d'un *suicide*… Vous croyez que c'est… *autre chose* ?

Samira laissa la question en suspens.

— Et Virgile, ça vous parle ? demanda-t-elle.

Un éclat métallique jaillit entre les paupières froissées de l'ancien élu. Il n'y avait plus rien sur ses traits du doux retraité qui lui avait ouvert la porte.

— Où avez-vous entendu ce nom-là ? Il ne s'agit pas du poète latin, bien sûr…

— Je l'ai trouvé dans le journal de Fayolle. Virgile, vous savez qui c'est ?

— Alors comme ça, Fayolle tenait un journal ? Virgile, je sais que c'était son contact dans la police. C'était très mystérieux : Fayolle n'a jamais voulu me dire de qui il s'agissait. Virgile, c'était son secret.

— Idem pour Lucrèce…

— Qui ça ?

Elle le scruta. Il ne connaissait pas l'existence de ce dernier.

— Il faut également prendre en compte le fait que, à l'époque, les viols, les disparitions n'étaient pas traités avec la même rigueur qu'aujourd'hui, enchaîna-t-il. Que les techniques n'étaient pas aussi avancées. Que les flics eux-mêmes n'étaient pas formés pour entendre des victimes de viol comme ils le sont aujourd'hui. Ou disons… *comme ils sont censés l'être*.

Il se leva, s'approcha de la cheminée, caressa un buste qui se trouvait sur le manteau de marbre, s'accouda à ce dernier, son dos et sa nuque reflétés dans le grand miroir derrière lui.

— Votre enquête porte-t-elle sur les crimes du passé ou sur la mort de Fayolle ? demanda-t-il.

— Sur la mort de Fayolle, mais nous pensons qu'elle est peut-être liée à ses recherches, à toutes ces morts et à toutes ces disparitions…

— Donc vous croyez ou vous savez qu'il ne s'est pas suicidé, conclut-il.

Elle ne fit aucun commentaire.

— Au cours de toutes ces années de recherches, de questionnements, d'échanges au sein de l'association des familles de victimes, y a-t-il une hypothèse qui ait pris le dessus sur les autres ? demanda-t-elle doucement.

Il l'observa intensément.

— Oui. Ce sont forcément des gens très puissants, très influents. Et ils sont plusieurs, j'en mettrais ma main à couper.

Le débit de l'ancien politicien s'était fait plus précipité :

— Il y a forcément derrière toutes ces erreurs, toutes ces enquêtes bâclées, tous ces classements sans suite, toutes ces autopsies bancales, une organisation mise en place pour enterrer la vérité. Une organisation qui a fonctionné pendant des années sans que personne s'en émeuve. Une structure qui a facilité les complicités, incité certains à détourner le regard, qui en a freiné d'autres, enseveli la vérité sous d'épaisses couches de mensonge. On ne peut pas imaginer autant de crimes et de disparitions non résolus et, à côté de ça, autant d'erreurs dans les investigations sans qu'il y ait eu dans l'ombre une volonté puissante de protéger les coupables.

Il marqua un temps d'arrêt avant d'ajouter :

— Et peut-être de fournir aux prédateurs de nouvelles victimes.

Elle sursauta, leva les yeux vers lui.

— Qu'est-ce qui vous fait dire ça ?

Il plongea son regard dans celui de Samira.

— Une intuition… Il y a trop de différences, trop de victimes, trop de lieux. C'est trop chaotique, trop désordonné. Ça ne donne pas l'impression d'une série mais de plusieurs.

Elle se sentit glacée à cette perspective. Ou peut-être était-ce le froid qui régnait ici.

— Plusieurs tueurs en série, vous voulez dire ?

Il opina :

— On a examiné tous les cas recensés. Plusieurs dizaines en quinze ans. Quelquefois, ça ressemblait à une série puis, tout à coup, on avait quelque chose de très différent. On a identifié une bonne demi-douzaine de *modus operandi*.

— Vous savez que ceux-ci évoluent parfois en fonction des circonstances et du temps qui passe…

— Oui, je sais, mais jamais à ce point-là.

Le silence entre eux s'éternisa.

— Et puis, soudain, tout s'arrête en 2009…, énonça-t-elle.

Il revint s'asseoir dans le canapé, but une gorgée de café, considéra le vase aux brisures d'or, puis fixa de nouveau Samira.

Oui. Croyez-moi, j'y ai beaucoup réfléchi. Et je ne sais toujours pas ce qu'il s'est passé.

— Si on écarte votre hypothèse, celle qui postule qu'ils sont plusieurs, et si on part au contraire sur celle d'un seul et unique prédateur, d'un seul tueur, changeant de *modus operandi* au fil du temps, on peut alors envisager qu'il soit mort, par accident ou d'une tout autre manière. Ça expliquerait que tout se soit arrêté du jour au lendemain.

Il se tortilla sur le canapé. Ses yeux s'ouvrirent légèrement. Il posa sur elle un regard plein de scepticisme :

— Dans ce cas, comment vous expliquez que les disparitions aient repris ces derniers mois ?

— Il était peut-être en prison pour un autre crime, suggéra-t-elle. Et il est sorti cette année…

Elle n'allait pas lui parler de la maison de poupées trouvée chez Fayolle. Ni de celles que fabriquait Julian Hirtmann dans sa cellule. Ni du fait que le Suisse s'était évadé quelques mois avant que les disparitions reprennent, même si cette dernière information avait été largement relayée par la presse.

Lienhart la dévisagea intensément. Il semblait peser le pour et le contre.

— J'ai reçu la visite de Fayolle quelques jours avant sa mort. Il avait l'air tout excité et en même temps effrayé. Non, pas seulement effrayé : il était clair qu'il avait une peur de tous les diables. Il m'a dit quelque chose : qu'il était près de résoudre toute l'affaire, qu'il avait fait une découverte essentielle après toutes ces années.

Samira eut la sensation d'un doigt froid remontant le long de sa colonne vertébrale :

— Et il ne vous a pas dit laquelle ?

— Il a déclaré qu'il voulait d'abord en parler à Virgile. C'était trois jours avant qu'on le trouve pendu chez lui.

CHAPITRE 30

L'œil le plus bleu

Enfant, Servaz n'aimait pas les dimanches d'automne. Ceux qui lui faisaient toujours penser au *Grand Meaulnes*. Quelque chose en eux d'immobile, de silencieux, la vie anémiée, l'ennui, la perspective de l'école le lendemain, jetait sur eux une ombre, lui procurait un sentiment d'horreur diffuse mais réelle.

Peut-être était-ce dû aussi au ciel gris, aux nuages bas, au vent froid qui vous chassait à l'intérieur des maisons, à l'air confiné et chaud, à la poussière qui se déposait sur les meubles, à la triste pluie de décembre léchant les vitres. Servaz se souvint que la seule échappatoire à cette infinie répétition des heures était la lecture de *Bob Morane* : des aventures extravagantes aux quatre coins du monde, à mille lieues de sa plate existence.

En ce dimanche après-midi, il retrouvait ce sentiment légèrement nauséeux. Il redoutait la venue du lundi. Comme lorsqu'il était enfant : un très bon élève qui, dans le secret de son cœur, avait horreur de l'école. Il était conscient que le retour de cette sensation était une nouveauté. Jusqu'à une date récente, il avait sacrifié ses week-ends à la seule chose qui le mettait en mouvement : *la traque*. C'était d'ailleurs ironique que les pires monstres qu'ait enfantés la société eussent été jusqu'alors sa raison de vivre.

Il savait bien que ce n'était pas seulement le besoin de les attraper, de les mettre hors d'état de nuire, ça allait au-delà. C'était au point qu'il s'était demandé s'il n'aurait pas été réellement malheureux si, d'aventure, par une circonstance proprement miraculeuse, la société avait été soudain débarrassée de ses ogres, de ses tueurs, de ses pervers et de ses violeurs.

À travers la vitre, son regard errait sur la campagne : sur les deux gardes là-bas, debout entre les arbres, près de la route, sur les nuages couleur de suie qui progressaient dans le ciel cafardeux, sur les corbeaux qui tournaient au-dessus des champs.

Il pivota pour observer son fils qui jouait aux échecs avec Léa à même le tapis, dans la lueur du sapin clignotant. Tous deux étaient assis sur des coussins, penchés et concentrés sur l'échiquier. Léa n'était pas mauvaise aux échecs, il le savait, mais quand Gustav bougea une pièce et dit « échec » d'une voix assurée, il la vit étudier l'échiquier avec une incrédulité mêlée d'indécision. Gustav semblait avoir oublié les menaces qu'il recevait sur son téléphone et même l'appareil lui-même, mais Servaz savait que l'humeur de son fils pouvait changer du tout au tout en très peu de temps. Le sien sonna, et Léa leva aussitôt le nez des pièces de l'échiquier pour le dévisager, comme si elle flairait les ennuis.

— Oui, Samira, fit-il en s'éloignant.

Elle l'avait appelé la veille pour lui rapporter les propos du président de l'association des familles de victimes. Il n'en était ressorti aucune piste nouvelle, mais la confirmation que Fayolle avait sans doute découvert quelque chose qui avait causé sa perte.

— Tu fais quoi, là ? demanda-t-elle. Tu glandes ?

Il sourit. Samira n'était pas du genre à prendre des gants.

— C'est à peu près ça.

— Tant mieux. Au moins je n'aurai pas l'impression de foutre en l'air ton dimanche.

— Dimanche qui est bien entamé, je te ferais remarquer.

— Tu crois que c'est pareil dans les autres pays ? demanda-t-elle.

— Pareil ?

— Qu'on s'emmerde autant le dimanche ? Bon, bref, rien à carrer. Je ne t'appelle pas pour te poser des questions existentielles, mais parce que, hier, Lienhart m'a donné la liste des membres de l'association des familles de victimes…

— Oui, je sais. Et… ?

— Je viens de la passer en revue. Devine qui est dedans ?

— Tu vas me le dire.

— Bogdan Czubek.

— Qui ?

Un silence. Elle devait être en train de se dire que le Martin d'avant n'aurait certainement pas oublié un nom apparaissant dans la procédure.

— Le nettoyeur de scènes de crime. Sacrée coïncidence, non ?

Il réfléchit à ce que cela impliquait. Pouvait-il vraiment s'agir d'une coïncidence ? C'était le nettoyeur qui avait découvert la maison de poupées, *dans une partie du domicile de Fayolle où il n'était pas censé s'aventurer*.

Il partagea sa réflexion avec Samira.

— Exact, fit-elle. J'ai essayé de le joindre mais il ne répond pas. Il est sans doute dans un bar avec la télé à fond et du monde en train de hurler autour de lui, c'est pour ça qu'il n'a pas entendu la sonnerie.

— J'ai du mal à te suivre, dit-il. Comment tu passes du fait qu'il ne réponde pas à sa présence dans un bar avec la télé à fond ?

Il l'entendit pousser un long soupir.

— La tienne est éteinte ? demanda-t-elle.

— Oui, pourquoi ? Il s'est passé quelque chose ?

Re-soupir.

— On est dimanche 18 décembre, Martin.

— Et donc ?

— France-Argentine. La finale de la Coupe du monde de football ! Dans une heure ! Ne me dis pas que…

— Oh ! D'accord, d'accord. Et qu'est-ce que fait… euh… ce Czubek parmi les familles des victimes ? demanda-t-il, car la dernière chose dont il avait envie de parler, c'était de foot.

— Il est le frère d'une des filles qui ont disparu et qu'on n'a jamais retrouvées : Monika Favelle, vingt-neuf ans, vendeuse à Toulouse, mariée, un enfant, disparue en sortant de son travail le 6 juin 2002. Née Czubek, j'ai vérifié. Et notre ami Bogdan arrive en France quelques mois à peine après la disparition de sa sœur. Et il y a autre chose…

Une branche dénudée grattait contre la vitre. *Scrouiikscrouiik*. Comme une griffe.

— Il y a trois ans, Czubek a été entendu pour avoir agressé un flic. Devine qui…

— Si tu cessais de jouer aux devinettes ?

— Lemarchand.

Il ferma les yeux. Serge Lemarchand. Il revit le visage large, impassible, les favoris mangeant les joues et le regard méprisant du flic ripou. Il revit le crâne explosé par l'arme de service après qu'il se fut donné la mort. Lemarchand : un des « petits soldats » de l'armée privée du général Thibault Donnadieu de Ribes. C'était la seconde fois depuis le début de l'affaire qu'il pensait au grand militaire aux yeux bleus qu'il avait mis à l'ombre deux ans plus tôt, mais, cette fois, il y avait un lien. Un lien ténu. Qui reliait indirectement la mort de Fayolle au général. Et ce lien passait par deux hommes, dont l'un était mort : feu Serge Lemarchand et Bogdan Czubek.

— Apparemment, Lemarchand n'a pas porté plainte à l'époque, poursuivit Samira. Sans quoi Czubek se serait vu retirer son accréditation pour nettoyer les scènes de crime. Il devait quand même être sacrément remonté pour mettre en péril son business. Le problème, c'est que Lemarchand n'est plus là pour nous dire ce qu'il s'est passé. Il ne me reste donc qu'à cuisiner Czubek. Je vais lui rendre une petite visite demain.

— Beau travail, dit-il. Si tu le permets, je vais retourner glander.

Il devina qu'elle souriait. Elle reprit la parole :

— Il y a peut-être quelqu'un d'autre qui sait quelque chose au sujet du lien entre Lemarchand et notre enquête.

Il attendit qu'elle le dise, même s'il savait ce qu'elle allait dire.

— Le général Thibault Donnadieu de Ribes.

— Hmm…

— Il ne parlera qu'à toi, Martin.

— Qui te dit qu'il sait quelque chose ?

— Ça vaut le coup d'essayer, non ?

— Pourquoi tu penses qu'il va me parler ? C'est nous qui l'avons mis à l'ombre, je te rappelle.

— Ça m'écorche la bouche de le dire, mais ce type a un sens de l'honneur et une éthique. Rappelle-toi, il méprisait Lemarchand autant que nous, même s'il se servait de lui. Il n'y a aucune raison qu'il ne nous aide pas à trouver le ou les coupables de ces crimes s'il le peut, même si c'est toi qui l'as mis à l'ombre. Après tout, Donnadieu de Ribes voulait rétablir l'ordre et rendre la justice à sa façon : c'était ça, son projet.

— Et il a fini par tuer des innocents au nom de ce projet…, lui rétorqua-t-il.

— Qu'il pensait coupables. Il n'en reste pas moins un criminel, ce n'est certainement pas moi qui vais te dire le contraire. Mais ce type place l'honneur et la justice au-dessus de tout. Tu peux en jouer et… je me souviens aussi qu'il avait du respect pour toi.

— C'est pour ça qu'il a voulu me tuer…

— Ce n'était pas personnel.

— On croirait entendre un tueur de la mafia.

Elle expira dans le téléphone.

— Martin, peu importe d'où nous viennent nos infos. Je serais prête à me convertir au véganisme si ça pouvait nous permettre de coincer le ou les pourritures qui ont enlevé et tué ces filles.

— Tu es déjà végane, fit-il remarquer en souriant malgré lui.

— Ah ah, c'est vrai ! Disons que je serais prête à me taper un bon gros steak bien saignant si ça pouvait faire avancer l'enquête. Promets-moi que tu vas aller le voir. Ou au moins y réfléchir. Bon, je te laisse, j'ai un match de foot qui chauffe, là.

— France-Arménie, c'est ça ?

— Argentine !

— Je vous dérange ? dit la voix deux heures plus tard.

— Vous n'êtes pas en train de regarder la Coupe du monde de football comme tout le monde ?

— La quoi… ? répondit Emmanuel Sachs. Ah oui, c'est vrai… Non, j'étais en train de travailler à mon livre.

— Qu'est-ce que je peux pour vous, Sachs ?

— Vous parlez à voix basse… Léa et Gustav sont avec vous ?

Servaz se raidit. Il détestait entendre dans la bouche de l'écrivain les prénoms de son fils et de sa compagne.

— Ça ne vous regarde pas ce que fait ma famille, Sachs, prévint-il. Alors ?

Il y eut un bref silence au bout du fil.

— J'ai l'impression que vous nous oubliez, commandant. Nous n'avons plus de nouvelles de vous.

— J'ai été occupé ces derniers temps.

Il n'avait pas l'intention de partager avec l'écrivain et sa clique de fanas de *true crime* la découverte de la maison de poupées, encore moins les circonstances de la mort de Fayolle. Pourtant, il savait que la maison de poupées était liée à Hirtmann d'une manière ou d'une autre. Et il se demanda si la bande des… – comment s'appelaient-ils déjà ? –, des Inénarrables Enquêteurs ne pouvait pas les aider en explorant les dizaines de pistes secondaires auxquelles la police n'avait ni le temps ni les moyens de se consacrer.

— Vous attendez quoi ? lança Sachs. Qu'Hirtmann frappe de nouveau ? Qu'une autre fille disparaisse ?

Il sursauta.

— Sachs, je n'aime pas trop votre ton.

— Désolé. C'est que… je ne suis pas tranquille ces derniers temps…

— À propos de quoi ?

— J'ai l'impression que quelqu'un rôde autour du chalet. C'est sûrement de la parano, je sais.

— Qu'est-ce qui vous fait penser ça ?

— Des bruits, le soir. Des bruits inhabituels. Et des traces qui pourraient aussi bien être les miennes, mais que je ne me souviens pas d'avoir laissées. Comme si quelqu'un essayait de m'effrayer, de me faire comprendre qu'il est là.

— On ne peut pas accéder à votre chalet sans une voiture. Si quelqu'un est venu jusque chez vous, il aura laissé des traces de son passage.

— J'ai effectivement trouvé des traces de pneus un peu plus loin sur la route, mais ça n'a rien d'étonnant : dans la journée, il y a souvent des randonneurs qui viennent par ici.

Servaz réfléchit.

— Si vraiment vous avez une crainte, achetez des pièges photographiques, dit-il. Le genre de truc qu'on utilise pour observer la faune. Placez-les aux quatre coins du chalet. Choisissez-en qui ont un grand angle et une distance de détection de, disons, vingt-cinq mètres. Et équipez votre chalet d'un système d'alarme.

— Vous croyez que ce genre de choses est de nature à arrêter Hirtmann ? dit Sachs, à la fois sceptique et sarcastique. Vous êtes sérieux ?

— Rien ne prouve qu'il s'agisse d'Hirtmann, répondit-il. Rien ne prouve même qu'il y ait eu quelqu'un, vous l'avez dit vous-même. Vous avez quelque chose pour vous défendre ?

— J'ai une arme, commandant. Je suis inscrit à un club de tir. Vous viendrez si ça se reproduit ?

— Sachs, s'il y a quelqu'un, le temps que j'arrive, il sera sûrement reparti. J'ai quasiment deux heures de route pour arriver chez vous.

— S'il vous plaît.

Le ton était suppliant, presque celui d'un enfant. Il soupira :

— D'accord, je viendrai. Vous avez du nouveau de votre côté ? demanda-t-il en sachant que, si tel était le cas, l'écrivain l'aurait déjà appelé.

— Possible, répondit celui-ci en prenant un ton mystérieux. On s'en reparle bientôt. Bonne fin de journée, commandant.

Il raccrocha sans attendre la réponse de Servaz. Qui reposa le téléphone sur la table de la salle à manger et jeta un coup d'œil à la télé allumée, volume à zéro. Sur l'écran, le score entre la France et l'Argentine était de 2-2. Il se prit à espérer que la France gagnerait. Pas parce que ça lui importait, mais parce que cela mettrait son groupe d'enquête dans de meilleures dispositions, qu'ils feraient preuve de plus d'énergie et d'enthousiasme si la France gagnait. Il avait déjà vu les effets d'une défaite et encore plus d'une humiliation sur le moral des troupes lors de la Coupe du monde en Afrique du Sud : on aurait dit qu'une guerre venait d'être perdue.

Il réfléchit à ce que Sachs avait dit, et à ce que lui n'avait pas dit à Sachs. L'écrivain était-il au courant pour la mort de Fayolle ? Elle était sortie dans la presse. En revanche, il ne pouvait pas l'être pour le journal et la maison de poupées. Servaz en revenait toujours au même point : si la mort de Fayolle, la maison de poupées, les dizaines de crimes et de disparitions dans la région pendant plus d'une décennie, l'évasion d'Hirtmann et la reprise récente des disparitions avaient été des punaises plantées sur un tableau d'enquête, comme dans les films, comment les aurait-il reliées ? Où aurait-il placé les fils rouges ? Et laquelle manquait au centre du tableau qui rayonnerait vers toutes les autres ?

Une chose ressortait clairement : tout était lié. Mais de quelle façon ?

Cette nuit-là, il ne rêva pas. Mais une image vint le percuter alors que, allongé sur le dos, il était sur le point de s'endormir. Une image, une vision, réelles. Un souvenir. Qu'il avait relégué dans les profondeurs de sa psyché, et qui refit surface avec la force d'un cachalot crevant la surface de son subconscient : un homme dans la soixantaine, aux yeux très bleus, empêtré dans des fils de fer barbelé par une nuit pluvieuse.

Une nuit de violence, une nuit de folie.

L'homme avait le cou, les joues, les bras et le torse prisonniers du réseau des pointes en acier, mille épines acérées qui déchiraient sa chair, perçaient son front, faisaient saigner ses joues. Des larmes de sang qui lui donnaient l'allure d'un Christ vieux, en dépit de ses cheveux coupés ras.

La pluie tombait sur lui. Elle ruisselait sur son crâne, trempait sa tenue de combat, emportait le sang. Impassible, la bouche ouverte, respirant calmement, le général Thibault Donnadieu de Ribes le fixait, *lui*, Servaz, de ses grands yeux très bleus, sans jamais le lâcher du regard, tandis que le policier descendait la pente herbeuse et glissante dans sa direction.

CHAPITRE 31

Les mots

Il neigeait. Le silence régnait. Les doigts d'Emmanuel Sachs volaient sur le clavier :

Il faut fuir les outrances, les effets de manche, la terreur interchangeable, la feinte profondeur, tous ces expédients qui disent l'impuissance et une imagination conventionnelle. Le matériau dont je dispose a assez de force pour qu'il n'ait pas à être farci de ces ruses qui sont la marque des auteurs avides de triomphes faciles, ceux qui remplissent la bouche de leurs lecteurs d'obscénités et de gore, de mystères bon marché.

S. ne veut pas être nommé.

Il faudra bien pourtant qu'il le soit, qu'il apparaisse dans le livre. Car son rôle est central. Je le baptiserai Othello. Car S. est un personnage tragique, écrasé par des forces qui le dépassent, luttant pour sa survie et pour ne pas sombrer dans la folie, dévoré par la jalousie. Je l'entends dans sa voix, je le vois dans son regard. Notre Othello va-t-il finir par craquer ? Il semble au bout du rouleau… Sa fragilité le rendrait presque touchant. Quel beau personnage il fait ! Il ne cesse de me surprendre. Quand on croit le connaître, on découvre quelque chose de nouveau qui vous l'attache un peu plus. Comme ce soir, quand il a cédé à ma supplique, et a répondu : « D'accord, je viendrai. » Comme s'il me croyait si vulnérable, comme s'il pensait que je ne suis pas capable de me défendre. Il faut dire que j'ai mis dans ma voix une telle conviction, un tel accent de sincérité délectable.

En revanche me préoccupe l'absence de résultats de mon Club des Inénarrables Enquêteurs. Tous sont à pied d'œuvre et pourtant rien ne remonte. Pas la moindre trace d'Hirtmann depuis que nous avons constaté son arrivée dans la région. Ce diable de Suisse semble avoir été avalé par la terre ! Où est-il ? Espionne-t-il nos échanges ? À moins que l'un de nous n'ait changé de camp… En qui puis-je avoir confiance ? Les jumelles sans l'ombre d'un doute. Elles et moi sommes sur la même longueur d'onde depuis le début. Les autres ? C'est à voir…

N'importe comment, je le sens : on s'achemine vers quelque incommensurable révélation. Il le faut. Un tel livre vaut d'abord par son début et par sa fin. Sans cela, tous ces mots, toutes ces pages resteront lettre morte. Il n'est pas question de finir sur une note mineure, sur un climax mi-figue mi-raisin, un climax qui n'en serait pas un. Tout est en place pour une apothéose. Encore faut-il que chacun joue sa partition, que les acteurs donnent le meilleur d'eux-mêmes. Mais j'ai confiance : quelque chose va arriver. Quelque chose que personne n'attend…

Il cliqua sur « Fichier » puis sur « Enregistrer ». Écouta. C'était silencieux, ce soir. À part les habituels craquements et les roucoulades du vent dehors. Il débrancha le disque dur externe, éteignit l'ordinateur, s'étira sur sa chaise, choisit une musique dans sa play-list : *Leçons de ténèbres* (*Troisième leçon*), François Couperin. Les voix montèrent du rez-de-chaussée. Il éteignit la lampe de bureau, traversa la pièce obscure et ferma la porte.

CHAPITRE 32

Sur une terre étrangère

« *Shibuya ni wa dō yatte ikimasu ka* ».

Les mains sur le volant, Samira ânonna :

— *Shibuya ni wa dō yatte ikimasu ka.*

Une pause. Puis la voix du livre audio reprit :

« *Nan-ji ni karera wa kimasu ka* ».

Elle continua d'articuler chaque syllabe en tordant les lèvres comme si elle était une actrice de kabuki, tout en faisant du gymkhana entre les voitures, sous la pluie. Pourquoi voulait-elle apprendre le japonais ? Elle n'en savait trop rien. Peut-être bien parce que Tokyo lui semblait ce qui se rapprochait le plus de l'univers de *Blade Runner*, son film préféré, et qu'elle rêvait de s'y rendre un jour. Peut-être parce que les Japonais étaient si… *barrés* qu'elle se reconnaissait en eux. Peut-être parce qu'elle était fan de littérature japonaise : de Murakami – Ryū, plus qu'Haruki, trop occidental à son goût –, de Kawabata, sauf quand il parlait de vieux messieurs allongés dans le lit de très jeunes filles endormies, de Mishima, même si ses idées politiques vers la fin le situaient légèrement à droite de Gengis Khan, et de Tanizaki, même quand celui-ci fantasmait sur les pieds des femmes. C'était ça qui était si drôle avec les auteurs japonais – on avait l'impression qu'ils sortaient tous d'un asile de fous. Mais avec style.

Ce matin-là, comme tous les matins à cette heure, le trafic était dense sur la rocade et il lui fallut une bonne demi-heure pour parvenir à sa destination. Elle gara sa voiture devant une maison mitoyenne en brique de deux étages, à l'aspect décati, rue de la Colombette. Derrière la fourgonnette de Post Mortem Cleaning. Le rez-de-chaussée était occupé par une petite épicerie ouverte 24/24, mais elle avait eu la secrétaire de PMC – dont la voix mélodieuse lui avait fait se demander si la femme au téléphone jouait un autre rôle dans la vie de son patron –, et celle-ci lui avait indiqué qu'il fallait qu'elle se rende au premier étage. « Un type qui est mort dans son lit au milieu du repas. – Quel repas ? avait voulu savoir Samira, perplexe. Le petit déjeuner ? – Non, déjeuner ou dîner, c'est arrivé il y a cinq jours. »

Qui prenait son dîner au lit ? s'était-elle interrogée. Et qui mourait en mangeant ? Probablement plus de gens qu'on croyait.

Il y avait une porte à droite de l'épicerie. Entrouverte. Elle courut sous la pluie. Un couloir derrière la porte. Si étroit que deux personnes n'auraient pu s'y croiser que de profil, le dos collé au mur. Un escalier raide dans le fond.

Elle grimpa les marches vermoulues deux par deux dans ses baskets à l'esthétique « post-underground et *normcore* » selon une revue. Est-ce que quelqu'un comprenait encore la langue des magazines de mode ?

Quand elle atteignit le palier, elle s'arrêta net. Quelle odeur atroce ! Une puanteur de nourriture qui a traîné trop longtemps hors du frigo, de renfermé, de sueur, d'urine. Pouah ! Le petit palier sombre était encombré par le matériel de nettoyage, et elle se faufila en saluant l'employé qui passait sa tenue.

Sur le seuil se tenait Bogdan Czubek. Il avait déjà enfilé sa combinaison, mais la capuche pendait encore dans son dos, ses lunettes de protection étaient remontées sur son front et son masque abaissé sur son menton.

— Salut, dit-il, Magda m'a prévenu que vous veniez.

Magda. Il avait prononcé le prénom d'une manière plutôt *intime*. Une fois de plus, elle se demanda à quoi ressemblait Magda. Elle résista à l'envie de lui poser la question. Puis elle dirigea son regard vers la pièce – une chambre dont les deux fenêtres donnaient sur la rue –, et elle oublia Magda.

Un grand lit en désordre sur sa droite, draps souillés de taches écœurantes, nombreuses. Un seau au pied du lit, dont elle préférait ne pas savoir ce qu'il contenait, des dizaines de sacs plastique sur le plancher, gonflés comme les panses pleines de gaz d'un troupeau de vaches mortes, et dont là encore Samira n'avait pas trop envie de découvrir ce qu'il y avait à l'intérieur, une vieille armoire en bois sombre face à la porte, ouverte sur ce qui ressemblait à des rangées de vieilles cassettes VHS, un téléviseur, à gauche sur un meuble, l'un et l'autre luisants de crasse, et enfin, au-dessus de la couche souillée, une table de lit roulante portant un gigantesque plat de pâtes – *carbonara*, à vue de nez –, mais aussi une énorme miche de pain, trois flans caramel, une bouteille de deux litres de Coca-Cola et un grand paquet de chips.

— Ouah !

— Syndrome de Diogène, commenta Czubek. Accumulation compulsive, pathologique. Le pire cas de figure pour nous.

— Bien dégueu, en effet, compatit Samira avec une grimace. J'ai pas tout pigé : il est mort en bouffant dans son lit, c'est ça ?

Bogdan Czubek la regarda avec un sourire farceur qui transforma tout son visage.

— Infarctus, mort naturelle mais remarquable. Trois péchés capitaux réunis chez un seul pécheur : la paresse, la gloutonnerie et la luxure. Thomas d'Aquin aurait adoré cette illustration de sa *Prima secundae*.

— Mais encore ? Vous m'expliquez ?

Il pointa un doigt vers le lit :

— L'homme a été trouvé mort dans son pieu avec, comme vous pouvez le voir, un énorme plateau-repas devant lui, une quantité de nourriture déraisonnable. Gloutonnerie. Pour ce qui est de la paresse, qu'on appelait autrefois l'« acédie », les policiers ont eu le plus grand mal à entrer parce que la porte était bloquée par des tonnes d'ordures : le type ne sortait que très rarement ses poubelles, et il se faisait tout livrer. D'après les voisins, il ne quittait presque jamais son lit. Et il ne se lavait pas beaucoup non plus. Les voisins se plaignaient depuis longtemps de l'odeur. Mais c'est le suintement des liquides de putréfaction qui, après avoir traversé le matelas et le sommier, ont traversé le plancher et alerté l'épicier du dessous quand un de ses clients a reçu quelques gouttes sur le visage et que le gérant du magasin a découvert la tache verte au plafond. Un cas remarquable, vous avez de la chance.

Elle n'aurait pas parlé de chance dans le cas présent, mais elle ne voulait pas le vexer.

— Et la luxure ? demanda-t-elle.

Czubek, tel un bijoutier qui présente ses plus belles pièces, désigna l'armoire et les cassettes VHS.

— Il y a des films porno plein l'armoire. Des trucs vintage, d'après les flics qui en ont visionné quelques-uns. Des raretés hollandaises et allemandes, avec des thèmes bien spécifiques : animaux, bondage ultraviolent, introduction d'objets, uro, scat…

— C'est bon, c'est bon.

Elle avait levé les mains, comme pour faire barrage aux images qui venaient.

— Il n'y a que les hommes pour être aussi répugnants, commenta-t-elle.

— Pas tous les hommes, la corrigea-t-il. Magda m'a dit que vous vouliez m'interroger. C'est à quel sujet ?

Elle jeta un coup d'œil en arrière, à l'employé qui, sur le palier, avait fini de passer sa tenue.

— Au sujet de l'association des familles de victimes dont vous êtes membre, dit-elle en le dévisageant. On pourrait trouver un endroit plus discret ?

Un bar PMU au coin de la rue. Presque vide. À part deux habitués au comptoir, qui traînaient leur spleen en se confiant à la serveuse – laquelle aurait mérité pour sa peine un salaire de psy.

— Résumons, dit Samira, assise à une table contre la baie vitrée, aussi loin que possible du comptoir. Ta sœur disparaît en 2002 en sortant de son travail. Elle vient ainsi ajouter son nom à la longue liste des disparitions et des meurtres non résolus qu'a connus cette région pendant une décennie et demie. Tu arrives en France quelques mois après, tu trouves un travail, tu te maries, tu divorces et tu es aujourd'hui un entrepreneur prospère mais aussi un membre de l'association des familles de victimes. Or, comme par hasard, c'est toi qui découvres cette maison de poupées au domicile d'un journaliste qui enquêtait précisément sur ces disparitions et ces meurtres au moment de sa mort, et tu fais cette découverte en t'aventurant dans une partie du domicile où tu n'étais pas censé te rendre. Ai-je bien résumé ?

Elle avait mis dans son ton juste ce qu'il fallait de sérieux, d'ironie et de scepticisme. Et elle avait décidé de passer au tutoiement, une méthode qu'aurait sans doute désapprouvée plus d'un défenseur des droits, mais qui avait fait ses preuves. Et puis elle se demandait si, en Pologne, c'était comme en Espagne, où le tutoiement venait naturellement, en tout cas bien plus facilement qu'ici. Il y avait une autre raison, mais là, ça devenait délicat, parce que toute tentative, même discrète, de rapprochement de sa part avec un témoin dans un contexte pareil pouvait être assimilée à un abus de pouvoir ou d'autorité. Bogdan la regardait sans moufter, de ses grands yeux innocents, comme s'il attendait la suite.

— Bon, s'impatienta-t-elle, je t'écoute : comment savais-tu que cette maison de poupées se trouvait là ?

— Je ne le savais pas, répondit-il.

Elle réfléchit en le détaillant.

— Mais tu n'es pas allé dans cette partie de la maison par hasard, je me trompe ?

Il secoua la tête mais n'en dit pas plus. Elle soupira :

— Bogdan, tu étais plus bavard tout à l'heure dans la chambre des horreurs. On en parle ici ou tu préfères le faire au commissariat ?

— J'ai confiance en vous, déclara-t-il soudain d'un ton solennel. C'est pour ça que je me suis adressé à vous.

— Continue…

— Mais je n'ai pas forcément confiance dans tous les policiers de cette ville.

— Continue…

— Fayolle, je le connaissais. Il avait rencontré pas mal de membres de l'association pour son enquête. Je savais sur quoi il travaillait. On avait parlé de ma sœur. Il voulait trouver les coupables, tous ceux qui ont échappé aux griffes de la justice, tous ceux qui sont aujourd'hui en liberté.

— Continue…

— Sa mort, j'ai tout de suite trouvé ça suspect. La police avait conclu à un suicide, mais je n'y croyais pas. Alors je suis allé faire un tour rapide dans la maison, je ne sais pas au juste ce que je cherchais, des preuves qu'il ne s'agissait pas d'un suicide, je suppose. Et c'est là que je suis tombé sur la maison de poupées et sur ce qu'il y avait à l'intérieur.

— Pourquoi tu ne m'as pas parlé de Fayolle avant ?

Il hésita.

— Je vous l'ai dit : je n'ai pas confiance dans la police de cette ville. Fayolle non plus n'avait pas confiance. Il pensait qu'il y avait des… – comment vous dites ? –, des pommes pourries dans le panier. D'ailleurs, je n'étais pas totalement sûr de pouvoir vous faire confiance. Mais il fallait bien que j'en parle à quelqu'un. Et je gardais un bon souvenir de notre première fois, vous m'aviez fait bonne impression…

Notre première fois… Samira trouva l'expression plaisante. Les implications de ce que Czubek disait, beaucoup moins.

— Parle-moi de Serge Lemarchand, dit-elle.

Elle le vit tressaillir.

— Tu l'as agressé devant chez lui il y a trois ans. Tu as agressé un flic, ça aurait pu être la fin de ton business. Pourquoi avoir pris un tel risque ?

Il baissa les yeux, plongea son regard dans sa tasse.

— C'est une longue histoire.

— J'ai tout mon temps.

Il leva les yeux vers elle, nota l'air sévère de la policière.

— Oui, je suis venu en France pour savoir ce qui était arrivé à ma sœur, j'ai trouvé un travail et je suis finalement resté. Lemarchand était un des policiers chargés d'enquêter sur sa disparition. Pendant des années, je l'ai relancé, et chaque fois il me disait qu'il y travaillait, mais il me baladait. Et puis, j'ai appris par Fayolle, qui, je ne sais comment, avait réussi à consulter le rapport d'enquête, que celui-ci faisait moins de dix pages et que Lemarchand avait conclu dès le départ ou presque, sans m'en parler, dans un procès-verbal de synthèse, qu'il s'agissait très vraisemblablement d'une disparition volontaire, que ma sœur avait sans doute plaqué son mari et son enfant pour refaire sa vie ailleurs. Une théorie absurde. Ma sœur adorait mon neveu et son foyer, c'était toute sa vie. Alors je suis allé voir Lemarchand chez lui – Fayolle m'avait donné son adresse – pour avoir une explication. Fayolle lui-même m'avait dit que Lemarchand était l'un des pires flics de la ville, et il apparaissait dans plusieurs autres enquêtes concernant des victimes dont les familles faisaient partie de l'association. Je voulais lui tirer les vers du nez, lui faire cracher le morceau.

— Et tu as réussi ?

— Bien sûr que non, c'était un geste désespéré. Pardon si je parle comme ça d'un mort, mais ce type était une ordure, il m'a pris de haut, il a dit des choses ignobles sur ma sœur. J'ai pété un câble. Je l'ai frappé. Il m'a menacé de m'embarquer au commissariat.

— Mais il ne l'a pas fait… parce qu'il n'avait pas envie que quelqu'un se penche sur son travail, conclut Samira en hochant la tête.

Elle le couva du regard.

— Tu as une idée de l'identité des personnes qui ont enlevé ta sœur ?

Il lui lança un coup d'œil résigné.

— Comment le pourrais-je ? Je ne suis qu'un petit Polonais qui travaille dur dans un pays qui se méfie des étrangers.

— Tous les pays se méfient des étrangers, fit-elle remarquer. Sans exception.

— Oui, c'est possible. Mais quelle chance peut avoir quelqu'un comme moi de découvrir la vérité quand des gens puissants l'ont enterrée ?

Elle acquiesça en silence.

— Est-ce que Fayolle a déjà évoqué devant toi le nom de Virgile ? demanda-t-elle ensuite.

Il la scruta sans comprendre.

— Virgile ? Non. Qui c'est ?

— Et Lucrèce ?

— Non plus.

Elle hésita.

— Magda, c'est ta secrétaire ?

— Euh… oui.

— Et elle est jolie ?

Elle lut l'étonnement dans ses yeux. Puis l'amusement. Le sourire de lapin farceur revint. Et, de nouveau, il modifia considérablement sa physionomie. Sans cesser de sourire, Czubek sortit son téléphone, fouilla dans la galerie de ses clichés. Tapa de l'index sur l'un d'eux pour le passer en plein écran et le brandit devant Samira. Elle reconnut ses deux employés, Bogdan lui-même, tous trois souriant à l'objectif, bras dessus, bras dessous. À côté d'eux se tenait une femme dans la soixantaine aux cheveux gris tirés en chignon et aux grandes lunettes retenues par une chaîne en plastique, qui aurait pu être sa mère.

— Je vous présente Magda, dit-il en souriant. Magda touche une toute petite retraite alors qu'elle a cotisé pendant plus de quarante ans, et une maigre pension de réversion. Ces quelques heures de secrétariat chaque semaine lui permettent d'améliorer son quotidien.

Samira hocha la tête.

— Magda n'a rien à voir avec cette histoire, ajouta-t-il. Ou bien vous demandez pour une autre raison ?

— Comment ça ?

Le sourire s'élargit.

— Vous êtes mariée, capitaine ?

Elle haussa un sourcil.

— En quoi ça te regarde ?

Elle le vit prendre son élan avant de se lancer.

— J'aimerais vous inviter à dîner… J'en ai eu envie dès la première fois où je vous ai vue. Je sais que c'est un peu… prématuré… Et déplacé aussi, peut-être, peut-être… Mais il fallait que je vous le dise.

Elle le dévisagea.

— Tu crois vraiment que j'ai envie de dîner avec un type qui passe sa vie à nettoyer derrière des cadavres ?

Elle lut la déception dans son regard. Hésita. Il était un témoin dans une enquête en cours, mais il était aussi celui qui avait désespérément cherché ce qui était arrivé à sa sœur, au point de frapper un flic ripou. Celui qui n'avait pas cru au suicide de Fayolle et qui avait fouillé la maison à la recherche d'indices. Celui qui avait alerté la police sur la présence de la maison de poupées et sur ses inquiétantes figurines. Et elle avait consulté le TAJ avant de venir, le traitement des antécédents judiciaires : il n'y apparaissait pas. Elle n'avait pas une once de doute. Il était hors de cause.

— À une condition, ajouta-t-elle.

Il la scruta, plein d'espoir.

— Que tu te douches avant. Et qu'on ne parle pas de cadavres pendant le repas.

— Ça fait deux conditions. C'est bien vrai ? Vous n'êtes pas en train de me charrier ? D'habitude, mon métier fait fuir…

Elle l'arrêta d'un geste.

— Doucement, mon p'tit Bogdan, doucement. On parle d'un dîner. Je ne suis pas encore dans ton lit.

CHAPITRE 33

Le lion

Le directeur d'établissement essuya les verres de ses lunettes avec un grand mouchoir parfumé. Servaz pouvait le sentir depuis son siège.

— Un parloir avocat, répéta le directeur du centre de détention, pensif.

Muret. Une prison qui n'accueillait que des longues peines et aucune femme. Quelques détenus célèbres avaient séjourné ici : un chanteur qui avait mortellement frappé sa compagne, un ancien capitaine du XV de France qui avait également tué la sienne.

— Pour la confidentialité, insista Servaz.

Il avait obtenu un permis de visite auprès du juge d'application des peines, mais l'octroi d'un parloir avocat ne relevait pas du JAP. Il était à la discrétion du chef d'établissement.

— Thibault Donnadieu de Ribes n'est pas un détenu comme les autres, ajouta-t-il. Et il ne collaborera certainement pas si ses réponses peuvent être entendues par d'autres, ce qui sera le cas si notre échange a lieu au parloir général.

— Thibault Donnadieu de Ribes, répéta le directeur en rangeant son mouchoir et en replaçant ses lunettes sur son nez, n'est pas un détenu comme les autres…

Voilà un doux euphémisme, commandant. Inutile de me faire la leçon, personne n'est mieux placé que moi pour le savoir.

Zut. Il aurait dû se méfier. L'homme avait sa fierté.

— Thibault Donnadieu de Ribes, dans cette prison, c'est Jésus, assena le chef d'établissement en toisant le policier.

Servaz le considéra sans cacher sa stupeur.

— Il y a ceux qui le vénèrent, poursuivit le directeur, qui voient en lui leur chef, leur *caudillo*. En gros, tous les fachos et les nazis de cette taule et la plupart des prisonniers blancs. Et il y a ceux qui rêvent de le *crucifier*. En gros, tous les autres. Bien sûr, le régime dans un centre de détention comme le nôtre est l'encellulement individuel, et il est en quartier VIP. Mais en ce qui concerne le général, on a dû prendre quelques précautions supplémentaires.

Son regard était lourd et las, comme si gérer cet endroit était presque aussi pénible qu'y séjourner.

— Et puis, il y a les surveillants. Comment dire ? Eux aussi, ils ont pour le général une sorte d'étrange… *vénération*. Le mot n'est pas trop fort, je vous assure : il faut voir comment ils lui parlent. Même à moi, ils ne montrent pas autant de respect, tant s'en faut. Des fois, je me demande si le véritable chef de cet établissement, ce n'est pas lui. Il faut avouer qu'il a cette aura… Quand il entre quelque part, l'atmosphère change. Il vient d'un temps où les gens croyaient encore au héros, à l'homme providentiel. Mais vous avez forcément perçu ça, vous qui l'avez affronté. Je ne vous cache pas que je donnerais cher pour avoir été là, cette fameuse nuit… A-t-il dit quelque chose ? A-t-il fait preuve de bravoure ? Oh, je suis sûr que oui.

Servaz se demanda si le directeur attendait un commentaire de sa part. Il choisit de garder le silence. Il semblait bien que le chef d'établissement avait cédé lui aussi à cette fascination que « le Lion », comme l'appelaient ses hommes, exerçait sur tous ceux qui l'approchaient. Servaz lui-même l'avait perçu, cette nuit-là, quand ils l'avaient tiré des barbelés. Cet ascendant. Ce trouble. C'était le genre d'hommes qui, en d'autres temps, faisaient s'agenouiller les foules devant eux et les entraînaient à la guerre dans la fureur et dans la joie.

— Bien entendu, poursuivit le directeur, il suffit qu'il ait envie de passer un coup de fil pour qu'un téléphone apparaisse. Cela dit, il n'est pas le seul dans ce cas. L'an dernier, on a eu un détenu qui harcelait son ancienne compagne depuis sa cellule : il l'a appelée plus de deux cents fois.

Il se gratta la joue.

— Mais vous-même, vous n'êtes pas un visiteur tout à fait comme les autres, commandant. Vos exploits sont arrivés jusqu'à nous. Tout le monde ici est au courant que c'est vous qui avez arrêté le général dans son château en Ariège. Et, bien sûr, Julian Hirtmann. Avant que le Suisse ne se fasse la belle, là-bas, en Autriche.

Il continuait de se gratter, et Servaz se demanda si sa démangeaison ne venait pas de la prison tout entière, du fait qu'il était aussi enfermé que l'étaient ses prisonniers. Il sentit son agacement augmenter : l'homme avait l'air de le prendre pour un phénomène de foire.

— Je suis étonné que le général ait accepté de vous parler, poursuivit le directeur sur le même ton. Ne vous inquiétez pas, on va mettre un parloir avocat à votre disposition. Mais, la prochaine fois, ne le tenez pas pour acquis.

Servaz scella ses lèvres pour ne pas lâcher une réponse trop vive. Cinq minutes plus tard, il parcourait les couloirs derrière un surveillant.

La première chose qui vous frappait ici, c'était le bruit.

C'était comme si, entre ces murs, on avait passé la vie du dehors au compacteur – du moins sa part violente –, comme si on l'avait compressée en un brouet sonore permanent, strident, une cacophonie, un pur morceau de musique contemporaine. Le bruit et le temps étaient les deux paramètres qui faisaient comprendre au nouveau venu qu'il avait changé de planète, qu'il allait devoir s'adapter, comme un voyageur de l'espace s'adapte à une nouvelle gravité et à un monde sans oxygène.

Lorsqu'ils eurent franchi les grilles d'acier, le surveillant pénitentiaire déverrouilla une porte et le fit entrer dans une pièce sans fenêtres.

— Attendez là.

Servaz vit une seconde porte de l'autre côté, pour l'accès du détenu. Il savait que la pièce était insonorisée afin de préserver la confidentialité des échanges avocat/client.

Il s'assit et attendit.

— Merci, dit à l'extérieur, une voix grave et modulée, quand la seconde porte s'ouvrit. Et désolé pour le match d'hier soir.

Pendant une seconde, Servaz ne vit rien d'autre que le couloir vide par la porte ouverte.

— Je vous en prie, mon général, répondit le surveillant en apparaissant dans l'encadrement et en s'effaçant pour laisser passer la haute silhouette. Oui, putains d'Argentins. Pardon pour le langage, mais si on confiait leur gardien de but à certains de nos pensionnaires, ça lui passerait l'envie de faire le clown.

Mon général...

— Vous avez raison, dit Thibault Donnadieu de Ribes en pénétrant dans la pièce. Ce genre d'homme est totalement dépourvu de décence et d'amour-propre. Il pourrait être le meilleur gardien au monde, il fera toujours partie de ces animaux qui aiment se rouler dans leurs propres excréments.

Il s'adressait au surveillant qui venait d'entrer derrière lui, mais il gardait ses yeux bleus fixés sur Servaz, à travers la pièce.

— C'est tout à fait vrai, dit le fonctionnaire. Je retiens la formule, je la resservirai, mon général. Je vous laisse.

— Bonjour, commandant, dit le grand officier quand la porte fut refermée, en faisant deux pas jusqu'à sa chaise.

— Bonjour, fit Servaz.

Thibault Donnadieu de Ribes n'avait guère changé en deux ans d'emprisonnement. Même silhouette maigre, même visage émacié, même maintien rigide, seul le teint hâlé avait viré au gris. Mais le bleu perçant, hivernal, de ses iris n'avait rien perdu de son acuité. Et, en ce moment même, ses yeux étaient ceux d'un tigre contemplant un animal certes redoutable, mais situé bien en dessous de lui dans la chaîne alimentaire.

Servaz avait déjà rencontré par le passé des criminels de sa trempe. Aucun cependant dont les attributs d'autorité fussent plus manifestes. Quand il vous parlait, sa voix sculptait chaque mot avec une diction des plus claires, et il était difficile de soutenir son regard. Servaz savait pourquoi certains l'adoraient. Parce qu'il était l'*archétype*. L'image même du chef. En lui se rejoignaient la certitude et le mythe, le fait et la légende.

— Vous avez demandé à me voir, commença Thibault Donnadieu de Ribes.

— Oui, je…

— Je suis au courant de ce qu'il vous arrive, commandant, l'interrompit le général. À vous et à votre famille. Hirtmann qui s'est évadé, la police qui vous a mis en congé et vous cache quelque part, la mort de votre équipier. Je suis désolé.

Servaz hocha la tête. Il savait que l'homme était sincère.

— Ne dites rien, continua son vis-à-vis. La famille a toujours été notre talon d'Achille. Les héros doivent être célibataires, tout comme les saints. Les narcotrafiquants et les ennemis de l'État le savent bien, qui menacent les familles des surveillants de cette prison pour obtenir des faveurs. Comme le savaient les seigneurs japonais, qui pratiquaient les échanges d'otages entre familles pour assurer leur sécurité, ou bien les Spartiates, qui coupaient leurs jeunes guerriers de leur milieu familial. La famille nous rend vulnérables.

Il passa un index sur ses lèvres fines.

— Vous avez des cicatrices, commandant, je les vois. Des cicatrices physiques… (Il posa les yeux sur le pouce recousu.) Et d'autres psychologiques. Les cicatrices sont la marque des gens qui prennent des risques, qui jouent leur peau. On ne devrait jamais faire confiance à ceux qui ne jouent pas la leur, aux politiciens qui se sentent en droit de diriger nos vies mais qui n'ont plus de cicatrices depuis longtemps parce qu'ils ne prennent aucun risque, aux intellectuels et aux hauts fonctionnaires qui croient comprendre le monde mieux que le soldat, le paysan ou l'ouvrier.

Le regard bleu possédait l'incandescence d'un mélange ammonium-magnésium.

— On peut dire que ce début de XXIe siècle aura été l'époque où l'homme civilisé, le guerrier et le chef auront été remplacés par l'homme invertébré, le moralisateur et l'administrateur. Où les lieux communs nous auront emmurés vivants dans la tristesse d'existences interchangeables. C'est ce que je vois ici et dehors, commandant : désespoir et panique. On peut sentir le fumet de la panique partout : chez les politiciens, les ministres, les cadres supérieurs, les professeurs, les militaires, les simples citoyens, les policiers…

Servaz sentit son cœur battre plus fort.

— Dans un pays où triomphent les timides, les velléitaires et les accommodants, il n'y a plus de place pour les héros, poursuivit le général. Parce que le héros les renvoie à leur manque de vitalité, d'agressivité. Il est la négation de la masse, du progrès pour tous. Il met chacun devant ses responsabilités. Pas collectivement : *individuellement.* C'est pour ça que ceux qui se montrent héroïques dérangent tant dans nos sociétés. Parce que, quand le troupeau tremble dans l'enclos, il n'a pas envie d'une voix qui l'appelle à se révolter, seulement de continuer à trembler. Les gens n'aiment les héros que dans les films, parce qu'ils savent que ce n'est pas réel. Qu'est ce qui vous amène, commandant ?

Servaz prit une inspiration.

— Un journaliste est mort. Il travaillait pour *La Garonne*…

Le général acquiesça :

— Le journal qui m'a traité de fasciste et d'assassin. Cette journaliste, Kopelman, elle a écrit : « Thibault Donnadieu de Ribes est la quintessence du militaire. Sens du devoir, de l'honneur, du sacrifice. Autant de valeurs qui, comme toutes les valeurs, peuvent, poussées à l'extrême, conduire au fascisme, au terrorisme et au meurtre. »

— Ce journaliste enquêtait sur la vague de disparitions et de meurtres qui a pris fin il y a un peu moins d'une quinzaine d'années, continua Servaz sans tenir compte de la remarque. *Et qui a repris très récemment.* Même si, à ce stade, rien ne permet de lier les dernières disparitions aux anciennes.

Insondable, Donnadieu de Ribes l'écoutait sans rien laisser paraître.

— D'après ce que l'on sait, votre ancien homme de main, Serge Lemarchand, a peut-être été lié à tout ça. C'est lui qui a enquêté sur plusieurs de ces disparitions. Et il semble qu'il ait enterré systématiquement ces affaires. Il s'est même battu avec un membre de l'association des familles de victimes.

Le général hocha la tête.

— Donc vous êtes venu me demander à moi, qui suis en prison à cause de vous, de vous aider dans votre enquête ?

— J'ai conscience que c'est un peu inhabituel.

Il surprit un éclair de gaieté au fond des yeux bleus.

— Ce n'est pas moi qui ferai obstacle à la justice, commandant, c'est ce que vous vous êtes dit en venant ici et vous avez raison. Allez-y, qu'est-ce que vous voulez savoir ? Lemarchand était une planche pourrie, je l'ai su dès le début, un homme corrompu. Je me suis servi de lui mais il ne m'inspirait que du dégoût… Pour le reste, je ne sais pas exactement ce que vous attendez de moi.

— Mon hypothèse est que le brigadier-chef Lemarchand connaissait les coupables, qu'il les protégeait, ou peut-être même qu'il participait. Je me demandais si vous n'auriez pas souvenir de quelque événement quand vous… hum… *rendiez la justice à votre façon avec votre équipe…* Si vous n'auriez pas souvenir de quelque chose qui pourrait nous orienter, quelque chose à quoi peut-être Lemarchand aurait été mêlé.

— Ça fait beaucoup d'hypothèses, commandant. *Rendiez la justice*, voilà une jolie formule… Je l'apprécie comme il se doit. Ne me dites pas que vous vous êtes rangé à notre cause.

— Certainement pas. À mes yeux vous êtes un assassin, général, un criminel.

Il se raidit. *Moussa Sarr nu, avec sur la tête un grossier capuchon de peau et des bois de cerf… Moussa Sarr chassé comme du gibier, la nuit, dans les forêts d'Ariège… La terreur que le jeune homme avait dû éprouver… La folie de ceux qui le chassaient…*

— J'aime les gens qui ont des convictions et qui s'y tiennent, déclara l'homme depuis sa haute stature sans paraître s'offusquer du terme de criminel. Il y a bien eu un épisode… où je me suis interrogé sur le comportement de Lemarchand… Un riche donateur de notre cause avait une fille qui était tombée sous la coupe d'un maquereau. Après l'avoir séduite, le mac, qui était aussi un junkie, l'avait rendue accro à la drogue et avait l'intention de la mettre sur le trottoir. Le père ne savait plus quoi faire. Il avait alerté la police, mais sa fille était majeure, et rien ne lui interdisait de voir qui elle voulait. Je me souviens d'avoir rencontré notre donateur dans son hôtel particulier. Il était paniqué. La panique, une fois de plus, commandant : la panique du troupeau qui se retrouve seul, livré à lui-même face à la barbarie une fois qu'on a limé les crocs de ses chiens de garde. Bref, il m'a expliqué que sa fille avait terriblement changé au contact de cet homme. Elle était devenue une « traînée », ce sont ses termes.

Elle s'habillait comme une prostituée, elle se droguait, elle était vulgaire et agressive. Alors que jusque-là, c'était une fille douce et aimante. L'homme nous a proposé une importante somme d'argent pour qu'on fasse sortir le mac de la vie de sa fille.

Le général se pencha en avant.

— On avait l'intention de lui donner une bonne leçon, c'est tout. Le châtiment doit être proportionné à la faute. On l'a suivi un jour où il sortait de la ville, et il nous a menés sur les lieux d'une fête. Pas n'importe quelle fête. Un manoir en rase campagne. La cour était pleine de voitures de luxe, on les apercevait de la route. Le junkie était venu avec la fille, peut-être pour la présenter à ses premiers clients. On a attendu qu'ils ressortent. On a envoyé la voiture dans le décor et on les a sortis de la tire, la fille et lui. Elle, on aurait dit une furie. On l'a neutralisée, puis on a emmené son mac dans les bois. Contrairement à sa protégée, il n'en menait pas large. Il était défoncé jusqu'aux yeux, mais ça l'a réveillé. On l'a amoché et on a menacé de le noyer dans un étang. Le type chialait, il en appelait à Dieu, il implorait. Il nous a balancé que, dans ces fêtes, on amenait des professionnelles et aussi des filles droguées qu'on violait à la chaîne. Mais, quand on a voulu savoir qui participait, il s'est brutalement refermé. Pourtant, comme vous le savez, j'ai une certaine expérience en matière d'interrogatoire.

Servaz frissonna. Il savait à quoi Donnadieu de Ribes faisait allusion. Entre 2014 et 2016, en Centrafrique, au sein de la force Sangaris, le général avait eu plus d'une fois l'occasion d'exercer ses talents d'*interrogateur*.

— Il était évident qu'il avait peur de nous – mais qu'il avait encore plus peur *des autres*. À la fin, il avait pris tellement de coups qu'il n'était plus reconnaissable, et pourtant il n'avait pas lâché le moindre nom…

— Et Lemarchand dans tout ça ?

Thibault Donnadieu de Ribes fixa Servaz.

— J'y viens. À un moment donné, j'ai eu la nette impression qu'il avait peur lui aussi que le type parle. Plusieurs fois, il nous a dit d'y aller doucement. Ce n'était pas dans ses habitudes. On a fini par laisser tomber. On a seulement dit au maquereau d'oublier la fille et que, s'il tentait de la revoir, on finirait le travail.

Servaz se sentit frustré. Il n'était guère plus avancé.

— Il n'a vraiment rien lâché ?

Il vit le général rassembler ses souvenirs. Pendant le court instant où personne ne parla, Servaz remarqua que les bruits de la prison leur parvenaient assourdis dans cette pièce insonorisée. Comme un engourdissement. Comme s'ils se trouvaient sous l'eau.

— Si, une seule chose… Un nom. Qu'à la toute fin il a balancé pour faire cesser les coups. Il a dit que ce serait la seule information qu'il nous livrerait. Une sorte de nom de code qui, d'après lui, revenait dans toutes leurs conversations. Un code pour un lieu où s'étaient passées des choses anciennes.

— Ce nom, c'était quoi ?

— Les Isards.

Servaz laissa passer un temps.

— Les… Isards ?

— C'est ça.

— Vous auriez pu… *le faire parler*. Personne ne peut résister à la torture à la longue, vous le savez mieux que quiconque. Et vous l'avez dit : en matière d'interrogatoire, vous êtes un expert. Pourquoi vous être arrêté en si bon chemin ?

— On n'était pas là pour ça, mais pour le faire renoncer à cette fille. De ce point de vue, la mission était remplie… Il n'oubliera jamais cette nuit. Et ce ne sont pas les filles qui manquent…

— Mais vous n'aviez pas envie de savoir qui étaient les invités de ces fêtes ?

Il vit un voile passer sur les yeux bleus, leur éclat se ternir l'espace d'une seconde.

— Si, bien sûr… Mais j'ai eu beau fouiller, rien n'est sorti. Il faut croire que mes contacts sont moins haut placés que ceux de ces gens. Ou qu'ils ont mis en place assez de pare-feu pour qu'on ne puisse pas remonter jusqu'à eux. Ils se débrouillent pour ne pas apparaître sur les radars de la police et de la justice. Et, quand ils sont près de le faire, il y a toujours un complice pour effacer leurs traces. Ils sont plus fuyants que des ombres. Mais gare aux femmes qui croisent leur chemin.

— Une dernière chose : le château…

Le général esquissa une grimace.

— Loué, j'ai vérifié. À travers une société-écran qui n'existe plus depuis longtemps. Et le château lui-même a été ravagé par un incendie quelques années plus tard. Cette piste-là est plus que refroidie, commandant.

Une sonnerie dans sa poche. Thibault Donnadieu de Ribes en sortit un mini-téléphone pas plus gros que son pouce. Il le porta à son oreille, écouta, puis se leva, mettant un terme à la discussion.

— Il faut que j'aille dans la cour de promenade. J'ai un coup de fil à passer.

Servaz eut un hochement de tête compréhensif. Depuis que les surveillants avaient l'interdiction d'intervenir dans les cours de promenade, elles étaient autogérées par les détenus eux-mêmes. Des zones de non-droit où ils passaient leurs appels, recevaient et dispatchaient les colis lancés par-dessus les murs, voire en profitaient pour se shooter au vu et au su de tous. Quant aux mini-téléphones, ils présentaient l'avantage d'être indétectables tant que l'administration pénitentiaire n'aurait pas remplacé ses portiques obsolètes par des détecteurs plus modernes, ou que la loi n'aurait pas rétabli les fouilles intégrales. Ironie du sort, c'étaient souvent les détenus bénéficiant d'une permission de sortie pour préparer leur réinsertion dans la société civile qui les rapportaient, comme une bonne partie de la came qui circulait.

— Je vous souhaite bonne chance, commandant, dit le général. J'espère sincèrement que vous trouverez ces salopards.

Il se contenta de hocher la tête.

Moussa Sarr courant dans les bois, la nuit, à bout de souffle, à bout de terreur… Et les autres derrière, hurlant pour augmenter sa peur… Moussa Sarr terrifié traversant en courant une route d'Ariège au moment où une rare voiture passait par là, le percutait, le tuait… Je vous emmerde, général, pensa-t-il. Ils allaient se séparer, chacun quittant la pièce par une porte, quand Thibault Donnadieu de Ribes se retourna vers lui.

— Commandant…

Servaz l'imita. Il considéra le grand militaire aux yeux bleus.

— Prenez garde où vous mettez les pieds, dit celui-ci. Si ces gens-là sont toujours vivants, ils sont sans doute déjà au courant que vous êtes sur leurs traces. Regardez ce qui est arrivé à ce journaliste. Ils ne vous laisseront pas approcher trop près. Ils agiront avant. Et, comme je l'ai dit, vous avez une famille : ça vous rend… vulnérable.

Une lourde grille se refermant retentit à l'extérieur. Servaz eut l'impression qu'elle se refermait dans sa tête.

Il retrouva l'air libre avec soulagement. Dehors, un coup de vent chassait les dernières feuilles mortes avec un crépitement sec et sonore. Un bruit de fantômes aux chaînes de vent. « Les Isards »… Servaz pensa à des crimes si terribles que rien ne pouvait les expliquer, à un lieu isolé dans la montagne. Un lieu maudit. Une inquiétude informe grandissait en lui, telle une eau malodorante qui s'insinue depuis les fondations par toutes les fissures d'une maison.

Les Isards…

Peut-être pas un nom de code, en fin de compte.

CHAPITRE 34
Jeunesse

— Kopelman !

La voix de Chaumette. Un brame, un beuglement. Puissant, enroué. Et le nom d'Esther clamé haut et fort. Toutes les têtes se tournèrent. On aurait dit un ballet de natation synchronisée aux jeux Olympiques : médaille d'or de l'indiscrétion et des ragots.

Elle soupira, sauvegarda le texte qu'elle était en train de saisir, attendit que vingt secondes fussent passées pour ne pas paraître trop diligente, puis traversa la rédaction et entra dans le petit bureau sans fermer la porte.

— Que puis-je pour vous, « monsieur le rédacteur en chef » ? demanda-t-elle à haute et intelligible voix.

— Ferme la porte.

— Oui, Votre Majesté.

Elle entendit des rires derrière le battant au moment où elle le refermait. Se dirigea vers la chaise libre. La troisième était occupée par un jeune homme dont elle ignorait le nom, mais dont elle savait que c'était un des nouveaux embauchés par *La Garonne* pour constituer le pool Internet de la rédaction. Une de ces « putaclics » obsédées par le nombre de personnes qui mataient leurs articles en ligne. Nouvelle politique.

Nouvelles mœurs. Il n'y en avait que pour eux, désormais. Moyenne d'âge : vingt-cinq ans. Niveau de connaissances : à définir, elle ne s'était pas encore penchée sur la question. Intérêt pour les enquêtes au long cours produisant peu de résultats immédiats : proche de zéro. Selon elle, toutes les racines du vrai journalisme étaient en train d'être arrachées une par une, et la cause en était ce cancer de la viralité, ce prolongement immature des emballements adolescents qui métastasait toutes les rédactions.

— Esther, je te présente Corentin Loridan.

Elle jeta à son voisin un coup d'œil aussi amène que celui d'un pigeon contemplant un vermisseau.

— Bonjour, Esther, enchanté, dit le jeune homme en lui souriant de toutes ses dents. J'ai beaucoup entendu parler de toi.

— Salut.

Elle lança à Chaumette un regard en forme de question.

— Tu vas travailler avec lui sur la mort de Fayolle, annonça le rédac-chef.

Elle se demanda si elle avait bien entendu. Ou si son dernier Covid avait laissé à Chaumette des séquelles neurologiques.

— Tu peux répéter ?

— Tu vas travailler avec…

— Oui, c'est bien ce qu'il me semblait avoir entendu. C'est sans doute ce que Moïse a dû se dire la première fois où Dieu lui a parlé sur le mont Sinaï. Tu n'es pas… sérieux ?

— On ne peut plus.

— Il a encore de l'acné ! Je suis sûre qu'il a commencé par te demander à combien de semaines de congé il aurait droit. Et d'ailleurs, je suis paumée, il appartient à quelle génération, celui-là : X, Y ou Z ?

— Esther…, souffla le rédac-chef, las.

— Je sais, je sais, l'interrompit-elle. Je suis une figure du passé, condamnée à disparaître. Ne le sommes-nous pas tous ? Ceux de notre âge, je veux dire… On a fait notre temps. J'ai l'impression que je ne comprends plus rien au monde d'aujourd'hui. Pas toi ? Il y a des jours où je ne comprends même pas ce que disent mes neveux et nièces. Ça ne te fait pas cet effet-là, toi ?

— Esther…

— Du reste, toi aussi, tu devrais laisser ta place, continua-t-elle sur sa lancée. Mettons un de ces gamins dans ton fauteuil, qu'en dis-tu ? Ils n'ont pas été psychanalysés, eux. Ils n'ont pas connu la guerre froide, la chute du mur de Berlin, la perestroïka, le franc ancien et nouveau, le Minitel, les radios libres, mai 1981. Non mais regarde-le : je pourrais être sa mère ! Non, sa grand-mère.

— Je suis là, dit son voisin. Tu peux t'adresser à moi.

— Quelqu'un a parlé ?

— Esther, tu vas la fermer ? grogna Chaumette.

— D'accord.

— Ce n'est pas négociable. Corentin sort d'une très bonne école, et je l'ai moi-même passé au crible. Il est plein de jugeote et performant, il comprend vite et il a envie d'apprendre.

— Tu m'en vois ravie.

— Donne-lui sa chance. En attendant, je veux que tu lui files tout ce que tu as.

Elle sursauta.

— Il n'est pas question qu'on balance des infos sur le Net tant que je n'ai pas… que *nous* n'avons pas avancé dans *notre* enquête !

— Ce n'est pas ce qu'il va se passer. Mais, quand tu te sentiras prête à publier ton premier article, quand on aura assez d'éléments, on sortira un podcast qui décrira comment vous avez mené votre enquête, on va la vendre comme du *true crime*. Les gens adorent ça : aujourd'hui, ils veulent non seulement connaître les coupables, mais découvrir toutes les étapes qui ont conduit à la vérité, comprendre comment vous travaillez, vivre le truc de l'intérieur, se mettre dans la peau des journalistes, pas uniquement lire des articles. Ces trucs-là sont en plein boum.

Oui, songea Esther, *qu'on y mette du voyeurisme, de la violence, du mensonge, de la trahison, de l'émotion, qu'on les branche directement sur le music-hall de l'horreur, et qu'on leur serve le tout bien chaud, comme une putain de série télé.*

Elle se demanda si elle était en train de cauchemarder ou si Chaumette avait bien dit ce qu'il avait dit. Il était le dernier dont elle aurait attendu pareil discours. Fallait croire que, par les temps qui couraient, elle était vraiment larguée.

— Apprenez à vous connaître, dit encore le rédac-chef. Je suis sûr que tu vas l'apprécier.

— Je suis moins sûre de la réciproque, répondit-elle.

CHAPITRE 35

Le facteur humain

— Tu peux encore changer d'avis.

— Ferme les yeux, dit Anita.

Damien Dix les ferma. La maquilleuse étala le fond de teint sur ses paupières, ses tempes et son front.

— Tu peux encore changer d'avis, répéta David Enguerran derrière lui.

Dix les rouvrit. Sur l'écran à sa gauche passait l'émission précédant son talk-show. Du foot. Des images de la finale France-Argentine. Des commentaires sportifs. Il leva les yeux vers le directeur des programmes debout dans le reflet du miroir.

— Tu trouves que ça va trop loin, c'est ça ?

— Quatre avertissements de l'Arcom en un an, ça ne te suffit pas ?

Anita vit le regard de son patron s'assombrir. *Mayday*, *mayday*. Elle connaissait ce regard.

Quinze ans qu'elle s'occupait de lui, qu'elle subissait ses confidences, ses jérémiades, ses coups de gueule. Dix n'avait aucun secret pour elle. Directif, colérique, envahissant, despotique, tout ce qu'on voudra : ses engueulades, ses appels à 3 heures du matin ou le samedi soir, ses exigences et ses caprices en avaient épuisé plus d'un, nombre de collaborateurs avaient jeté l'éponge au fil des ans.

Mais Damien Dix était aussi l'homme qui n'oubliait jamais son anniversaire, l'homme qui était venu la voir chaque jour à l'hôpital quand elle avait eu son cancer, l'homme qui avait payé en grande partie l'inscription de son fils dans une école de commerce. Elle savait pourtant que derrière le Damien Dix tyrannique et le Damien Dix attentionné, il y en avait un troisième. Plus sombre, plus secret. Elle l'avait vu brancher de très jeunes filles après l'émission, elle avait surpris certains de ses propos, avait aperçu son regard dans le miroir juste après, quand elle le démaquillait. Celui qu'elle qualifiait de « démoniaque ». Comme si toute lumière le quittait brusquement pour céder la place à une noirceur qui n'avait pas de fond et qui lui arrachait des frissons. *Elle n'avait pas envie de connaître l'étendue de cette noirceur.* L'eût-elle connue qu'elle aurait pris ses jambes à son cou.

— C'est comme ça qu'on occupe l'espace cathodique et qu'on booste l'audience, mon p'tit David, balança Dix d'un ton condescendant. En allant là où les autres n'osent pas aller.

Anita aimait bien Enguerran. Ils avaient eu une brève liaison et David s'était toujours conduit en gentleman, même quand elle l'avait plaqué parce qu'elle n'arrivait plus à supporter les mensonges qu'elle devait servir à son mari et à ses enfants. En privé, David ne faisait pas mystère de la haine qu'il vouait à Dix. Aussi était-elle déchirée entre deux loyautés.

— Happening permanent, buzz, provocation, surmédiatisation, poursuivit le présentateur/producteur. C'est ainsi qu'on alimente la frénésie des fans sur

Internet. Tu m'as demandé de *surprendre*, de proposer *quelque chose de nouveau*…

— C'est vrai, je le reconnais. Je veux juste savoir si tu es certain de vouloir le faire. De vouloir défier Julian Hirtmann en public…

— Absolument.

David Enguerran posa une main sur l'épaule de Dix :

— N'oublie pas qu'on a toujours donné l'impression de ne pas seulement relayer l'information, mais qu'on défend la veuve et l'orphelin, qu'on s'attaque aux injustices, à tous ceux qui se comportent mal. Tu ne dois pas donner le sentiment que tu renforces la notoriété de ce type, que tu lui fais de la publicité, que tu lui fournis une tribune. Tu dois te présenter, au contraire, comme celui qui ose l'affronter, qui n'a pas peur de lui. Tu dois montrer que tu es du côté des victimes, qu'il n'est qu'un monstre, un lâche.

Dix médita cette phrase en silence. Il choisit d'en sourire.

— David, c'est parce que j'ai plus de couilles que toi que notre émission casse la baraque. Je vais humilier ce type, le présenter comme un *loser*, ce qu'il est. Un monstre pathétique. Ça va l'obliger à réagir, les types dans son genre ont un ego surdimensionné.

Une fois de plus, Enguerran se retint de faire remarquer que Dix en connaissait un rayon sur la question. Il s'adressa à la quatrième personne présente, l'un des conseils de la chaîne, un homme chauve et terne dans un costard gris :

— Et côté juridique, on est couverts ?

L'avocat acquiesça :

— Un arrêté de la Cour européenne des droits de l'homme a posé en 1996 la protection des sources journalistiques comme pierre angulaire de la liberté de la presse et, au niveau national, l'article 2 de la loi du 29 juillet 1981 établit qu'il ne peut être porté atteinte directement ou indirectement au secret des sources que si, je cite, « un impératif prépondérant d'intérêt public le justifie et si les mesures envisagées sont strictement nécessaires et proportionnées au but légitime poursuivi ».

— Saleté de jargon de bureaucrate ! s'écria Dix. En clair, ça dit quoi ?

— En clair, vous ne risquez pas grand-chose tant qu'Hirtmann ne s'est pas manifesté et qu'on peut affirmer que vous avez fait ça avec la ferme intention d'informer la police si cela arrivait. Vous serez peut-être convoqué pour leur donner quelques explications, ce qui n'est jamais agréable, mais c'est tout.

— Encore mieux si on me voit chez les flics : les internautes vont se déchaîner !

— Cela pourrait toutefois changer, compléta prudemment l'avocat, si Julian Hirtmann accepte cette interview sur son terrain. Du coup, vous serez à même de le localiser. Dans ces conditions, on pourrait estimer qu'il y a bien « un impératif prépondérant » justifiant de porter atteinte au secret des sources.

— Bah, fit Dix, s'il le faut je leur filerai mes infos *une fois que l'interview aura été enregistrée*.

— Bon, intervint le directeur des programmes, on n'en est pas là. On ne sait même pas s'il va répondre à ton invitation. Ni s'il ne va pas exiger de te coller un bandeau sur les yeux ou de te faire monter dans le coffre d'une bagnole. On avisera le moment venu. Tout le monde est prêt ? C'est l'heure.

Damien Dix réfléchit à ce que venait de dire le directeur des programmes. Il avait bien sûr envisagé ces options, mais les entendre prononcées à voix haute les rendait désagréablement réelles. Il avait beau s'apprêter à déclarer à l'antenne que ce serait aux conditions fixées par Hirtmann, ce ne serait pas *à n'importe quelles conditions*. Le bandeau sur les yeux, à la rigueur. En revanche, monter dans le coffre d'une bagnole, pas question. Même pas en rêve. Il était claustrophobe. Et il avait vu trop de films de mafieux où la personne dans le coffre en sortait les pieds devant. Il y avait des limites à ce qu'il était prêt à faire, mais il ne pouvait pas le dire à l'antenne.

Tout ça, c'était du cinoche, pas vrai ? D'ailleurs, il était convaincu qu'Hirtmann ne se manifesterait pas.

— Bonsoir tout le monde ! Comment ça va ce soir ?

Le signal « APPLAUDISSEMENTS » s'alluma. Les applaudissements et les encouragements fusèrent. La caméra-grue pivota pour filmer le public.

— Ce soir, attaqua Dix dès que le vacarme fut retombé, vous vous souvenez, je vous ai promis une émission exceptionnelle. Eh bien, surtout ne changez pas de chaîne parce qu'elle va l'être ! D'ailleurs, qui aurait l'idée de changer de chaîne ? Vous savez ce qu'il y a sur les autres à cette heure-ci ?

Il attrapa une télécommande, alluma un téléviseur suspendu dans un coin. Des rires montèrent à mesure qu'il faisait défiler les émissions concurrentes.

— Franchement, faudrait être débile pour avoir envie de changer de chaîne, vous ne trouvez pas ? Et débiles, vous ne l'êtes pas. Alors, BIENVENUE DANS *TOUT LE MONDE REGARDE* !

Rires, cris et sifflets dans la salle. Il observa ses chroniqueurs, repéra celui qui riait un peu moins que les autres, se promit de lui remonter les bretelles après l'émission.

— Bon, pour commencer, j'ai une annonce importante à vous faire…

Gros plan sur son regard balayant l'assistance.

— On va lancer un nouveau concept d'émission. (Il marqua une pause.) Ça s'appellera *La Plus Grande Interview du monde*.

Murmures dans la salle.

— Rassurez-vous, elle ne va pas remplacer *Tout le monde regarde*. Ce sera en seconde partie de soirée. Un entretien exclusif d'une heure avec une personnalité que personne n'a réussi à interviewer avant nous ! Une personnalité exceptionnelle, extraordinaire, mystérieuse, qui fascine les foules mais qui ne donne jamais d'interview. Et en plus vous aurez la possibilité d'intervenir, *mes chéris* !

Il leva son poing serré tel un tennisman qui vient de réussir un coup difficile.

— Imaginez par exemple que je puisse interviewer… Julian Hirtmann !

Silence stupéfait dans le public.

— Je suis sérieux ! ON VA INTERVIEWER JULIAN HIRTMANN !

Le signal « APPLAUDISSEMENTS » tarda une seconde de trop à s'allumer, puis tout le monde se mit à battre des mains. *Des chimpanzés dans un zoo*, se dit-il.

— Plus fort ! J'entends rien !

Hystérie complète dans la salle. Il leva les siennes pour ramener le calme.

— Et vous pourrez lui poser des questions à travers moi, vous n'aurez qu'à les envoyer sur le site de l'émission. Bon, maintenant, on se calme, on se calme, enchaîna-t-il d'un ton plus confidentiel. Il y a quand même un obstacle : je ne sais pas où il se trouve, ni s'il a envie de me… de *vous* parler… Mais je vous parie qu'il regarde notre émission, et il n'y a qu'une seule façon de le vérifier.

Il se tourna vers la caméra 4, celle des plans serrés. Se composa un visage grave.

— *Julian Hirtmann, ce soir, je m'adresse directement à vous*. Je sais que vous êtes là à nous regarder ; cette émission spéciale a été annoncée depuis longtemps, et je ne crois pas que vous ayez résisté à la tentation d'être devant votre poste ce soir. Je sais aussi que vous êtes un homme intelligent, mais je me demande si vous êtes un homme courageux. Ou juste un lâche qui s'en prend aux plus vulnérables d'entre nous. Moi, Damien Dix, je suis prêt à vous rencontrer et à vous donner la parole. Je vous donne la mienne devant toutes les personnes ici présentes et des millions de téléspectateurs que le lieu et le moment de cette interview seront gardés secrets au nom de la protection des sources. Et que je me plierai à toutes vos instructions pour arriver jusqu'à vous. De mon côté, ma seule condition est de pouvoir vous poser toutes les questions que je voudrai.

Il fit un signe discret à l'opérateur, qui zooma pour l'avoir en très gros plan.

— Julian Hirtmann, votre heure de gloire est arrivée. Vous allez entrer dans l'histoire. Ou bien êtes-vous seulement un assassin et un violeur de plus ? Je n'essaierai pas de vous raisonner, on ne raisonne pas les gens comme vous. Je n'essaierai pas de vous juger, votre cas relève de domaines qui ne sont pas de ma compétence : psychiatrie, morale, démonologie… Je n'essaierai pas de vous comprendre, les actes abominables que vous avez commis sont au-delà de toute compréhension. Et ce serait insulter la mémoire de vos victimes. Non, ce que je veux, c'est vous avoir en face de moi et *regarder au fond de votre âme.*

Nouveau signal discret. Le cadreur resserra encore. Les iris de Dix envahirent l'écran.

— Julian Hirtmann, voulez-vous passer à la postérité ? C'est à vous de nous le dire…

Le directeur général de la chaîne fit irruption dans la cabine de maquillage à peine l'émission terminée et les spectateurs renvoyés dans leurs foyers. Sa calvitie brillait plus que jamais, et son crâne était rouge comme s'il avait pris un coup de soleil.

— Bon Dieu, qu'est-ce que c'était que ça ? rugit Loïc Maisonneuve. « Julian Hirtmann, voulez-vous passer à la postérité ? » Vous avez perdu la raison, Dix !

— Doucement, Maisonneuve, doucement, fit Dix tandis qu'Anita passait un tampon démaquillant sur sa figure. Vous êtes tout rouge, bon sang : vous devriez écouter votre toubib quand il vous dit de vous ménager.

— Le standard explose ! On reçoit déjà des dizaines d'appels d'insultes et de menaces de mort, triple idiot !

— Attendez de voir la presse demain : tout le monde va parler de l'émission.

— Oui, pour la clouer au pilori !

Dix repoussa doucement le bras d'Anita, qui s'écarta. Il pivota vers le directeur général.

— Et alors ? Demain soir, on aura doublé notre audience. On ne peut pas être *à moitié* provocateur, Maisonneuve. Soit on l'est, soit on ne l'est pas.

Maisonneuve chercha une nouvelle repartie. On aurait dit qu'il hésitait entre battre en retraite et poursuivre l'affrontement.

— Dix, vous êtes sur un siège éjectable ! lança-t-il, à court de munitions.

Une froideur de métal passa dans la voix du présentateur quand celui-ci répliqua :

— C'est vous qui êtes sur un siège éjectable, Maisonneuve, vous ne le saviez pas ? Le nouvel actionnaire ne vous a rien dit ? Eh bien, je vous l'apprends.

Le directeur général se figea. Il se disait dans les couloirs de la chaîne que Dix avait les faveurs du futur actionnaire. La rumeur était parvenue jusqu'à lui. Il avait consacré presque toute sa vie à cette chaîne. En cet instant, il aurait sans doute approuvé le discours de Thibault Donnadieu de Ribes sur la panique s'il l'avait entendu. L'air écœuré, il émit un grognement et repartit à grandes enjambées vers son bureau directorial.

CHAPITRE 36

Nos âmes la nuit

Servaz éteignit la télé.

— Quel imbécile ! Ce crétin va semer la zizanie.

Léa se leva du canapé.

— Mmm. Oui, ce type est un vrai connard, ça ne fait pas l'ombre d'un doute. Mais tu crois vraiment qu'Hirtmann est assez idiot pour tomber dans le panneau ? Je suis sûre que Dix lui-même n'y croit pas. C'est juste une nouvelle manœuvre pour faire le buzz.

Il la regarda. Il sentit une énorme fatigue l'envahir.

Il s'approcha de la baie vitrée. Il faisait nuit noire dehors, mais il pouvait deviner la présence des gardes. C'était comme si un lien invisible unissait ceux du dedans et ceux du dehors. Il s'était habitué à leur présence. Il se demanda comment il réagirait – et comment Gustav réagirait – quand on leur retirerait la protection.

Et comment réagirait le monde extérieur…

Il pensa au discours de Thibault Donnadieu de Ribes dans sa prison. Son exposé sur la panique. Était-elle le seul trait d'union entre les citoyens, désormais ? Même ceux qui la faisaient taire en eux ne ressentaient-ils pas ce vent de panique, cette sourde inquiétude qui montait de tous côtés, semblable à une crue dont on espère qu'elle va nous épargner mais dont on sait au fond que ce ne sera pas le cas ? Y avait-il encore quelqu'un pour se bercer d'illusions ? *Pour penser que les choses pouvaient s'améliorer ?* Peut-être les narcotrafiquants et les nihilistes. Eux au moins avaient un avenir tout tracé.

Il était en train de se demander dans quelle catégorie ce genre de pensées le rangeait quand son téléphone sonna.

Sachs.

Il faillit ne pas répondre, le porta à son oreille.

— Vous avez regardé la télévision, commandant ?

— Oui.

Il y avait de la musique derrière la voix de l'écrivain. Il laissa passer une seconde de silence. Se concentra. *Leçons de ténèbres*. Charpentier ? Couperin ?

— Commandant ?

Un temps.

— Marc-Antoine Charpentier, dit-il, *Leçons de Ténèbres du Mercredy Sainct*. N'est-ce pas un peu sinistre à une heure pareille ?

— Bravo, le félicita Sachs. Vous voulez dire pour quelqu'un qui vit seul dans un chalet au milieu des montagnes ? N'est-ce pas au contraire tout à fait adapté ? Il y a longtemps que je me prépare à la mort, commandant. Solitude, silence, lecture et musique sacrée. C'est la meilleure façon.

— Vous n'êtes pas un peu jeune pour ça, Sachs ?

— Il n'est jamais trop tôt, répondit l'écrivain. La vie passe si vite… Et vous, vous vous y préparez, commandant ? Ce n'est pas la mort qui me fait peur, voyez-vous, c'est la vieillesse. Qu'avez-vous pensé de l'émission ? Que se passera-t-il si Hirtmann relève le défi ?

— Il ne le fera pas.

— En êtes-vous certain ?

— Si je me trompe, ça fera un joli chapitre de plus dans votre livre. Cette impression que quelqu'un rôde autour du chalet, vous l'avez eue de nouveau ?

— Pas depuis qu'on s'est parlé, non.

— Vous avez fait ce que je vous ai dit ? Vous avez installé les pièges photographiques et le système d'alarme ?

— Pas encore, commandant. Je le répète, je ne crois pas que ça suffirait à l'arrêter.

— Mais au moins vous saurez si quelqu'un rôde autour de chez vous, et peut-être qui. Au fait, vous avez affirmé que vous aviez du nouveau pour moi, la dernière fois…

Un silence.

— Il est trop tôt, commandant. Et vous, du nouveau de votre côté ?

Servaz songea que c'était tentant, de voir ce que le Club des Inénarrables Enquêteurs pouvait tirer des informations qu'il détenait. Une enquête parallèle… Qui sait ce qu'ils trouveraient ?

— Vous vous souvenez de la mort de Fayolle ?

— Bien sûr.

Servaz parla de la maison de poupées trouvée sur place, du meurtre maquillé en suicide. En revanche, il passa sous silence le journal intime et l'existence des deux contacts de Fayolle. Samira comme Esther Kopelman auraient désapprouvé.

— Vous voulez qu'on enquête sur Fayolle ? demanda l'écrivain, dont la voix avait changé de tonalité, trahissant un regain d'intérêt. Sur cette histoire de maison de poupées ?

— Tout ceci est confidentiel.

— Ça va sans dire. Une chose est sûre : cette maison de poupées relie directement la mort de ce journaliste à Julian Hirtmann. Il ne vous aura pas échappé qu'il fabriquait les mêmes dans sa prison de Leoben.

Servaz réfléchit. Il hésita avant de répondre :

— Ou bien quelqu'un veut nous le faire croire.

TROISIÈME PARTIE

La nuit tombe.
VIRGILE

CHAPITRE 37

L'origine

Les Isards.

Un lieu ancien, un lieu maudit.

Un pèlerinage. Un retour aux sources. Cela faisait longtemps qu'il n'était pas venu. Comme la dernière fois, il avait emprunté l'A64 jusqu'à Montréjeau, quitté l'autoroute à la sortie n° 17, puis pris la direction du sud.

Il avait roulé au milieu d'un mélange de pluie et de neige qui collait au pare-brise, que les essuie-glaces dégageaient tant bien que mal, tandis que les coteaux se faisaient plus escarpés, la chaîne de montagnes plus proche, et que la nuit cédait lentement la place au jour.

Puis le panneau « Saint-Martin-de-Comminges » était apparu. Il avait remonté l'avenue toute droite bordée de campings déserts, de stations-service et de maisons aux allures de chalets alpins sans entrer dans la ville. Au premier rond-point, il avait pris une route qui s'était aussitôt mise à grimper et n'avait cessé de s'élever, traversant quelques villages où les seuls signes de vie étaient les tortillons de fumée au-dessus des toits blancs dans un ciel tout aussi blanc, jusqu'au moment où il s'était enfoncé dans une vallée calfeutrée par l'hiver, dépassant encore quelques granges à moitié effondrées. Ensuite plus rien, à part de hautes murailles de conifères presque aussi impénétrables en plein jour que la nuit. Et pas la moindre voiture, car cette vallée était un cul-de-sac.

Quand les édifices étaient apparus sur la droite, entre les arbres surchargés de neige, au bout de plusieurs kilomètres de forêt et de virages, il avait quitté la petite route pour franchir le torrent sur un pont de métal rouillé et avait roulé jusqu'aux bâtiments de béton, au milieu des nids-de-poule.

« COLONIE DE VACANCES DES ISARDS »

L'écriteau était toujours là, mangé par la rouille. Les bâtiments, eux, paraissaient intacts à première vue, mais un examen plus poussé révélait l'absence de vitres aux fenêtres du rez-de-chaussée, des fissures dans les murs, des taches sombres d'humidité, des ronces et des tags. Et surtout une absence criante de vie. La neige tombait plus dru à cette altitude mais il n'y avait pas de vent, aussi les flocons descendaient-ils à la verticale, dans un silence ouaté qui avait quelque chose d'irréel et qui enveloppa Servaz dès qu'il eut coupé le moteur.

Dans cette atmosphère raréfiée, le moindre bruit – portière refermée, pas amortis par la neige, souffle – prenait une dimension fantasmagorique et l'endroit aurait pu évoquer un conte de fées si Servaz n'avait su quels événements terribles s'y étaient déroulés.

Mais, après tout, les contes de fées eux-mêmes n'étaient-ils pas, à l'origine, des histoires atroces ? Du moins avant que Walt Disney ne les édulcore soigneusement en éliminant tout le sang, les incestes, les meurtres, les allusions sexuelles, pour épargner les nouvelles générations si fragiles. *Le Petit Poucet* ? Du cannibalisme et un ogre qui tranchait par erreur la gorge de ses sept filles. *Peau d'âne* ? Inceste et abus sexuel sur mineure avec un roi qui voulait se taper sa progéniture. Le vrai Peter Pan ? Un garçon sadique, détraqué et égoïste, qui tuait les Enfants perdus dès qu'ils commençaient à grandir.

Au fond, ce qu'il s'était passé ici était bien digne des contes de fées d'antan.

Sept suicides d'adolescents, tous passés par la colonie. Sept jeunes victimes de sévices. Alice Ferrand. Michaël Lehmann. Ludovic Asselin. Marion Dutilleul. Séverine Guérin. Damien Llaume, Florian Vanloot[1].

Mais quel rapport avec les disparitions sur lesquelles Fayolle travaillait ? Servaz se remémora les mots de son journal :

Les Origines... *Il faut remonter aux origines ; tout a commencé en un lieu maudit, un lieu mauvais.*

Fayolle pensait-il à la colonie en écrivant ces lignes ? Ceux qui étaient derrière toutes ces disparitions et tous ces meurtres avaient-ils commencé à sévir ici ?

Trop de zones d'ombre. À l'image de cette forêt. Il la balaya du regard. Elle se tenait à distance, comme si les grands sapins eux-mêmes ne pouvaient pousser à proximité d'un tel lieu. Il ne vit aucune trace de pas ou de pneus autour de la colonie.

Puis il regarda les bâtiments. Il était presque au pied de ceux-ci et ils bouchaient le ciel gris au-dessus de lui. Plus grands et plus hauts que dans ses souvenirs. Il se mit en marche. Ses chaussures de ville n'étaient pas faites pour la neige et il eut très vite les pieds et son bas de pantalon trempés. Les flocons s'entassaient

1. Voir *Glacé*, XO Éditions et Pocket.

sur les rebords des fenêtres, sur les gouttières, sur les fils électriques. Servaz sentit l'air glacé lui brûler les poumons. Il s'approcha d'une des entrées. Elle n'avait plus de porte, ni même de chambranle.

L'ombre régnait à l'intérieur. De là où il était, il apercevait des gravats, des murs suintant d'humidité, des pièces et des passages obscurs. Une haleine froide sortait du bâtiment comme de la gueule d'une créature mythologique. Il frissonna. Il n'y avait rien à voir à l'intérieur et il n'avait pas envie d'aller plus loin. À quoi s'était-il attendu ? Il rebroussa chemin.

Est-ce que tout avait vraiment commencé ici ? Pourquoi le maquereau roué de coups avait-il lâché le nom des Isards ? Il ne l'avait pas sorti d'un chapeau : il avait dit qu'il revenait tout le temps dans les conversations des hommes qu'il fréquentait. Servaz allait devoir se procurer la liste de tous ceux qui étaient passés par la colonie au début des années 1990.

Enfants et adultes.

Il regagna la voiture en allongeant sa foulée : il avait de la neige jusqu'aux chevilles, les pieds gelés. Le silence régnait. Pas âme qui vive. Le seul mouvement était celui des flocons. C'était silencieux – silencieux et blanc comme une tombe. Pas une voiture n'était passée sur la route depuis qu'il était descendu de la sienne. Pour aller où ? Il savait ce qu'il y avait au fond de cette vallée. *D'autres ruines*... Celles de l'Institut Wargnier. L'hôpital psychiatrique d'où Julian Hirtmann s'était évadé une première fois avant que Servaz ne le retrouve en Autriche. C'était il y a si longtemps…

Il mit le contact, sortit un paquet de cigarettes, rangea aussitôt celle qu'il venait de tirer. Il la fumerait une fois redescendu dans la plaine. Il avait hâte de partir d'ici.

CHAPITRE 38

Formation

Esther Kopelman conduisait la Fiat 500 dans les rues de Toulouse à une allure qui lui valait pas mal de coups de klaxon.

Pas une de ces Fiat 500 modernes jouant sur la nostalgie sans l'assumer complètement : une authentique 500 sortie des usines Fiat dans les années 1960. Celles qu'on voyait dans *La dolce vita*, dans *Le Fanfaron*. Un monument historique sur roues. Aussi inconfortable que bruyant.

— On ne pourrait pas aller un peu plus vite ? demanda Corentin Loridan, secoué et à l'étroit sur le siège passager.

— Pas si tu veux arriver à bon port, jeune homme.

Il grogna, sortit de sa sacoche un enregistreur Zoom H5. L'appareil possédait un filtre pour éliminer les grondements de basse fréquence tels que le vent, mais l'environnement de la Fiat 500 était décidément trop bruyant. Sans parler des essuie-glaces qui grinçaient. Il décida d'essayer autre chose : un micro-cravate sans fil connecté à son téléphone. Il sortit l'un et l'autre, enfila sur le micro une bonnette qui ressemblait a un oursin en peluche, puis se pencha vers Esther pour le pincer au revers de son blouson.

— Tu fais quoi là ? demanda-t-elle.

Elle avait posé la question sans quitter la rue des yeux, à cause des piétons qui descendaient régulièrement des trottoirs sur la chaussée et des vélos qui surgissaient de tous côtés. Et dont les propriétaires semblaient considérer que les lois de la route ne s'appliquaient pas à eux, ou bien que les voitures n'avaient pas leur place en ville. Aussi regardait-elle constamment à droite et à gauche, tandis qu'une pluie sale recouvrait le pare-brise d'une pellicule grasse. Une voix s'éleva à côté d'elle :

— *Bonjour, aujourd'hui, je suis avec la célèbre journaliste Esther Kopelman. Nous enquêtons sur...*

— STOP !

Il s'arrêta net, jeta un coup d'œil à sa voisine.

— Qu'est-ce que tu fais ? grommela-t-elle.

— Ben, je décris ce qu'il se passe. Je vais te poser des questions au fur et à mesure. Il faut que ça bouge, que ce soit vivant. Il faut créer un lien avec les auditeurs, tu comprends ? Qu'ils apprennent à te connaître, qu'ils aient l'impression de participer à l'enquête. C'est ça un bon podcast.

— De... *participer à l'enquête* ? Ils ne participent pas à l'enquête. C'est moi, l'enquête... c'est nous. On n'a pas le temps pour ces conneries.

Il grimaça :

— Justement, tu es un personnage haut en couleur, Esther. Tu es vraie, tu es cash, les auditeurs vont t'adorer. Tu es une sorte de... grand-mère rock du journalisme.

Elle accueillit cette dernière déclaration d'une manière inattendue : le coup de frein aurait envoyé Corentin Loridan dans le pare-brise sans sa ceinture. Son téléphone tomba au sol. Elle se rangea le long du trottoir.

— Tu descends ici.

— Quoi ?

— C'est à moins de deux kilomètres. Tu finis à pied. Pour toi, ce sera plus court par là, ajouta-t-elle en montrant du pouce la direction arrière, l'air aussi aimable qu'une porte de prison. Ou bien tu ranges ton fichu matériel et tu n'ouvres plus la bouche jusqu'à ce qu'on soit arrivés à destination, proposa-t-elle.

Il se tut, l'air renfrogné.

— De toute façon, ta caisse, c'est l'enfer pour enregistrer, finit-il par déclarer. J'ai jamais vu une bagnole aussi bruyante et aussi inconfortable.

— C'est une voiture, pas un studio d'enregistrement.

Elle redémarra, adressa un geste grossier au conducteur qui venait de klaxonner derrière eux.

— Tu veux savoir où on va ? On va remonter aux origines. Regarde dans la boîte à gants, il y a une feuille pliée en deux.

— Qu'est-ce que c'est ? demanda-t-il après l'avoir dépliée.

— Si je le savais. Mais peut-être que celui que nous allons voir le sait, lui.

CHAPITRE 39

Ces corps vils

Esther stoppa devant le grand portail coincé entre un immeuble moderne et un bâtiment décati, avenue Camille-Pujol. Loridan ruminait toujours.

— On est où ? demanda-t-il, maussade.

— Tu ne connais pas cet endroit ? Le Caousou. Une institution à Toulouse. Un établissement d'enseignement privé fondé en 1874 par les Jésuites. Deux mille élèves, de la maternelle au lycée. Tu n'imagines pas le nombre de gens célèbres qui sont passés par ici.

Elle lut un regain d'intérêt dans son œil.

— Ah bon ?

Elle lui donna quelques noms. Des politiques, des ministres. Dont un ancien ministre des Affaires étrangères et Premier ministre connu pour son discours à l'ONU contre la seconde guerre en Irak et sa rivalité avec un ancien président. Elle cita aussi un ancien maire de la ville, des écrivains, des comédiens, des journalistes, deux présentateurs télé, et même un ancien pilote de Formule 1. Elle observa discrètement les noms qui parlaient à Loridan et ceux qu'il ne semblait pas connaître. Ce qu'elle ne dit pas, c'est qu'elle avait elle-même suivi l'enseignement du Caousou, qu'elle y avait été « Esther-la-Grogne » et « Esther-la-Teigne ».

Elle parla dans l'interphone. Le temps qu'elle se remette au volant, le portail s'était ouvert. Ils roulèrent sous le couvert des arbres, bien qu'ils fussent en ville, avant d'atteindre un bâtiment en pierre de taille et brique rouge typique de l'architecture locale.

Il les attendait sur les marches. Un petit homme en habits sombres. Corentin lui donna dans les soixante ans.

— Esther ! s'exclama-t-il en ouvrant les bras.

Il la dépassait de quelques centimètres à peine, arrivait tout juste à la poitrine du jeune homme.

— Monsieur Wolfs, dit-elle tout sourire. Je vous présente Corentin.

Monsieur Wolfs… Elle avait parlé d'un établissement de jésuites. Est-ce qu'il n'aurait pas dû être prêtre ? Loridan serra la main étonnamment molle du petit homme, qui émit un rire bref avant de tourner les talons et de les entraîner à l'intérieur. Il était corpulent et gai comme un pinson, la démarche légère et le regard chargé de sentiment.

— Encore une année et je prends ma retraite, expliqua-t-il en trottinant devant eux. Je fais partie des meubles désormais. (De nouveau, le rire léger, cristallin.) Je suis arrivé ici sur la pointe des pieds, c'était il y a si longtemps. D'abord élève, puis surveillant, et enfin professeur. Bizarrement, à force de côtoyer les pères jésuites, je me suis mis à adopter leur point de vue ! Je suis de ceux qui veillent dans l'ombre à ce que la pédagogie jésuite et l'esprit ignacien continuent d'exister entre ces murs. Je suis toujours écouté, mais pas toujours entendu. Le mois dernier, le chef d'établissement s'est opposé à ce qu'un professeur d'histoire accueille l'association SOS Homophobie dans le cadre d'un cours sur les discriminations. J'y ai vu une maladresse. Et une décision contraire au principe jésuite selon lequel Dieu est présent en tous et en chacun des aspects de la réalité. Je le lui ai dit. Il n'a pas aimé.

Le petit rire égaya les couloirs tandis qu'ils gravissaient un escalier en marbre.

— « Dans la relation éducative, rien de constructif ne peut se faire sans un *a priori* de bienveillance », énonça-t-il par-dessus son épaule en poussant d'un coup sec une porte du premier étage.

Il les fit pénétrer dans un bureau exigu dont les murs étaient couverts de livres du sol au plafond en dehors de l'espace de la porte et de l'embrasure d'une fenêtre.

— « Il faut présupposer que tout bon chrétien doit être plus disposé à sauver la proposition du prochain qu'à la condamner », cita-t-il. Si notre professeur d'histoire, au demeurant un homme charmant et tout à fait compétent, avait été un jésuite au lieu d'un laïque, il aurait pu contrer le directeur sur le terrain des principes et des valeurs. Et peut-être obtenir gain de cause.

Il retira plusieurs piles de livres de deux chaises, s'assit sur une troisième derrière un bureau à peine plus grand qu'un pupitre d'écolier, le visage tout à coup sévère.

— On a de plus en plus d'élèves juifs, annonça-t-il. Ils fuient les établissements publics.

Elle hocha la tête d'un air sombre.

— Tu m'as parlé au téléphone d'une enquête qui avait peut-être un rapport avec Le Caousou, enchaîna-t-il.

Elle tira de sa poche la feuille pliée en deux que Corentin avait récupérée dans la boîte à gants, la lissa, la posa à l'envers sur le bois du bureau.

Un dessin de chouette et les vers suivants :

As-tu connu la Chouette ? A-t-elle hululé pour vous ?
Quand cela ? Sous le Gaillouste ou la Gaillarde ?
De ce soleil moral la lumière éclipsée
Cessera par degrés d'éclairer la pensée ;
Comme ils brillaient hier, ils brilleront demain !
Qui sait où commença leur glorieux chemin ?

— Oui, oui, oui, fit-il, un doigt en travers des lèvres. Une chose est sûre, conclut-il au bout de quelques secondes, celui-là n'aurait pas remporté le moindre prix de poésie. À part pour les derniers vers, mais je crois savoir pourquoi…

Il leva les yeux vers Esther.

— Oui, tu avais raison au téléphone, ce… *poème* fait bien allusion au Caousou. (Il regarda Corentin.) Peut-être ne le savez-vous pas, jeune homme, mais la chouette est l'emblème de notre établissement. Dans la tradition, la chouette est un symbole de sagesse, capable de saisir les vérités les plus hautes, un animal pourvu du don de clairvoyance. (Il tourna de nouveau son regard aqueux vers la journaliste, plissa les paupières.) Dis-m'en plus, qu'est-ce que je suis censé chercher ?

Elle hésita :

— On a trouvé ces vers dans le journal intime d'un journaliste décédé… Ce journal fait allusion à des crimes qui ont eu lieu dans la région, son auteur recherchait, avant de mourir, les coupables. (Elle évita de lui balancer que Fayolle s'était lui-même retrouvé dans les rangs des victimes.) Le « as-tu connu ? » s'adresse sans doute à l'un d'eux, le « hululé pour vous » aux autres, car nous pensons qu'ils sont plusieurs. C'est comme si votre poète s'adressait directement aux coupables.

Et le premier vers est transparent : il se demande si lui et ses complices sont passés par Le Caousou.

— Et pourquoi pensait-il cela, votre journaliste ?

— Je n'en sais rien. Il semble qu'il avait des informateurs.

Le petit homme plissa les yeux :

— Tout ceci est bien mystérieux. Donc tu veux savoir ce que m'inspirent les autres vers. Tu cherches à deviner ce que leur auteur veut dire et, je suppose, s'il a… laissé des indices dans ces vers permettant d'identifier les coupables, c'est bien ça ?

— C'est ça, fit-elle avec un demi-sourire.

Il prit le temps de la réflexion.

— Le deuxième vers est tout aussi évident que le premier. « Quand cela ? Sous le Gaillouste ou la Gaillarde ? » Cet établissement a été dirigé par le révérend père Lagaillarde de 1984 à 1990 et par Gilbert Gaillouste de 1991 à 2000. Par conséquent, il semble que votre journaliste se demande en quelles années ceux qu'il cherche sont passés par ici.

— 1984-2000…, réfléchit-elle. Ça fait une sacrée fourchette. Les crimes dont nous parlons ont commencé en 1995. Et pour les autres vers ?

Il eut un sourire mitigé.

— Les seuls qui ont quelque dignité littéraire. Et pour cause.

Il se leva, fouilla un moment dans les livres qui se trouvaient derrière lui. En posa un sur le bureau. Une couverture dans les tons roses avec une gravure ancienne en médaillon. Lamartine. *Méditations et nouvelles méditations poétiques*. Il se rassit, le feuilleta jusqu'au moment où il tomba sur les vers, retourna le livre pour les leur montrer.

Un poème qui s'intitulait « Dieu ».

— Il a bricolé un pseudo-poème en réunissant deux couples de vers pris séparément. Le « soleil moral » qui « s'éclipse » semble indiquer qu'il s'agit d'anciens élèves du Caousou qui ont nié par leurs crimes tous les principes *moraux* qu'on leur a enseignés ici.

— Et « comme ils brillaient hier, ils brilleront demain » laisse entendre que ces crimes commis par le passé pourraient bien recommencer, compléta Esther, pensive.

— Votre homme aime les énigmes, fit remarquer Wolfs. Enfin, « qui sait où commença leur glorieux chemin » tend à montrer qu'il ne sait pas…

— … *où et quand ont débuté leurs crimes…*

Elle marqua un temps d'arrêt :

— Beaucoup de gens importants sont passés par cette école, ce collège et ce lycée au fil des ans. Ce qu'on cherche, c'est donc s'il n'y aurait pas eu dans la période concernée un groupe d'élèves qui auraient fait preuve de… d'un penchant particulier pour le mal, le vice, la cruauté…

À ces mots, le regard du petit homme changea. Se fit plus sombre, plus inquiet. Il fouilla de nouveau pendant de longues minutes dans les rayons derrière lui, hésitant entre plusieurs ouvrages aux dos de couleur verte, tous identiques, en tira un, le feuilleta, le remit en place, en prit un autre, comme s'il sondait sa mémoire en même temps qu'il les parcourait. Finalement, il posa devant Esther un carnet vert pâle portant l'emblème de la chouette dans le coin supérieur gauche et, en bas à droite, l'inscription « LE CAOUSOU, TOULOUSE, 1992-1993 ». Esther avait possédé le même. Il était publié chaque année par l'association du Caousou. À l'intérieur, on trouvait d'abord les noms du conseil d'administration et des services généraux, puis ceux des professeurs, du personnel de surveillance, d'encadrement et d'entretien. Ensuite venaient le projet pédagogique, les horaires, des extraits du règlement, les élèves de chaque classe en remontant des terminales jusqu'à la « toute petite section ». Enfin, les noms et adresses de tous les élèves par ordre alphabétique pour l'année concernée.

Une mine d'or, songea-t-elle. Mais pourquoi avait-il choisi cette année-là ?

— Vous pouvez le garder, dit-il. Ça n'a rien de secret. On en trouve même à vendre sur Internet. Je me demande bien qui peut les acheter.

— Tout s'achète, de nos jours, fit observer Corentin Loridan, comme si, en tant que pro des nouvelles technologies, il se sentait tenu d'intervenir dès qu'on mentionnait la Toile.

— Vous voulez plutôt dire que tout est à vendre, le corrigea Wolfs.

Il regarda Esther, le visage de plus en plus sombre.

— Il y a toujours dans chaque classe un élève plus difficile que les autres, commença-t-il. Un ou deux, rarement plus. On dirait qu'ils sont captifs de passions destructrices, d'un vice irréversible. Cela a souvent à voir avec ce qu'ils vivent chez eux. On n'y peut pas grand-chose. Mais un groupe entier…

Il marqua un temps d'arrêt. Esther devina à son expression qu'il s'apprêtait à évoquer des souvenirs qu'il s'était appliqué à oublier.

— Vous savez ce qu'est la *cura personalis* ? demanda-t-il.

Esther fit signe que non.

— La *cura personalis*, s'élança le petit homme comme s'il rassemblait ses forces, l'attention à la personne, est un élément constitutif de l'éducation, de la formation jésuite… Il s'agit de tendre son attention vers les autres, d'être sincèrement, profondément attentif aux autres. Et à mes débuts d'enseignant, bien que non jésuite, j'étais très soucieux de la *cura personalis*.

Son regard que l'âge avait adouci se perdit dans le vague.

— Je n'ai jamais oublié l'année 1992… De loin la plus difficile de toute ma carrière…

Il parlait posément, lentement à présent, comme pour ne pas se laisser envahir par l'émotion.

— Il y avait cette année-là dans ma classe un groupe d'élèves – quatre garçons – qui semblaient avoir le vice, la corruption chevillés au corps. Ils perturbaient la classe, terrorisaient les autres élèves. *Unde malum ?* : « D'où vient le Mal ? » Je dois avouer que, face à ces quatre garçons, je me sentais démuni, impuissant. Et les enseignements d'Origène, de saint Augustin et de Leibniz sur la nature du Mal ne me furent pas d'un grand secours, il faut bien le dire. Mon âme n'était pas assez forte, pas assez résolue pour affronter tant de perversité et tant de malveillance logées en de si jeunes gens. Qui plus est, derrière ces ténèbres qui les dévoraient, il y avait, au moins pour deux d'entre eux, une intelligence à l'œuvre. C'était comme si toutes leurs facultés, et ils n'en manquaient pas, étaient tournées vers la satisfaction de leurs plus bas instincts, contrebalancées par quelque chose d'absolument, d'irrémédiablement mauvais. Et ce n'était encore rien – ça, je l'ai appris plus tard – en comparaison de ce qu'il se déroulait la nuit à l'internat des garçons. Car les quatre étaient internes. Il s'est passé des choses cette année-là après l'heure du coucher : plusieurs parents se sont plaints que leurs fils étaient victimes de vols, de violences et de brimades la nuit. Il a même été question d'un viol. Et ce quatuor d'élèves en entraînait d'autres, qui avaient le choix entre participer ou être eux-mêmes victimes. On a découvert ça bien trop tard et, au vrai, eût-on été plus attentifs qu'on se serait inquiétés plus tôt.

Il secoua la tête avec colère.

— Mais le scandale a fini par éclater. Un des quatre élèves, le meneur, a été exclu. Une mesure d'exception. J'ai toujours pensé que celui-là continuerait à faire la même chose dehors. Comment dire ? Il avait le *démon* en lui.

— Vous vous souvenez de son nom ?

Il demeura un instant silencieux.

— Comprenez-moi bien, j'ai tout fait pour oublier cet épisode. Par bonheur, toutes mes autres années d'enseignement ont été merveilleuses. Sans me vanter, je crois pouvoir dire que je savais captiver mes élèves et que je leur ai apporté quelque chose que la plupart chériront toute leur vie : l'esprit critique, le sens de la mesure, l'amour de la vérité et de la beauté. Je leur apprenais aussi à aimer les lectures difficiles, celles qui exigent et qui élèvent.

— Je confirme, renchérit Esther avec un demi-sourire d'approbation.

— Aussi, vous comprendrez que j'ai tout fait pour reléguer cet épisode dans les recoins les plus obscurs de ma mémoire, je me suis efforcé de le sortir de ma vie et de mon esprit…

Il poussa le carnet vers Esther.

— Mais ils sont forcément là-dedans, avec les autres. C'étaient des troisièmes. Il y a eu huit classes de troisième cette année-là, mais je crois me souvenir qu'ils étaient en troisième 1 ou en troisième 2.

— Vous ne voulez pas jeter un coup d'œil pour voir si ça vous revient ?

— Non.

Il avait répondu avec fermeté, sans l'ombre d'une hésitation, en regardant Esther droit dans les yeux.

— D'ailleurs, rien ne prouve que ce sont les personnes que vous cherchez.

Esther Kopelman hocha la tête en signe de prudent assentiment. Elle fit glisser sa carte professionnelle sur le bois du bureau.

— Au cas où la mémoire vous reviendrait, insista-t-elle.

CHAPITRE 40

Le faiseur de scandale

— Alors ? demanda Damien Dix.

Claire Blanchard, la vice-présidente et directrice d'antenne, regarda David Enguerran.

— Le standard est inondé d'appels, déclara le directeur des programmes. Jusqu'ici, ce ne sont que des plaisanteries, des insultes, des menaces contre toi et la chaîne, et des mythomanes. On a établi un questionnaire en trois points pour les démasquer.

— Expliquez-moi ça.

— On a fait appel au psychiatre qui suivait Hirtmann du temps où il était enfermé à l'Institut Wargnier : le Dr Xavier. Il nous a fait part de sa consternation et de sa désapprobation. Selon lui, on joue à un jeu très dangereux qui risque d'inciter Hirtmann à passer à l'action, mais pas de la façon dont on l'attend…

— C'est-à-dire ?

— En tuant de nouveau et en le faisant savoir…

Claire Blanchard toussota. Dix hocha brièvement la tête, le visage impénétrable. Il leur tourna le dos pour regarder la Seine à travers la vitre zébrée de pluie.

— Tu crois vraiment qu'il est assez con pour sortir de son trou uniquement parce que Damien Dix le met au défi ? demanda David Enguerran derrière lui. Le psy a raison : il risque de faire quelque chose qu'on n'attend pas. Et ce sera notre responsabilité.

Dix fit volte-face.

— Je vous dis qu'il va nous contacter.

Il regarda le ciel d'hiver, sa lumière grise derrière la vitre. En était-il vraiment sûr ? Il songea que, jusqu'au moment où il avait défié Hirtmann en direct, il avait plutôt espéré que celui-ci ne se manifesterait pas. Puis il avait commencé à envisager l'autre option. Celle où le Suisse entrait en contact avec eux. Dix l'avait envisagée comme un défi à lui-même. Il ressentait une étrange excitation à le faire. Dans quelle mesure espérait-il à présent qu'Hirtmann sortirait du bois ? Comment réagirait-il si le Suisse répondait à son invitation et surtout si, d'une manière ou d'une autre, il rendait sa réponse publique ? Il ne serait pas question de se dégonfler alors, pas devant des millions de téléspectateurs…

Une partie de lui redoutait ce moment, l'autre le souhaitait. *Le grand saut dans le vide… sans filet de sécurité…* Jamais encore dans sa vie il n'avait autant espéré et craint une même chose.

CHAPITRE 41

La folle semence

C'était une de ces soirées d'hiver humides et froides où les vieux bâtiments du Caousou s'emplissaient d'ombre et de silence. Il faisait nuit, ou en tout cas la petite lampe de métal sur son bureau en donnait l'illusion par contraste. Et les repères rassurants qu'il apercevait de jour derrière sa fenêtre – toits, cours et arbres du groupe scolaire – s'abolissaient, bus par l'obscurité. Une de ces soirées de décembre où le cœur se serre, pris de vague effroi.

Le sien n'était pas si vague que ça.

Il n'avait jamais été un homme très courageux. Ni hier ni aujourd'hui. Il avait l'esprit trop imaginatif et plein de bonté pour cela. Et, ce soir, l'effroi caressait sa nuque telle une main glacée.

Les classes et les couloirs s'étaient vidés, les internes étaient retournés dans leurs dortoirs. D'habitude, à cette heure, il rentrait chez lui, mais pas ce soir. *1992...* Il avait cru être en paix avec lui-même, avec le passé, avec tout ce qui était arrivé autrefois. Mais un tel passé ne passe pas : il vous pénètre l'âme, s'y installe, comme une cellule cancéreuse. Il attend son heure.

Ces garçons...

Ils étaient répugnants. Il avait menti à Esther, il se souvenait du nom de l'un d'eux. Et il revoyait leurs visages. Leurs prunelles arrogantes qui mettaient au défi son autorité à chacun de ses cours, leurs sourires fielleux, leur insensibilité, leurs ricanements quand il lisait avec feu quelque auteur classique au programme, et aussi le charisme de l'un d'entre eux. Cette année-là, un chien de l'école avait été empoisonné, une fille avait cessé de venir en cours parce que, selon ses parents, elle avait peur, une statue de la Vierge avait été maquillée en prostituée, un élève de sa classe s'était donné la mort. Et, instinctivement, il avait su qu'ils y étaient pour quelque chose.

Et puis, en fin d'année scolaire, le scandale de l'internat avait éclaté.

Ce qu'il n'avait pas dit à Esther Kopelman, c'est que « Ceux-de-92 » l'avaient pris pour cible, lui aussi. Ils avaient décelé chez lui une faiblesse, une fêlure, donc une possibilité. Malgré leur jeune âge, ils avaient un instinct sûr pour renifler la peur. Comme des fauves, ils avaient repéré l'élément le plus vulnérable du troupeau, et ils avaient commencé à l'isoler.

Ils traînaient parfois à la fin de son cours, l'entouraient tandis que la classe se vidait et qu'il rangeait ses affaires, qu'il effaçait des phrases au tableau. « Wolfs, il vous arrive de vous masturber ? » « Vous avez couché avec combien de femmes, Wolfs ? » « Que pensez-vous de l'homosexualité ? Et des jeunes garçons ? » C'étaient des provocations permanentes, un supplice psychologique renouvelé jour après jour. Quand il leur avait dit qu'il allait rapporter leur comportement au directeur d'établissement, leurs regards s'étaient faits menaçants, et l'un d'eux, leur chef, avait déclaré que leurs parents étaient des gens puissants et qu'ils n'aimeraient pas apprendre qu'un professeur leur avait fait des avances. Une autre fois où il avait laissé traîner sa sacoche, il avait trouvé écrit sur la page de garde de son manuel : « Jésus te baise. » Un collègue à qui il avait montré la phrase lui avait dit que c'était une réplique tirée de *L'Exorciste*. Et lui avait conseillé d'en parler. Il avait répondu qu'il n'avait pas de preuves. Il savait bien qu'il n'en avait pas besoin. Il n'avait pas le moindre doute sur les responsables.

Alors pourquoi avait-il gardé ça pour lui ? Parce qu'il avait honte de ne pas avoir réagi la première fois quand il aurait dû ? Honte d'avoir reculé devant les menaces ? Parce que au premier comportement irrespectueux il avait laissé couler, et au deuxième et au troisième aussi, et même quand les choses avaient empiré ? Ou bien parce qu'il portait effectivement sur ses épaules le poids de la culpabilité ?

Car, à plusieurs reprises, en cours d'année scolaire, il les avait surpris en train de faire cercle autour d'un autre élève dans les couloirs et la cour de récré. Un élève qui excellait en dictée et en rédaction, et en même temps dévoré de timidité. Ils parlaient à voix trop basse pour qu'il pût entendre, mais l'élève avait l'air pâle et terrifié. Il se doutait que quelque infamie était à l'œuvre ici, et cependant il avait passé son chemin. En classe, il encourageait cet élève à s'exprimer mais, chaque fois que celui-ci le faisait d'une voix à peine audible, le feu aux joues, les ricanements fusaient.

Et puis, un matin, des cris et une cavalcade dans les couloirs les avaient tirés, lui et une poignée de collègues, de la torpeur qui régnait dans la salle des professeurs, et ils avaient suivi le mouvement jusqu'à la grande cour de récré.

C'était une splendide matinée d'avril, tous les regards étaient levés vers la façade, et il avait à son tour levé le sien, clignant des yeux dans le soleil.

Une silhouette s'était matérialisée là-haut, entre deux fenêtres jumelées du deuxième étage.

Il avait immédiatement reconnu la petite forme. Une des fenêtres était ouverte et le garçon était à l'extérieur, le dos collé au mur, ses pieds au bord du vide.

Il n'avait même pas eu le temps de dire une brève prière que la petite forme était tombée comme un sac rempli de cailloux sous les cris horrifiés de ses camarades. Jusqu'au répugnant choc final. Instinctivement, il avait cherché les quatre des yeux. Si l'un d'entre eux exprimait une stupeur véritable, les trois autres ne semblaient ni choqués ni peinés. Juste… *intéressés*. Sur le moment, son corps avait refusé de bouger, son cerveau de fonctionner. Un péché si grand, commis par de si jeunes garçons !

Il avait longtemps traîné avec lui le fantôme de cette culpabilité. Qu'aurait-il pu faire ? Sans doute beaucoup plus qu'il n'avait fait. Il avait été lâche. C'était sa croix, il devait la porter. Mais le temps nous nettoie de la honte et de la culpabilité comme de tout le reste. Il avait réussi à oublier. Ou du moins à ne plus y penser.

Jusqu'à aujourd'hui.

Il continua de fouiller dans le carton qu'il avait posé sur le bureau. Des photos de classe. Finit par trouver celle de 1992-1993, prise en début d'année scolaire. Tout le monde souriait, lui compris. Personne ne pouvait deviner que ces quatre-là, debout et tout sourire au dernier rang, allaient marquer cette année d'une empreinte aussi indélébile que fatale.

Il y avait écrit en bas de la photo : « de gauche à droite et du premier au dernier rang ». Suivaient les noms des élèves. En les lisant, il se demanda comment il avait pu les oublier.

Ils avaient poussé au suicide un élève trop fragile. Ils avaient empoisonné un chien que tout le monde aimait. Ils avaient défiguré une statue de la Vierge. Ils avaient terrorisé une fille qui avait cessé de venir. Et ils l'avaient torturé psychologiquement. Ils avaient battu, tyrannisé, et peut-être violé d'autres ados la nuit dans les dortoirs…

Son regard s'arrêta sur l'un d'eux.

Le plus charismatique. Le chef des quatre. Celui-là, se souvint-il d'avoir pensé, était le pire. Celui-là commettrait un jour quelque chose d'encore plus abominable, si tant est que cela fût possible. De nouveau, il écouta. Le silence total. Le seul son qui lui parvenait était celui de son cœur cognant contre sa cage thoracique.

Délivre-nous du mal, pensa-t-il.

Il sortit de sa poche la carte d'Esther Kopelman.

CHAPITRE 42

Le visiteur

Il était 9 heures du matin ce mercredi 21 décembre. Le paysage englouti par le brouillard. Rien d'inhabituel en cette saison. Les arbres n'étaient plus que des ébauches ; le monde devenait tout à coup vide, sans substance, semblable à une planète gazeuse.

Servaz était assis au petit bureau en bois – qui, comme tout le reste du mobilier dans cette maison, avait l'air de sortir d'une brocante. La veille, il avait décidé qu'il se pointerait plus tard au commissariat. Samira avait distribué les tâches au groupe d'enquête, mais la piste principale demeurait le journal de Fayolle et il avait décidé de se pencher dessus au calme.

Il revenait sans cesse à la formule : *G1 + G2 + G3 + 2 x F + M + P = 7 – 1F = 6*. Qu'est-ce que ça pouvait bien vouloir dire ? En parcourant le journal, il avait plus d'une fois pesté contre le goût de Fayolle pour les énigmes et les charades. Sa paranoïa l'avait poussé à rendre son journal presque indéchiffrable. Pourtant, Servaz restait persuadé que, quand il trouverait le sens de cette formule, tout s'éclairerait.

Il en était là de ses réflexions lorsqu'un mouvement à l'extérieur le fit lever la tête et regarder à travers la baie vitrée. Les deux gardes s'agitaient, là-bas, sur le chemin, au milieu de la brume. Ils étaient en grande discussion avec un troisième homme. Les uns comme l'autre faisaient d'amples gestes, les gardes bras écartés pour interdire le passage au visiteur, celui-ci pour s'en agacer, visiblement. La discussion semblant s'envenimer, Servaz décida d'aller voir. Il sortit par la porte principale, se mit en marche, aussitôt cerné par le froid et les volutes de brume, l'humidité posée sur ses joues comme un film.

Il s'avança vers le petit groupe à travers la grisaille. Un vent léger barattait le brouillard, telle une louche invisible touillant une marmite fumante.

Le trio poursuivait sa discussion, de plus en plus animée.

L'air sentait les bois humides, la terre, la mousse, qui demeuraient invisibles. Tout semblait déconnecté.

Il continua d'avancer.

Les traits de l'intrus commençaient à se préciser dans la brume. Il était jeune. La petite vingtaine. Coiffé d'un béret-casquette et vêtu d'une doudoune. Il avait un téléphone à la main. Servaz entendit les voix des gardes, amorties par la purée de pois :

— Vous ne pouvez pas passer, monsieur.

— *Monsieur, s'il vous plaît…*

— J'ai le droit d'emprunter ce chemin, répondit le jeune homme avec véhémence. Vous ne pouvez pas m'en empêcher.

— *Monsieur…*

— Vous n'avez pas tous les droits dans ce pays ! Vous comprenez ça ?

Servaz parvint à leur hauteur.

— Qu'est-ce qu'il se passe ici ? demanda-t-il.

Aussitôt, les deux gardes se tournèrent vers lui tandis que le jeune homme élevait son téléphone, non pour les filmer mais pour le filmer *lui*.

— Hé, vous ! s'énerva-t-il. Arrêtez ça !

— Monsieur, baissez ce téléphone ! lança un des gardes.

Le jeune homme n'en avait cure. Il continua de filmer. Servaz fit un pas dans sa direction.

— Arrêtez de filmer, s'il vous plaît, dit-il, main levée entre lui et l'objectif.

Pas de réaction. Il fit un pas de plus.

— Stop ! Arrêtez de me filmer !

Arrachant l'appareil des mains du vidéaste, il le lança dans les fourrés.

— Hé, mon téléphone, vous êtes malade ! s'emporta le jeune homme. Vous n'avez pas le droit de faire ça ! Pour qui vous vous prenez ?

— Fichez le camp, dit Servaz.

— Va te faire foutre, connard de keuf. On est en démocratie ici, enfoiré de fasciste !

— Allez, maintenant, vous dégagez, s'emporta un des gardes en l'attrapant par le revers de sa doudoune et en le repoussant vers la route.

Servaz vit qu'il y avait une voiture garée là-bas.

— Lâchez-moi, putain ! Lâchez-moi, je vous dis ! Vous n'avez pas le droit !

Il tourna les talons, revint vers la maison. La brume rendait les cris du jeune homme presque mélodieux. Il se dit que ce gamin n'était pas là par hasard. De toute évidence, c'était un de ces internautes qui cherchaient en permanence à le localiser. Ça voulait dire que leur adresse avait circulé, qu'elle serait bientôt connue de tous, si ce n'était déjà le cas. Il entra dans la maison. Une pensée l'avait traversé en voyant le béret-casquette du jeune homme. Pourquoi cette casquette lui évoquait-elle quelque chose ?

Il revint s'asseoir au bureau.

La formule *G1 + G2 + G3 + 2 x F + M + P = 7 – 1F = 6* sur la feuille : il posa les yeux dessus.

Soudain, il sut à quoi le béret-casquette lui faisait songer.

Il revit le dernier meurtre attribué à Julian Hirtmann en 2009, peu de temps après sa première évasion : Hermine Mandel, dont le corps avait été retrouvé sur les bords de la Garonne. Non loin de la cimenterie de la famille Mandel. Une famille qui comptait cinq enfants : trois fils et deux filles. Le père, André Mandel, surnommé « le patriarche », portait toujours sur les photos de presse une casquette semblable à celle du jeune homme.

G1 + G2 + G3 + 2 x F + M + P = 7 – 1F = 6.

Son cerveau effectua un saut logique. La mère, Monique ; le père, André ; les garçons, Gaël, Lucas et Florian Mandel. Et les filles : Hermine et Jasmine. Sept. Et plus que six après la mort d'Hermine. *Sept*… Brusquement, son esprit bondit d'une pensée à l'autre. La maison de poupées. *Sept* figurines : les parents dans le salon, trois garçons dans leurs chambres et deux filles dont une allongée dans une flaque de sang. Il l'avait, la famille représentée. *Pas un crime futur : un crime passé.*

Se pouvait-il que Fayolle lui-même eût conçu cette maison de poupées ? Non, Gepetto avait dit qu'une femme était passée au magasin de modélisme avec un croquis. Une femme nommée Lamia…

Il revint à la famille Mandel.

Les ciments Mandel…

Une des plus grosses fortunes de la région, une dynastie. Il ne connaissait pas tous les détails de l'histoire, seulement des bribes. L'entreprise avait été fondée plus de cent cinquante ans auparavant. Elle était devenue au siècle suivant l'un des principaux producteurs mondiaux de ciment, avec des sites en Europe mais aussi sur les autres continents. S'il connaissait ces détails, c'est que l'enquête sur la mort d'Hermine Mandel avait été confiée à la Brigade criminelle, certes pas à son groupe à l'époque, mais au deuxième groupe de la BC, ce qui avait surpris tout le monde, dans la mesure où personne n'ignorait au sein de la maison que celui qui le dirigeait était un incompétent et un ivrogne.

Il jeta un coup d'œil à travers la vitre. La brume commençait à se lever, la voiture et le jeune homme avaient disparu. Il chercha le numéro d'Esther Kopelman dans son téléphone.

— Le meurtre de la fille Mandel, ça vous parle ? demanda-t-il quand elle eut décroché.

Un temps.

— Naturellement. C'est moi qui ai couvert l'enquête du journal à l'époque. Pourquoi ? C'est de l'histoire ancienne. Vous avez du nouveau ?

— Donnant donnant, dit-il, et vous ?

— Donnant donnant. C'est vous qui avez ouvert le bal, Servaz. À vous de danser le premier.

Il lui expliqua le sens de la formule dans le journal de Fayolle et son rapport avec les figurines dans la maison de poupées. Elle émit un sifflement :

— Joli coup ! Qu'est-ce qui vous y a fait penser ?

— Une casquette.

— Une casquette ?

— Laissez tomber. J'ai autre chose : je pense que ceux que nous cherchons sont passés par la colonie des Isards. Ça serait ça, les « origines » dont parle le journal de Fayolle.

— Double origine, dans ce cas, dit-elle. J'ai découvert qu'ils ont peut-être été élèves au Caousou, classe de troisième, année 1992-1993.

— 1993, c'est aussi durant cet été-là qu'Alice Ferrand et ses amis ont été victimes de viols à la colonie des Isards, poursuivit-il.

— Ils auraient commencé à sévir pendant leur internat au Caousou et continué durant l'été à la colonie ? Vous avez les noms des gamins qui étaient aux Isards cet été-là ?

— Des gamins et des adultes, dit-il. On est dessus.

Il avait chargé Samira de plonger dans les archives de la procédure ouverte à l'hiver 2008-2009 : l'affaire qui avait débuté par un cheval décapité, avant qu'un mystérieux assassin ne s'en prenne aux monstres qui avaient sévi à la colonie[1]. Ils avaient bien dû avoir entre les mains, à un moment donné, la liste des adultes et des enfants passés par la colonie. Il avait cru alors que les prédateurs étaient tous des adultes : *et si certains élèves plus âgés avaient participé ?*

— Moi, j'ai quatre noms fournis par M. Wolfs, un ancien prof du Caousou, dit-elle. Il a attiré mon attention sur l'un d'entre eux en particulier. Vous venez avec votre liste, moi avec la mienne. On les croise. Pour plus de discrétion, je serai aux archives, la porte à droite en entrant, au rez-de-chaussée. J'ai pas envie que toute la rédaction assiste à nos débats.

— Kopelman ?

— Oui ?

— On ne publie rien pour le moment.

— Je sais.

Samira appela une demi-heure plus tard.

— C'est bon, j'ai trouvé.

1. Voir *Glacé*, XO Éditions et Pocket.

CHAPITRE 43

Les démons

Une odeur de papier, d'encre et de poussière. Une odeur d'un autre temps. Un temps plus lent. Où les pensées, les émotions avaient tout loisir de se déposer, de laisser leur empreinte. Moins de frénésie, moins de rendement, moins d'impatience. Plus d'attention, plus de substance.

Un temps plus vrai ? Même les livres aujourd'hui devenaient frénétiques et frivoles. Vite écrits, vite lus. Il regarda la longue pièce éclairée par des néons vacillants et par quatre ouvertures en hauteur, au verre dépoli et sale. La moquette était luisante d'usure, les mètres d'étagères métalliques surchargées de vieux journaux, les deux antiques lecteurs de microfiches dataient d'une époque où non seulement il n'existait pas d'ordinateurs domestiques, mais il n'y en avait pas non plus dans les bureaux. En deux générations, le monde avait tellement changé qu'il n'était pas étonnant qu'une bonne partie de l'humanité eût perdu ses repères.

Esther Kopelman mâchait un chewing-gum. Elle le cueillit dans sa bouche, grimpa sur une chaise et l'appliqua sur le détecteur de fumée. Après quoi, elle redescendit, s'assit et s'alluma une cigarette.

— Si ces archives brûlaient, c'est la moitié de la mémoire du journal qui partirait en fumée, les prévint-elle.

— Et l'autre moitié ? demanda Samira.

— Numérisée, dans le cloud… En même temps, je ne pense pas que ça intéresse grand monde tous ces vieux articles, à part peut-être quelques chercheurs aussi vieux qu'eux et qui seront bientôt morts et remplacés par des jeunes gens très intelligents mais trop impatients pour prendre le temps d'aller à la source.

— Ou par des IA, dit Samira.

— Des quoi ? Ah oui… Putain, vous pouvez me dire pourquoi ce nouveau monde me déprime autant ?

— Parce que vous avez l'âge de vos artères, Kopelman, répondit Servaz. Phénomène naturel aggravé par la rapidité et l'ampleur des bouleversements actuels. Dans un monde devenu fou, seuls les fous et la jeunesse surnagent, pas vrai ?

Il avait parlé d'une voix faussement docte, parodique, pour bien indiquer qu'il ne prenait pas ses propres paroles au sérieux. Elle le considéra :

— Et ça ne vous le fait pas, à vous ?

— Doublement. Si on se mettait au travail ?

Elle ouvrit une chemise cartonnée, fit glisser une photo de classe sur la table entre eux. Quatre visages entourés au feutre, et quatre noms en dessous.

Samira consulta la liste qu'elle avait trouvée dans la procédure ouverte après les crimes commis à la colonie des Isards.

— Il n'y en a que deux sur les quatre qui sont passés à la colonie. Étés 91, 92 et 93.

— Seulement deux ? demanda Servaz, déçu.

— Mmm.

— Et les deux autres ? dit-il en montrant les quatre visages entourés sur la photo.

Samira eut un geste de dénégation.

— Je ne les trouve pas.

— Merde.

Elle poussa devant eux deux nouvelles photos, visiblement sorties des archives de l'instruction. L'une représentait un accident de voiture, cette dernière réduite à un Rubik's Cube de tôle enroulé autour d'un arbre, l'autre un homme posant devant le siège social des ciments Mandel.

— Restent ces deux-là, dit Esther, Gaël et Lucas Mandel.

— Mandel ? releva Servaz en haussant un sourcil.

— Oui, *les mêmes que dans la formule codée de Fayolle*.

— Je croyais que la colonie des Isards était réservée aux enfants pauvres, dit Servaz.

— On y trouvait aussi des enfants de bonne famille, répondit Esther. C'était une façon d'abolir les classes sociales… Je n'arrive pas à saisir le lien… D'un côté on a ces disparitions et ces meurtres, et maintenant deux suspects : les frères Mandel. De l'autre l'assassinat de la fille Mandel par Julian Hirtmann. Et au milieu la formule de Fayolle et la maison de poupées qui pointent à la fois en direction d'Hirtmann, lequel en fabriquait de semblables dans sa prison, et de la famille Mandel, qui semble représentée par les figurines. C'est quoi le lien entre les deux ? Qu'est-ce qu'on cherche exactement ?

— La personne qui a tué Fayolle, répondit Servaz.

— Ou *les* personnes, corrigea Samira.

— Une chose est sûre, constata la journaliste, la famille Mandel semble se trouver au centre de l'écheveau. Tout mène à elle : la maison de poupées, Le Caousou, la colonie des Isards, l'une des filles victime d'Hirtmann.

— La question c'est : de quelle façon ? dit Samira. Victime et famille de victime ? Meurtriers ? Ou bien les deux à la fois ? Il y a un truc qui cloche.

— OK, le meurtre d'Hermine Mandel a été attribué à Hirtmann, dit la journaliste. Il venait de s'évader de l'Institut Wargnier à l'époque. Le Suisse aurait donc violé et tué une jeune femme appartenant elle-même à une famille qui abritait en son sein des agresseurs sexuels et des assassins ? Sacrée coïncidence, vous ne trouvez pas ?

Ils méditèrent cette remarque en silence. Esther posa l'index sur l'un des visages de la photo de classe.

— Selon mon ancien professeur au Caousou, celui-là était le pire. Gaël Mandel. Mais on a un problème : Gaël Mandel est mort dans un accident de la route en 2009.

Son regard croisa celui de Servaz.

— Et meurtres et disparitions s'arrêtent brusquement en 2009, fit remarquer celui-ci.

— Avant de reprendre aujourd'hui, compléta Samira.

CHAPITRE 44

Maintenant ou jamais

Il était 11 heures du matin quand Damien Dix franchit les tourniquets dans le hall de TV7. En levant les yeux, il vit David Enguerran et son assistante qui l'attendaient de l'autre côté.

— Qu'est-ce qu'il se passe ? demanda-t-il.

— On a reçu un mail, déclara le directeur des programmes, sur l'adresse électronique de la chaîne.

— Et… ?

— Et ça pourrait bien être lui.

Dix eut tout à coup la sensation que des amphètes faisaient effet dans son sang. Sauf qu'il n'avait pas pris d'amphètes ce matin. Ils tracèrent vers les ascenseurs situés dans un renfoncement à droite du hall, après les tables pourvues de petits rabats abritant prises électriques et ports USB pour les visiteurs. Entrèrent dans la cabine en compagnie d'un type qu'Enguerran et Dix saluèrent : l'un des experts « éco » de la chaîne, homme tout en rondeurs mais au raisonnement carré, peu porté à la théorie, qui savait que l'histoire véritable est faite d'événements par nature imprévisibles et que les théoriciens de métier, en politique comme en économie, n'ont pas vocation à réfléchir sur les conséquences de leurs idées.

Parvenus à l'avant-dernier étage, ils filèrent dans le bureau d'Enguerran, qui, au passage, lança à son secrétaire :

— Trois cafés et qu'on ne nous dérange pas, Hervé, merci.

Une tablette était allumée sur la petite table ronde du coin salon, près du grand mur de verre. Le conseiller juridique de la chaîne était assis devant. Il se leva pour céder la place à Dix, lequel se laissa tomber dans le fauteuil, puis se pencha vers l'écran. Le présentateur sentit une raideur dans sa nuque en lisant :

Cher Damien,

J'ai trouvé votre intervention l'autre soir intéressante. Et amusante. Ce qu'elle dit de vous est tout à fait révélateur. Je vous en parlerai le jour où nous nous rencontrerons si vous voulez. Car si vous tenez vraiment à me poser toutes ces questions, il faudra accepter de répondre aux miennes. Je serais par exemple curieux de savoir quelle sorte d'enfance vous avez eue. Étiez-vous martyrisé par les autres enfants dans la cour de récréation ? Est-ce de là que vous vient ce désir de revanche qu'on sent si vif chez vous ? Ce besoin d'écraser les autres ? Et cette façon que vous avez de flatter votre public, de faire ami-ami avec lui, elle ne trompe personne, en tout cas pas moi. C'est l'ambition et l'esprit de revanche qui vous animent, Damien. Rien d'autre. Mais soit, j'accepte de relever ce défi. Non pour passer à la postérité, comme vous l'avez suggéré : cette sorte de ruse en croyant titiller mon ego, allons, allons… vous êtes tellement prévisible, cher Damien.

Je vous contacterai bientôt pour que nous convenions d'un lieu et d'une date. Et pour vous prouver que je suis bien celui que je prétends être, je vous invite à contacter la police de Toulouse et à les interroger sur une maison de poupées trouvée très récemment sur une scène de crime. Cette information n'a pas filtré. Comme tout le monde le sait, j'en fabriquais de semblables à la prison de Leoben.

Je fais confiance à vos équipes pour vérifier tout ça. À bientôt, cher Damien. Un dernier conseil : on ne chatouille pas le tigre sous le menton quand on tient à ses doigts.

Il se retourna, leva les yeux vers Enguerran et le conseiller juridique debout derrière lui. Il s'était attendu à trouver un petit sourire entendu sur les lèvres du directeur des programmes. Mais non. Enguerran avait surtout l'air préoccupé.

— Hirtmann fabriquait effectivement des maisons de poupées dans sa prison, dit-il d'un ton grave. On a vérifié. La presse en a parlé. Mais au sujet de cette scène de crime, on n'a aucune information. Si c'est exact, ce n'est pas sorti…

— Appelez la police judiciaire de Toulouse immédiatement, lança Dix. Il faut s'assurer que…

— C'est fait, l'interrompit le conseil. On leur a demandé s'il y avait une maison de poupées sur une scène de crime. Ils ont refusé de commenter cette information, mais ils voulaient savoir d'où on la tenait.

— C'est lui ! s'écria le présentateur.

— Maintenant, tempéra Enguerran, reste à savoir dans quel cadre juridique on se trouve. On détient à présent une information importante. N'est-on pas forcés de la communiquer à la police ?

Dix fusilla Enguerran du regard :

— C'est une blague ? Ne jouez pas au con, Enguerran ! On tient le scoop du siècle !

— Max ? dit celui-ci sans se départir de son calme en s'adressant au conseil.

L'avocat tira sur les pans de sa veste et rectifia son nœud de cravate avant de répondre :

— Rien ne prouve que ce message vienne bien de Julian Hirtmann, estima-t-il. Et, à supposer que ce soit le cas, il ne nous fournit pas assez d'éléments concrets pour qu'on ait l'obligation d'avertir la police dans l'immédiat. Par ailleurs, nos informaticiens sont en train d'examiner les métadonnées du mail. Il y a fort à parier qu'on n'arrivera pas à remonter à la source. Si tel est le cas, on est couverts. Mais la situation sera tout autre quand il nous aura donné ses instructions pour la rencontre entre Damien et lui. Là, il faut espérer que tout ira très vite, de sorte que, le temps qu'on prévienne la police, l'interview soit dans la boîte. Ou encore mieux : qu'il vous rende aveugle, d'une manière ou d'une autre, pendant le trajet, ajouta l'avocat en fixant le présentateur.

Dix lui rendit son regard. Il se demanda si c'était une plaisanterie, mais il savait que l'homme de loi était dépourvu de toute forme d'humour.

— À toi de voir si tu as envie d'en arriver là, glissa le directeur des programmes, faisant écho au conseil. Je t'avoue qu'à ta place je me poserais la question…

Dix les regarda sans réagir. Il pensa à ce besoin de revanche qu'avait évoqué Hirtmann. Il se demanda jusqu'où il était capable d'aller pour le satisfaire.

CHAPITRE 45

Fleuve triste

Tout avait commencé par un simple trou dans la montagne. Une carrière, un lieu-dit. Non loin des rives de la Garonne. Certes, le site était connu pour la qualité de sa pierre à chaux. De là à imaginer qu'il serait le point de départ d'un des leaders mondiaux du ciment… En 1860, Léon Savignien Mandel avait repris l'exploitation familiale et fondé la « Société Mandel Père & Fils ». En 1864, la société avait été chargée, avec d'autres, de livrer des milliers de tonnes de chaux pour la construction du canal de Suez. Dès lors, elle n'avait cessé de s'agrandir, mais la Première Guerre mondiale avait donné un brutal coup d'arrêt à cette expansion. L'article, publié dans la presse économique, était assez complet et précisait que le ciment était utilisé dans la construction depuis la plus haute Antiquité : les Chinois et les Mayas employaient déjà des mortiers à base de chaux obtenus par cuisson de la roche, soit quasiment le même principe de fabrication qu'aujourd'hui.

Après l'armistice et la fin de la Première Guerre mondiale, les besoins en ciment avaient explosé. « Mandel Père & Fils » avait largement profité de cette demande. Devenue en 1920 la « Société anonyme des chaux et ciments Mandel », elle était partie à la conquête des marchés étrangers : Europe, Proche-Orient, Amérique du Nord. Cette volonté d'expansion s'était confirmée après la Seconde Guerre mondiale. Servaz nota au passage que l'entreprise avait failli être nationalisée à la demande du parti communiste compte tenu du rôle stratégique de l'industrie du ciment dans la reconstruction du pays. La manœuvre ayant échoué, le groupe avait poursuivi son expansion à marche forcée, du Canada à l'Asie, de l'Amérique du Sud aux États-Unis. Aujourd'hui, il était présent dans près de quatre-vingts pays et employait 75 000 personnes pour un chiffre d'affaires annuel avoisinant les 15 milliards d'euros. Et il continuait d'ouvrir des usines un peu partout.

Mais le groupe Mandel cumulait aussi les scandales légaux et environnementaux. D'après l'article, Mandel et les autres grandes sociétés cimentières n'étaient pas aussi connues que les « Sept Sœurs » de l'industrie pétrolière mais ne s'en trouvaient pas moins comme elles au cœur d'affaires de corruption, de pollution à grande échelle, de coups bas et d'intrigues sur plusieurs continents. Pétrole et béton avaient propulsé le XXe siècle vers des sommets en matière d'urbanisation, de développement et d'enlaidissement de la planète, et les majors du ciment n'avaient rien à envier à celles du pétrole question coups tordus. En bref, un géant industriel qui ne s'embarrassait pas de morale quand il s'agissait d'écraser la concurrence, de faire des bénéfices et de gaver ses actionnaires. Servaz sauvegarda l'essentiel de ces informations en effectuant un tri drastique : il y avait sur la Toile des centaines de pages sur les ciments Mandel et, compte tenu des récents déboires judiciaires du groupe, il ne se passait pas une semaine sans qu'il apparût dans la presse.

Le jour déclinait derrière les vitres de l'hôtel de police, et il eut tout à coup envie de prendre le chemin du retour. L'incident du matin avec le gamin en train de filmer l'inquiétait.

Il reprit ses recherches en entrant cette fois les noms des Mandel encore vivants. À commencer par le patriarche, le chef du clan : André Mandel, quatre-vingt-quatre ans. Selon un article, il était atteint de démence sénile et actuellement soigné dans une clinique privée. La dernière photo en date montrait un homme âgé, dont le regard avait perdu de son éclat si on le comparait à celui, acéré, qu'il avait sur les clichés plus anciens. De ses trois fils, le plus jeune, Florian Mandel, était parti vivre aux États-Unis où il enseignait dans une prestigieuse université américaine. Il était l'auteur de plusieurs livres sur l'histoire coloniale. Un domaine a priori éloigné de l'entreprise familiale, mais pas tant que ça si l'on considérait que les premières succursales ouvertes par la famille Mandel au XIXe siècle l'avaient été en Afrique et au Proche-Orient et que, pendant longtemps, l'entreprise y avait été des plus florissantes, avant que les indépendances ne la boutent hors des frontières et ne nationalisent ses équipements.

Des deux autres fils, Gaël et Lucas – ceux qui apparaissaient sur la photo de classe du Caousou, ceux passés aussi par la colonie des Isards –, le premier était mort dans un accident de voiture en 2009, comme l'avait fait remarquer Esther Kopelman, le second, Lucas, dirigeait aujourd'hui la compagnie. Le regard de Servaz s'attarda sur ce dernier. Est-ce qu'il pouvait discerner sur les traits de Lucas quelque chose de ce vice originel qu'avait décrit leur ancien professeur ? Difficile à dire maintenant qu'il savait ce qu'il savait. Il pensa à une certaine presse qui, dès lors que quelqu'un est accusé d'un crime, choisit toujours le cliché le plus en sa défaveur, de sorte que tout lecteur dont le regard tombe dessus est porté à trouver la personne au minimum suspecte, et plus certainement coupable.

Il s'intéressa ensuite à la fille Mandel encore vivante : même s'il n'avait pas participé, il avait suffisamment suivi l'enquête sur l'assassinat d'Hermine pour ne pas avoir besoin de se rafraîchir la mémoire s'agissant de cette dernière. Jasmine Mandel vivait à Amsterdam, où elle était devenue artiste plasticienne. Quelques photos de galeries apparaissaient, elle beaucoup plus parcimonieusement, et jamais de près. Il se rejeta contre le dossier de son siège. Florian Mandel exilé aux États-Unis, Jasmine Mandel à Amsterdam : avaient-ils fui la France et leur famille ou bien s'agissait-il d'une coïncidence ?

Si le professeur a raison, vous avez grandi aux côtés de deux monstres. Avez-vous vu des choses en ce temps-là ? Aviez-vous peur d'eux ? Peut-on vivre pendant des années à côté de tels individus sans rien soupçonner de leur monstruosité ? Peut-on ignorer qui ils sont vraiment ? Après tout, des tueurs en série célèbres ont réussi à dissimuler leur abjection à leurs conjoints pendant des décennies. Mais un frère, une sœur ? Surtout à cet âge où le monstre n'est pas encore exercé à dissimuler, à mentir. Ou bien... avez-vous été les premiers cobayes, les premières victimes ? C'EST POUR ÇA QUE VOUS AVEZ FUI ?

Le soir tombait quand il détacha son regard de l'écran. Il se frotta les yeux, repensa soudain à une phrase lue dans le journal de Fayolle : *remonter le fleuve du sang*. Le point de départ de tout – le trou dans la montagne, la première carrière – se trouvait à quelques kilomètres de la Garonne, la cimenterie au bord du fleuve.

Et le manoir familial dans les collines juste au-dessus, sur les coteaux. *C'est de ce fleuve que tout est parti.* Le corps d'Hermine Mandel avait été retrouvé sur ses rives. Et la plupart des disparitions s'étaient produites dans les environs de Toulouse mais aussi *le long de la vallée de la Garonne*, sur les cent kilomètres qui séparaient la métropole des premiers contreforts pyrénéens. *C'était là le territoire des prédateurs.*

Un crépuscule d'hiver inondait le ciel de nuages d'or et d'indigo quand il quitta Toulouse par le sud-ouest, au milieu des abstractions post-Le Corbusier des zones industrielles, des barres d'habitation, des ponts en béton, des pylônes à haute tension, des panneaux publicitaires, des éclairages publics blafards et des échangeurs enroulés autour de la ville comme des spaghettis de bitume, tout un écosystème d'une laideur sans nom, et, quand il passa près de l'Oncopole, il songea que tous ces petits cancers individuels faisaient eux-mêmes partie d'un cancer plus vaste : celui d'un âge industriel pris de démence qu'incarnaient avec d'autres les ciments Mandel, celui d'une espèce qui poussait les autres espèces vers l'extinction, qui étouffait la végétation sous l'asphalte, détruisait la flore et la faune par l'électricité, le pétrole et le béton, remplaçait la vie biologique par la pseudo-vie artificielle des voitures, des ordinateurs et des téléphones portables. L'obscurité elle-même semblait peuplée de lueurs spectrales, d'un jour éternel et trompeur, un jour zombie, une nuit de l'âme.

Il continua sur l'A64 – la Pyrénéenne –, avalant les kilomètres, jusqu'au moment où il commença à apercevoir la chaîne de montagnes, là-bas, au loin, tout juste discernable dans la nuit grâce à la vague phosphorescence de ses neiges loin d'être éternelles, tandis que la campagne noire de la haute vallée de Garonne les avalait, lui et sa voiture, comme si le ruban d'autoroute les précipitait vers quelque colossale révélation.

Il se souvenait de l'endroit. La presse avait publié des photos de la scène de crime, et un photographe avait même réussi à se faufiler entre les broussailles et à shooter le cadavre, avant d'être viré *manu militari*. Il emprunta la sortie suivante, passa par-dessus l'autoroute, pénétra dans les rues étroites d'un village après avoir enfilé les ronds-points. Les façades étaient si proches qu'il pouvait voir ce qu'il se passait dans les salons par les fenêtres éclairées, même si la majorité était barricadée, volets clos. Il roula sous les décorations de Noël, sortit du bourg par le sud, traversa le fleuve et tourna à gauche après le pont sur une route secondaire qui en suivait peu ou prou le cours, entre bosquets et champs.

Il longea le mur d'un cimetière et ce qui lui sembla être, sous la lune, les vestiges encore debout d'une église. C'était là, trois kilomètres plus loin, dans une courbe. Il avait dépassé l'endroit. Il s'arrêta, fit marche arrière, coupa le moteur.

Marchant sur le bord gravillonné de la route, il se repéra puis descendit la pente vers la rive, se glissant entre des broussailles sombres et des plaques de neige plus pâles ; le fleuve, large et noir, dessinait des méandres et des îles à peine discernables dans l'obscurité. Une petite plage sablonneuse se détachait, plus claire, au bord de l'eau.

Il s'immobilisa.

Il ne restait plus aucune trace de ce qu'il s'était passé treize ans plus tôt. Le corps d'Hermine Mandel avait été retrouvé ici même par un promeneur. Les clichés pris par le photographe indélicat montraient qu'elle avait été mutilée et poignardée. Son meurtrier lui avait laissé ses vêtements, mais il avait relevé sa jupe et déboutonné son manteau, sa veste et son chemisier. Sur les photos, les yeux grands ouverts d'Hermine Mandel regardaient le ciel, et de sa bouche sortait un bout de langue, une grimace qui avait quelque chose d'obscène. Tout aussi obscène était l'absence de collants et de sous-vêtements. Bien que les parties intimes aient été floutées, ces photos constituaient un viol de plus.

Il se concentra.

Il entendit le bruit d'une voiture passant sur le pont de l'autoroute, à environ cinq cents mètres de là, et le chant des eaux noires dans l'obscurité. Sur l'autre rive flamboyaient les tours illuminées, les rubans des convoyeurs, les silos et les installations saturées de lumière de la cimenterie Mandel.

Il aurait dû percevoir la présence apaisante des montagnes dans son dos, mais c'était plutôt celle d'un enfer moderne, d'une géhenne dévorant la chair des montagnes pour la régurgiter sous forme de béton, de granulats et d'autres matériaux destinés à recouvrir la planète qu'il sentait. Il se demanda si Hermine Mandel n'avait pas été indirectement victime de ce monstre industriel. À l'époque, le crime avait été attribué à Julian Hirtmann. Et si ce n'était pas lui, le coupable, mais un des anciens élèves du Caousou ? Puis il pensa aux femmes récemment disparues. Où étaient-elles en ce moment ? Que faisaient-elles ? Étaient-elles toujours en vie ?

Son souffle formant de petits nuages dans la nuit glaciale, il remonta la pente vers la route. Il tremblait. De froid, mais aussi en raison de toute la tension accumulée. Il se mit au volant, rempli d'une sensation familière : celle qu'il avait été tout proche, à un moment donné, de la vérité.

CHAPITRE 46

Paroles

Il était 21 heures quand, sur le plateau n° 2 de TV7, Damien Dix se tourna vers ses invités.

— Donc vous considérez, professeur, que le nombre de tueurs en série en activité est largement sous-estimé ?

Le professeur en question – un universitaire hors sol du point de vue de Dix, mais qui savait manier l'outil télévisuel et faire preuve d'éloquence quand il le fallait – se pencha dans son fauteuil et fixa le présentateur :

— Absolument. Il est en effet probable qu'une proportion non négligeable des dizaines de disparitions annuelles soit imputable à des monstres totalement ignorés de la police et de la justice, compte tenu des trous de plus en plus nombreux dans la raquette. Parce qu'ils sont plus intelligents que la moyenne, plus chanceux, mieux adaptés à leur environnement, plus prudents, mieux au fait aussi des techniques d'investigation et des failles du système judiciaire. On met souvent des décennies à détecter un tueur en série ou un violeur compulsif. Combien sont-ils aujourd'hui en activité dont on ignore tout ? Il n'est pas si difficile que ça pour un tueur intelligent de passer entre les mailles du filet, croyez-moi.

Gros plan sur Dix prenant un air faussement préoccupé.

— Tout de même, professeur… (Dix appuya sur le « professeur », tout en sachant pertinemment que l'université où enseignait son interlocuteur était une fac au rabais et que ses prétendues recherches étaient tout aussi contestées que ses titres.) avec les moyens techniques, les progrès de la science dont on dispose…

— Le problème, l'interrompit l'universitaire, qui avait des touffes de poils blancs lui sortant des oreilles, ce n'est pas tant les moyens techniques que le manque de volonté politique. Manque de budget, idéologies biaisant l'exercice de la justice, application stricte du droit au profit des délinquants, insuffisance des politiques sécuritaires : bref, aujourd'hui, les Français ne sont plus en sécurité sur le territoire de la République. Par conséquent, les tueurs en série, comme toutes les autres catégories de criminels, trouvent dans l'Hexagone un terrain de jeu propice à leur épanouissement.

Dix sourit pour saluer la formule. Il aimait les *punchlines* et les images chocs.

— Vous ne pouvez pas dire une chose pareille, intervint d'une voix sifflante la jeune femme qui se trouvait à sa gauche.

Damien Dix pivota vers elle en haussant un sourcil. Elle représentait un syndicat de la magistrature et, du point de vue de Dix, poussait le corporatisme jusqu'au fanatisme.

— Quelle chose ? voulut-il savoir.

— Que la justice est mal rendue dans ce pays.

Excellent, songea-t-il. *Vraiment excellent.* Il n'y avait pas un téléspectateur sur cent pour penser que la justice de ce pays fonctionnait correctement, mais sa voisine venait de saisir la perche qu'on lui tendait.

— Vous trouvez donc que la justice est bien rendue ?

Il la laissa s'enferrer dans ses explications à base de chiffres, de statistiques et de données auxquelles personne ne comprenait rien et fit un signe discret à la régie. Un signal lumineux où s'inscrivait le mot « BOUH » s'alluma, et la salle se mit à huer copieusement l'intervenante.

— J'ai l'impression que le public n'est pas d'accord avec vous, dit-il.

Il vit deux taches violacées éclore sur les joues de la syndicaliste comme un nuage d'encre se répand dans l'eau. Il l'oublia pour se tourner vers l'homme mal rasé, à l'air fatigué, en chemise bleu pâle et cravate sombre qui était assis en face de lui.

— Commandant, dit le présentateur en regardant le représentant d'un syndicat de police, vous incarnez une profession qui est l'ultime rempart face à l'extrême violence de notre société, quel est le sentiment des policiers, aujourd'hui ?

Il avait donné du « professeur » au soi-disant expert, du « commandant » au flic, mais aucun titre à sa voisine.

— Le sentiment d'être livrés à nous-mêmes, répondit sans surprise le flic, déroulant son argumentaire habituel. Nous sommes amenés à résoudre tous les problèmes du monde. Les vols, les viols – quatre plaintes par week-end dans certains commissariats –, les fumeurs et les fumeuses de crack qui se prostituent pour acheter leur dose quotidienne, les fêtes de fin d'année où les prédateurs rôdent, que les gosses des beaux quartiers ne voient pas, c'est nous qu'ils détestent alors qu'on est là pour les protéger, de même que le migrant agressé par d'autres migrants parce qu'ils appartiennent à deux ethnies différentes, le type qui conduit comme un dingue en pleine ville, mettant la vie des passants en danger, qui en est à son dixième refus d'obtempérer mais qui nie tout devant le juge et se plaint d'être harcelé par la police, les magistrats qui ne nous aiment pas et qui nous parlent de façon condescendante, comme cette juge qui me répond chaque fois que je l'appelle : « Encore vous ? Qu'est-ce que vous avez à me proposer cette fois ? »…

— Vous ne pouvez pas dire ça, intervint sèchement la représentante du syndicat de la magistrature.

— Laissez-le finir, trancha Dix.

— Merci. Les types en garde à vue qui ont trois repas par jour pendant que le flic se tape un casse-dalle, les avocats qui guettent la moindre erreur de procédure pour faire libérer leur client alors qu'on traite deux cents dossiers en même temps, la paperasse qui s'accumule et qui demande chaque jour plus de temps aux dépens du travail de terrain, les politiciens démagogues qui qualifient les policiers de « barbares ». Et les voyous qui n'ont plus peur de nous. Ils n'hésitent plus à nous rouler dessus, à sortir un couteau ou un flingue…

Dix hocha la tête avec conviction, l'air grave. Il aimait entendre ce genre de discours dans son émission. Chaque fois qu'il était question d'insécurité, de délinquance et d'immigration, l'audience grimpait en flèche.

Il pensa soudain à Hirtmann et à son message. Il n'allait pas le divulguer à l'antenne : il risquerait d'avoir la police à ses basques. Et il voulait garder les coudées franches jusqu'au grand jour.

— Merci à tous les trois ! s'écria-t-il avec enthousiasme. C'était passionnant ! Pour conclure, ajouta-t-il en direction du public, je vous annonce que nous avons reçu ces derniers jours plus de huit cents appels concernant Julian Hirtmann, appels que nos équipes sont en train de vérifier un par un. Un vrai travail de fourmi. HIRTMANN, OÙ QUE TU TE CACHES, JE VEUX QUE TU SACHES QUE NOUS N'ALLONS PAS TE LÂCHER, MEC ! Un grand merci à tous ceux qui participent à cette recherche : vous êtes formidables ! On est tous formidables ! *Tout le monde regarde*, c'est fini pour ce soir !

Applaudissements nourris.

Il serra la main de ses invités, y compris celle de la magistrate, qui lui jeta un regard noir. Dommage. Elle était jolie. Mais un peu vieille pour lui.

Il ne resta pas longtemps au buffet d'après show, ce soir-là : il avait mieux à faire. Dans les couloirs de la chaîne, il croisa quelques employés qui le saluèrent le plus brièvement possible ou détournèrent le regard sur son passage. La plupart avaient tendance à considérer que son émission, c'était de la télé de chiottes, il n'avait pas le moindre doute là-dessus. « De la télé-excrément », pour reprendre la formule d'Angelina. Il n'empêche : à lui tout seul il avait remonté les audiences de TV7, les faisant passer devant celles des chaînes concurrentes sur le même créneau horaire, et le futur propriétaire – un homme qui avait fait fortune dans le pétrole, le BTP, l'acier et le bois avant de racheter journaux, radios et chaînes de télé nationales – l'appelait « mon ami », ce qu'il ne faisait certainement pas avec tout le monde ici.

Brusquement, alors qu'il traversait le parking souterrain en direction de son SUV Bentley Bentayga, il fut pris d'une sourde inquiétude. Il s'arrêta pour faire cesser l'écho de ses pas et scruta les profondeurs du parking. Entre les larges piliers de béton, l'endroit était désert. Et silencieux.

Son cœur n'en cogna pas moins jusqu'au moment où il s'assit au volant et verrouilla les portières.

CHAPITRE 47

Sanctuaire

Le portail s'ouvrit avec une lenteur qui aiguisa ses nerfs. Il avait roulé bien au-dessus de la vitesse autorisée sur l'A13 puis sur la N12. Il était pressé d'arriver. Il gara le SUV sous le carport recouvert de lierre.

Il y avait de la lumière dans la maison.

Il ouvrit la boîte à gants, récupéra le sachet, descendit.

Il avait déjà sniffé sur le trajet et il avait l'impression que tout son corps était léger, poreux, comme effervescent. Son cerveau en demandait plus, il le sentait. Le gravier crissant sous ses semelles produisit un son exagéré quand il l'écrasa pour gagner la porte d'entrée. Elle n'était pas verrouillée. Dans le vestibule, Damien Dix se débarrassa de son manteau et de sa casquette.

De la musique montait du salon.

Aerosmith. *Love in an Elevator*. Elles avaient tapé dans sa discothèque en son absence. Pendant longtemps, il avait cru que Steven Tyler et sa grande bouche de babouin obscène chantaient « *love* is *an elevator* », ce qu'il trouvait quand même plus intéressant que ce banal fantasme de boomer. Aerosmith. Un spécialiste américain des données avait démontré que les auditeurs de Spotify étaient victimes de ce qu'il appelait la « paralysie musicale », c'est-à-dire que leurs goûts musicaux se développaient entre l'adolescence et la trentaine et ne changeaient guère ensuite. Là, c'était le solo de guitare de Joe Perry, l'autre *toxic twin*, comme les avait surnommés la presse : les « jumeaux toxiques ». Ses notes telle une vrille dans son cerveau. Volume à fond. Elles riaient par-dessus. Rires clairs, spontanés. Il fit son entrée dans le séjour.

— Salut, dit-il.

Elles se tournèrent vers lui d'un même mouvement. Lui sourirent. Il vit dans ce double sourire la certitude qu'elles tiendraient leurs promesses. Il vit aussi sur la table basse la bouteille de champagne aux trois quarts vide et les coupes. Elles ne l'avaient pas attendu. *Bien, bien...* Il leur avait dit de faire comme chez elles. Il admira leurs visages parfaits encadrés de longs cheveux noirs et lisses, presque trop brillants. Traversa le séjour sans qu'elles le quittent des yeux. Il embrassa la première, puis la seconde, sentit leurs langues agiles forcer ses lèvres. Elles partageaient jusqu'à leur parfum, et leurs bouches avaient la même saveur fruitée et alcoolisée. Il s'écarta pour les admirer.

Dieu qu'elles étaient belles.

Et ce regard gris acier insondable qu'elles avaient en commun. Glace et feu. Deux volcans sous le même iceberg. Elles retirèrent leurs perruques noires, libérant leurs cheveux si blonds qu'ils en étaient presque blancs.

Il y avait une troisième coupe sur la table basse. Il la remplit, l'éleva pour trinquer, montra le sachet dans son autre main puis les perruques noires.

— Je préfère avec, dit-il. Rafraîchissez-moi la mémoire. Qui est Lisa ? Qui est Louise ?

QUATRIÈME PARTIE

Ceux qui répriment leur désir sont ceux dont le désir est assez faible pour être réprimé.

William BLAKE,
Le Mariage du Ciel et de l'Enfer

Si les hommes savaient ce qui les guette, jusqu'au plus humble d'entre eux, ils défailliraient, ils se couvriraient la tête et mordraient leur manteau pour s'empêcher de crier.

Stephen R. LAWHEAD,
Le Cycle de Pendragon

CHAPITRE 48

Tromperie

Le siège de Mandel France ressemblait à tous les sièges de grandes entreprises qui font appel à des architectes réputés : quelque chose à la fois d'épuré, d'élégant, de modérément excentrique et finalement d'interchangeable.

Mais, après tout, les cathédrales gothiques elles-mêmes se copiaient, et puis tout le monde ne pouvait pas être Santiago Calatrava ou Marcel Breuer. Et il fallait bien reconnaître qu'on avait fait des progrès depuis les tristes cubes en béton du siècle dernier, même si les entrepreneurs du BTP préféraient de loin ce qu'ils appelaient les « boîtes », parce qu'elles étaient une promesse de chantiers faciles et de délais tenus. Au moins, le « truc » – comme l'appelait Esther Kopelman – était blanc, aérien, plein de courbes douces et de surfaces vitrées miroitantes qui rompaient avec la monotonie des édifices alentour. Il se dressait à Blagnac, non loin de l'aéroport. Car, bien qu'ayant des sièges sociaux à Paris, à New York et à Shanghai, le groupe Mandel avait tenu à ce que le siège historique restât dans la région. Du moins, c'est ce que prétendait la plaquette remise à l'accueil par une hôtesse qui avait ensuite invité la journaliste à s'asseoir dans des fauteuils-poufs rouge vif.

Esther avait eu le temps de la parcourir trois fois dans les clignotements du grand sapin de Noël, tout en écoutant dans son casque de la country rigolote, Midland, *Drinkin' Problem*, une chanson sur un type avec des problèmes de boisson qui contenait cette phrase : « Ils appellent ça un problème, j'appelle ça une solution », quand quelqu'un se présenta à elle. Costume gris, cravate, chemise bleu pâle. Elle le catalogua d'emblée : responsable des relations publiques. De belles phrases, mais une bouche cousue.

— Bonjour, je suis Guillaume Hesmé, le directeur de la communication de Mandel France.

Gagné... L'homme était mince, soucieux de son apparence, dans les quarante-cinq ans. Le complet devait être griffé Ralph Lauren ou Paul Smith. La poigne de main ferme juste ce qu'il faut.

— Si vous voulez bien me suivre.

Dans les couloirs, le regard d'Esther tomba sur des affiches clamant que Mandel avait lancé une nouvelle démarche d'entreprise destinée à augmenter la performance environnementale. Elle avait lu à peu près la même chose à l'intérieur de la plaquette. *Greenwashing* ou vrai changement de mentalité ? Elle n'ignorait pas que Mandel était accusé de pollution des eaux et des sols en plusieurs endroits de la planète et traîné en justice par les juridictions locales. La moitié des bureaux étaient vides, peu de téléphones sonnaient. Esther en conclut que les décisions importantes n'étaient pas prises à cet étage, et peut-être pas non plus dans ce bâtiment.

— Un thé, un café, un verre d'eau ? demanda l'homme une fois dans son bureau.

Il lui désigna deux fauteuils dans un angle.

— Non merci, dit-elle en s'asseyant.

— Donc, si j'ai bien compris ce que vous m'avez dit au téléphone, vous voulez faire un long papier sur Mandel France, c'est ça ?

Elle hocha la tête :

— Oui, il s'agit d'un grand reportage sur l'histoire du groupe, des origines modestes de la première carrière dans la montagne jusqu'à nos jours, sur la façon dont Mandel a conquis le monde entier, dont la petite entreprise familiale est devenue un géant mais qui continue cependant d'être gérée par la famille, en particulier par Lucas Mandel, lequel détient 40 % des parts, si je ne me trompe pas.

— Oui, c'est M. Lucas qui tient toujours les rênes, confirma le communicant.

« M. Lucas », elle trouva ça très vieille France.

— Oui, je sais. C'est d'ailleurs avec lui que j'aimerais m'entretenir. J'aimerais aussi visiter les installations en Haute-Garonne et le manoir familial, si c'est possible.

L'homme esquissa une grimace.

— Mmm. Pour la cimenterie, pas de problème, je peux arranger ça. En revanche, pour ce qui est de rencontrer M. Lucas, je crains que ça ne soit plus compliqué : il cultive la discrétion, et il passe le plus clair de son temps à Paris.

— Je peux prendre l'avion.

Nouvelle grimace.

— Mmm. Il a un agenda plein à craquer. C'est quelqu'un de… très occupé, vous voyez…

— Et qui ne recherche pas la publicité, je suis au courant. Depuis dix ans qu'il est à la tête de l'entreprise, il n'a donné que deux interviews.

L'homme était visiblement désireux d'éviter le sujet. Il se pencha vers elle :

— Laissez-moi vous parler des progrès qu'a faits le groupe Mandel en matière d'émission de CO_2, de la réduction des poussières et de la pollution, et de notre projet environnemental « Zéro Carbone » à horizon 2060.

— 2060, ce n'est pas un peu loin ? demanda Esther.

Il lissa nerveusement les revers de sa veste.

— Changer nos process, nos modes de production, de distribution ne se fera pas en un jour, vous vous en doutez. Mais nous avons des laboratoires à la pointe de la recherche, nous mettons au point des matériaux de construction innovants et durables, comme des ciments à basse empreinte carbone, nous sommes profondément engagés dans la transition écologique, et nous avons lancé une nouvelle gamme baptisée « Planet ».

Elle fit mine de prendre des notes.

— Planète, vous l'écrivez en français ou en anglais ?

— Euh… anglais, nous sommes un groupe international.

— Oui, bien sûr, suis-je bête.

— Laissez-moi vous donner deux exemples parmi d'autres : au cours de l'étape initiale du broyage de la roche, nous intégrons désormais des matières telles que des sables recyclés afin de limiter la consommation des ressources naturelles. De même, dans nos fours, la flamme est de plus en plus souvent alimentée par des combustibles de récupération et de la biomasse à la place des énergies fossiles. C'est une évolution vertueuse, continua-t-il, rendue possible grâce à des investissements massifs. Il ne s'agit pas de… de marketing, ce n'est pas juste pour améliorer notre image, vous voyez ? Nous y croyons vraiment.

— Je vous félicite.

Le dircom la considéra en se demandant si elle se moquait de lui. Il choisit d'en sourire.

— L'histoire du groupe, donc, dit-il en rassemblant ses idées, elle commence en…

— Je connais cette partie-là.

— Ah.

— Je voudrais vraiment interviewer Lucas Mandel, c'est important, insista-t-elle. Est-ce que vous pouvez au moins lui faire passer un message ?

— Euh… oui, bien entendu.

— Je préférerais que vous notiez.

— Euh… oui, pardon.

Il se leva, alla récupérer un bloc-notes et un stylo sur son bureau.

— Je vous écoute.

— J'aimerais en particulier retracer son passage au Caousou et à la colonie des Isards dans les années 1992-1993, le sien et celui de son frère Gaël, celui qui est… Vous notez ?

— Oui, oui : Le Caousou, la colonie des Isards, les années 1992-1993. Caousou, vous l'écrivez comment ?

Elle le lui dit.

— Dites-lui que j'aimerais lui parler de cette période-là, quand tout a commencé, et de celle qui a suivi jusqu'en… 2009, quand… eh bien, vous savez… quand son frère est mort. Vous notez ?

— Oui, oui.

Elle se leva.

— Très bien, je ne vous dérange pas plus longtemps. Merci de votre accueil.

— Mais… et la visite de la cimenterie ?

— On verra ça un autre jour.

CHAPITRE 49

Le voyageur sans bagages

Il était 17 h 30. Le soir descendait sur le terminal 2F de Roissy-Charles-de-Gaulle. Pierrat poireautait depuis des plombes après les contrôles de la zone n° 1 : celle réservée aux passagers bénéficiant d'un embarquement prioritaire et d'un vol en classe affaires.

Il s'était posté dans un coin discret. De temps en temps, il affichait sur l'écran de son téléphone le portrait de la personne qu'il attendait. En réalité, chaque fois que se présentait aux contrôles un passager qui avait plus ou moins l'allure de celui qu'il cherchait.

Quand Servaz l'avait appelé cinq heures plus tôt pour lui demander un service, il n'avait pas envisagé une seule seconde de refuser. Le flic parisien et son homologue toulousain s'étaient connus à l'école de police. Ils étaient aussi différents qu'une carpe et un lapin : les trois passions de Pierrat étaient le foot (plus précisément le PSG, avec une grosse nostalgie pour l'âge d'or des Weah, Raí et Ginola), les courses de chevaux et les films avec Clint Eastwood, et il n'avait plus ouvert un livre une fois ses études terminées alors que, déjà à l'école de police, Servaz écoutait de la musique classique et lisait des tas de bouquins. Pourtant, contre toute attente, pour une raison qu'aucun des deux n'aurait pu éclaircir, ils étaient très vite devenus inséparables, à tel point qu'à Cannes-Écluse on les avait surnommés Starsky et Hutch.

Mais ce n'était pas en souvenir du bon vieux temps que Pierrat avait accepté sans l'ombre d'une hésitation de faire le pied de grue au terminal 2F de l'aéroport. Non, c'était parce que, quelques mois plus tôt, il avait vu son ami au bord du gouffre après la mort de son adjoint dans des circonstances qu'il n'aurait pas souhaitées à son pire ennemi. Pierrat était présent ce matin-là. Servaz et lui venaient tous deux d'échapper miraculeusement à la mort quand ils avaient découvert le cadavre de Vincent Espérandieu flottant dans la fosse à lisier[1]. Et, bien qu'il n'y eût pas entre Espérandieu et lui ce lien puissant qui unissait Servaz à son adjoint et ami, il avait été partagé entre nausée et horreur pure à la vue du policier toulousain défiguré et martyrisé. C'était une vision qu'il n'oublierait jamais. Pas plus que le visage de Martin dans les jours qui avaient suivi. Celui d'un homme détruit, ravagé, au bord de la folie.

Or, en entendant Martin au téléphone ce matin-là, il avait constaté que ce dernier s'était sinon relevé, du moins remis sur les rails.

Et, bien qu'il eût d'autres tâches infiniment plus urgentes à accomplir, il avait accepté de les mettre entre parenthèses l'espace de quelques heures pour aider son pote.

Sa mission ? S'assurer que la personne dont le portrait lui avait été envoyé de Toulouse prenait un avion pour cette ville avant la fin de la journée. Mission en apparence simple mais qui se heurtait à plusieurs

1. Voir *Un œil dans la nuit*, XO Éditions et Pocket.

difficultés. Pour commencer, les vols directs Paris-Toulouse s'opéraient aussi bien à partir de l'aéroport d'Orly que de Roissy-Charles-de-Gaulle et ils étaient assurés par deux compagnies, AirFrance et easyJet, ce qui impliquait plusieurs terminaux à surveiller dans chaque aéroport. Ensuite, Pierrat devait mener cette surveillance seul. Car il n'était pas question pour lui de retirer certains de ses éléments de leurs enquêtes pour les affecter à cette besogne, et puis Servaz avait insisté pour que la chose ne s'ébruite pas. Bref, un vrai casse-tête.

— C'est important ? avait-il demandé au téléphone.

— À ton avis ?

Il avait grogné quelque chose d'indistinct puis réfléchi. *La vie, c'est faire des choix*, avait coutume de répéter son défunt père, dont le seul vrai choix qu'il eût fait dans la sienne avait été d'épouser sa mère – encore que Pierrat ne fût pas certain qu'il eût vraiment choisi. De son côté, le flic parisien avait fait le sien. Question de logique. L'homme dont il devait s'assurer qu'il prenait bien un vol Paris-Toulouse s'appelait Lucas Mandel, le P-DG des ciments Mandel. Il pouvait donc exclure easyJet : la probabilité qu'un P-DG empruntât une compagnie *low cost* lui paraissait, disons, faible. Restait AirFrance pour les vols directs. Pierrat avait poussé le raisonnement un peu plus loin. Probable – et même certain – que le sieur Mandel volait en business. Et qu'il n'attendait pas son vol avec les autres à la porte d'embarquement mais qu'il s'octroyait plutôt un café ou une pause-pipi au lounge VIP de l'aéroport quand il était en avance. Même si ce n'était pas le cas cette fois-ci, il avait très certainement ses habitudes dans l'un des deux aéroports. Et les habitudes, on n'en change guère. Or il y avait fort à parier que ce n'était pas à Orly, où, lui avait-on dit, le lounge était une vaste blague, et les portes d'embarquement des gares de triage pour troupeaux dociles.

Charles-de-Gaulle, donc… C'était le choix qu'aurait fait Pierrat.

Maintenant, si Lucas Mandel volait en jet privé ou s'il choisissait Orly pour des questions d'horaire, il l'aurait dans l'os. De toute façon, il était probable que Servaz avait aussi placé quelqu'un à l'arrivée. *Quelle putain de perte de temps !* se dit-il tout en observant la collection des visages stressés, fatigués ou détendus qui franchissaient les portiques de sécurité.

Deux heures plus tôt, la valise d'une passagère pleine de cette assurance des classes supérieures avait été détournée vers le second tapis pour un examen plus poussé après qu'un objet eut attiré l'attention du préposé au scan, et l'employée de la sécurité en avait extrait ce qui ressemblait fort à un godemiché. Il y avait aussi l'habituel quota des distraits, qui oubliaient de déposer leur téléphone et leur montre dans le panier et qui repassaient trois fois le portique. Et celle qui retardait la file d'attente en sortant au dernier moment ses liquides enfouis au fond de son bagage tout en foudroyant du regard ceux qui avaient le malheur de manifester leur impatience. Bref, il s'ennuyait ferme, s'était même surpris à bâiller en plusieurs occasions quand il eut l'attention attirée par une jeune femme arborant de grandes lunettes noires et un foulard sur ses cheveux blonds.

Il la scruta tandis qu'elle franchissait le portique de sécurité avec un sourire étincelant, saluée avec cordialité et une pointe d'admiration par le vigile, et récupérait sa petite sacoche Louis Vuitton avant de s'éloigner, ses talons claquant sur le sol. Pas de doute : c'était cette actrice… comment s'appelait-elle, déjà ?

Il eut à peine le temps d'y réfléchir et de tourner la tête que sa cible apparut. La quarantaine, costume gris sur mesure, pas de cravate ni de bagages, rien qu'une serviette en cuir. Le flic parisien sortit son téléphone, jeta un coup d'œil à l'écran. C'était bien lui. Pierrat attendit que Lucas Mandel eût franchi le portique et récupéré sa serviette, son téléphone, sa ceinture et sa montre de luxe pour lui emboîter le pas. Il le suivit quand l'homme d'affaires rejoignit le lounge VIP d'AirFrance, attendit trois bonnes minutes avant d'y pénétrer à son tour et de présenter sa carte à la réception.

— Police judiciaire, dit-il, enquête de police.

Derrière son comptoir, l'hôtesse accueillit cette annonce comme si elle venait de sentir une mauvaise odeur : apparemment, elle considérait que les nombreux privilèges dont jouissaient ses clients auraient dû inclure le fait d'être dispensés d'une enquête de police. Elle détailla froidement le gros balourd à la veste de velours élimée et le pan de chemise qui sortait du pantalon.

— Mmm, fit-elle en affichant une moue dubitative.

Pierrat pencha sa masse puissante par-dessus le comptoir et l'hôtesse réprima un mouvement de recul.

— Vous voulez que je vous confie un secret ? glissa-t-il en baissant la voix, qui toutefois gronda comme un Airbus au décollage.

La jeune femme le dévisagea avec un air qui disait clairement son manque d'intérêt pour le secret en question.

— Vous n'êtes pas l'une d'entre eux, déclara-t-il avant de s'éloigner, la laissant réfléchir à la signification de cette phrase.

Lucas Mandel était en train de se servir un café, le téléphone vissé à l'oreille, quand Pierrat entra dans le lounge. Mandel parlait vite, l'air préoccupé. Le flic s'approcha du seau plein de bouteilles de champagne qui se trouvait un peu plus loin, attrapa une flûte. Après tout, pourquoi ne pas en profiter, puisque tout était gratuit ? Il alla s'asseoir à distance de sa cible, but une gorgée et passa un coup de fil.

— Je suis dans le lounge d'AirFrance. Incroyable : il y a même des douches et un sauna ! Champagne, vin et bouffe à volonté. Pendant que nous autres, le bas peuple, on s'entasse comme des veaux aux portes d'embarquement. Notre homme est là…

Son interlocuteur laissa passer une seconde.

— Il a l'air comment ? demanda Servaz.

— Je dirais soucieux. Mais ces types-là ne le sont-ils pas toujours ? Il faut croire que ce n'est pas l'argent qui… En tout cas, on dirait bien que c'est pas son jour.

— Tu peux t'assurer qu'il monte dans l'avion ?

Pierrat soupira :

— Au point où j'en suis. Mais la prochaine fois, demande à quelqu'un d'autre…

— Je te revaudrai ça.

— J'espère bien.

Une demi-heure plus tard, après avoir vu Mandel disparaître derrière les portes d'embarquement, le flic parisien quitta la zone sécurisée en empruntant l'entrée de service des personnels autorisés. Il avait à peine rejoint sa voiture qu'il reçut un appel urgent : règlement de comptes entre dealers porte de la Chapelle. Un mort. Merde, encore une soirée de foutue.

CHAPITRE 50

Les hauteurs béantes

À Blagnac, Servaz vit Lucas Mandel émerger des portes d'arrivée. Apparemment, personne ne l'attendait.

L'homme d'affaires partit à grandes enjambées vers le parking longue durée et Servaz vers sa propre voiture stationnée près d'un rond-point à la sortie de ce même parking.

Lorsque la Tesla blanche jaillit du parc de stationnement et entreprit de faire le tour du rond-point dans le faux jour des éclairages publics, Lucas Mandel tourna la tête vers lui et leurs regards se croisèrent. Merde. Il se prit à espérer qu'il n'eût pas attiré l'attention de l'héritier, et que celui-ci ne fût pas aussi paranoïaque qu'un narcotrafiquant.

Il laissa s'écouler une vingtaine de secondes avant de démarrer. De toute façon, une Tesla blanche était facile à repérer dans le trafic. Quand il l'eut fait, il se tint à distance. Quelques minutes plus tard, ils roulaient l'un derrière l'autre sur la rocade ouest, vers le sud. Lorsque Servaz vit Mandel emprunter la bretelle rejoignant l'A64, il sut où ils allaient. Là où il était lui-même allé la veille. Ou pas loin. *La haute vallée de la Garonne…*

Sur l'autoroute, la Tesla accéléra comme si elle avait le diable aux trousses, et il eut le plus grand mal à ne pas se laisser distancer. À l'évidence, Lucas Mandel faisait peu de cas des limitations de vitesse. Il n'y avait personne sur la deux fois deux voies – qui, à ce stade, n'avait d'une autoroute que le nom – et, avec la nuit, il devait se montrer encore plus prudent s'il ne voulait pas que la présence de ses phares dans le rétro de Mandel ne finisse par alarmer celui-ci. En même temps, ce n'était pas comme s'il y avait des sorties tous les kilomètres ; il était normal qu'ils roulent dans la même direction.

Quand, une demi-heure plus tard, un panneau annonçant la sortie suivante à mille mètres surgit de la nuit, il appuya sur la pédale de frein sans même attendre que la Tesla ait ralenti. Un kilomètre plus loin, il la vit passer sur le pont enjambant l'autoroute alors qu'il se rabattait lui-même vers la sortie. Il se dépêcha de franchir le pont dans le sillage de Mandel. Il ne voyait plus la Tesla. Aussi entra-t-il dans le village en suivant la petite route bordée de platanes. Avec une lune aussi brillante que celle-là, leurs branches dénudées dessinaient un maillage d'ombres évoquant une dentelle noire sur l'asphalte, au-delà du halo des phares.

Il retrouva les feux arrière de la Tesla au bout de l'étroite rue menant au centre du village, accéléra pour ne pas la perdre, à temps pour voir la voiture blanche obliquer vers l'ouest et non vers le sud et le fleuve comme il l'avait fait en se rendant sur les berges de celui-ci. Le village s'étirait en longueur jusqu'au moment où ils laissèrent derrière eux les dernières maisons. La Tesla fonçait de nouveau entre deux rangées de platanes. Le meccano illuminé des tours, des fours et des silos de la cimenterie apparut, trouant la nuit là-bas, à gauche de la route, et Servaz laissa de nouveau la Tesla le distancer. Il la vit passer sans ralentir devant l'entrée réservée aux poids lourds. Il commençait à se sentir nerveux. Il n'y avait personne d'autre qu'eux dans la campagne déserte, et il y avait fort à parier que cette route ne desservait pas d'autre site. Est-ce que l'homme d'affaires n'allait pas finir par noter sa présence ? Si c'était bien le message d'Esther transmis par le directeur de la communication qui l'avait fait sauter dans un avion et se précipiter ici, il devait être quelque peu sur ses gardes.

Servaz constata qu'ils longeaient à présent l'autoroute. Au rond-point suivant, il entrevit un panneau « Mandel, entrée des véhicules légers » dans la clarté des phares. Un kilomètre plus loin, la petite route vira à gauche. Il s'essuya le front, s'efforçant de respirer normalement en voyant les feux rouges de la Tesla s'allumer et la voiture ralentir devant un grand portail, à cent mètres devant lui.

Servaz freina et se gara sur le bas-côté. Il vit la Tesla de Mandel disparaître au-delà de l'enceinte grillagée. Les silos à clinker, les hautes tours de préchauffage, les halls de stockage, les bâtiments de contrôle et de conditionnement : tout était illuminé *a giorno*, éclaboussant le ciel nocturne et la campagne environnante.

Il allait ouvrir la portière quand une grosse Mercedes noire aux vitres teintées la frôla et freina à son tour cent mètres plus loin, devant le portail qui s'ouvrit. Son instinct ne l'avait pas trompé. Il y avait de la réunion dans l'air. Et de grandes chances pour que les questions de Kopelman concernant Le Caousou et la colonie des Isards fussent à l'origine de ce remue-ménage. Il nota l'immat de la Mercedes, attendit quelques minutes et descendit, se mit en marche non vers le portail mais vers un secteur précis de la barrière grillagée, là où elle longeait un remblai abrupt. La lumière violente des lampes éclairait tous les environs sauf cette section, où un rideau d'arbres rabougris l'arrêtait en partie.

Il parcourut rapidement mais sans courir les cent mètres le séparant de l'enceinte, se glissa le long du grillage, progressant dans une espèce de fossé peu profond, au pied du haut remblai, pour essayer d'entrevoir ce qu'il se passait derrière les fenêtres. Peine perdue. Il s'accroupit dans l'ombre d'un arbuste. Il avait devant lui, au-delà du grillage, les espaces ouverts et les bâtiments, mais il n'y avait rien à voir, à part des camions immobilisés et, de temps en temps, un employé casqué qui passait.

Il réfléchit à la conduite à tenir. Il n'était pas question d'escalader la clôture. Il l'aurait peut-être fait si elle avait été moins haute et s'il avait été un militant écologiste, mais il était flic – et un flic risque plus à enfreindre la loi que n'importe quel militant de n'importe quelle cause.

Il pourrait peut-être photographier les conspirateurs avec son téléphone à travers le grillage quand ils ressortiraient pour rejoindre leurs voitures, mais il se tenait à soixante mètres environ du bâtiment le plus proche et s'il zoomait la photo serait floue. Il nota au passage qu'il y avait des caméras là-bas, autour des bâtiments de l'administration, mais, même si elles captaient sa présence, il était lui aussi trop loin pour qu'on pût l'identifier.

Il était sur le point de retourner à sa voiture lorsqu'il les vit ressortir du bâtiment et monter dans les leurs. Il s'enfonça un peu plus dans les ombres. Dès que la

Tesla blanche et la Mercedes noire eurent franchi le portail et se furent éloignées, il sortit de sa cachette et courut le long de la clôture, trébuchant dans le fossé, puis sur la route jusqu'à son véhicule. Il mit le contact et effectua une manœuvre rapide pour se lancer à leurs trousses. Ils avaient pris de l'avance et il accéléra, repassant à toute vitesse devant l'entrée réservée aux poids lourds, puis pénétrant en trombe dans les rues du village, jusqu'au moment où il aperçut leurs feux arrière au loin. Il leva aussitôt le pied. Ils avaient forcément remarqué, en sortant du site, la voiture garée au bord de la route. Une voiture qui n'avait rien à faire là, à cent mètres à peine de la cimenterie, en pleine nuit, sans personne à l'intérieur, qui plus est précisément le jour où quelqu'un avait donné un coup de pied dans la fourmilière. Et comment qu'ils l'avaient remarquée. Et ils avaient certainement noté l'immatriculation par la même occasion.

Il allait lui falloir se montrer extrêmement prudent à partir de maintenant. De toute façon, il savait où ils allaient. L'autoroute. Toulouse. Une fois de plus, il les laissa le distancer. Il avait atteint le dernier rond-point avant l'autoroute et il allait s'engager sur celle-ci en direction de la métropole quand, au dernier moment, il aperçut dans l'angle gauche de son champ de vision les feux arrière de la Tesla et de la Mercedes. Ils n'allaient pas à Toulouse ! Il accéléra et vit, en franchissant le pont, les deux véhicules emprunter la bretelle d'accès en dessous.

Où allaient-ils ? C'était la direction de Tarbes, des Pyrénées.

Encore une fois, il eut les plus grandes difficultés à les suivre, car les deux puissantes berlines avalaient les kilomètres. Il roulait lui-même pied au plancher, sur la voie de gauche, et il sentit la sueur mouiller son dos sous son pull et son blouson.

Comme il ignorait combien de temps ils allaient rester sur cet axe, il adopta la technique de l'élastique, réduisant la distance quand une sortie approchait et l'augmentant aussitôt après. C'est à la sortie n° 14 que ça se passa. « Tournay-Bagnères-de-Bigorre ». Ils quittèrent l'autoroute. Il fit de même, réduisant au maximum sa vitesse, mais une voiture sortant au même endroit fit des appels de phares derrière lui. Merde. Quand il déboucha sur la barrière de péage, elles étaient encore là, l'une derrière l'autre, la Mercedes et la Tesla, la deuxième voie étant réservée au télépéage. L'impatiente Toyota dans son sillage, il n'eut d'autre choix que de venir se coller à la Mercedes noire, tandis que, devant elle, Mandel tendait le bras hors de sa Tesla pour payer. Merde, merde. Un mauvais pressentiment l'assaillit. Combien de chances y avait-il pour qu'ils ne reconnaissent pas la voiture garée près de la cimenterie et pour qu'ils n'aient pas pris la peine de relever son immatriculation ?

Quand, après le péage, ils s'élancèrent plein sud, en direction de Bagnères-de-Bigorre et des Pyrénées centrales, il hésita. Devait-il continuer à les suivre ? Comment réagiraient-ils quand ils auraient la certitude d'être filés ?

Bah, ils n'étaient certainement pas du genre à agir sans réflexion, de manière impulsive ; il l'aurait parié. Sauf qu'il n'aimait pas trop les paris dont il était lui-même l'enjeu et qu'il avait beau essayer de se rassurer, il n'y parvenait pas tout à fait.

Ils pénétrèrent dans Bagnères, traversèrent la ville à toute allure, passant sous les décorations de Noël, franchirent les eaux turbulentes de l'Adour et virèrent à gauche après le pont. Cette fois, plus de doute : c'était bien vers les montagnes qu'on se dirigeait. Un œil sur les feux arrière de la seconde voiture, l'autre sur le GPS, il reprit sa technique de l'élastique, réduisant la distance uniquement quand un carrefour approchait, technique facilitée par le fait que, même si on avait quitté l'autoroute, dans cette région au taux de peuplement des plus bas, il y avait très peu de routes secondaires.

Les montagnes se tenaient encore à distance, la route se déployait en longues lignes droites.

Bon sang de bonsoir, c'était quoi le but de ce périple nocturne ? Puis elles se rapprochèrent et la route commença à grimper. À la hauteur de Sainte-Marie-de-Campan et de l'hôtel des *Deux Cols*, on prit à gauche, et la pente se fit plus raide. C'était le genre d'obstacle qu'affectionnaient les cyclistes entraînés le dimanche matin mais, à cette heure, ils ne risquaient pas d'en croiser un. Quelques kilomètres plus loin, on quitta la D918 et, bientôt, on s'enfonça dans la forêt de conifères, longeant des coupes de bois, d'énormes troncs empilés horizontalement sous le couvert des arbres, et la pente augmenta encore. Cette fois, il n'y avait plus moyen de s'illusionner : si les occupants des deux berlines apercevaient ses phares entre les arbres, leurs dernières interrogations seraient levées. Il fit le choix de les perdre de vue. Peu après, la route sortit des bois et déboucha sur une longue vallée étroite et profonde, aux pentes aussi abruptes que celles d'un défilé, intégralement couvertes de forêt des deux côtés. La route, qui s'accrochait à la pente très raide, serpentait et se tordait à flanc de montagne, séparée du vide obscur par un parapet, avec, de l'autre côté du ruban d'asphalte, la blessure de la roche à nu et des murailles de sapins.

Son GPS lui disait qu'il n'y avait pas la moindre habitation dans le coin. *Alors où allaient-ils ?* Même si elle restait encore en arrière-plan, comme une vibration un peu vague, son inquiétude s'accrut. Et si on le menait droit dans un piège ? Il y avait mille endroits ici où faire disparaître un cadavre. Si, en plus, le futur cadavre venait à vous de son plein gré sans que vous ayez besoin de le transporter, c'était autant de risques et d'énergie économisés.

Ce genre de pensée n'aidait pas et il la chassa.

Devant lui, à environ deux cents mètres, les feux arrière des voitures apparaissaient et disparaissaient au gré des virages et du profil de la montagne. Il les vit disparaître de nouveau après un tournant et une avancée de la roche, mais ils ne reparurent pas cette fois dans le virage suivant.

C'était quoi, ça ? Où est-ce qu'ils étaient passés, bon Dieu ?

Il retint son souffle en parvenant lui-même dans le tournant, s'attendant à trouver les deux voitures arrêtées juste après, lui barrant la route. Mais il n'y avait personne. La route se contentait de décrire une courbe en creux, épousant la forme concave de la montagne avant de rejoindre le virage suivant. Tout ce qu'il y avait à voir, c'était un demi-cercle de sapins noirs serrés les uns contre les autres.

Bon sang, où étaient-ils passés ?

Il faillit louper la petite pancarte de bois fixée à un tronc. Il était écrit dessus : « Chalet André, 1 km ». Son GPS s'était donc planté. Ou alors il avait mal regardé. Il y avait bien une habitation dans cette montagne, une seule… *Chalet André*. Comme André Mandel ? Il y avait aussi un chemin forestier qui partait de la route, il le voyait à présent, assez large pour laisser passer une voiture et manifestement carrossable, car, en tournant ses phares vers la trouée, il vit des ornières et des traces de pneus. Le sentier grimpait sec et droit entre les troncs et disparaissait dans les ténèbres. Il avait autant envie de s'enfoncer là-dedans que de sauter à l'élastique, mais il n'était pas parvenu jusqu'ici pour renoncer si près du but.

Se pouvait-il que les types devant fussent si accaparés par leurs soucis que personne n'eût remarqué sa présence ? Il émit un petit rire pour lui seul – en réalité un rire jaune, car il n'y croyait pas une seconde. Il était arrêté au beau milieu de la route. Il se décida, passa en première, embraya et s'enfonça sous les arbres.

Dès qu'il commença à gravir le sentier, sa voiture se mit à bringuebaler et lui-même à bondir sur son siège comme s'il était un jouet monté sur ressorts. À plusieurs reprises, son bas de caisse frotta contre une pierre avec un raclement métallique, et il devait se cramponner au volant pour garder le cap. Il roulait sous une coupole d'épines presque ininterrompue. Il faisait encore plus sombre là-dedans que dans les bois précédents et ses phares creusaient un tunnel de lumière tremblotant et incertain. Le bruit du moteur qui peinait dans la pente et des pneus qui chassaient par moments montait dans le silence de la forêt, beaucoup trop fort à son goût. Il se rendit compte qu'il était si noué, si tendu depuis des heures qu'il commençait à avoir mal au dos, un mal accentué par les cahots.

Puis il parvint à une partie presque plane, et la forêt s'écarta un chouïa. Il roula encore sur une centaine de mètres et, soudain, elle s'ouvrit, révélant la surface sombre et lisse d'un lac de montagne. Ses eaux brasillaient dans le clair de lune ; le sentier se divisait en deux, chaque embranchement suivant à distance une rive du lac, dont le séparaient quelques bouquets d'arbres et une bande d'herbe et de rochers. Il coupa aussitôt ses phares. Il venait d'apercevoir le « Chalet André » à une centaine de mètres sur sa droite, sa véranda s'avançant au-dessus de l'eau. Elle était éclairée et Mercedes et Tesla étaient garées à côté, ainsi que deux tout-terrain noirs haut de gamme.

Servaz coupa le moteur, mit la clé dans sa poche mais s'abstint de verrouiller la voiture. Il voulait se garder la possibilité d'une retraite rapide. Il faisait très froid et humide à ces altitudes, et il remonta la fermeture Éclair de son blouson en frissonnant. Puis il alluma la fonction « torche » de son téléphone et se mit en marche en maintenant l'appareil à un mètre du sol.

CHAPITRE 51

Le témoin oculaire

Les scintillements sur le lac avaient quelque chose d'hypnotique, de doux, d'argenté, comme si la lune, qui brillait avec une intensité qu'elle n'avait pas en ville, se reflétait sur un miroir couvert de buée.

Servaz observait la véranda éclairée sur l'autre rive. Quatre silhouettes à l'intérieur. L'une d'elles était celle de Lucas Mandel, mais il était trop loin pour distinguer les traits des trois autres. Il avait déjà relevé la plaque de la Mercedes. Il envisageait de faire le tour et de se rapprocher du chalet pour relever les immats des deux 4 × 4 lorsqu'il vit quelqu'un sortir de la maison. L'homme alluma une cigarette. Il regretta de ne pas avoir apporté de jumelles. Il aurait dû y penser quand il avait décidé d'attendre Lucas Mandel à l'aéroport et de le prendre en filature.

Le froid et l'humidité l'enveloppaient, et il commença à trembler. Un oiseau nocturne poussa un cri quelque part ; puis ce fut une branche qui craqua derrière lui, dans les profondeurs de la forêt, et il se retourna vivement, mais il n'y avait personne. *Tant que ce n'est pas un ours*. Il reporta son attention sur l'homme en train de fumer et sur la véranda. Il aurait payé cher pour entendre ce qu'il s'y disait. Un nuage masqua la lune, puis un autre. Il vit les nuages voguant au-dessus du lac lancer des tentacules de pluie vers la surface de l'eau, qui se hérissa. Le rideau de l'ondée avança, gagna la rive où il se trouvait, et il sentit les premières gouttes, lourdes et froides, mouiller son visage. Le miroir du lac se brouilla en un instant et la pluie se mit à tomber pour de bon, glacée et drue. Il rentra la tête dans les épaules. Il n'avait rien prévu pour s'en protéger. La fraîcheur de l'averse l'enveloppait et les gouttes lui criblaient le crâne.

Sur l'autre rive, l'homme qui se tenait à l'extérieur du chalet jeta sa cigarette pour rentrer se mettre à l'abri quand soudain l'écran du téléphone de Servaz s'illumina dans le noir et que sa sonnerie retentit. *Merdeeeee !* Il tapa furieusement sur le bouton rouge, tandis que la pluie coulait sur la vitre de l'appareil, jusqu'à ce que la sonnerie cesse, jeta un coup d'œil vers le fumeur entre les fourrés, que les bourrasques agitaient.

Là-bas, l'homme à la cigarette s'était immobilisé sur les marches du chalet, la main sur la poignée de la porte, soudain indifférent au déluge. Il fixait maintenant un point de l'autre côté du lac. Plus exactement, il fixait *l'endroit où Servaz se tenait*. Il avait dû entendre la sonnerie, puis apercevoir la lueur du portable dans les broussailles. Contrairement aux hommes à l'intérieur de la véranda éclairée, qui n'avaient certainement rien vu ni entendu. L'individu resta ainsi sans bouger pendant plusieurs secondes. Accroupi dans les buissons frémissants, Servaz avait l'impression que son cœur allait exploser. Puis l'homme disparut dans le chalet.

Un sentiment de panique fondit sur lui. Que devait-il faire ? Retourner à la voiture pendant qu'il était encore temps ? Ou rester planqué ? Même s'il courait jusqu'à la voiture sans perdre une seconde, ils allaient certainement se lancer à sa poursuite. Et leurs véhicules étaient plus puissants que le sien.

Il en était là de ses réflexions, le regard tourné vers sa voiture garée là-bas, quand son sang se figea dans ses veines : des *aboiements*. Et pas les jappements suraigus d'un petit animal de compagnie. Il jeta un nouveau coup d'œil, et le spectacle qu'il découvrit lui glaça les sangs : une silhouette venait d'apparaître ; elle tenait deux molosses en laisse. Servaz n'y entendait rien en races de chiens réputées dangereuses, de celles qu'on classe en catégories 1 ou 2, mais il en savait assez pour reconnaître les formes hautes sur pattes, le poil noir, le museau puissant et les oreilles pointues, dressées, de deux dobermans. Les bêtes tiraient sur leur laisse mais n'aboyaient plus. On aurait dit qu'elles se préparaient. À quoi ? Les autres sortirent l'un derrière l'autre du chalet en un sinistre défilé. Tous regardaient dans sa direction. Même s'ils ne pouvaient le voir, c'était bien ce qu'ils cherchaient à faire : débusquer celui qui se trouvait là.

Il avait lu quelque part que la vitesse au sprint d'un être humain normal était de 19 à 25 km/h, tandis que le record du monde de vitesse était lui supérieur à 37 km/h. Et la vitesse à la course d'un doberman ? Dans les 50 ? Il avait à peine moins de distance à parcourir que les chiens pour atteindre la voiture, et il n'était pas un sprinter, même pas un coureur amateur. Sa seule minuscule chance était donc de… *partir le premier*.

De prendre de l'avance. *Beaucoup d'avance…*

Les chiens étaient encore attachés.

Maintenant !

Il s'élança hors de sa cachette, traça comme un dératé en direction de la voiture, jeta un coup d'œil à ce qu'il se passait sur sa gauche. Il vit le maître-chien là-bas se pencher pour détacher les clébards ; les deux bestiaux piaffaient d'impatience, tirant toujours sur leur laisse, ce qui ne facilitait pas la manœuvre, et cette fois ils s'égosillaient à s'en faire péter les cordes vocales. Il avait l'impression de courir à la vitesse de l'éclair mais ça ne devait être qu'une illusion, car la voiture se rapprochait avec une lenteur effroyable. Son cœur, lui, suppliait que ça s'arrête. Ça y était : là-bas, on avait lâché les chiens ! Qui s'élançaient à présent avec une grâce, une fluidité et une puissance qui ne lui laissaient pas l'ombre d'une chance. Putain, il avait à peine fait la moitié du chemin ! C'était foutu. Il allait être réduit en charpie par les crocs de ces monstres. Ensuite, ils invoqueraient un accident et les chiens seraient euthanasiés, quelque chose dans le genre. Son cœur était monté dans les tours, ses jambes commençaient à flancher. Qui a dit que la peur donne des ailes ? Moins de dix mètres ! Mais les chiens n'étaient plus qu'à vingt… Il vit leurs gueules ouvertes sous la pluie, l'éclat métallique de leurs petits yeux, leur impatience de se jeter sur leur proie. Mobilisant ses dernières forces, il franchit les ultimes mètres et atteignit la portière au moment où l'un des chiens, le plus rapide des deux, arrivait en vue de la voiture.

Il ouvrit la portière à la volée – quelle fichue bonne idée il avait eue de ne pas la verrouiller – et plongea à l'intérieur. Il entrevit, à quelques centimètres de sa jambe gauche, la gueule du molosse et lui claqua la portière dessus aussi violemment qu'il put. Le doberman émit un jappement de douleur et bondit en arrière. Sa main tremblait quand il fouilla sa poche à la recherche de la clé de contact. En vérité, il tremblait de la tête aux pieds. La panique lui tomba dessus lorsque ses doigts ne rencontrèrent que le vide au fond de la poche. *Non, pas ça !* Il leva les yeux et vit que, là-bas, les hommes montaient dans leurs voitures. Il avait fait tomber la clé dans les buissons ou, plus probablement, pendant sa course.

C'était fini. *Game over*. Fin de partie…

Les deux clebs, dressés sur leurs pattes arrière, griffaient furieusement les vitres et la carrosserie. Il était piégé. Puis ses doigts toujours dans sa poche rencontrèrent… *la clé !* Tout au fond ! Il était encore secoué de tremblements quand il l'introduisit dans son logement et la tourna. Il crut pendant une fraction de seconde que le moteur allait refuser de démarrer, mais non. *Le plus beau son du monde*, pensa-t-il. Il effectua une marche arrière à l'aveugle, et repartit par où il était venu dans un nuage de gravier et de terre, sans même prendre le temps d'activer les essuie-glaces, poursuivi sur une dizaine de mètres par les deux cerbères. Très vite, il atteignit la partie pentue du sentier et la dévala au milieu des arbres, à l'extrême limite de la perte de contrôle. Il ne pilotait pas un tout-terrain et il pria pour que sa bonne vieille chignole tienne le choc. La voiture rebondissait sur la pente, les phares éclairant tantôt la voûte des arbres, tantôt le sentier, et, quand il arriva en bas et déboula sur la route, il se mit presque debout sur la pédale de frein pour ne pas la traverser et finir dans le ravin. Il donna un violent coup de volant, érafla l'aile avant gauche contre la glissière de métal et partit comme le vent le long de la route de montagne.

Il fut surpris de ne pas apercevoir leurs phares dans son sillage. Apparemment, ils avaient renoncé à le suivre. Il avait encore le cœur qui voletait tel un oiseau en cage, et il savait que le canari ne se calmerait pas tant qu'il ne serait pas complètement hors de danger. Chaque fois qu'il jetait un coup d'œil dans le rétroviseur, il appréhendait de découvrir les feux de ses poursuivants, mais la route restait déserte et noire.

Quand il eut quitté la vallée et gagné les bois, il leva un peu le pied et en profita pour mettre sa ceinture. Il n'en revenait pas de leur avoir échappé, mais aussi de s'être mis dans une situation pareille.

Est-ce que les chiens l'auraient vraiment taillé en pièces ou est-ce qu'ils étaient seulement là pour lui foutre la trouille ? Le fait que les occupants du chalet ne l'aient pas poursuivi le faisait pencher pour la seconde hypothèse. Il en était à présent certain : le message d'Esther Kopelman avait fait l'effet d'une bombe. Qu'est-ce que ça prouvait ? Pour la justice, rien. Pour lui, plus qu'une possibilité, mais pas encore une certitude. Il était trop expérimenté pour ignorer que les apparences sont l'ennemi des enquêteurs, même si la presse people, les internautes et les amateurs de vérités simples s'empressent de les relayer et d'en tirer des conclusions aussi hâtives que dévastatrices pour les personnes visées. Et que si 80 % des crimes étaient vite résolus, les 20 % restants demandaient aux enquêteurs patience, méthode et autocritique.

La pluie avait cessé, mais des ruisseaux traversaient la route, que ses roues déchiraient en grandes gerbes boueuses. Il se croyait tiré d'affaire et il rêvait déjà d'une douche bien chaude lorsqu'un éclat de lumière dans son rétroviseur le surprit. En même temps, il perçut un bruit de moteur. Les yeux écarquillés, il vit des phares se rapprocher dans le rétro. Très vite. Trop vite. L'un des deux 4 × 4… Son cœur s'emballa. La masse noire fondait sur lui comme si elle voulait lui rentrer dedans et, instinctivement, il appuya sur l'accélérateur. Une douche de lumière dans l'habitacle quand le tout-terrain se cala, pleins phares, dans son sillage, à quelques centimètres à peine de son pare-chocs arrière. Il accéléra encore. Dans les virages, ses pneus hurlaient, ses doigts serraient si fort le volant qu'il en avait mal aux poignets. Le 4 × 4 ne le lâchait pas. L'incendie de lumière soulignait chaque détail de l'habitacle, chaque relief du tableau de bord, d'ombres aussi noires que la lumière était blanche, et il avait le plus grand mal à distinguer la route devant lui. Il émergea des bois dans une large courbe entourée d'une vaste prairie en pente. Les pleins phares dans son dos aveuglaient son pare-brise. Il vit trop tard qu'il avait mal évalué sa trajectoire. Sa roue avant mordit l'accotement, côté passager, et la voiture fila tout droit dans le champ, puis fit violemment la culbute dès qu'elle eut rencontré un fossé, et il vit les sommets des montagnes au loin, au-dessus de la forêt, se retourner et pointer vers le bas, tandis que le pare-brise se craquelait et se déchirait, que les tonneaux s'enchaînaient sur la pente herbeuse, que l'airbag explosait contre son visage et que tout son corps retenu par la ceinture de sécurité était tiraillé, écartelé par des forces opposées, tonneau après tonneau, dans le vacarme de la tôle pliée, du métal torturé et sans doute aussi, bien qu'il en eût à peine conscience, de ses propres cris.

Quand la voiture s'immobilisa enfin au milieu du champ, il avait la tête en bas, la poitrine compressée par la ceinture et l'airbag, mais il était vivant, s'il en croyait cette douleur dans ses cervicales, ses épaules et son crâne. Il suait comme un goret, la sueur tiède lui piquait les yeux, puis il comprit que ce n'était pas de la sueur et que son nez pissait le sang, lequel coulait à l'envers, de ses narines le long de l'arête puis dans ses yeux, l'obligeant à cligner des paupières. Accessoirement, ses oreilles bourdonnaient comme si un essaim de frelons avait pris demeure dans leur pavillon. Il tendit ses mains douloureuses vers le bas pour les poser à plat sur le toit devenu plancher.

Brusquement, il pensa à quelque chose.

Il tourna la tête, grimaça à cause de la douleur dans son cou, regarda par la portière qui n'avait plus de vitre le sommet de la pente et la route. Le 4 × 4. Il s'était immobilisé sur l'accotement. Deux silhouettes en étaient descendues. Merde. L'espace d'un instant, il se demanda ce qu'auraient fait à sa place Bob Morane et Bill Ballantine, les héros de papier de son enfance, qui s'en tiraient toujours lorsqu'ils étaient pris au piège.

Il jeta un nouveau coup d'œil. Les deux autres descendaient la pente sans se presser, en prenant garde à ne pas glisser sur l'herbe détrempée, certains qu'il ne pouvait leur échapper.

Tu comptes rester là à ressasser tes vieux souvenirs ?

Il essuya de sa main droite le sang dans ses yeux, puis chercha de la même main le bouton de la ceinture de sécurité. Il appuya dessus de toutes ses forces, s'attendant à ce qu'il reste bloqué, mais son crâne alla brusquement heurter le toit, et tout son corps s'abattit contre le métal quand sa ceinture se libéra.

Il poussa un cri de douleur.

Se tortilla et se débattit comme si le piège de métal et de plastique cherchait à le retenir prisonnier, rampa hors de la voiture, côté forêt, se déchirant les mains et les coudes aux bris de verre de la portière, sentit l'odeur de l'herbe tout près de son visage, s'ajoutant à celle du métal et de l'essence. Il se redressa.

Se retourna.

Là-bas, les deux types s'étaient immobilisés un court instant en le voyant émerger de la voiture et ils se mirent soudain à dévaler le pré. Il jeta un coup d'œil dans la direction opposée. La lisière des bois était à dix mètres à peine. Il en avait par-dessus la tête de se livrer à des activités sportives contre son gré, d'autant qu'il était tout sauf entraîné, or il s'élança de nouveau, sentit aussitôt des dizaines de coups d'aiguilles dans ses jambes et ses genoux, en fit abstraction, courut aussi vite qu'il put mais moins vite qu'il aurait voulu, car l'acide lactique hérité de son sprint précédent avec les clebs avait durci ses muscles. Il entra en courant et en boitant sous le couvert des arbres, regarda derrière lui. Les deux hommes avaient dépassé la voiture dont le moteur fumait dans la nuit et ils galopaient dans sa direction, là où la prairie était moins pentue.

Il s'enfonça plus avant, mais c'était tout sauf une partie de plaisir, car la végétation entravait sa course ; les arbres, livrés à eux-mêmes, avaient poussé si serrés que leurs branches entremêlées formaient par endroits une barrière infranchissable ; à plusieurs reprises des branches mortes aussi pointues que des dagues le blessèrent aux mains et au visage ; il s'empêtrait dans d'immenses toiles d'araignée détrempées et gluantes, se tordait les chevilles sur les accidents du terrain, se cognait durement contre des rochers.

Il atteignit un nouveau dénivelé, entendit d'abord le bruit du ruisseau, puis se retrouva dans l'eau jusqu'aux chevilles. Ici, la voûte des arbres s'écartait un peu au-dessus du lit du torrent, on avait plus de visibilité, on voyait même quelques étoiles, et des éclats de lune dansaient à la surface des eaux rapides. Il se faufila entre les rochers jusqu'à avoir de l'eau à mi-cuisse. Un étau de glace autour de ses jambes ; il en eut le souffle coupé. Heureusement le fond se mit à remonter et il ressortit sur l'autre berge avec l'impression de ne plus sentir ses mollets ni ses pieds. De ce côté-là, la pente était abrupte, presque verticale, recouverte d'une forêt encore plus obscure, et il commença à grimper à quatre pattes, se débattant dans un noir presque complet, dans une humidité chargée de résine. Il s'arrêta quand, les poumons en feu, les jambes tétanisées, il commença à voir des points blancs. Les yeux grands ouverts dans les ténèbres, il se retourna, s'assit sur la pente, genoux pliés, et considéra la lueur des torches de l'autre côté, à moins de cinq mètres du ruisseau, sur la berge d'en face, sa poitrine se soulevant et son cœur cognant comme un boxeur contre ses côtes.

Le bruit du ruisseau couvrait sa respiration ahanante, il entendit les deux hommes maugréer et râler. Puis ils s'immobilisèrent et l'un d'eux déclara : « C'est bon, je ne vais pas plus loin, j'en ai ma claque. – Et lui ? – Tant pis. » Il renversa la tête en arrière, inspira une longue goulée d'air froid et sourit de soulagement. Puis il se demanda si ce n'était pas un piège. Il attendit le moment où le bruit du moteur s'éloignait pour redescendre la pente raide, sortir de sa cachette et franchir de nouveau la petite rivière, au bord de l'épuisement, les muscles des jambes secoués de spasmes, traversés de coups de poignard, le corps perclus de douleurs.

Quand il émergea des bois sur la grande prairie, il regarda de tous côtés, sur ses gardes, le cœur battant. Il chercha son téléphone dans sa poche mais ne le trouva pas. Marchant péniblement jusqu'à la voiture, il jeta un coup d'œil à l'intérieur, côté conducteur. L'appareil était là. S'agenouillant dans l'herbe, il passa le bras par la portière pour s'en saisir.

Il eut presque les larmes aux yeux en constatant qu'il fonctionnait et qu'il y avait du réseau. Puis, au moment où il allait appeler, le réseau disparut et l'appel se perdit dans le vide. Il jura. Redémarra l'appareil. *Une barre...* Ça allait et ça venait… Soudain, il s'aperçut qu'il n'avait plus que 1 % de batterie ! Il tressaillit. Si l'appareil s'éteignait, toute tentative de géolocalisation de la part des secours deviendrait vaine. Il fallait agir vite. Alors, le 15 ou un des numéros préenregistrés ? Il n'avait pas le temps de répondre aux questions d'un régulateur qui jugerait de la gravité de son état avant de prendre une décision et qui transférerait son appel à une deuxième personne.

— Martin ? dit la voix de Samira quelques secondes plus tard.

— Départementale 917, débita-t-il, quinze kilomètres au-dessus de Sainte-Marie-de-Campan. Hautes-Pyrénées. Accident. Suis dans une prairie. Envoie secours. Voiture kaput. Mais suis pas bles…

Plus de batterie.

CHAPITRE 52

Bruit de fond

— Qu'est-ce qu'il t'a pris d'aller là-haut tout seul ?

Il haussa les épaules.

— Je pensais que ça serait plus discret. Et puis je n'étais pas sûr que le piège tendu par Kopelman allait fonctionner.

— Tu ne trouves pas bizarre qu'elle se montre aussi coopérative ? demanda Samira.

Il fixa du regard une affiche dans le hall qui disait : « Stop à la violence à l'hôpital ».

— On a tué son collègue. Je suppose qu'elle a autant envie que nous qu'on découvre qui a fait ça.

Des éclats de voix. Ils se retournèrent. Deux membres du personnel en blouse blanche, coiffés de bonnets rouges de père Noël, poussaient un homme vers la sortie.

— Lâchez-moi, putain, je veux la voir ! C'est ma femme, j'ai le droit de la voir ! hurlait l'homme en se débattant.

Il était grand et maigre. Ses yeux injectés brillaient de colère.

— Monsieur, s'il vous plaît, ne jurez pas, il y a des enfants ici, dit une femme avec deux garçons.

— Ferme ton clapet, connasse !

Ils suivirent le trio à l'extérieur. L'homme, la trentaine, continuait d'insulter, de hurler et de gesticuler ; les deux infirmiers plantés devant les portes lui barraient la route. La lueur d'un gyrophare glissa sur la façade de l'hôpital de Bagnères-de-Bigorre et un fourgon de gendarmerie vint se garer devant l'entrée. Aussitôt, l'homme commença à s'éloigner. L'un des infirmiers fit un signe, et les gendarmes le rattrapèrent en trottinant.

— Qu'est-ce qu'on fait ? demanda Samira. On devrait appeler la juge demain matin.

— Pour lui dire quoi ? Que j'ai tendu un piège à Lucas Mandel avec la complicité d'une journaliste, que je l'ai pris en filature sans aviser personne, que je l'ai suivi jusqu'à son chalet de montagne et espionné, que j'ai été poursuivi par un 4 × 4 et que j'ai fait une sortie de route à cause de ma vitesse excessive ?

Les yeux de Samira se posèrent sur lui. Il avait un gros pansement lui barrant le nez, un coquard, des éraflures partout sur le visage et les mains, et une minerve autour du cou.

— Martin, c'était une tentative de meurtre !

— Tu en es sûre ? dit-il en retirant la minerve et en la balançant dans une poubelle. Peut-être qu'ils voulaient simplement m'intimider. Mandel lui-même n'a commis aucun délit au regard de la loi. Ses avocats vont nous détruire si on fait ça, et on nous retirera l'affaire.

Elle semblait déconcertée. Elle l'observait intensément.

— Alors on fait rien ? On laisse couler ? On les laisse s'en tirer comme ça ?

— Ne pas agir à chaud, dit-il. On a voulu les effrayer. Ils nous ont rendu la pareille. De chasseurs, on est devenus proies. Ils savent très exactement jusqu'où ils peuvent aller, et où ils ne peuvent pas. Ils nous montrent qu'ils sont puissants, qu'ils n'ont pas peur de nous, que c'est nous qui devrions avoir peur d'eux.

Elle plissa le front.

— Ils… C'est qui, « ils » ?

Il sortit son paquet de cigarettes, en glissa une entre ses lèvres.

— J'ai pu relever l'immat de la Mercedes qui accompagnait la Tesla de Mandel. J'ai pas eu le temps de mémoriser celle du 4 × 4 en revanche, mais il faut appeler la société d'autoroute : il y avait des caméras au péage. On n'a pas grand-chose pour les incriminer, cela dit, et on ne sait pas si tous sont mêlés à ce qu'il s'est passé jadis, mais on commence à avoir quelques noms. Et l'entropie se propage…

— L'entro-quoi ?

Il tira sur sa cigarette, qui grésilla.

— Ces gens ne reculeront devant rien s'ils se sentent menacés, dit-il, éludant la question. Et désormais on est entrés dans leur radar. Il va falloir être très prudents…

— Dois-je te rappeler que le Suisse est toujours dans la nature ? fit-elle observer. En tout cas, on dirait que ça commence à bouger, cette fois…

— Martin !

Il tourna la tête. Léa.

Elle se faufilait rapidement entre les voitures du parc de stationnement. Elle franchit les derniers mètres en trottinant et se serra contre lui, referma ses bras sur lui. Il se laissa faire, mais garda les siens ouverts. Puis elle se recula pour le scruter.

— Qu'est-ce qu'il s'est passé ?

— Je t'expliquerai, répondit-il.

— Bonsoir, Samira, fit Léa, tu permets que je ramène cet individu dans son foyer avant qu'il ne fasse d'autres bêtises ?

— Je ne veux plus vivre ça. J'en ai assez. C'est peut-être la vie que tu as choisie, mais pas moi.

Elle conduisait. Il aurait voulu s'assoupir, mais la douleur le tenait éveillé, malgré les cachetons qu'on lui avait filés à l'hôpital. Il fixait le ruban de l'autoroute. Il lui avait expliqué avoir eu un accident alors qu'il redescendait de la montagne. Il avait omis tout le reste : Lucas Mandel, l'aéroport, la cimenterie, le chalet au bord du lac, les chiens, le 4 × 4, la fuite dans les bois…

— Je ne veux plus vivre ça, Martin, insista-t-elle.

— Tu l'as déjà dit.

— Je sais. Tu vois, paradoxalement, les seuls moments où je n'avais pas la peur au ventre, c'était…

— Au Congo ?

Il se rendit compte qu'il avait prononcé ce dernier mot d'une voix trop combative, trop pleine de sous-entendus, et ils se murèrent dans le silence.

— Gustav dort, on a joué à la PS5 puis je l'ai couché, dit la policière dont il avait oublié le prénom mais qui était de service ce soir-là.

Servaz la remercia, Léa fila vers la chambre de Gustav sans un mot. Il sortit fumer une cigarette en compagnie du duo de gardes. Il n'avait pas envie de rentrer dans la maison et d'affronter une nouvelle fois Léa. Quand il retourna à l'intérieur, elle avait disparu. Il était sûr qu'elle ne dormait pas mais, au lieu de la rejoindre, il prit un livre – Strindberg, *Les Gens de Hemsö* – et mit Mahler en fond sonore dans le living.

Le téléphone sonna une demi-heure plus tard. Numéro inconnu. Il se tendit.

— Oui ?

Le silence sur la ligne lui fit penser à un long tunnel empli de ténèbres au bout duquel aurait sommeillé une créature malveillante, hostile.

— Allô ?

Son interlocuteur n'avait pas raccroché, mais Servaz n'entendait même pas sa respiration. L'autre devait se réjouir secrètement de la tension qu'il avait perçue dans sa voix ; ou peut-être qu'il n'en avait rien à faire, qu'il s'acquittait froidement de sa tâche, exécutant silencieux dépourvu d'états d'âme.

Il raccrocha. Prit une profonde inspiration, expira, renouvela l'opération, la bouche ouverte, jusqu'à ce que son cœur retrouve un rythme normal. Samira avait raison : ça commençait à bouger.

CHAPITRE 53

L'introuvable

— Pas de nouvelles de ce connard de Suisse ?

Mélanie Lenoir, son faire-valoir télévisuel, observa Damien Dix un moment dans le grand miroir avant de déclarer :

— Non, pas de nouvelles. Du reste, je ne suis pas sûre que ce soit une bonne idée.

Il haussa les épaules, laissa Anita passer son tampon démaquillant sur ses paupières fermées, rouvrit les yeux et fixa Mélanie dans la glace.

— Il va se manifester. Tu verras.

Il repensa à l'émission. Ça avait été un bon numéro mais tout le monde attendait des nouvelles d'Hirtmann. Il y avait eu du sérieux, du rire, de l'émotion, du scandale : bref, du *spectacle*. De la bonne télé, de son point de vue. Mais certainement pas aux yeux d'un Neil Postman.

Se distraire à en mourir.

C'était le titre d'un livre du sociologue américain.

Angelina lui en avait conseillé la lecture du temps où ils étaient encore étudiants et où ils commençaient à sortir ensemble. C'était ce livre qui, paradoxalement, l'avait convaincu de faire de la télé. Il n'avait jamais entendu parler de Neil Postman avant ça. Il faut dire qu'Angelina était bien plus cultivée que lui et qu'à l'époque il faisait des efforts pour la convaincre qu'elle avait tiré le bon numéro. Il l'avait donc lu, ce fichu bouquin. Et relu par la suite. Plus d'une fois. Postman postulait ce qu'il savait déjà, avant même de faire ses premiers pas à la télé, à savoir que la politique, l'information, le sport, la culture, la religion étaient transformés en divertissement dès qu'ils passaient à travers le filtre de la télévision, et qu'il était naïf de penser que la technologie n'avait que des effets positifs. Tu parles d'une découverte ! Postman affirmait également que la compréhension de tout sujet quel qu'il fût, dès qu'il passait à la télé, était altérée par les biais de celle-ci. Fort bien. Selon le sociologue, et là ça devenait intéressant, un match opposait un futur dystopique à la George Orwell avec son *1984* (une société totalitaire où l'information était contrôlée et limitée, comme en Russie, en Chine et en Corée du Nord) à un futur à la Aldous Huxley, avec son *Meilleur des mondes* (une société ouverte où l'information sérieuse était certes accessible mais noyée dans un océan de frivolités, de contrevérités et de divertissement conduisant à la passivité et au déclin intellectuel). Selon Postman, Orwell craignait que dans le futur la vérité ne soit cachée, Huxley redoutait qu'elle soit noyée dans une mer d'insignifiance. Dix avait refermé le livre non pas préoccupé par « la mort de la culture » telle que la prophétisait Postman, mais fasciné par l'image de la toute-puissance télévisuelle qu'il lui présentait. Le lendemain, l'étudiant avait pris sa décision : il allait faire de la télé.

Sauf que ce livre avait été écrit il y a fort longtemps, bien avant qu'Internet et les réseaux sociaux ne rebattent les cartes. Il ne s'agissait plus de divertissement, désormais, mais d'une guerre idéologique, qui faisait rage sur tous les fronts, à la télé comme sur la Toile, une guerre sans merci – où celui qui pensait différemment devenait un ennemi à abattre, un ennemi mortel.

Il avait compris bien avant les autres que, s'il voulait imposer son émission, la rendre plus populaire que ses concurrentes, il lui faudrait s'appuyer sur les réseaux sociaux et une communauté d'internautes fidèles, il lui faudrait faire le buzz. Et ça avait marché. Il nourrissait ses réseaux d'insignifiance et, de temps en temps, d'une info sérieuse. De clashs, de provocations, de stupidités. Et, depuis qu'il avait défié Hirtmann, ses réseaux étaient carrément en surchauffe.

Mélanie Lenoir les salua et vida les lieux.

— C'est bon, tu peux y aller, Damien, dit Anita, j'ai fini.

Il remercia la maquilleuse, attrapa son téléphone, ouvrit WhatsApp. Fit défiler les discussions jusqu'à « Lisa » et à « Louise ». Les jumelles lui avaient dit qu'elles étaient pour quelques jours encore à Paris. Il sourit en tapant son message. Il avait envie de les revoir. Plus que jamais. Celles-là étaient différentes de toutes les autres. Il avait voulu mettre de la drogue dans leurs boissons, mais elles l'avaient forcé à goûter leurs propres verres, une gorgée de chaque, et il avait complètement perdu les pédales après ça. Pris à son propre jeu.

Il avait aimé l'expérience, en fin de compte. Il avait aimé l'idée de perdre le contrôle, de le leur abandonner. C'était si nouveau. Il ne se souvenait de rien sinon qu'au réveil elles étaient là, dans son lit, nues autour de lui.

Il écrivit : « On se voit ce soir ? »

CHAPITRE 54

Ceux d'en bas

Il pleuvait. Une pluie glacée, torrentielle, qui tombait dans l'obscurité autour du chalet et faisait fondre la neige. Assis devant son écran Samsung Odyssey Ark, Emmanuel Sachs faisait face au Club des Inénarrables Enquêteurs.

— Dix nous a dit qu'Hirtmann venait d'entrer en contact avec eux, dit Louise. C'est tout ce qu'ils savent. Ils attendent qu'il se manifeste de nouveau.

— Il n'a rien dit d'autre ?

— Il s'est vanté, répondit Lisa à la place de sa sœur. Après quelques verres et un peu de coke, son ego prend le dessus. Il a dit qu'Hirtmann ne lui faisait pas peur, mais on l'a senti inquiet.

Lisa eut un sourire furtif. Elle reluqua sa sœur puis la caméra.

— Il n'était vraiment pas en état de nous cacher quoi que ce soit, il faut dire.

Sachs savait à quoi les jumelles faisaient allusion. Comme il savait qu'elles participaient à d'autres forums que le sien, dont un en particulier qui dénonçait les harceleurs et les agresseurs sexuels dans les milieux de l'audiovisuel et du cinéma. L'écrivain connaissait leur histoire, leurs blessures, leurs obsessions. Quand Dix avait commencé à parler d'Hirtmann dans ses émissions, Sachs s'était mis à les regarder, même s'il n'en attendait pas grand-chose. Puis les jumelles lui avaient rapporté la réputation que Dix avait dans le milieu, et une idée lui était venue : ils s'étaient mis d'accord pour qu'elles assistent à son émission. Il avait estimé la probabilité que Dix les remarque dans le public à 100 %.

— Parfait, dit-il. Et à Toulouse, on a du nouveau ?

— Selon notre contact là-bas, personne ne surveille l'appartement du commandant depuis qu'ils l'ont mis au vert, déclara à son tour le gamin à la barbiche mauve et au bonnet de laine. Il n'y a pas de flic qui tourne autour.

Sachs hocha la tête. Un flash dans sa mémoire. Le parking Victor-Hugo, sur la place du même nom, au centre de Toulouse. Un parking aérien en béton au-dessus d'un marché couvert. De l'un des étages, en se plaçant entre les voitures, on plongeait sur l'appartement du policier. Un soir où il était en ville, il était monté là-haut pour essayer de se mettre dans la peau d'Hirtmann épiant Servaz. *Il voulait être Hirtmann.* Pendant une minute ou deux. Pour le livre. Pour le fun. Pour sentir ce que cela faisait. C'était comme ça qu'il fonctionnait quand il écrivait : aller sur place, s'identifier, changer de personnalité, *être un autre*... Bien qu'ouvert sur l'extérieur, le parking était très sombre, cerné seulement par le halo des lumières de la place en contrebas. Il s'était avancé au milieu des rangées de voitures, sous le plafond bas et obscur, quand son cœur s'était mis à battre plus vite : il y avait une silhouette entre deux voitures, en face de l'appartement du flic. Un homme. Grand. Manteau sombre. Debout près du bord. Il lui tournait le dos. Il étudiait les fenêtres éteintes de l'immeuble qui se dressait de l'autre côté de la rue : *celles du commandant*. L'écrivain avait reconnu la silhouette, même de dos. Il avait retenu sa respiration, cœur battant, s'était faufilé entre les véhicules, derrière l'homme.

— Hirtmann ?

Immobile, la silhouette n'avait pas réagi. Il avait hésité, avalé sa salive.

— Je suis un de vos plus grands admirateurs, avait-il articulé, la gorge serrée.

Le Suisse avait eu un tressaillement presque imperceptible.

— Il n'habite plus ici, avait continué Sachs, si c'est lui que vous cherchez. C'est pour ça que c'est éteint. Mais… je sais où on peut le trouver.

Au même moment, une voiture de police était passée en bas, sirène en action, et il avait vu Julian Hirtmann faire un pas en arrière pour s'enfoncer un peu plus dans les ombres du parking.

— Je peux vous aider, avait-il poursuivi, la bouche sèche. Je *veux* vous aider.

Silence. La sirène s'était éloignée. Hirtmann ne réagissait toujours pas.

— Si seulement vous voulez bien me parler…

L'écrivain avait eu un mouvement de recul involontaire quand le Suisse avait brusquement pivoté vers lui, les yeux exorbités. Et Sachs les avait vus refléter dans l'ombre non seulement le halo lumineux de la place, mais une peur intense.

— Qui êtes-vous ? avait dit Hirtmann. Qu'est-ce que vous voulez ? De l'argent ?

La voix, frêle, était celle de quelqu'un de terrorisé. Une autre voix, féminine, s'était élevée sur la droite de Sachs.

— Chéri ? Tout va bien, chéri ?

Une femme approchait. Sachs avait reporté son attention sur le grand type dans la soixantaine qui lui faisait face. Ce n'était pas Hirtmann.

— Désolé, avait-il dit avant de filer, je vous ai pris pour un autre.

Il regarda l'écran.

— Vous avez trouvé quelque chose au sujet de cette maison de poupées et de ce journaliste ?

— Pas grand-chose en dehors de ce que vous a dit le commandant, répondit John Doe. *La Garonne* comme la police laissent filtrer peu d'infos sur la mort du reporter.

— Cherchez encore.

— En revanche on a du nouveau concernant les chauffeurs de taxi, annonça Lisa d'un ton triomphant.

Sachs sentit son pouls accélérer.

— On a fini par en trouver un qui a reconnu la photo d'Hirtmann : *il est sûr de l'avoir pris à l'aéroport*. Il est formel. Sauf qu'il ne se souvient plus ni quand ni où il l'a déposé. Il se souvient toutefois que le Suisse a payé cash et lui a filé un confortable pourboire.

Une erreur, songea Sachs. En admettant que ce fût bien Hirtmann dans ce taxi, il avait commis sa première erreur. Il se dit que même les plus malins pouvaient en commettre de temps en temps.

— Il est vraiment sûr de lui ?

— À 200 %.

Il sentit l'excitation le gagner. Bon sang, ça se confirmait ! *Hirtmann était bien venu à Toulouse !* Et il y était peut-être encore… Quel dommage que ce n'eût pas été Hirtmann dans ce parking ! Son livre aurait pris une tout autre tournure. Mais il n'était peut-être pas trop tard. Il avait derrière lui des centaines de personnes qui cherchaient, creusaient, guettaient. Une police parallèle à sa disposition. Ils finiraient bien par le trouver.

— Ce chauffeur de taxi, dit-il, il doit avoir une comptabilité, des factures…

Louise hocha la tête.

— Oui, on y a pensé. On lui a promis une somme d'argent s'il arrivait à nous fournir plus d'informations sur ce client…

— Et on a trouvé autre chose, enchaîna le youtubeur à la barbiche et au bonnet. Ça concerne l'amant de Léa Delambre.

Sachs hocha la tête. Tout ce qui pouvait lui donner barre sur le commandant Servaz était bon à prendre.

— Je t'écoute.

— Il a un enfant malade. Maladie de Niemann-Pick. Une maladie génétique neuro-viscérale qui se déclare d'ordinaire pendant la petite enfance. Elle se manifeste par une atteinte pulmonaire, possiblement aussi des insuffisances hépatiques et, plus tardivement, des symptômes neurologiques. Il a mis en ligne sur ses réseaux des informations concernant la maladie, avec la photo de son enfant.

Sachs réfléchit.

— Une atteinte hépatique, c'est le genre de cas dont s'occupe le Dr Léa Delambre à l'hôpital Purpan, dit-il.

— Exact. Il semblerait que le toubib soit rentré d'Afrique pour retrouver sa famille quand la maladie de son fils s'est déclarée…

— Léa Delambre serait rentrée pour le suivre ? hasarda Sachs.

— Ou peut-être qu'elle avait décidé de rentrer de toute façon, suggéra Louise. Et qu'elle ne voit plus cet homme que dans le cadre du protocole de soins de son enfant. Auquel cas les soupçons du commandant la concernant ne seraient pas justifiés.

— Mais elle n'a quand même rien dit à notre ami, fit-il observer en souriant. Excellent travail ! Continuez.

Il mit fin à la communication, prit quelques notes pour le livre puis redescendit dans le séjour, où un feu ronflait dans le poêle. Ainsi donc, ils en avaient la certitude cette fois : *Hirtmann était bien dans le coin*. Une nouvelle qui l'emplit d'enthousiasme et d'allégresse. Ce soir-là, il se servit un château-lafite-rothschild premier cru classé de 2015 pour fêter ça. Mit sur la platine *Cain, overo Il primo omicidio* de Scarlatti.

Emporté par l'envolée des violons, laissant le vin tapisser son palais, il se remémora ce que Servaz avait dit au sujet de la maison de poupées : peut-être quelqu'un voulait-il leur faire croire que c'était Hirtmann qui l'avait mise là.

CHAPITRE 55

Là-bas, près de la rivière

Nina Diaz appela Daisy. Dans ses écouteurs, Harry Styles lui expliquait que ce n'était plus comme avant. Elle avait l'impression que le chanteur s'adressait à elle. Et à elle seule. En voilà un qu'elle aurait volontiers mis dans son lit, tatouages et allure androgyne inclus.

Harry Styles, c'était son type d'homme. Nina était de celles qui se réjouissaient que les barbes de bûcheron toilettées et les bonnets de laine en plein été se soient faits de plus en plus rares dans les rues. Elle en avait jusque-là de se faire courtiser par des néo-bohèmes qui crachaient sur ses goûts *mainstream* pour les blockbusters et les comédies romantiques et qui voulaient l'initier à des trucs aussi gonflants que l'électro suédoise et le cinéma rétro.

Les poumons rassasiés de plein air, elle fit quelques étirements en attendant que Daisy revienne de son exploration. Consulta le cardiofréquencemètre de son Apple Watch. Elle avait bouclé la première partie de son parcours en vingt minutes chrono, s'apprêtait à courir la seconde dans le même temps. Quatre kilomètres aller, quatre retour avant de démarrer sa journée. Elle sentit que les endorphines commençaient à faire leur effet : euphorie, pleine conscience, sensation d'être sur un nuage… Elle chercha Daisy des yeux. *Merde, où était-elle passée ?* D'ordinaire, Daisy revenait en galopant quand sa maîtresse l'appelait, alléchée par la perspective de se livrer à son sport favori : le jeu du Lancer de Bâton. À treize ans, Daisy était une vieille chienne qui n'avait pas toujours eu la vie facile mais qui rattrapait le temps perdu.

Sa maîtresse se demandait souvent si son cerveau étroit gardait le souvenir de tous les mauvais traitements que ses anciens maîtres, ces espèces de salauds sans cœur, lui avaient fait subir et dont elle portait encore les stigmates quand le refuge l'avait accueillie. Elle espérait que non. Qui pouvait être assez cruel pour battre l'être vivant le plus fidèle et le plus aimant de toute la Création ?

Daisy serait à jamais une chienne craintive et peu sociable, mais Nina essayait de lui donner tout l'amour dont elle était capable, et Daisy le lui rendait bien quand elle s'endormait le soir sur ses genoux, devant la télé, et qu'elle blottissait sa tête contre le menton de sa maîtresse.

Nina n'éprouvait que peu d'empathie pour les enfants qui mouraient de famine dans des pays lointains, pour ceux qui étaient tués sous des bombardements, ou encore ceux qui étaient atteints de maladies rares. Elle n'en éprouvait guère plus pour ceux qui vivaient dans des pays où régnaient la terreur et la misère. Bref, pour tout ce qui était aussi éloigné que possible de son agréable existence de propriétaire d'une salle de gym. En revanche, elle en avait à revendre pour nos amis à quatre pattes.

— Daisy !

Comme sa chienne ne reparaissait pas, elle retira ses écouteurs, l'entendit aboyer dans les fourrés. Elle se demanda ce que Daisy avait trouvé. Nina n'avait pas le temps de s'attarder : elle voulait éliminer toutes les calories et les toxines du dîner entre amis de la veille ; elle avait couru jusqu'à l'endroit où le chemin carrossable se changeait en un vague tracé à peine discernable au milieu des hautes herbes, puis s'arrêtait brusquement devant une brousse de taillis et d'arbustes presque impénétrable. C'était dans cette brousse que Daisy avait disparu et jappait à présent.

— Daisy, allez, viens !

Nina n'avait aucune envie de s'enfoncer là-dedans, d'y laisser ses leggings et sa veste de running flambant neuve.

Est-ce que sa chienne devenait sourde en vieillissant ? Daisy continuait d'aboyer, et le message était on ne peut plus clair : « Viens voir. » Et puis zut. Nina se glissa entre les fourrés, accrocha une première fois sa veste en pestant, fit le tour du buisson.

Daisy était là. Ses grands yeux bruns fixés sur quelque chose qui dépassait du sol.

Qu'est-ce que c'était ?

Et cette odeur !

Une main plaquée devant le nez et la bouche, respirant par celle-ci, elle fit un pas de plus.

Ce que fixait Daisy, c'était un tube en plastique bleu d'environ vingt centimètres qui sortait du sol, là où les hautes herbes avaient été remplacées par un rectangle de terre fraîchement remuée et recouvert d'une mince couche de neige. Nina tressaillit. Des insectes noirs entraient et sortaient du tube : un spectacle des plus dégoûtants. Déjà Daisy se jetait sur le tuyau, refermait ses crocs dessus en grognant comme s'il s'agissait d'un os, puis, ne parvenant pas à l'arracher du sol à demi gelé, elle se mit à gratter autour à toute vitesse.

Nina voulut la prendre mais sa petite chienne lui échappa, sauta de ses bras et se remit à gratter de plus belle.

Qu'est-ce qu'il y avait là-dessous ?

Comme toute personne passant ses soirées devant des séries telles qu'*Esprits criminels* ou des docs de *true crime* sur Netflix, Nina Diaz ne manquait pas d'images mentales de scènes de crime.

Et, l'un après l'autre, les symptômes arrivèrent : cœur qui s'emballe, tension dans les muscles, respiration plus rapide, tandis que sa chienne grattait encore et encore avec la frénésie d'un chercheur d'or.

Quand la forme commença à émerger de sa gangue de terre durcie, Nina eut un hoquet et comprit. Qu'elle n'oublierait jamais cette vision. Qu'elle reverrait cet instant plus d'une fois. Qu'elle allait faire des cauchemars. Elle recula. Choc, commotion, répulsion. C'était pire que tout ce qu'elle voyait dans les séries télé, oh oui. Parce que c'était *réel* – et que ça lui arrivait *à elle*. Un visage de femme : la peau commençait à noircir sous l'effet de la putréfaction, le tuyau était enfoncé dans la bouche comme un tuba, les yeux exorbités. Elle se fit la réflexion, malgré un début de nausée, que ça avait dû être un beau visage. À ceci près que l'éclat des iris était terne, sans vie, et que des insectes nécrophages avaient dû ronger les lèvres, car deux rangées de dents apparaissaient à leur place autour du tube en plastique.

Elle détourna les yeux en sentant les premiers spasmes agiter son estomac et son œsophage.

Fit un pas en arrière.

Une pensée la traversa, ou plutôt une voix : celle de l'agent spécial Leroy Jethro Gibbs dans *NCIS* lui disant de *ne pas souiller la scène de crime*…

Elle lorgna Daisy, laquelle continuait de gratter allègrement, indifférente au côté morbide de sa découverte comme aux dégâts qu'elle pouvait causer. Nina prit plusieurs inspirations avant de surmonter sa répulsion et de s'avancer vers la tombe – car c'était bien d'une sinistre, d'une horrible sépulture qu'il s'agissait – pour attraper Daisy au vol tout en évitant de porter son regard vers le masque de cauchemar au ras du sol. Elle lui passa la laisse les mains tremblantes, puis s'empressa de mettre entre cette abomination et elles une distance suffisante.

Tenant d'une main la laisse – sur laquelle sa chienne tirait de toutes ses forces comme si la macabre découverte lui avait rendu la vigueur de ses jeunes années –, Nina Diaz sortit son téléphone de l'autre. Une pensée la heurta : elle ne reviendrait jamais ici.

CHAPITRE 56

Entre toutes les femmes

Il eut soudain envie de faire demi-tour, de remonter dans la voiture. Ce n'était pas la première fois. Il savait qu'un jour il céderait à cette envie. Qu'un jour il enverrait tout promener. Comme tant d'autres avant lui l'avaient fait.

Mais pas aujourd'hui.

Il se baissa pour passer sous le ruban antifranchissement que Samira maintenait levé. Elle l'observa d'un air songeur et il devina ce qu'elle pensait. Elle se demandait s'il allait tenir le coup après ce qu'il s'était passé en juin… *après Vincent*.

— Ça va ? demanda-t-elle, confirmant ses soupçons.

Il hocha la tête, passa devant elle en direction des buissons où se déroulait le ballet habituel des techniciens en combinaisons blanches. Le ciel au-dessus de la Garonne se déployait en un gris uniforme et sans relief, comme si on avait coulé une dalle de béton d'un bord à l'autre du paysage. La seule note discordante était la touche de blanc, là où la ligne des Pyrénées fermait l'horizon.

Le froid piquait ce matin, même si la température était remontée de plusieurs degrés. En se levant, il avait entendu à la radio qu'il avait plu au-dessus de deux mille mètres et que, dans les stations, les professionnels étaient inquiets à l'approche de Noël. Il s'était fait la réflexion, en entendant les commentaires convenus sur les enjeux économiques et climatiques, que la plupart des stations pyrénéennes avaient été créées après 1945, et pour certaines dans les années 1970, et que ceux qui avaient cru cette forme de tourisme éternelle devraient commencer à envisager sérieusement leur reconversion.

Il aperçut, à l'écart, les premiers gendarmes appelés sur place. Servaz vit qu'ils étaient pâles et nerveux. Il se dit qu'on ne les avait pas formés pour ça : aucune école ne préparait à ce genre de chose. En contournant lentement les derniers buissons, il fit le vide en lui. En d'autres circonstances, la vue des techniciens en identification criminelle s'affairant en silence autour de la victime, leur professionnalisme à toute épreuve, l'aurait aidé à la dépersonnaliser. Pourtant, quand il posa les yeux sur elle, sa première pensée fut que cette femme n'aurait pas dû se trouver là, exposée aux regards de tous ces gens, dont la plupart étaient des hommes, mais chez elle, en sécurité et au chaud. Elle avait été entièrement déterrée, mais des TIC continuaient de creuser des tranchées profondes tout autour, de sorte qu'elle avait l'air couchée sur un autel lui-même dressé au milieu d'une fosse ; tout en pelletant, ils glissaient des petits tas de terre noire dans des sachets pour analyse. Il inspira. Écouta. Balaya du regard toute cette activité comme un plongeur en apnée reprend son souffle à la surface avant de replonger. Puis il poursuivit son examen. Elle avait des larves au coin de ses yeux morts et au coin de la bouche. D'autres sur les plaies ouvertes de ses seins tranchés, et encore d'autres sur son sexe nu.

Des insectes allaient et venaient un peu partout. Ses poignets et ses chevilles étaient attachés avec du fil de fer, qui les avait cisaillés jusqu'à l'os ; elle s'était férocement débattue, elle avait lutté pour sa vie.

— Elle avait ça dans la bouche, dit Fatiha Djellali, la légiste, en montrant le tuyau en plastique bleu qu'elle tenait dans sa main gantée de nitrile, et Servaz nota que ses gants et le tuyau étaient presque de la même couleur. C'est ça que le chien de la joggeuse a d'abord repéré et essayé de déterrer.

— Salut, Fatiha, dit-il.

— Salut, Martin, dit la femme aux longs cheveux noirs et brillants.

Elle l'examina, sourcils froncés.

— Qu'est-ce qu'il vous est arrivé au visage ?

— J'ai appris à mes dépens ce qu'est une forêt de conifères.

Elle le regarda sans comprendre.

— Il y en a une autre en dessous, dit-elle ensuite.

Il y eut un moment de stupeur, un moment pendant lequel il se demanda s'il avait bien entendu.

— Une autre quoi ?

— Une autre femme… Elles sont couchées horizontalement, l'une au-dessus de l'autre.

Samira et la nouvelle – Stéphanie – s'étaient approchées. La nouvelle portait une grosse doudoune rouge doublée de duvet, un fuseau et un bonnet à pompon. On aurait dit qu'elle venait de poser ses skis et qu'elle cherchait le remonte-pente. Samira portait une veste en cuir sur un pull à col montant, et la légiste un long manteau sombre. Un des TIC, qui effectuait les prélèvements entomologiques, et qui avait réuni une quantité impressionnante d'insectes dans ses boîtes, se redressa pour s'approcher de la légiste.

— Il faut appeler Météo-France pour savoir quelle température il a fait ces derniers jours et ces dernières nuits dans le secteur, dit-il. Le froid a pu retarder la décomposition. On pourrait facilement se planter si on ne tient pas compte de la température du sol.

— La durée du cycle de développement des larves dépend principalement de la température environnante, précisa Fatiha Djellali.

— Il s'agit de larves nécrophages, qui se nourrissent de chair morte donc, ajouta le TIC en s'adressant à Servaz et aux autres.

— Mmm, fit le commandant.

Il connaissait la chanson, mais il savait aussi que les spécialistes ont besoin d'énoncer certaines évidences à voix haute.

— Cela dit, il arrive qu'on en trouve sur des êtres humains vivants, poursuivit le technicien d'une voix dépourvue d'émotion, on parle alors de « myiases », sur les escarres de personnes âgées, ou à l'intérieur des couches de nourrissons.

Servaz jeta un coup d'œil à la nouvelle. Le rouge que le froid lui avait mis aux joues avait disparu. Elle était blême. Le TIC retourna à ses occupations.

— Ton hypothèse ? demanda-t-il à la légiste.

— Je t'en dirai plus quand…

— Fatiha…

— OK, elles ont dû être enterrées vivantes, mais celle du dessus aura vécu plus longtemps là-dessous grâce au tuyau. Jusqu'à ce que le grouillement des insectes entrant dans le tube et dans sa gorge finisse par lui couper la respiration ou qu'elle ait fait un arrêt cardiaque, l'autopsie le déterminera. Ces insectes nécrophages peuvent sentir l'odeur d'un cadavre à de grandes distances, alors si celle du dessous est morte avant la première…

Elle laissa sa phrase en suspens. Servaz comprit. Il sentit son estomac se révulser. Celle du dessous, en mourant la première, avait attiré les nécrophages dans le tuyau par lequel respirait celle du dessus.

— Si ça a été fait exprès, dit Samira, c'est l'un des trucs les plus tordus que j'aie jamais vus. Faut vraiment être un putain de taré pour imaginer une saloperie pareille.

Stéphanie Kraczyk s'était avancée pour écouter. Elle se recula vivement, comme si elle ne pouvait supporter d'en entendre davantage. Samira interrogea Servaz du regard.

— Les poignets et les chevilles attachés avec du fil de fer, c'est la signature d'Hirtmann, lui fit-elle remarquer.

— Mmm. Mais il n'a jamais enterré ses victimes vivantes, à ma connaissance. Et cette histoire de tuyau aussi, c'est nouveau. Ça ne lui ressemble guère.

— Il aura ajouté un raffinement.

Servaz la regarda sans conviction. Puis il montra l'antenne-relais qui se dressait sur une colline, de l'autre côté du fleuve.

— Ça, fit-il, ça signifie des milliers de cartes SIM qui ont borné. En plus, l'autoroute n'est pas loin. Je ne sais pas combien de voitures passent ici chaque jour. Il va falloir qu'on identifie tous ces téléphones un par un, ça va prendre des semaines.

— Si c'est Hirtmann, c'est une perte de temps, objecta Samira. Il utilise forcément des appareils intraçables.

— Autre chose, dit-il, la personne qui a découvert la scène de crime, cette propriétaire de salle de gym :

on l'embarque et on la secoue un peu pendant l'audition. On lui fait comprendre que si elle cause, elle va se retrouver en garde à vue. Je ne veux pas d'interférences extérieures sur cette enquête.

Deux, pensa-t-il. *Elles étaient deux là-dessous. Deux sur trois.* S'agissait-il de la mère de famille enlevée sur un parking de supermarché, de l'adolescente qui rentrait du lycée ou de l'Allemande dont le mari avait été retrouvé mort dans un chalet de location ? Ou bien d'autres victimes ? Et si c'étaient bien deux de ces trois-là, *où était la troisième ?* Pourquoi n'était-elle pas avec les deux autres ? Est-ce qu'elle était encore en vie ? Il regarda la vice-procureure en manteau noir passer sous le ruban et lancer ses premières instructions à un trio de gendarmes désœuvrés :

— Gardez-moi les curieux et leurs smartphones à distance ! Je ne veux pas voir de photos ni de vidéos sortir sur les réseaux sociaux !

Elle s'avança vers eux. Manteau d'hiver et tenue de ville, mais la magistrate du parquet de Toulouse avait eu la présence d'esprit de remplacer ses talons par des sneakers rouge et jaune du plus bel effet. Elle tendit à Servaz une main gantée :

— Bonjour, commandant. Alors comme ça, on est de retour ?

CHAPITRE 57

La désobéissance

L'autopsie confirma qu'elles avaient été enterrées vivantes. *Enterrées vivantes*... Rien que les mots convoquaient des images. Il y avait un dingue là-dehors qui enlevait des femmes, creusait un trou pour les mettre en terre et les laissait mourir dans l'obscurité et le froid, dans la plus grande terreur que puisse éprouver un être humain : celle d'être enterré vivant. Dieu seul sait combien de temps ça avait pris. Les deux malheureuses avaient été identifiées : il s'agissait de Nadia El Madani, vingt-six ans, infirmière, vue pour la dernière fois début octobre sur le parking d'un supermarché près d'Auch, et de Noémie Colin, dix-sept ans, disparue le 10 novembre alors qu'elle rentrait de son lycée à Saint-Gaudens.

En arrivant à l'hôtel de police, il se demanda combien de temps encore il tiendrait. Combien de temps avant qu'il dise : *stop, que d'autres s'en chargent, que quelqu'un prenne la relève, s'il y a encore dans ce pays quelqu'un qui a envie de le faire, j'ai fait ma part, de toute façon ça ne sert à rien, on a perdu la guerre*. Il laissa Samira appuyer sur le bouton de l'ascenseur. Dans la cabine, il tourna discrètement son regard vers elle. Ses yeux entourés de crayon noir semblaient légèrement plus ouverts, plus las, plus rêveurs que d'habitude.

Est-ce qu'elle aussi approchait du point de rupture ?

En cet instant, il prit une décision. Il ne la laisserait pas tomber. Pas tant que cette affaire ne serait pas résolue.

Ils émergèrent de la cabine et se dirigèrent vers leurs bureaux respectifs. Quelqu'un surgit d'une pièce attenante, un dossier sous le bras, et les vit. Il regarda Servaz, montra le bout du couloir.

— Hervelin veut te voir, lui lança-t-il.

En l'observant à la dérobée, il constata que le divisionnaire avait l'air épuisé. Même les chefs aujourd'hui étaient dépassés. Tout le monde l'était. L'eau montait, et il n'y avait pas assez de canots à bord du *Titanic*.

Comme toujours, Hervelin paraissait sortir des pages d'un magazine : veste marron glacé, chemise assortie, cravate plus claire au nœud serré, cheveux noirs et coupe impeccable qui témoignait d'une fréquentation assidue des salons de coiffure. Il arrivait au mitan de la quarantaine mais en paraissait dix de moins. Servaz avait entendu dire qu'on pouvait trouver le plus jeune directeur qu'ait connu la police judiciaire toulousaine tous les soirs après minuit dans une salle de sport du centre-ville ouverte vingt-quatre heures sur vingt-quatre, en train de transpirer sur des tapis de course, une boisson protéinée à portée de main et dans les écouteurs des podcasts de développement personnel. Il commençait à avoir quelques fines ridules au coin des yeux, mais Servaz se demanda si les pommettes étaient naturelles ou avaient été confiées à un chirurgien. Même chose pour les lèvres un brin trop féminines.

Le regard brun ourlé de longs cils très noirs pouvait changer à volonté d'expression, se faire chaleureux, enjôleur, plein d'humour ou au contraire froid et distant. C'était à cette dernière version que Servaz avait droit ce jour-là, de l'autre côté du grand bureau.

— Sur quoi vous travaillez, commandant ? demanda le divisionnaire.

Le ton était sec. Il avait conclu sa phrase par un reniflement que Servaz avait appris à reconnaître et qui trahissait son agacement.

— Sur quoi ? dit-il en s'étonnant ostensiblement de la question. Sur le meurtre de ce journaliste, Charles Fayolle : c'est là-dessus que la juge a ouvert une information judiciaire, vous vous souvenez ? Et maintenant, on a aussi sur les bras deux femmes enterrées vivantes.

Hervelin acquiesça.

— Dans ce cas, vous pouvez m'expliquer comment vous trouvez le temps de vous intéresser à la famille Mandel et pourquoi vous le faites ?

Servaz dévisagea le divisionnaire. C'était donc ça. Des coups de fil avaient été passés. Ils n'avaient pas traîné.

— Le journal que Fayolle a laissé, commença-t-il. Il enquêtait sur les nombreuses disparitions et meurtres de jeunes femmes qui ont eu lieu dans la région des années 1990 jusqu'en 2009. Il semble qu'il soupçonnait des gens importants d'être derrière tout ça.

Hervelin le fixa. Servaz ne lut que scepticisme et hostilité dans son regard.

— Et par quel cheminement étrange, tortueux, en êtes-vous arrivés, vous et votre groupe, à penser que des membres de la famille Mandel pourraient être ces… *gens importants* ?

Servaz hésita. Il se demanda dans quelle mesure, en révélant certains détails à Hervelin, il ne les donnerait pas à l'ennemi. Ou bien était-il en train de devenir parano ? Il parla du Caousou, de la colonie des Isards, des phrases dans le journal de Fayolle où il était question d'une « chouette » et des « origines »… À mesure qu'il parlait, il sentit à quel point ce qu'ils avaient était léger, sans consistance, bâti sur du sable : ça n'aurait pas tenu une seconde devant un tribunal. Il se demanda aussi qui avait informé Hervelin : la nouvelle, Meyrink ou quelqu'un d'autre ?

Hervelin n'était pas comme son prédécesseur. Chabrillac aurait foncé tel un taureau et hurlé sur ses subordonnés. Hervelin était plus fin, plus policé. Sans doute considérait-il que l'élégance était la première des vertus.

— Je comprends, dit-il dans un premier temps, comme s'il était d'accord. Je comprends que ces vieilles histoires aient pu obséder un journaliste en fin de carrière…

Le ton néanmoins était froid et, à l'air que le divisionnaire affichait, Servaz comprit que la suite n'allait pas lui plaire.

— Et, par la même occasion, poursuivit Hervelin, quelqu'un qui, comme vous, *est lui aussi là depuis longtemps…*

Le visage de Servaz s'empourpra.

— C'est ce qui arrive quand on est dépassé par les évolutions du métier, les changements d'époque : on se cherche des raisons de croire que les autres ont tort et qu'on a raison, on se dit qu'ils ne savent pas ce qu'on sait…

Servaz en resta muet. Il était furieux. Il ne pardonnerait jamais à Hervelin de lui avoir parlé ainsi.

Il faillit perdre toute contenance, mais il laissa le divisionnaire aller au bout.

— Vous êtes une *légende*, Servaz, je ne peux pas le nier. Il y a autant de gens dans ces couloirs qui vous détestent et qui vous jalousent que de gens qui vous vouent une espèce de… culte bizarre. Vous êtes le type qui a arrêté Julian Hirtmann au péril de sa vie et, soit dit en passant, en faisant fi de toutes les règles et en mettant dans l'embarras mes prédécesseurs. Celui qui a mis hors d'état de nuire le général Thibault Donnadieu de Ribes et sa milice, celui qui a confondu Éric Lang, sans parler de ces jeunes gens dans cette école où se trouvait votre propre fille et de cette vallée coupée du monde où vous avez dû faire face à des foules en colère. Celui qui a frôlé la mort, qui a reçu une balle en plein cœur et qui a survécu. Celui qui est revenu du coma. Ce n'est pas compliqué : on a l'impression que toutes les grandes affaires qui, depuis quinze ans, défrayent la chronique judiciaire de cette ville et de cette région ont été résolues par votre groupe. Certains pourraient penser que ça vous rend intouchable. Pas moi. Je pense que votre réputation est surfaite, que vous avez eu beaucoup de chance.

Hervelin le regarda. Il renifla de nouveau.

— Pendant longtemps, vous avez bénéficié de votre aura, de tout ce folklore, cette mythologie qui se sont construits autour de votre personne. Mais les temps changent, commandant, les choses qui étaient permises naguère ne le sont plus aujourd'hui, les anciennes idoles sont abattues. On fait place nette, on assainit, on *hygiénise*.

Le divisionnaire montra le téléphone fixe sur son bureau.

— Vous vous rendez compte à quel point ce que vous avez repose sur du vent ? Les avocats de Lucas

Mandel viennent de saisir l'IGPN pour harcèlement et comportement illégal à l'encontre de leur client. Bon Dieu ! Les caméras de l'aéroport vous montrent en train de suivre Mandel, celles de la cimenterie vous filment en train de courir derrière les grillages et celle du péage de l'A64 en train de coller au train sa Tesla ! Tout ça est parfaitement ridicule ! Qu'est-ce qui vous a pris ?

Servaz écarquilla les yeux :

— Comment ont-ils fait pour obtenir les images si vite ?

Hervelin balaya la question d'un geste.

— Ils ont aussi expliqué, continua-t-il, que, quand vous avez eu votre accident, des employés de Mandel redescendaient de son chalet et ont assisté à la scène. Ils affirment qu'ils se sont arrêtés pour vous porter secours et vous ont cherché en vain dans la forêt. Ils ont ensuite appelé le 15, ce dont on a la preuve. Presque en même temps que vous avez appelé de votre côté la capitaine Cheung. Les employés ont déclaré ne pas avoir compris pourquoi vous vous étiez enfui dans cette forêt et qu'avant ça votre vitesse était… « dingue » : c'est le mot qu'ils ont employé.

— La leur aussi, dans ce cas, glissa-t-il.

— Plaît-il ?

— Ce sont des conneries. Ce sont eux qui ont provoqué mon accident.

Hervelin fronça les sourcils.

— Vous voulez dire qu'ils vous ont poussé ?

— Non, ils ne m'ont pas poussé.

— Un autre véhicule vous a touché, alors ?

— Non.

— Avez-vous été menacé d'une quelconque façon, commandant, au cours de cette soirée ?

Il hésita :

— Quand j'étais là-haut, ils ont lâché des chiens…

— Sur vous ?

— Oui et non… pas exactement sur moi. Mais comme je courais, les chiens m'ont poursuivi.

— Je ne comprends pas : qui s'est mis à courir en premier ? Les chiens ou vous ?

— Moi.

Hervelin jeta à Servaz un regard suffisant, esquissa un petit sourire dédaigneux.

— Ça arrive tout le temps, vous savez, des accidents avec des chiens de ferme. Sans parler de tous ces randonneurs qui rencontrent des chiens de berger là-haut dans la montagne et qui commettent l'erreur de courir.

— Ce n'étaient pas des chiens de ferme.

Hervelin secoua la tête d'un air incrédule.

— D'accord, d'accord, ce n'étaient pas des chiens de ferme… Désolé, commandant, mais je dois vous retirer cette enquête le temps que l'IGPN fasse la lumière sur tout ça. Vous continuez à enquêter sur les deux cadavres qu'on vient de trouver. Mais vous ne vous approchez plus, ni de près ni de loin, de la famille Mandel. Et c'est la capitaine Cheung qui prend temporairement la tête du groupe.

Au lieu de répondre, il se contenta de fixer Hervelin sans bouger, trop choqué pour parler, jusqu'au moment où le divisionnaire se sentit obligé d'ajouter :

— J'aurais aimé que les choses se passent autrement.

Sans un mot, Servaz se leva et quitta le grand bureau.

— Je rentre, dit-il à Samira une minute plus tard.

Levant les yeux vers la porte, elle l'observa, désemparée. Elle savait ce que ce ton signifiait.

— Qu'est-ce qu'il t'a dit ?

— Je te raconterai. Faut que j'aille prendre l'air. Et il paraît que c'est toi la cheffe, désormais.

— Quoi ?

Il tourna les talons, partit vers l'ascenseur. En l'appelant, il vit Samira qui filait demander des explications au divisionnaire. Il récupéra sa voiture au parking. Il allait mettre le contact quand il fut interrompu par la sonnerie du téléphone.

Sachs.

Il n'avait pas envie de parler à l'écrivain, pas maintenant – mais il se dit que celui-ci avait peut-être des infos.

— Commandant, il faut que vous veniez tout de suite !

La voix était celle de quelqu'un qui panique.

— Qu'est-ce qu'il se passe, Sachs ?

— Hirtmann. Il est là. Dehors !

CHAPITRE 58

La tempête de neige

Blanc. C'était le seul mot qui lui venait à l'esprit. Blanc.

Tout était blanc.

Du moins depuis qu'il avait quitté l'autoroute pour s'enfoncer entre les premiers contreforts pyrénéens.

Les flocons se précipitaient vers lui, ou bien c'était lui qui se précipitait vers eux. Le ruban de la route était encore noir au milieu, mais la neige qui tombait commençait à tenir sur les bords.

Et encore, il n'avait pas atteint les derniers lacets avant le col et le chalet de Sachs, qui le hausseraient de quelques centaines de mètres, assortis d'une chute de température.

Il avait essayé de joindre l'écrivain à plusieurs reprises, mais il avait eu chaque fois droit à la messagerie. Il franchit le dernier tunnel, vit le chalet devant lui comme il l'avait vu la première fois, quand il avait débarqué la rage au ventre après les propos de l'écrivain sur Léa. Sachs lui avait téléphoné ce matin à ce sujet, avant qu'ils apprennent qu'on avait trouvé deux corps près de la Garonne. Il lui avait parlé de l'enfant du toubib et de sa maladie. Selon Sachs et ses détectives amateurs, Léa ne voyait plus le beau médecin que dans le cadre des soins qu'elle prodiguait à son fils. Alors, *amant ou ex-amant* ?

Pourquoi ne lui avait-elle rien dit ?

Parce qu'elle avait peur qu'il en tire des conclusions erronées ? Qu'il pense qu'elle était rentrée à cause de son amant ? N'était-ce pas le cas, au fond ? Il vint se garer au pied de la grande terrasse, coupa le moteur. Se pencha pour ouvrir la boîte à gants. Il vérifia le chargeur de son arme de service.

Descendit. Le froid l'enveloppa aussitôt comme une couverture humide. Mais il ne neigeait plus, et les nuages s'étaient éloignés. La lune et la nuit claire à présent lui fournissaient assez de visibilité.

Il enjamba la congère, gravit les marches jusqu'à la terrasse.

— Sachs ?

Il avait crié ; la montagne lui renvoya son cri sous forme d'écho. Pas de réaction. La porte d'entrée demeurait close. D'accord. Rester calme. Il braqua l'arme vers la maison, regarda à droite et à gauche, puis traversa la terrasse sans quitter la porte des yeux.

Il cogna dessus. Il attendit. Rien. Tourna la poignée, poussa. *Ouverte*.

— Sachs, vous êtes là ?

Il n'espérait pas vraiment de réponse. Il avait déjà compris qu'il n'y en aurait pas. Un feu dans le poêle. Le craquement des bûches pour tout bruit. La vibration dans la maison était celle d'un endroit récemment occupé. Ou alors il s'autosuggestionnait. Il fit le tour des pièces du rez-de-chaussée, monta à l'étage. Le bureau sous les toits. Vide. Le grand écran incurvé était éteint. L'ordinateur portable aussi ; il y avait une pile de pages imprimées à côté. Peut-être le futur livre de Sachs.

Il redescendit. Ressortit. Des traces de pas dans la neige de la terrasse. Les siens et une autre trace. Une trace *différente*. Comme si… comme si la personne avait piétiné la neige en… *chaussettes*. Quelqu'un – Sachs ? – avait fait le tour de la maison à partir de la porte d'entrée et semblait l'avoir fait sans être chaussé. Il suivit la trace. Elle contournait l'angle du chalet.

Il constata qu'elle s'éloignait ensuite vers les bois dans lesquels ils s'étaient promenés l'autre jour, Sachs et lui. En les examinant, il nota que c'était la trace – pointe plus enfoncée que le talon – de quelqu'un *qui courait*. Il se mit en marche. Sous la lune et les étoiles, la neige se parait d'une sorte de phosphorescence et de doux scintillement, comme si elle était incrustée de petites pierres précieuses. Il aurait certainement trouvé la vallée magnifique en d'autres circonstances.

Tout à coup, il se figea.

Une deuxième trace de pas, qui partait de la route, rejoignait la première et la suivait, au point que les deux se confondaient presque. Sauf que la première trace était celle de quelqu'un qui courait sans chaussures, les orteils nettement plus enfoncés dans la neige que le talon, la seconde celle d'une personne bien chaussée qui avançait en marchant, talon et pointe pareillement enfoncés, et sans hâte – car l'espacement plus réduit entre chaque empreinte indiquait une foulée mesurée.

Il frissonna.

Quelqu'un avait mis ses pas dans ceux de Sachs. Sachs qui fuyait, l'autre qui le suivait sans se presser…

Il atteignit les premiers arbres. Les traces s'enfonçaient entre les troncs. Son souffle s'envolait dans l'air glacial. Les étoiles elles-mêmes semblaient lustrées par le gel. Les branches nues des arbres à feuillage caduc dessinaient un canevas d'ombres sur la toile blanche de la neige, un de ces tableaux abstraits dont le sens est laissé à l'appréciation de celui qui regarde. Les sapins, eux, étaient blancs, leurs branches alourdies, comme vêtus de pesants manteaux de fourrure. L'atmosphère était irréelle. Servaz allongea sa foulée, s'enfonçant presque jusqu'aux mollets dans la poudreuse. Puis il s'arrêta. Il venait d'apercevoir de petites taches rouges au milieu des traces.

Du sang…

Celui qui courait avait ralenti. Il marchait, à présent. L'autre l'avait-il blessé et laissé repartir, attendant tranquillement qu'il s'épuise ? Une sorte de jeu du chat et de la souris ?

De nouveau, il frissonna ; devant lui, à quelques mètres, une troisième trace venait d'apparaître : contrairement aux deux autres, elle *revenait*, pointe dirigée vers lui. *C'était celle de la personne ayant des chaussures aux pieds.* À deux mètres devant lui, la trace s'écartait soudain du tracé des deux autres pour partir vers la droite, raison pour laquelle il n'y avait que deux traces jusqu'alors et trois à partir de là. *Quelqu'un* – la personne ayant des chaussures aux pieds – était revenu de l'endroit où les deux traces conduisaient puis, au lieu de retourner au chalet, avait bifurqué ici pour prendre une autre direction, sans doute celle de la route et d'une voiture. Il dépassa la bifurcation pour suivre la triple empreinte jusqu'au bout. Appela :

— Sachs !

Un envol lui répondit, des ailes froissant le silence. Le ruisseau était là, à demi gelé, un filet d'eau chuchotant dans la pénombre violette. Les trois traces – deux à l'aller, une qui revenait – suivaient plus ou moins son lit, contournant des rochers coiffés de neige et se faufilant entre les troncs.

Il regarda autour de lui, se demanda s'il était seul dans ces bois – ou plus précisément *s'il était le seul être humain vivant*. Il se sentit glacé, habité par une inquiétude croissante qui n'était pas là quand il avait pris la route. *Parce que les données avaient changé*. Son cœur cognait, sans qu'il sût si c'était dû au froid intense, à l'appréhension ou à l'effort que représentait le fait de progresser en levant les genoux dans quarante centimètres de neige.

Puis la trace de la personne qui revenait, la personne bien chaussée, s'interrompit – *elle faisait demi-tour à cet endroit précis* : on voyait la position du talon et de la pointe s'inverser entre la trace de l'aller et celle du retour – et il n'en resta plus qu'une pour continuer : celle de l'individu qui avançait en chaussettes…

Pour sauver sa peau ? Il était presque sûr qu'il s'agissait de Sachs, sorti de chez lui à la hâte, sans avoir eu le temps d'enfiler ses chaussures.

Son poursuivant avait renoncé à le suivre, en tout cas.

Était-ce une bonne ou une mauvaise nouvelle ? La personne qui suivait Sachs avait-elle pensé que mieux valait ne pas traîner dans le coin ? Ou bien avait-elle blessé sa proie à mort avant de vider les lieux ? Non. Il nota que les taches de sang diminuaient. Comme si la blessure cessait progressivement de saigner.

Brusquement, il vit quelque chose sur le tronc le plus proche, là où la personne avait fait demi-tour. Un « H » gravé dans l'écorce d'un arbre, sans doute avec un couteau. *H comme Hirtmann*. Il fit encore une centaine de mètres dans la poudreuse, l'air froid lui brûlant les poumons.

— Sachs, c'est moi, Servaz !

— Je suis là ! répondit une voix faible.

— Où ça ?

Sachs sortit lentement de sa cachette, émergeant entre deux grands sapins, agitant les bras de l'autre côté du ruisseau. Effectivement, la trace de ses pas sans chaussures se dirigeait vers le petit cours d'eau et réapparaissait sur l'autre rive jusqu'à l'endroit où se tenait Sachs. Si la personne qui lui avait emboîté le pas l'avait fait jusqu'au bout, elle n'aurait eu aucun mal à le trouver.

— Vous êtes blessé ?

— Non, ce n'est rien. Je me suis ouvert la main sur une branche en fuyant. Il est parti ?

— Oui, il est parti, je n'ai vu personne.

— Dieu soit loué.

Sachs s'avança vers le ruisseau, le traversa. Il était en chemise et en chaussettes. Il tremblait violemment, claquait des dents. Il était très pâle, presque gris. Servaz retira son manteau, en enveloppa tant bien que mal l'écrivain frigorifié.

— Bon Dieu, vous allez attraper une pneumonie ! Ça fait combien de temps que vous êtes là ?

— Depuis que je vous ai appelé.

Servaz calcula. Près de deux heures. Deux heures dehors par plusieurs degrés en dessous de zéro.

— Je ne sens plus mes pieds, dit Sachs.

— Venez, rentrons.

— Et vous, vous vous êtes fait quoi au visage ?

L'écrivain avait les pieds plongés dans une bassine remplie d'eau tiède, un plaid sur les épaules et un bandage à la main. Il était assis sur une chaise près du poêle, derrière la vitre duquel les flammes ronflaient.

Ce n'était pas tout. Une chicha était posée sur les lames grossières du plancher. Son eau frissonnait dans le réservoir en verre bleu chaque fois que Sachs tirait sur l'embout du tuyau, puis rejetait une fumée à l'odeur de miel, de fruits et de haschich. Servaz commençait à avoir la tête qui tournait. À la demande de l'écrivain, pendant que celui-ci prenait une douche chaude et passait des vêtements secs, il avait sorti le narguilé d'un meuble du living mais il avait décliné l'invitation d'en faire usage.

— Reprenons, dit-il. Depuis le commencement.

Sachs rejeta la fumée vers le plafond. Il avait les yeux vitreux.

— Encore ?

L'écrivain fit mine de réfléchir :

— J'étais en train d'écouter de la musique, le *Stabat Mater* de Vivaldi, quand j'ai entendu un bruit de moteur sur la route. J'ai regardé par la fenêtre et j'ai vu une voiture s'arrêter à une centaine de mètres du chalet, une silhouette en descendre et s'approcher en marchant. Je l'ai tout de suite reconnu. C'était *lui*, j'en suis sûr. J'ai étudié les photos où il apparaît des dizaines de fois…

— Et ensuite ?

Il tremblait encore légèrement, par intermittence, comme quelqu'un qui est en proie à des réminiscences longtemps après une prise de LSD.

— J'ai eu peur. J'ai réagi stupidement. Je me suis enfui du chalet pour me cacher dans les bois sans prendre le temps de mettre mes chaussures.

— Vous n'avez pas pensé aux traces que vous laissiez dans la neige ?

Sachs eut l'air un peu honteux.

— J'avais fumé un pétard… avec une grosse teneur en THC. Je n'avais plus les idées très claires.

— Justement, vous êtes vraiment sûr que c'était lui ? Même avec la Lune, il n'y a pas d'éclairage dehors.

Vous avez vu quoi, une silhouette ? C'était peut-être quelqu'un d'autre.

Le vent hululait contre les volets et faisait ronfler le poêle.

— Non, c'était lui. C'étaient ses yeux, son visage, son allure. J'en suis sûr. Et puis, si ça avait été quelqu'un que je connais, il m'aurait appelé au lieu de me suivre en silence dans la forêt.

Sachs avait encore l'air inquiet, les yeux écarquillés et injectés. Même si le hasch commençait à apaiser sa nervosité.

— Souvent, on croit reconnaître une personne, insista Servaz en scrutant l'écrivain, jusqu'au moment où on s'aperçoit qu'il s'agit de quelqu'un d'autre…

Sachs écarta l'embout de ses lèvres et regarda fixement le policier, tandis qu'un mince tortillon de fumée s'élevait de sa bouche entrouverte.

— C'était lui. Je le reconnaîtrais entre mille.

L'écrivain tira longuement sur le tuyau de la chicha, inhala, rejeta la fumée avant de reprendre la parole :

— Je vous l'ai dit, il a probablement infiltré notre communauté en se cachant derrière un pseudo et il suit les infos que nous partageons jour après jour. Du moins celles que nous partageons sur le forum principal, je ne vois pas comment il pourrait avoir accès au groupe privé. À moins qu'il n'ait un complice au sein des Inénarrables Enquêteurs, qui sait, je ne l'exclus pas…

Ses traits étaient encore empreints de tension ; une lueur naviguait dans ses yeux, derrière les lunettes, entre excitation et crainte.

— Peut-être que cette fois il est venu pour me faire peur, mais si nous continuons de le chercher, la prochaine fois il ne viendra pas pour rien. Je veux une protection…

Servaz secoua la tête :

— Il a voulu vous faire passer un message, voilà tout. Si c'était bien lui.

L'écrivain lui jeta un regard intense.

— Je vous ai dit que c'était lui. Vous avez vu le temps qu'il vous a fallu pour arriver jusqu'ici ? Que se passera-t-il s'il revient ?

— Il ne reviendra pas.

— Comment pouvez-vous en être aussi sûr ?

— Parce que je le connais. Il n'est pas idiot. Il ne prendra pas le risque de se montrer de nouveau après que vous avez alerté la police. Hirtmann n'est pas du genre à se mettre en danger inutilement. Et puis, vous n'êtes pas son type, Sachs. De victime, je veux dire. (Il marqua un temps d'arrêt.) Vous allez mettre ce qu'il vient de se passer dans votre livre ? J'ai cru apercevoir votre manuscrit, là-haut…

Pour la première fois depuis qu'il l'avait trouvé dans la forêt, Sachs sourit :

— Ça fera un sacré chapitre, hein, commandant ?

CHAPITRE 59

Vu du pont

— Une invitation à petit-déjeuner un 24 décembre de la part du commandant Servaz, c'est assez inhabituel, déclara Esther Kopelman le lendemain, un croissant à la main. On est devenus les meilleurs amis du monde, alors ? C'est pour fêter Noël, c'est ça ? La vache, ça caille !

De fait, le pâle soleil hivernal qui caressait les façades était plus tiède que le cœur d'un trader, se dit Samira. Elle balaya du regard la terrasse que le froid avait vidée de ses clients, place du Pont-Neuf, puis les berges du fleuve et le pont lui-même.

— La terrasse, c'est pour la confidentialité ? voulut-elle savoir.

— Exact, dit Servaz.

— De plus en plus mystérieux, commenta Esther en trempant son croissant dans son café-crème.

Une bombe de calories et de mauvais sucres, songea la policière, qui se sentait fourbue : la nuit dernière, son nettoyeur de scènes de crime avait mis un point d'honneur à lui montrer qu'il était plus vivant que ceux après qui il passait.

Servaz leur résuma sa convocation dans le bureau du divisionnaire.

— La famille Mandel contre-attaque, on dirait, commenta Esther Kopelman. On fait quoi ?

— Vous et votre journal, vous pouvez continuer à creuser. Rien ne vous l'interdit. Nous, on vient de nous mettre une muselière. Apportez-nous du concret, et on verra si on peut la retirer.

Elle se pencha en avant.

— Vous êtes bien conscient que ça devient de plus en plus étrange cette coopération presse-police ? leur fit-elle observer. Tôt ou tard, il faudra qu'on publie quelque chose.

— Dites-vous bien que vous faites ça pour Fayolle, que vous nous aidez à découvrir qui l'a assassiné, répondit-il.

— C'est exactement ce que je me dis, répliqua la journaliste. Sans cela, je ne serais pas ici à tailler une bavette avec la police.

Il acquiesça.

— L'une de vous a déjà entendu parler de *web sleuthing* ? enchaîna-t-il.

— Comme dans ce doc, *Don't F**k With Cats* ? demanda Samira, les deux mains autour de son café allongé pour les réchauffer. C'est vrai qu'on se les gèle.

— Quelqu'un pourrait m'expliquer de quoi on parle au juste ? intervint Esther Kopelman. Je suis un peu perdue, là.

Il évoqua la communauté de geeks qui enquêtait sur Hirtmann mais aussi sur les disparitions récentes et anciennes dans la région, et sa rencontre avec Emmanuel Sachs, en omettant toutefois de préciser la façon dont Sachs l'avait attiré à lui.

— Emmanuel Sachs, l'écrivain ? fit Esther Kopelman en haussant un sourcil. Ouah…

— Lui-même. Apparemment, il a décidé de se mettre au *true crime*.

— Tu es en train de nous dire que tu as filé des infos à un groupe de geeks qui jouent aux détectives sur le Net et à un écrivain ? souleva Samira avec une âpreté qui n'échappa pas à Servaz.

— Je ne leur ai filé aucune info. Je leur ai seulement demandé d'enquêter de leur côté sur la mort de Fayolle. Je n'ai parlé ni de son journal, ni de Virgile, ni de Lucrèce.

— Vous ne cesserez jamais de me surprendre, Servaz, dit Esther. Vous êtes vraiment un type à part.

Il se demanda si c'était un compliment ou une critique.

— Et pourquoi on parle de ça ? enchaîna-t-elle.

— J'aimerais qu'on s'intéresse à cette communauté, répondit-il, à ses membres. Que quelqu'un les… *infiltre*. Une taupe, en somme. Je pourrais demander ça à un informaticien de chez nous, mais vous l'aurez compris : je ne suis pas précisément en odeur de sainteté auprès de la hiérarchie en ce moment, et je ne voudrais pas que cette nouvelle initiative revienne aux oreilles du divisionnaire.

Il vit la journaliste sourire en mordant dans son croissant.

— On peut dire que vous êtes verni, Servaz, que vous tombez à pic. On vient de me mettre dans les pattes un jeune homme qui pourrait bien nous être utile.

— C'est-à-dire ? fit Samira.

— Un de ces *nerds* : un représentant de cette génération qui va nous mettre tous sur la paille. À moins que ça ne soit eux qui s'y retrouvent quand l'intelligence artificielle leur aura piqué tous leurs jobs. Il va être ravi de participer à l'enquête, croyez-moi. Jusqu'à présent je ne lui ai refilé que des tâches, euh… subalternes. Mais pourquoi cette communauté en particulier ?

— Mettons que je m'interroge sur les vraies motivations de certains d'entre eux.

— Pourquoi tu ne m'en as pas parlé avant ?

La voix de Samira était aussi râpeuse que de la toile émeri. Ils rejoignaient la voiture.

— Je voulais voir ce qu'ils avaient dans le ventre avant de le faire : ces amateurs, je veux dire.

— Donc, selon eux, Hirtmann est dans le coin ? Il est passé par Toulouse ? Tu ne crois pas que c'était une information importante ? Que tu aurais dû m'en faire part ?

Le ton de Samira était de plus en plus belliqueux. Il haussa les épaules en se pliant pour se glisser sur le siège passager. Elle allait mettre le contact, mais elle suspendit son geste pour se tourner vers lui.

— Qu'est-ce que tu cherches exactement ? Pourquoi j'ai la désagréable impression que tu ne me dis pas tout ? Si Hirtmann est dans le coin, ça veut dire que c'est lui qui a laissé cette maison de poupées chez Fayolle et, par conséquent, que c'est probablement lui aussi l'assassin du journaliste.

— Pourquoi diable Hirtmann aurait tué Fayolle ? objecta-t-il. Il n'avait aucune raison de le faire, ça ne tient pas debout. Qu'est-ce que je cherche ? Je cherche à comprendre pourquoi les disparitions ont cessé en 2009, et pourquoi elles ont repris récemment. Et je cherche l'assassin de Fayolle. Voilà ce que je cherche.

— Mmm… et on fait quoi pour Hirtmann ?

Il plaça une main devant ses yeux pour se protéger du soleil d'hiver qui inondait le pare-brise.

— On va mettre la nouvelle et Meyrink sur le coup. On va leur dire de faire tous les hôtels, tous les taxis, tous les vendeurs de téléphones à carte prépayée de la ville et de montrer sa photo. On est au moins sûrs d'une chose : selon le passager du vol Munich-Toulouse, Hirtmann n'a pas changé d'apparence.

— Ça va les occuper un moment, fit remarquer Samira.

— C'est l'idée, répondit-il.

Elle mit le contact, passa une vitesse, déboîta.

— N'empêche, tu aurais pu m'en parler, tu aurais *dû* m'en parler…

Le ton était sans appel. Il choisit de ne rien dire.

CHAPITRE 60

Les détectives sauvages

— Putain de merde ! s'exclama Corentin Loridan.

Le jeune geek était assis devant son écran, tout au bout de la rédaction de *La Garonne* vidée des deux tiers de ses journalistes en ce 24 décembre. Il suivait les échanges sur le forum des détectives amateurs. Il venait de s'inscrire sous le pseudo RandallFlagg.

D'autres pseudos se succédaient à grande vitesse : Spacejam, Haruki2, DameJessica, TwistedSister, Lupin7, Jean23. Il vit même passer un SylvesterStaline.

— Quoi ? dit Esther.

— Rien, j'adore ce truc ! Ces gens consacrent tout leur temps libre à traquer des criminels et à échanger des informations, c'est dingue ! Ils ont vu trop de séries policières.

— Ou lu trop de romans policiers.

Il la dévisagea.

— Qui lit encore des romans de nos jours ?

— Moi, répliqua Esther.

Corentin se pencha sur son écran.

— Regarde. Celle-là pense que le nouveau locataire à côté de chez elle est Julian Hirtmann.

Il cliqua sur le profil d'AmeSansCible. Parcourut en diagonale ses autres commentaires. Il y en avait plus de quatre cents.

— Laisse tomber. Ici, elle affirme que Michael Jackson et Prince ne sont pas morts et qu'elle les a vus ensemble avec des filles mineures en Thaïlande.

— Si je croyais que le diable existe, je dirais que c'est lui qui a inventé Internet, fit Esther. Et aussi le béton, la publicité et les falafels. Concentre-toi sur nos membres du Club des Inénarrables Enquêteurs.

— Le problème, c'est qu'on n'a pas accès à leur groupe privé.

— Je ne sais pas… Essaie d'attirer leur attention. Glisse une allusion à la maison de poupées, par exemple. Mais sans être trop explicite, pour que les autres ne captent pas de quoi il s'agit.

— Tu es sûre ?

Il la vit s'éloigner à travers la rédaction, vers le bureau de Chaumette.

— Où tu vas ?

— Je n'en ai pas terminé avec la famille Mandel !

— On est le 24 décembre, mes parents m'attendent pour le réveillon ! lança-t-il. J'ai un train pour Bordeaux dans trois heures !

Il n'y eut pas de réponse.

— Intéressante théorie, commenta Chaumette, les mains croisées derrière la nuque, ses Birkenstock sur le bureau. Le Caousou, la colonie, ce poème avec la chouette… Ça ferait sans doute un bon roman. Mais pas un article. Personne n'y croira. Et s'attaquer aux Mandel…

— Quoi ?

— Eh bien, on a certes des avocats, mais on ne les paie pas aussi cher qu'ils paient les leurs. Autrement dit, les leurs sont meilleurs que les nôtres. Et si on publie ça sans preuves, après les procès qu'ils vont nous intenter, et qu'on est sûrs de perdre, et les frais de justice, on pourra mettre la clé sous la porte.

Elle l'observa un moment, attendit quelques secondes.

— Tu es en train de me dire de laisser tomber ?

Chaumette reposa ses Birkenstock sur le sol. Il n'était pas exactement négligé – il sentait le propre, le savon à l'ancienne, une odeur qu'elle associait à son père –, plutôt débraillé : sa volumineuse tignasse, bien que lavée, ignorait assurément l'existence des peignes, ses chemises fripées devaient sécher sur des cintres, et il se rasait une fois par semaine, laissant revenir au fil des jours sur son menton une sorte de broussaille anarchique et clairsemée. Bref, à l'instar de beaucoup d'hommes vivant seuls, il menait une vie en permanence menacée par l'entropie. Elle savait aussi qu'il n'avait pas fait de sapin de Noël et qu'il passerait seul les deux réveillons, comme chaque année.

Il attrapa un crayon, se gratta le fond de l'oreille avec, toussota.

— Pas du tout, répondit-il. Je suis en train de te dire *de foncer au contraire*. D'aller à la pêche aux ragots, de te mettre à l'affût de toutes les rumeurs, de toutes les calomnies, de tous les on-dit les plus venimeux, tout ce qui peut porter atteinte à la réputation et au crédit de cette famille. Ils sont arrogants, ils sont convaincus qu'ils ont tous les droits, y compris celui de défigurer la planète et celui de payer pour pouvoir continuer de polluer ciel et rivières. Ils n'en ont rien à foutre de toi, de moi et du monde entier tant qu'ils peuvent se gaver et gaver leurs actionnaires. Alors, vas-y, *fouille*,

Esther-la-Teigne. (Elle avait eu le malheur de partager avec lui, un soir, après quelques verres, son surnom à l'école et s'en repentait chaque fois qu'il le prononçait.) Déniche-nous quelque chose de bien juteux. Mais fais en sorte que ce soit inattaquable. Et là on pourra leur faire un beau doigt d'honneur.

Elle hocha la tête, fit racler sa chaise en la rapprochant du bureau pour réduire la distance entre eux.

— Très heureuse de t'entendre tenir ce discours, Chaum. Vraiment. Parce que, justement, tu te souviens de l'une des filles Mandel, Hermine, celle qui a été assassinée ? Eh bien, je voudrais interviewer sa sœur, Jasmine. Elle a quitté la France pour s'installer à Amsterdam peu de temps après la mort d'Hermine. Et elle s'est toujours tenue à l'écart de la famille. J'ai vérifié : elle n'a pas changé d'adresse. Elle est devenue une artiste en vogue là-bas. Elle vit sur une péniche et elle expose dans des galeries sur place, mais aussi à Berlin, à Paris et à New York. J'ai pris contact avec elle. Je lui ai dit que je faisais une série de reportages sur les gens de la région qui ont rencontré le succès à l'étranger. Et elle est d'accord pour me recevoir.

Chaumette eut l'air de se réveiller d'un beau rêve tout à coup, dont on découvre au réveil que, malheureusement, ce n'était qu'un rêve.

— Kopelman, tu nous prends pour qui ? Le *New York Times* ? Le journal ne va pas te payer un voyage à Amsterdam uniquement pour interroger un témoin dont on ne sait même pas s'il a des choses à nous dire. Fais ça par téléphone.

Elle le considéra d'un œil sévère :

— Chaum, depuis quand tu t'occupes des finances du journal ? Tu es rédacteur en chef, pas expert-comptable. Elle ne dira rien au téléphone, elle refuse systématiquement d'évoquer sa famille dans ses interviews. Ça cache quelque chose. Je suis sûre qu'on est sur un coup énorme. Je pense que Jasmine Mandel est partie vivre à l'étranger, comme son frère Florian, pour échapper à quelqu'un ou quelque chose, *que les deux fuyaient quelque chose ou quelqu'un au sein de la famille*. Penses-y. Dis-toi qu'on va peut-être résoudre une affaire qui empoisonne la mémoire de cette ville et de cette région depuis des décennies… Mais pour ça, il faut que je l'aie en face de moi, que je la regarde droit dans les yeux et que je parvienne à gagner sa confiance.

Chaumette soupira :

— Vol *low cost*, et tu te déniches l'hôtel le moins cher de tout Amsterdam. Je me fiche qu'il y ait des cafards et que ça sente la beuh.

Esther sourit :

— J'en connais un dans le Quartier rouge qui est à la portée de toutes les bourses.

Chaumette la regarda :

— Mmm. Tu ne crois pas si bien dire…

Elle se leva.

— Ce que j'aime avec toi, Chaum, c'est ton sens de l'humour si léger.

CHAPITRE 61

Le lundi commence le samedi

Samedi 24 décembre, 15 heures passées de sept minutes. La moitié de l'hôtel de police s'était vidée, l'autre moitié était de permanence en prévision des débordements que ne manqueraient pas d'occasionner les deux réveillons.

Quelques guirlandes et étoiles dorées dans les couloirs. Pas de guirlandes en revanche dans la salle de réunion où étaient rassemblés Samira, Servaz, Meyrink et Stéphanie Kraczyk. Servaz jeta un coup d'œil à l'ordinateur portable ouvert sur la table : un article de journal à l'écran. Le titre en était : « DEUX DES DISPARUES TROUVÉES MORTES PRÈS DE LA GARONNE ». Presse régionale. Mais si les détails filtraient, ça ne tarderait pas à remonter jusqu'aux télés nationales.

Il marcha vers le tableau blanc installé dans un coin, feutre à la main.

— Donc, commença-t-il, 1°) on a le meurtre déguisé en suicide d'un journaliste de *La Garonne* et une maison de poupées qui relie ce meurtre à Julian Hirtmann, lequel serait dans la région si on en croit un club de détectives amateurs et l'écrivain Emmanuel Sachs, qui est convaincu de l'avoir vu.

Une voix s'éleva. Meyrink.

— Des… *détectives amateurs* ?

— J'y viens.

Servaz inscrivit sur le tableau blanc « FAYOLLE », « MAISON DE POUPÉES », « DÉTECTIVES AMATEURS » et « HIRTMANN ? » avec un point d'interrogation pour ce dernier.

— 2°) On a le journal de Fayolle retraçant l'enquête qu'il menait sur les nombreuses disparitions et les meurtres de jeunes femmes entre 1995 et 2009, enquête que nous avons reprise à notre compte et qui, en suivant les indications du journal, nous a conduits à soupçonner un groupe d'anciens élèves du Caousou.

Il inscrivit « JOURNAL FAYOLLE », « DISPARITIONS 1995-2009 », « CAOUSOU », puis s'adressa à eux, le feutre levé :

— Hervelin est dans son bureau ?

— Il est rentré chez lui préparer le réveillon, répondit Meyrink. Il n'y a que son adjoint dans le bâtiment.

Servaz écrivit « MANDEL » sur le tableau.

— 3°) Deux garçons de ce groupe sont aussi passés par la colonie des Isards, où ont eu lieu des viols à la même période. Il s'agit des fils d'une des familles les plus puissantes de la région. Une famille sur laquelle il nous est pour l'instant interdit d'enquêter ou alors il faut le faire discrètement. Or une des filles de cette famille, Hermine Mandel, a elle-même été victime d'un assassinat attribué à Julian Hirtmann.

Il inscrivit « HERMINE MANDEL », traça deux flèches : une vers le nom de la famille, l'autre vers Hirtmann.

— 4°) Les disparitions se sont arrêtées en 2009, l'année où le membre de la famille Mandel qui est notre suspect principal dans cette affaire, et qui était le pire du groupe selon un professeur du Caousou, s'est tué dans un accident de voiture.

Il inscrivit « GAËL MANDEL » qu'il raya, puis « ACCIDENT ».

— 5°) Elles ont repris récemment, et on vient de retrouver les cadavres de deux des femmes disparues dans des attitudes qui portent en partie la signature d'Hirtmann.

Il termina son schéma en reliant divers noms avec des flèches, posa le feutre dans la rigole sous le tableau, se tourna vers eux :

— Donc, deux questions demeurent : *qui enlève et tue les filles aujourd'hui ?* Hirtmann, comme porte à le croire la maison de poupées trouvée chez Fayolle ? Un ou plusieurs membres du groupe auquel appartenait Gaël Mandel ? Son frère Lucas, par exemple ? Mais pourquoi, tant d'années après, ces hommes se seraient-ils remis à tuer ? Quelqu'un d'autre ? L'autre question : *qui a tué le journaliste ?* Est-ce parce qu'il avait découvert le coupable de ces disparitions et de ces meurtres qu'on l'a tué ? Si c'est le cas, ça n'est certainement pas Hirtmann, qui n'avait aucun intérêt à le faire. Et puis, il y a aussi ces deux noms qui apparaissent dans le journal…

En bout de table, Samira leva la main, telle une élève au fond de la classe.

— Oui, on a le flic surnommé Virgile et un autre informateur baptisé Lucrèce. Est-ce qu'on peut imaginer qu'un des deux était impliqué dans les disparitions et que Fayolle a fini par le comprendre ? N'oublions pas ce que Fayolle a écrit dans son journal au sujet de Lucrèce, qu'il devait le rencontrer le jour de sa mort.

Meyrink se gratta le crâne.

— Ça fait beaucoup de questions et très peu de certitudes, tout ça, signala-t-il. Un vrai imbroglio. À côté, *Memento*, ça ressemble à une partie de plaisir.

Servaz supposa qu'il s'agissait d'une de ses références cinématographiques.

— Kraczyk et Meyrink, dit-il, je veux que vous montriez la photo d'Hirtmann à tous les chauffeurs de taxi, dans tous les hôtels, chez tous les vendeurs de téléphones, et que vous épluchiez tous les témoignages de gens qui prétendent l'avoir vu. Ratissez la ville de fond en comble : si ce maudit Suisse est venu ici, quelqu'un a bien dû l'apercevoir.

Meyrink émit un sifflement. Il toucha le bord de son bob kaki posé de travers sur sa grosse tête :

— Ouah ! Quand est-ce que j'aurai droit à un Noël normal, moi ? Sapin, guirlandes, dinde aux marrons. Mais non, on est tellement mieux dans un putain de conduit d'aération…

Servaz fronça les sourcils, perplexe.

— C'est dans *Die Hard 2*, précisa Meyrink devant les regards médusés qui convergeaient vers lui. *58 minutes pour vivre*. Bruce Willis. Allez, ne me dites pas que vous l'avez jamais vu !

Servaz leur parla ensuite du groupe des détectives amateurs.

Il vit s'agrandir presque comiquement les regards de Meyrink et de la nouvelle. Cette dernière l'observait d'un air outragé. Peut-être trouvait-elle cette tâche trop subalterne eu égard à ses brillants états de service à l'école de police. Ou bien estimait-elle que la mission qu'on venait de leur assigner revenait à chercher une aiguille dans un champ entier de bottes de foin. Ou encore que cette histoire d'enquêteurs du dimanche enfilant leurs costumes de détectives était la goutte d'eau qui faisait déborder le vase. Se disait-elle que Servaz avait fait son temps ? Qu'il était à côté de la plaque ? Que son étoile avait pâli et que la « légende » qu'on lui avait vendue n'était plus qu'un lointain souvenir ? Une mythologie au sens où Barthes l'entendait ? Qu'il aurait dû passer la main à des jeunes gens plus vifs, plus affûtés, plus en phase avec leur époque ? Des enquêteurs comme elle, en somme.

— Samira et moi, poursuivit-il, on va continuer d'enquêter en douce sur la famille Mandel. Et, ajouta-t-il en marquant une pause, *rien ne sort d'ici*. Maintenant, rentrez chez vous, préparez le réveillon, oubliez tout ça et passez un bon Noël. On en reparle lundi. Mais n'oubliez pas qu'une des trois femmes enlevées, l'Allemande, est encore dans la nature. Alors, si vous avez la moindre idée pendant le week-end, on se réunira le jour de Noël s'il le faut.

CHAPITRE 62

L'espoir est une chose ridicule

Une couronne de houx sur la porte. Une guirlande lumineuse clignotante. Servaz sentit une main d'acier lui tordre l'estomac quand il pressa la sonnette.

En dessous était écrit :

« VINCENT & CHARLÈNE ESPÉRANDIEU ».

Il était transi, mais pas à cause du froid.

La porte de chêne finit par s'ouvrir sur une bouffée de musique montant de la maison, tandis que le visage d'une belle jeune femme un peu boudeuse s'encadrait dans l'entrée.

Presque aussi belle que sa mère.

Elle avait encore changé depuis la dernière fois où il l'avait vue en juin. Elle n'avait plus du tout l'air d'une post-ado à présent, mais bel et bien d'une adulte. Peut-être que l'épreuve que sa mère, son frère et elle avaient traversée l'avait fait grandir plus vite[1], qui sait. Quel âge avait-elle ? *Vingt ans*, se souvint-il. Il l'avait connue enfant et, pendant longtemps, il avait fait partie lui aussi de la famille.

1. Voir *Un œil dans la nuit*, XO Éditions et Pocket.

Tout comme Gustav. Mais plus aujourd'hui. Non : plus aujourd'hui…

— Bonsoir, Mégan, dit-il d'une voix dans laquelle il mit toute la douceur dont il était capable. Comment tu vas ? Je peux entrer ? Ta mère est là ? C'est Noël, alors je suis venu voir si… si vous aviez besoin de quelque chose…

De boudeur, le visage passa à hostile :

— Tu peux attendre là, s'il te plaît ?

Voix dépourvue d'intonation. Ni embrassade ni accolade. Encore moins de réponse à sa question. Et, en dépit de la formule de politesse, il ne s'agissait pas d'un souhait mais bien d'un ordre. Elle referma la porte sur lui – sans doute pour éviter qu'il ne capte leur échange.

Il fut un temps où elle se serait jetée dans ses bras, où elle l'aurait joyeusement tiré par la main à l'intérieur en riant, en appelant sa mère et son père, un temps où toute la famille l'aurait fêté et accueilli avec effusions et éclats de rire. Il fut un temps où il était le bienvenu dans cette maison. Il attendit trois bonnes minutes sous la pluie, perçut des éclats de voix à travers la porte, sans parvenir toutefois à identifier la personne qui criait ni à saisir la teneur des propos. La pluie brutale et froide martelait son crâne mais il s'en fichait.

La porte se rouvrit.

— Elle ne veut pas te voir, Martin. Elle te demande de partir.

— Mégan, je…

— *S' il te plaît*, Martin, VA-T'EN… PERSONNE N'A ENVIE DE TE VOIR ICI.

Le ton s'était durci.

Tout, sur les traits et dans l'attitude de Mégan, n'était qu'hostilité, intransigeance. *Rejet*. Défi, aussi – de le voir insister et de devoir l'humilier encore un peu plus. Pas par plaisir, non, certainement pas : *parce qu'il l'avait mérité*. Parce qu'il devait être puni. Pour avoir envoyé son père à la mort, pour l'avoir laissé aller seul dans un endroit où ils auraient dû être deux, pour avoir été incapable de le protéger, pour ne pas avoir réussi à le sauver. Il ne dit rien dans un premier temps. Parce qu'il n'y avait rien à dire. Derrière lui, la rumeur de la ville, fragile et résiliente, se noyait dans le bourdonnement de ses oreilles.

— D'accord, finit-il par lâcher en hochant la tête. D'accord. Passez un bon Noël.

Il tourna les talons, descendit les marches.

Le chagrin qui s'abattit sur lui alors qu'il regagnait sa voiture sous la pluie, qu'il entendait la porte du pavillon se refermer dans son dos, entendait le silence de Mégan juste avant, un silence qui le condamnait, qui le bannissait hors de leurs vies, lui coupa presque littéralement le souffle, le fit suffoquer. Un chagrin encore plus atroce, plus énorme que le coup de poing qu'il avait reçu en voyant le prénom de Vincent sous la sonnette.

Oh, bon Dieu, Vincent, Vincent… Vincent, tu me manques… Vous me manquez tous, merde…

Il ferma un instant les yeux, eut envie de pleurer, mais ne pleura pas. Il déverrouilla le machin hybride qu'il avait loué en attendant d'acheter une autre caisse. Dans un jardin du voisinage, un renne clignotait ; il aperçut des enfants qui se couraient après derrière une baie vitrée.

La magie de Noël. Cette fête que certains voulaient débaptiser. Par quel spécieux raisonnement et pour quel obscur dessein ?

Il s'appuya des deux mains au toit de la voiture, laissant la pluie ruisseler sur son visage. Il pensa au deuil, à ceux qui nous quittent et dont les ombres nous accompagnent jusqu'à la fin, ombres portées sur le mur de nos brèves existences. Il pensa au temps qui passe, aux précieux petits îlots de joie dans un océan d'épreuves et de doutes. Il se demanda comment certains peuvent continuer à croire ce qu'ils croient. Il les enviait. Il y avait tellement de choses dans ce monde qui nous criaient qu'il n'y a personne, que nous sommes seuls.

Il mit le contact. Là-bas, dans une maison au milieu des bois, l'attendaient un fils et une compagne dont il n'avait toujours pas décidé si elle lui était fidèle ou pas, s'il y avait encore une route commune pour eux – s'il était prêt, en ce temps de Noël, à pardonner…

CHAPITRE 63

Rencontres et visites

Dix termina sa coupe de champagne. 24 décembre au soir. Il commençait à être sacrément bourré. Il aurait dû y aller mollo sur le Roederer. Beau-papa lui parlait.

— D'après ma taxinomie, qui, comme toute taxinomie, est une réinscription de l'histoire, le féminisme radical ne prend en compte les activités des femmes, qualifiées de « travail » par les féministes socialistes, que dans la mesure où…

Damien fit mine d'opiner. Était-ce normal s'il ne comprenait rien ? Évidemment que c'était normal. Le langage de beau-papa n'avait pas pour but d'être compris mais d'écraser les autres, en l'occurrence lui, sous sa grandiloquence. Beau-papa enseignait les sciences sociales dans une fac parisienne où on gavait les étudiants de concepts vagues, de théories aussi fumeuses que partiales et de formulations pédantes à forte teneur idéologique dont la vacuité se dissimulait derrière des phrases idéalement alambiquées. Beau-papa et belle-maman appartenaient en outre à cette caste qui définit les normes de la respectabilité et du bon goût, cette élite à laquelle lui, Damien Dix, de son vrai nom Damien Grouard, n'appartiendrait jamais, en dépit de tous ses efforts. Efforts qu'il avait du reste renoncé à faire.

Il considérait beau-papa, sa tête en forme d'œuf de Pâques, ses grands yeux pâles et larmoyants, en se demandant quelle serait leur expression s'il lui plantait dans le ventre un de ces couteaux dont il voyait les manches dépasser du râtelier.

— Si on passait au salon ? dit-il.

Il surprit le regard de beau-papa. Est-ce que sa voix avait dérapé ? Rien à secouer. Il savait que le père d'Angelina le considérait comme un sale con et un parvenu, un être vil et répugnant dépourvu du plus élémentaire savoir-vivre, étalant sans la moindre classe son fric et sa réussite.

— Est-ce qu'il vous arrive de mater du porno ? demanda-t-il à voix basse en posant une main légère sur l'épaule décharnée de beau-papa, tandis qu'ils passaient de la cuisine au séjour.

— Je vous demande pardon ?

— Vous savez que votre fille a un amant ? Est-ce que belle-maman vous a déjà trompé, Georges ? Est-ce que vous l'avez soupçonnée un jour de l'avoir fait ? Ou est-ce que vous-même l'avez fait ?

Il vit avec satisfaction que beau-papa était devenu très pâle. Ses beaux-parents étaient deux êtres insipides, à la morale insipide et aux goûts insipides. Angelina était née dans un milieu grand-bourgeois et intello aussi plat et ennuyeux qu'une autoroute belge. Dix aimait le peuple. Le *vrai*. Pas le peuple fantasmé, idéalisé, idéologisé par les révolutionnaires de salon. Pas le peuple dont certains politiques emplissaient leurs bouches avec les mêmes intonations mensongères que les curés employaient jadis pour prononcer le nom de Dieu. Non. Celui que la bourgeoisie délicate rejetait de toutes ses fibres parce qu'elle ne le comprenait pas, celui qui pensait de travers aux yeux des donneurs de leçons des beaux quartiers, celui qu'on aurait voulu museler pour parler à sa place. Il n'avait pas besoin de partager ses idées pour l'aimer, ce peuple. Remuant, indocile, se méfiant des élites comme des idéologies. Parce qu'il venait de là. Parce qu'il était un des leurs. Et qu'on le lui faisait sentir chaque jour.

Il s'avança vers sa femme, sa fille et sa belle-mère assises sur les canapés – plutôt trois Furies que trois Grâces – avec le sourire le plus faux qu'il eût à sa disposition.

— Les femmes de ma vie ! s'exclama-t-il.

Des chants de Noël en sourdine dans les enceintes. Sinatra, Bing Crosby, Elvis, Nat King Cole. De la guimauve sonore. Il considéra le sapin. Il n'en avait jamais vu avec autant de boules et de guirlandes en dehors des grands magasins. D'année en année, c'était la surenchère. Idem pour les cadeaux. Moins on s'aimait, plus on s'en faisait. Il se souvint qu'à leurs débuts, quand ils étaient fauchés mais amoureux, Angelina et lui, l'amour était le seul cadeau qu'ils eussent à s'offrir, le seul qu'ils eussent *envie* de s'offrir. Il se demanda si, en secret, sa femme n'espérait pas le reconquérir un jour, quand il serait vieux, lassé de ses écarts, lassé des disputes et de l'humilier. À certains signes, il devinait qu'elle n'avait pas entièrement renoncé.

Ce soir, par exemple, il la trouvait désirable. Et foutrement belle. Il ne put s'empêcher d'admirer ses cuisses alors qu'assise sur le canapé au côté de sa mère elle avait la jupe remontée. Sa bouche avivée par le rouge à lèvres un peu trop *glossy*, ses beaux yeux un peu trop maquillés. Ou bien était-ce l'alcool ? Belle, elle l'avait toujours été. Il ne pouvait pas lui ôter ça.

Elle se leva pour aller dans la cuisine, passa devant lui sans un regard.

— Excusez-moi, dit-il à ses beaux-parents, je vais voir si Angelina a besoin de moi.

Il se colla contre ses fesses, que sa jupe moulait agréablement, l'embrassa dans le cou. Elle sentait bon. La main de Dix partit directement sous la jupe, par-devant.

— Qu'est-ce que tu fais ? Il y a Agathe et mes parents à côté.

— Justement. Tu te rappelles le bon vieux temps : quand on baisait dans les toilettes des discothèques, des restaurants, au cinéma, dans les parkings, sur la plage ?

— Tu as bu. Tu es déjà soûl. Je suis sûre que mon père s'en est rendu compte, j'ai vu son regard quand vous êtes sortis de la cuisine.

— Tu as un amant ? lui chuchota-t-il dans l'oreille, tandis que sa main la caressait à travers le tissu, sous la jupe.

— Arrête ça…

Le ton était sévère, mais la voix moins froide, moins distante qu'à l'ordinaire, quand elle le rembarrait *pour de vrai*. Il accentua sa caresse, enfonça légèrement le satin.

— Réponds-moi.

Il avait prononcé ces mots avec la plus grande douceur, tout près de son oreille, pour qu'elle sente son souffle chaud. Il bandait contre ses fesses. Il glissa sa main dans la culotte.

— Oui…

— Il te baise bien ?

— Oui…

Mince, elle était humide. Parce qu'elle pensait à son amant ou parce qu'il la caressait ? Ou peut-être à cause du danger : le risque avait toujours stimulé Angelina.

— Il te fait jouir ?

— Oui.

Il glissa un doigt. Elle exhala un soupir, se cambra, écarta très légèrement les cuisses, les mains à plat sur le plan de travail.

— Tu aimes ce que je te fais ?

— Oui…

Sa voix n'était plus qu'un souffle, lent, brûlant.

— J'ai envie de te baiser. Tu me rends fou, ce soir. Je suis malade de désir.

Elle attrapa sa main, l'écarta.

— Tout à l'heure, dit-elle en se retournant.

Il vit qu'elle avait les yeux brillants, une légère rougeur sur les pommettes et le lobe des oreilles.

— Quand ?

— Quand mes parents et Agathe seront couchés.

Elle massa brièvement son érection à travers son pantalon.

— Et je te conseille d'attendre un peu avant de sortir de la cuisine, sourit-elle.

— Enlève ta culotte.

— Pourquoi ?

— Enlève-la. Je veux penser à ta chatte nue pendant le dîner. Tu sais à quel point les repas de Noël avec tes parents sont mortels. Ça égayera ma soirée…

Elle le regarda, incrédule, comme si elle craignait qu'il se moquât d'elle.

— Ça va t'exciter ? Tu es sûr ?

Il hocha la tête très sérieusement. Elle jeta un coup d'œil vers la porte, fit glisser le triangle de satin le long de ses jambes, leva un pied puis l'autre sans le quitter des yeux. Puis elle fit glisser le bout de tissu sous un meuble de la pointe de l'escarpin.

— Ça faisait longtemps que tu ne m'avais pas demandé quelque chose comme ça, fit-elle observer.

— C'est Noël, répondit-il.

Elle se dirigea vers la porte de la cuisine. Au moment de basculer dans le séjour, elle se retourna, lui sourit. *Non, elle n'avait pas abandonné tout espoir…* Après tout ce qu'il lui avait fait, tout ce qu'il lui avait dit, elle espérait encore. Qu'il rentre au bercail. Qu'il se rende compte qu'elle était ce qu'il y avait de mieux pour lui. Il songea que son amant n'aurait sans doute pas aimé cette scène, qu'il l'aurait même détestée, car cela lui aurait fait comprendre sa *vraie place* : celle d'un bouche-trou, dans tous les sens du terme.

Emmanuel sent qu'il tient peut-être son meilleur livre. Le plus proche en tout cas de ce que doit être une authentique littérature du réel. *Pas un de ces pathétiques exercices d'auto-apitoiement dont les auteurs ne cherchent qu'à se faire plaindre et à ce qu'on les prenne en pitié – sans que le lecteur oublie pour autant de passer à la caisse tous les deux ans environ. Pas un de ces docufictions non plus, comme on en trouve partout désormais. Docufiction : une contradiction dans les termes. Existe-t-il quelque chose de plus mensonger ? Rien de plus conforme à l'époque aussi. Car, si on peut considérer que le XX*[e] *siècle a vu la vérité confondue avec l'idéologie, le XXI*[e] *marque l'avènement de la vérité confondue avec la* pure fiction débarrassée de tout souci de crédibilité. *Désormais, la fiction est partout. Propagée à travers les circuits électroniques comme l'ultime valeur refuge d'un monde qui s'effondre.*

On mange de la fiction sous toutes les formes. Y compris sous forme de pseudo-vérités et de programmes politiques.

C'est pour cela que les écrivains sans colonne vertébrale ne prennent même plus la peine de sortir de chez eux pour vérifier leurs informations. Pourquoi s'embêter quand votre lecteur ne peut plus distinguer le vrai du faux ? Quelques preuves anecdotiques et le tour est joué…

Emmanuel veut s'écarter de ces représentations conventionnelles. Cela exige une attention implacable aux détails, une absence de pathos, une renonciation aux analyses sociales caricaturales si saluées par la critique.

Cela exige de renoncer aux lieux communs, aux balivernes idéologiques, aux généralisations hasardeuses, et de passer à l'action.

Sachs regarda l'heure en bas à droite de son écran. Il sauvegarda son texte.

Dans sept minutes, il serait en ligne avec son ex-femme et ses enfants. Le divorce avait redéfini leur calendrier : Marina avait les enfants pour Noël, il les avait pour la Saint-Sylvestre. L'arrangement n'était équitable qu'en apparence : si Marina pouvait fêter le passage à la nouvelle année en compagnie de ses amis et Noël avec les gosses, il devait passer en famille la dernière nuit de l'année et se retrouvait seul à Noël.

Il éteignit le bureau, descendit dans le séjour. Se plaça devant le sapin. Lança l'appel vidéo sur WhatsApp.

— Papaaaaa ! s'écrièrent en chœur Astrid et Alix.

Derrière elles, guirlandes et décorations scintillaient. Une délirante bouffée de nostalgie se coinça dans sa gorge comme un gros morceau de viande crue, et il cligna des yeux plusieurs fois pour les empêcher de s'embuer.

— Salut, mes petits anges ! répondit-il en essayant d'étirer son sourire aussi loin que possible – mais son visage résistait.

— J'ai mon avion pour Varsovie demain à 11 heures, annonça Bogdan.

Samira le reluqua. Ils étaient assis l'un près de l'autre sur l'étroit canapé du salon, une coupe de champagne à la main. Des bougies brûlaient sur la table basse. Samira avait disposé devant eux un mezze végétarien acheté chez un traiteur libanais et des serviettes en papier rouges ornées d'étoiles dorées.

Bogdan lui avait dit qu'il retournait en Pologne pour Noël. Voir sa famille. Mais quand elle lui avait proposé qu'ils passent le réveillon ensemble, il avait accepté de ne s'envoler que le 25.

— Tu sais, poursuivit-il, ma famille est catholique. Je veux dire : *vraiment* catholique.

Elle reposa sa coupe de champagne. Du bon. Ruinart blanc de blancs. 92 euros la bouteille. Derrière eux, les baffles diffusaient l'album *Souvlaki* de Slowdive. C'était ce qu'elle avait trouvé de plus éthéré pour la circonstance dans sa playlist.

— Oui, et… où tu veux en venir ? demanda-t-elle, sourcils froncés.

— Eh bien, si toi et moi, ça devient… hum, je sais pas… sérieux, tu vois ? Je voulais savoir… tu t'appelles Samira… donc tu es…

— Mon p'tit Bogdan, crache le morceau.

— Musulmane ?

Elle le fixa comme s'il venait de prononcer une incongruité.

— Tu plaisantes, là ?

— Je veux juste savoir.

— Je m'appelle Cheung. Pourquoi pas bouddhiste ?

— Ça ne me pose aucun problème, tu sais.

Elle l'observa un moment avant de déclarer :

— Encore heureux. Mais ça pourrait en poser un à ta famille, c'est ça ? Mon p'tit Bogdan, ce soir, c'est la troisième fois qu'on couche ensemble, tu crois pas que tu t'emballes un peu ?

Il réfléchit. Puis il afficha ce grand sourire un peu niais qui la faisait craquer.

— Et puis, on s'en fout, pas vrai ? dit-il. Carrément. On s'en fout ! Oh que oui !

Il rit. Elle rit aussi.

— Je suis non pratiquante, précisa-t-elle. Et toi ?

— Pareil. Mais tu crois en Dieu, pas vrai ? insista-t-il.

— Euh, oui. Et toi ?

— Moi aussi.

— Attends voir, dit-elle en le scrutant comme si elle venait de découvrir un bouton sur son nez, est-ce que ça changerait quelque chose pour toi si j'étais… *athée* ?

— Hein ? Quoi ? Non ! Non, bien sûr que non… Mais… euh, eh bien… je préfère quand même que tu sois… *croyante*, tu vois ?

— Mmm. Je vois.

— Cela dit, tu ne trouves pas bizarre qu'avec les métiers qu'on fait, on…

— … continue de croire ?

— C'est ça.

Elle sourit :

— Martin dit que même ceux qui croient en Dieu et aux miracles préfèrent s'en remettre à un bon médecin et aux antibiotiques pour soigner leur enfant plutôt qu'à une prière et à un cierge.

— Qui est Martin ?

— Mon chef, enfin… mon collègue.

— Ton chef ou ton collègue ?

— C’est compliqué…

Il hésita avant de poser la question suivante :

— Tu as déjà couché avec… Martin ?

Elle écarquilla ses yeux déjà agrandis par le crayon noir. Il trouva son visage laid encore plus attirant que d’habitude dans la chaude clarté des bougies. Personne n’aurait pu prétendre qu’elle était jolie, mais personne n’aurait pu prétendre non plus qu’elle n’était pas attirante.

— Quoi ? s’exclama-t-elle. Non !

— Tu as couché avec beaucoup d’hommes ?

— Ah, ça te préoccupe maintenant… C’est rapport à ta famille et à ta religion ?

— Pas du tout. Mais tu n’as pas répondu à ma question…

— Oui.

— Vraiment beaucoup ?

— Assez.

— Plus de vingt ?

Comme elle restait silencieuse, il ouvrit de grands yeux :

— Combien ?

— J’ai pas compté. Et toi ?

— Tu es la troisième… Plus de trente ?

— Ah ah, arrête ça !

— C’est oui, alors ? Ça fait beaucoup, en effet…

— Ça t’embête ?

— Non. Enfin, je crois pas.

— Menteur.

Ils rirent. Puis elle se jeta sur lui et s’attaqua à ses vêtements comme s’il était un paquet-cadeau glissé sous le sapin. Il n’avait pas un corps d’athlète, il était à la fois maigre et un peu enrobé autour de la taille, avec des jambes de cigogne, mais elle n’avait jamais été portée sur les garçons de plage.

— Je suis bien avec toi, déclara-t-il quand ce fut fini.

— C'est le plus proche d'une déclaration d'amour que j'aie entendu depuis longtemps.

Il était 8 heures du matin, 25 décembre. Gustav se jeta sur le premier de ses cadeaux, pieds nus dans son pyjama. Il déchira le papier, son visage s'éclaira : un jeu de cartes The Mind. Gustav adorait les jeux de cartes. Sans attendre, il passa au second. Cette fois, le visage de son fils s'illumina littéralement : Poudlard en Lego. Il bondit vers eux, les prit dans ses bras. Servaz serra le corps menu contre le sien à travers le pyjama.

— À moi, dit-il.

Il n'avait qu'un seul cadeau. Il déchira le papier doré. Un coffret sur lequel était écrit « GUSTAV » en grosses lettres. Il le montra à son fils.

— C'est pour moi ? demanda celui-ci.

— Dans quelques années, peut-être.

Un coffret de Gustav Mahler chez RCO, *Symphonies 1-10*. Il regarda Léa en souriant. Elle avait joué la sécurité. Ou bien avait-elle manqué de temps et d'envie ?

— Il n'en reste plus qu'un, dit-elle joyeusement, vous croyez que c'est pour moi ?

Elle extirpa le coffret rectangulaire et plat de son papier étoilé. Il y avait dessus la photo d'un petit avion volant au milieu des nuages. Six mois de cours de pilotage.

— C'est super, fit-elle. J'en ai toujours rêvé.

— Je sais, dit-il. Il va falloir que tu trouves un peu de temps, j'en ai peur : le coffret est valable un an.

Elle leva les yeux vers lui. Sourit. Un sourire en demi-teinte.

CHAPITRE 64

Nocturne indien

Esther Kopelman atterrit à Amsterdam-Schiphol le lundi 26 décembre à 8 h 10 du matin. Elle descendit l'escalator à l'intérieur de l'aérogare et prit la navette ferroviaire pour Centraal.

En sortant de la gare, qui est bâtie sur trois îlots artificiels et 8 700 pilotis, elle traversa les eaux grises du Open Haven Front, se dirigea vers l'est et De Wallen – le Quartier rouge – au cœur de la vieille ville cernée par ses canaux concentriques comme une cible dans un jeu de fléchettes. Esther fit le trajet à pied, traînant sa petite valise à roulettes sur les pavés et les trottoirs inégaux. Elle n'était pas la seule. À l'image de Barcelone, Venise ou Florence, Amsterdam était victime du surtourisme.

Son hôtel se trouvait sur Oudezijds Achterburgwal, un canal se glissant telle une couleuvre entre d'étroites et hautes façades – dont certaines dataient de l'époque médiévale –, les vitrines de ces dames au rez-de-chaussée, presque à fleur d'eau, et des sex-shops sordides dont les entrées se trouvaient au sommet de perrons de pierre.

En cette matinée grise et froide, les rideaux des dames étaient tirés. Ils s'ouvriraient à la nuit tombée, en même temps que le canal s'illuminerait de néons criards rouges ou bleus, et qu'une foule de curieux se déverserait sur les quais. Pas seulement des meutes d'hommes avides, hâves et furtifs comme des loups en chasse, leurs yeux de fauves brillant dans la pénombre, mais aussi des grappes de touristes et même des familles qui se croiraient à Disneyland. Car, l'année d'avant, le conseil municipal avait opéré un grand nettoyage, expédiant plusieurs centaines de travailleuses du sexe hors les murs, afin de débarrasser le district, l'un des plus touristiques, de ses nuisances sonores, de ses proxénètes et de ses dealers. Sur quels critères s'était basée la municipalité pour laisser une bonne centaine de prostituées sur place, Esther l'ignorait. Elle constata que sa chambre, aussi miteuse et glaciale qu'on pouvait l'espérer à ce prix, surplombait le quai depuis le deuxième étage – ce qui lui promettait une nuit agitée quand viendrait l'heure des enterrements de vie de garçon et des tournées de bars. Parce qu'elle ne se faisait guère d'illusions sur le succès de l'opération de nettoyage. Elle était bien placée pour savoir que les maquereaux et les dealers ont beaucoup plus d'imagination que les fonctionnaires municipaux, dans quelque pays que ce soit.

Elle ouvrit sa valise, suspendit ses vêtements à la poignée de cintres, poussa le chauffage à fond après avoir constaté que des courants d'air franchissaient le montant de la fenêtre, se versa dans le verre à dents une rasade du Jack Daniel's qu'elle avait acheté au *duty free* et ressortit dans le froid humide.

Il avait neigé récemment, mais pour l'heure il tombait une pluie fine, presque imperceptible, et les troupeaux de vélos qui sillonnaient la ville en tous sens le faisaient dans l'ensemble avec plus de retenue qu'habituellement.

L'adresse de Jasmine Mandel se trouvait dans le Jordaan, un quartier jadis populaire désormais à un stade terminal de gentrification avec ses fenêtres de restaurants fleuries, ses *bruin cafés* éclairés aux chandelles pour touristes en mal d'authenticité et ses ex-appartements ouvriers reconvertis en lofts coûteux. Comme chaque fois que la bourgeoisie branchée s'empare d'un quartier naguère dévolu à des couches de la société plus modestes, à l'esprit moins porté à l'abstraction et au concept, les prix avaient flambé, et rues et canaux avaient vu s'épanouir des restos tendance où les assiettes étaient bien trop grandes pour les portions présentées, des galeries d'art où les œuvres avaient toutes besoin d'un sous-texte pour être comprises, des boutiques indépendantes où on vendait des objets dont l'utilité ne sautait pas aux yeux ou bien des vêtements devant lesquels vous seriez passés sans vous arrêter s'ils avaient été exposés ailleurs. Autrement dit, un mélange de chic, de toc, d'esprit, de subtile autodérision et de franc tape-à-l'œil qu'Esther considérait à la manière d'une ethnologue en terre familière.

Elle longea l'un des quais du Prinsengracht, un canal bordé de cafés et d'échoppes, mais aussi de lourdes façades évoquant la richesse et la puissance du Siècle d'or, qui abritaient derrière leurs plaques de cuivre des cabinets d'avocats et des sièges sociaux, s'arrêta pour une minute de recueillement devant la Maison Anne Frank, puis repartit vers le nord. Des péniches fleuries, peintes de couleurs vives, étaient amarrées à la queue leu leu le long des berges, des dizaines de vélos étaient attachés aux garde-corps en fer des jolis ponts incurvés, de petites voitures citadines garées sous les arbres et les lampadaires, au bord des quais. L'adresse de Jasmine Mandel n'était pas une péniche mais une maison flottante en forme de boîte, presque au carrefour de Prinsengracht et de Brouwersgracht, deux canaux qui, l'un orienté nord-sud, l'autre est-ouest, se rejoignaient en passant sous deux ponts en dos d'âne.

Esther Kopelman alluma une cigarette et, le temps de la fumer, contempla la maison flottante bleu pâle. Elle était presque entièrement recouverte de rangées de plantes en pots présentant l'aspect anarchique d'une jungle miniature. Une fine pellicule de neige coiffait cette jungle et les rideaux aux fenêtres étaient tirés. Aucun signe de vie à l'intérieur. Avec le mauvais temps et le sombre ciel d'hiver, des lampes étaient allumées dans la plupart des péniches voisines, mais pas dans celle-ci.

Elle traversa les pavés, balança le mégot dans l'eau verte du canal et franchit la courte passerelle. Un mot était scotché derrière la vitre : *Ik kom om 19.00 uur terug*. Elle supposa que cela voulait dire : « Je reviens à 19 heures », ou quelque chose d'approchant. Elle consulta sa montre. Il était 11 heures du matin moins sept minutes : elle avait plus de huit heures devant elle. Elle réfléchit sous son parapluie, tout en relevant le col fourré de sa veste en peau à cause de la bise glaciale qui lui râpait les joues.

Le Rijksmuseum.

Le seul endroit à Amsterdam où on pouvait passer plus de huit heures au chaud sans attirer l'attention.

Sept heures plus tard, Esther contemplait *La Fiancée juive* dans une salle remplie de monde.

Comme le Louvre, le Prado à Madrid ou la National Gallery à Londres, le Rijksmuseum vous écrasait sous un trop-plein de beauté et de grandeur. Une indigestion de sublime. Qui débouchait sur ce que la journaliste appelait « le syndrome du visiteur de musée » : une incapacité à voir les détails, à approfondir, à se concentrer. Aussi avait-elle fini par jeter son dévolu, après avoir erré pendant des heures d'une salle à l'autre, sur un seul tableau. Peut-être le plus beau, le plus profond, le plus émouvant regard jamais porté sur la relation entre deux êtres. Chaque fois qu'elle était venue ici, elle avait terminé sa visite devant lui. *La Fiancée juive* de Rembrandt. Il n'était même pas certain qu'elle fût juive, ni qu'ils fussent fiancés. Un couple, sans l'ombre d'un doute. Lui, chapeau sur la tête, richement vêtu, posant avec délicatesse une main sur l'épaule de la femme, l'autre sur son sein, en un geste protecteur, enveloppant et tendre. Elle, bien plus jeune, couverte de bijoux, une main sur la main de l'homme, mais avec retenue, comme si elle voulait arrêter son geste, l'autre sur son ventre peut-être fécond. Le tout dans une chaude et intime harmonie d'ors, de bruns et de rouges.

Ce qui l'avait frappée la première fois dans le tableau, c'est qu'aucun des deux ne regardait l'autre. Lui avait une expression rêveuse, le regard vers le bas, le front dégarni, des rides autour des yeux ; elle, bien plus jeune et fraîche, les joues rosies d'émotion ou de timidité, regardait droit devant, l'air préoccupée. Par cette grossesse qui s'annonçait ou bien par le poids des chaînes du mariage que symbolisaient les lourds colliers et bracelets passés autour de son cou et de ses poignets ? N'était-ce pas au fond de cela que parlait le tableau ? De l'ambivalence de l'amour : à la fois don prodigieux et attachement dans tous les sens du terme ? N'était-ce pas cela que soupesait la jeune femme du regard et de la main : ce fardeau voulu, consenti, accepté, qu'était le fait d'aimer et d'être aimée, de donner et de recevoir, l'amour avec toutes ses implications, l'expérience la plus importante d'une vie ?

Esther n'avait connu qu'un seul amour semblable, de ceux dont on sent immédiatement le poids et la responsabilité en même temps que l'acceptation et la fusion dans l'autre. Et même un seul amour tout court. Elle était jeune, alors. Et belle. Hiver-printemps 1993, Bombay. Il était reporter de guerre mais, étonnamment, la fréquentation des champs de bataille, des conflits, des massacres et des ruines de villes bombardées ne lui avait pas ôté toutes ses illusions romantiques sur l'amour. Et il avait vu en elle, *en eux*, ce qu'il voulait y voir. Un stéréotype hollywoodien ou pas loin : *les amants de la guerre*… Il ne lui avait pas vraiment demandé son avis. Il allait l'aimer, lui avait-il déclaré, et elle allait l'aimer en retour. D'un amour éternel. Elle avait compris que c'était vrai, qu'il était sincère, et que cela allait se passer ainsi. Elle avait ressenti ce que ressentait sans doute la fiancée du tableau : acceptation et responsabilité, don et lien, élan et chaînes. Pour toujours.

Il était en Inde pour couvrir les émeutes de Bombay, d'où la loi et l'ordre semblaient avoir disparu depuis que, au mois de décembre, une foule de pèlerins hindous encadrés par des mouvements nationalistes avaient rasé une mosquée vieille de quatre siècles en prétendant qu'elle avait été érigée sur le lieu de naissance du dieu Rāma. Incendies, meurtres, pillages. La violence faisait rage dans les deux camps malgré le déploiement de milliers de soldats et de policiers. Aucune partie de la ville n'était sûre et, dans la mégalopole habituellement asphyxiée par les embouteillages, rares étaient les véhicules à circuler. De son côté, elle était venue peu de temps avant le début des émeutes pour enquêter sur une organisation féministe issue des bidonvilles : le Mahila Aghadi, le « Front des femmes », laquelle constituait la branche féminine du Shiv Sena, le parti nationaliste, autrement dit l'extrême droite indienne. Dans cette société patriarcale, l'Aghadi défendait les droits des femmes avec des méthodes que les féministes occidentales auraient sûrement désapprouvées non parce que les femmes de l'Aghadi avaient choisi l'action violente, mais parce que celle-ci s'exerçait aussi bien contre les violeurs, les harceleurs et les époux violents que contre les musulmans et les migrants. Et aussi parce que les femmes de l'Aghadi ne militaient nullement pour l'abolition du patriarcat et de ses usages, comme le système de la dot, mais s'employaient à conquérir visibilité et contrôle sur leur vie, et aussi force et autonomie dans une société qui les avait jusque-là cantonnées aux tâches domestiques. Esther trouvait intéressante la façon dont ces femmes se positionnaient par la violence dans un espace politique, celui de l'extrême droite hindoue, traditionnellement dominé par les hommes, et la façon dont elles rejetaient les notions occidentales de féminisme et d'émancipation.

Elle séjournait dans un hôtel fréquenté par les rares journalistes étrangers restés sur place après le début des émeutes. Alan, lui, dormait au Sea Rock Hotel, le très glamour repaire du Tout-Bollywood et des hommes d'affaires, avec son restaurant tournant et son emplacement sur le front de mer. C'était au bar du Sea Rock qu'ils s'étaient rencontrés, la veille de la Saint-Sylvestre. Elle portait un *shalwar kamiz* safran parce qu'elle revenait d'une rencontre avec les femmes de l'Aghadi et que le safran était la couleur des nationalistes hindous. Elle était accompagnée de quelques collègues et elle avait tout de suite repéré le journaliste américain qui se donnait des airs de Robert Capa avec son appareil photo en bandoulière et sa cigarette au coin de la bouche. On lui avait dit qu'il s'appelait Alan et qu'il travaillait pour Associated Press.

Elle était de loin la plus belle femme occidentale à des lieues à la ronde avec ses sourcils épais et noirs, son visage large, presque masculin, ses grands yeux, sa chevelure indisciplinée et son teint pâle. Ils avaient passé le réveillon au fond de son lit à lui, au Sea Rock, à faire l'amour, à refaire le monde, à se soûler au champagne et au gin. Elle lui avait raconté comment les femmes de l'Aghadi passaient à tabac des employés d'administration qui harcelaient leurs collègues féminines, ou bien un vendeur de cigarettes qui attirait les enfants dans sa boutique avec des bonbons, ou encore un frère qui avait violé sa sœur. Elle lui avait révélé qu'elles prenaient aussi part aux affrontements intercommunautaires et aux meurtres qui les accompagnaient. Elle lui avait confié qu'une fois un homme l'avait suivie jusque dans le hall de son hôtel ; quand elle lui avait déclaré qu'elle était l'amie de Seema, la cheffe de l'Aghadi, il avait filé sans demander son reste. Ces femmes avaient acquis visibilité et pouvoir : elles faisaient peur aux hommes. Alan lui avait fait remarquer que les théories développées par les féministes occidentales prenaient peu en compte la souffrance des femmes dans ces parties du monde, qu'il y avait trop souvent de leur part une forme d'évitement – qu'il avait qualifié d'« hypocrite » et de « criminel » – quand il s'agissait d'évoquer les féminicides, le harcèlement et les abus sexuels dont étaient victimes les femmes dans certaines communautés. Esther lui avait parlé des écrits de Rokeya Sakhawat Hussain, de Leila Ahmed, de Fatima Mernissi et de Taslima Nasreen, dont la tête serait mise à prix quelques mois plus tard par les islamistes.

Au matin du 1er janvier, il avait attendu que le jour se lève, assis sur le rebord de la fenêtre, et qu'elle ouvre les yeux pour lui annoncer qu'il était fou amoureux et qu'elle et lui, c'était pour la vie. Elle avait pleuré, ri, sauté sur le lit et sur les fauteuils, hurlé, dansé, frappé la poitrine d'Alan à coups de poing, puis ils avaient remis le couvert et, comme des adolescents, ils s'étaient juré un amour éternel. Ils avaient ainsi passé le mois de janvier puis février, tandis qu'autour d'eux la ville était en flammes, tout comme leurs cœurs l'étaient, et que les émeutes faisaient plus de neuf cents morts.

Jusqu'au 12 mars 1993. Alan devait rentrer aux États-Unis le lendemain matin. Ils avaient prévu de passer la journée ensemble, en grande partie dans sa chambre du Sea Rock, mais elle avait eu un empêchement : ce jour-là, les femmes de l'Aghadi avaient décidé d'encourager, comme elles le faisaient souvent, les tensions entre les deux communautés en s'interposant entre la police – venue ce jour-là protéger les musulmans – et les émeutiers nationalistes. Et elles voulaient qu'Esther immortalise la scène, car les femmes de l'Aghadi cherchaient en permanence à consolider leur image et à étendre leur renommée. Ce n'était pas la première fois qu'Esther était choquée par leurs actions, mais son boulot, c'était d'informer, pas de juger. Et elle avait une fois de plus revêtu le *shalwar kamiz* safran.

Quelques heures plus tard, elle apprenait de la bouche de ces mêmes femmes qu'une voiture piégée avait explosé à 13 h 30 dans le sous-sol de la Bourse de Bombay, puis trente minutes plus tard une autre devant la succursale de la Corporation Bank. Ensuite, l'autre nouvelle était arrivée : trois hôtels avaient été touchés par des valises piégées laissées dans les chambres – le Juhu Centaur, l'Airport Centaur et le Sea Rock. Des bombes avaient aussi explosé au bazar de Zaveri, et des grenades avaient été lancées dans l'aéroport international. Pas de téléphone portable en ce temps-là : elle avait demandé aux femmes de l'Aghadi de la ramener en vitesse au centre-ville à bord de l'une de leurs jeeps.

Plus tard, elle apprendrait que douze bombes avaient explosé ce 12 mars 1993 à Bombay, faisant 257 morts et un millier de blessés, et que les attentats étaient l'œuvre minutieusement orchestrée de la mafia musulmane. Étrangement, la mort d'Alan ne l'avait pas surprise. Comme dans un mauvais mélo, c'était la fin quasi inévitable à leur histoire. La fin *parfaite*. Elle ne l'avait pas surprise, mais elle avait détruit une part d'elle qui ne reviendrait jamais : celle qui croyait en la possibilité du bonheur. Pourtant, même si, à ce moment-là, elle aurait refusé de l'admettre, y compris sous la torture, elle s'était sentie bizarrement soulagée, libérée. Libérée du poids qui semblait peser sur les épaules de la fiancée du tableau : celui d'un amour éternel, que rien ne viendrait jamais entacher ni corrompre.

C'est en rentrant en France qu'elle avait commencé à boire. Tout en passant d'un homme à l'autre. Cela portait un nom : autodestruction. Aussi simple que ça. Et l'autodestruction se poursuivait, mais à un rythme moins frénétique. Un *suicide lent*. Qui durait depuis vingt-neuf ans. Elle y avait laissé sa beauté et sa jeunesse, que l'abus d'alcool, de cigarettes et les ans avaient méthodiquement effacées, quoi qu'en disent ceux qui prétendent que la vieillesse est belle – affirmation absurde, bien dans l'air du temps, qu'un seul coup d'œil à son miroir ridiculisait tous les matins. Mais peut-être qu'un photographe ou un portraitiste à la recherche d'un visage plein de vigueur et de personnalité aurait pu la trouver belle, en effet. Ou plutôt d'une admirable et photogénique laideur. Elle ne se faisait cependant pas d'illusions : aucun homme ne se donnerait plus la peine de chercher ce qu'il y avait derrière les apparences.

Quand elle ressortit du Rijksmuseum, la nuit était tombée et les ponts d'Amsterdam s'égayaient de guirlandes dont les ampoules se reflétaient dans l'eau noire des canaux. Il faisait un froid de canard mais la neige fondait. Il n'en restait plus que quelques plaques galeuses dans les coins. De la musique, des voix joyeuses et des rires sortaient des cafés et des restaurants.

Dès qu'elle mit un pied sur la passerelle, la porte de la maison flottante s'ouvrit. Jasmine apparut, sculpturale femme dans la petite quarantaine coiffée d'un bonnet de laine. Elle attrapa Esther par le coude avec autorité :

— Venez, allons boire un verre quelque part. Vous avez fait tout ce chemin pour un article dans *La Garonne* ? Je connais bien ce journal. Il ne roule pas sur l'or. Il faut croire que vous êtes dans les petits papiers du rédacteur en chef, hein ?

Le regard prudent de Jasmine sur elle n'échappa pas à Esther.

— Il faut croire, répondit-elle.

Dix détailla l'enveloppe noire. Elle avait été déposée pour lui à l'accueil de la chaîne. Il la retourna avant de l'ouvrir. Eut l'impression que son cœur allait exploser, telle une grenade dégoupillée : une lettre, une seule, était inscrite au verso, en capitale, à l'encre dorée.

« H »

L'émission commençait dans moins de quinze minutes. Il écarta Anita, déchira l'enveloppe : une feuille à l'intérieur, pliée en trois.

Il la déplia.

Ce soir, après votre émission, laissez votre téléphone dans votre loge et rejoignez votre voiture au parking. Sous la roue arrière gauche, vous trouverez un téléphone à carte prépayée. N'en parlez à personne. N'envoyez personne. Descendez au parking. Si une seule de ces instructions n'est pas suivie à la lettre, je disparaîtrai dans la nuit et vous n'entendrez plus jamais parler de moi. Vous n'aurez pas de seconde chance, Damien.

H.

Nom de Dieu ! Il sentit son cœur s'emballer, relut la lettre trois fois. Est-ce que c'était sérieux ? Ou bien un petit plaisantin avait-il l'intention de le ridiculiser en le filmant à son insu dans le parking souterrain de TV7 ? Encore aurait-il fallu qu'il ait accès au parking. *Après votre émission...* Il mourait d'envie de descendre tout de suite vérifier, mais le message lui enjoignait de respecter les instructions *à la lettre*.

C'était de la folie.

Il fallait qu'il en parle à Enguerran et à Maisonneuve. Qu'ils lui arrangent le coup : une balise placée sous sa voiture ou dans son trou de balle, peu importe, une filature discrète, quelque chose : un filet de sécurité, quoi. En si peu de temps ? Hirtmann s'en apercevrait de toute façon, le Suisse avait sûrement tout prévu.

Est-ce que lui, Damien Dix, avait à ce point envie de cette interview ? Et comment qu'il en avait envie ! Mais là, c'était autre chose. C'était comme ces grands reporters qui partent sans protection à la rencontre d'un chef djihadiste au milieu du désert ou d'un narco ultraviolent dans les montagnes du Sinaloa. Rien ne garantissait qu'ils reviendraient sains et saufs. Qu'ils reviendraient tout court. Ces gars-là en avaient une paire, pas à dire, ils étaient prêts à prendre tous les risques pour un scoop. Et lui ? Merde, il était Damien Dix ! Il allait leur montrer. S'il ne le faisait pas aujourd'hui, il ne le ferait jamais.

Il pensa au programme du soir. Rien de transcendant, un lendemain de Noël. Il allait trouver l'émission longue.

de [illegible] Dumont [illegible]
[illegible]
tout [illegible]

[illegible] que [illegible] Dumont [illegible]
de [illegible]
[illegible]
[illegible]
[illegible]
[illegible]
[illegible]
[illegible]
pas [illegible]
[illegible] pour [illegible]
[illegible]
[illegible]

Il pensa [illegible]
[illegible]
[illegible]

CHAPITRE 65

Deux femmes

À quarante et un ans, Jasmine Mandel possédait ce genre de beauté patricienne qui donne sans effort particulier un air de haut lignage aux roturières. Son teint mat, peut-être hâlé par la réverbération des canaux, rendait cette beauté plus évidente encore. Mais Esther avait aussi repéré les signes : yeux injectés, bord des paupières rouge, fines rides, peau prématurément vieillie. Abus de tabac ou d'alcool. Elle aurait parié pour l'alcool. Conjecture qui était en train de se vérifier dans le café bruyant où elles avaient échoué, au milieu d'une rue sordide bordée de pizzerias, de pubs, de steakhouses et de vendeurs de souvenirs.

S'étaient-elles reconnues ? Oui, certainement. Car Jasmine Mandel avait forcément vu en elle une de ses semblables. Est-ce que ça allait lui faciliter la tâche ? Ça restait à voir…

Elles avaient commencé par dîner dans un restaurant de poisson et la conversation avait roulé sur l'art de Jasmine et ses prochaines expos. Esther avait fait mine de prendre des notes à côté de son assiette, tandis que des guppys et des GloFish aux couleurs fluo évoluaient dans un aquarium à quelques centimètres de son visage. L'air de ne pas y toucher, Jasmine Mandel l'avait testée sur ses connaissances en art, mais Esther s'y était préparée : elle lui avait servi quelques noms et un bouquet de platitudes, qui avaient eu l'air de laisser son interlocutrice de marbre.

Elle s'était sentie beaucoup plus à son aise quand Jasmine Mandel l'avait interrogée sur sa journée ; elle lui avait parlé des souvenirs qu'avait réveillés la contemplation du tableau de Rembrandt au Rijksmuseum, lui avait raconté Bombay, les femmes de l'Aghadi : « Des femmes violentes qui montent un collectif vengeur ? Intéressant », avait réagi Jasmine. Quand Esther lui avait parlé d'Alan, le regard de Jasmine s'était transformé, et la journaliste s'était dit que la femme assise en face d'elle avait aussi eu le cœur brisé.

Elles avaient changé de lieu, et Jasmine lui avait raconté ce chagrin d'amour, une histoire qui aurait été banale – un homme marié avec des enfants, qui lui avait promis de quitter sa femme mais qui reculait l'échéance – si son amant, un élu du VVD[1], ne s'était malencontreusement pendu dans un hôtel de Pattaya à l'occasion de ce qui ressemblait moins à un suicide qu'à une séance ratée d'asphyxie auto-érotique. La mort, qui avait surpris le jeune politicien plein d'avenir sa ceinture autour du cou, de la coke dans les narines et la bite à l'air, avait bien entendu fait la une des journaux, lesquels avaient quelque peu édulcoré la scène en usant de sous-entendus, ce qui n'avait pas été le cas des sites Internet, où le nom de Jasmine avait été cité.

Elles avaient cependant embrayé sur des considérations plus légères, des anecdotes futiles censées être drôles sur leurs métiers respectifs, tout en enchaînant

1. Parti populaire pour la liberté et la démocratie (*Volkspartij voor Vrijheid en Democratie*), d'orientation libérale-conservatrice.

bières, genièvre, *proost !* (« santé ! ») et champignons hallucinogènes à un rythme soutenu, si bien qu'à 22 heures elles étaient déjà passablement bourrées et *high* et riaient de plus en plus fort à mesure que le volume de la musique montait – et Esther avait presque oublié pour quoi elle était là quand Jasmine redevint sérieuse tout à coup :

— Tu n'es pas venue jusqu'ici pour faire un reportage sur mon art et ma réussite, je me trompe ? Et tu ne connais pas grand-chose à l'art contemporain, pas vrai ?

Esther éprouva une sorte de soulagement devant ce début de clarification.

— Non.

— Tu es venue ici pour me parler de ma sœur et de ce qu'il s'est passé la nuit où elle a été assassinée…

Ce n'était pas une question.

— Oui.

— C'est bien ce que je pensais. Je suppose que je devrais te dire d'aller te faire mettre mais…

Jasmine reluqua son verre, puis Esther par en dessous :

— … tu me plais bien… comme partenaire de boisson, je veux dire, ne va pas te méprendre…

— Tu es ivre, dit Esther. On devrait avoir cette conversation demain. Je refuse de tirer parti de la situation.

Jasmine haussa un sourcil :

— Vraiment ?

— Ça peut paraître surprenant, mais j'ai une forme de déontologie.

— Ça existe encore ?

— Faut croire.

— D'accord, dit Jasmine Mandel en captant le regard du barman et en montrant son verre, allons droit au but, sainte Esther. Officiellement, c'est Julian Hirtmann qui a tué ma sœur.

— C'est bon, ça suffit comme ça, dit Damien Dix à Anita après l'émission.

— J'ai pas fini, répliqua la maquilleuse, un tampon sale entre les doigts.

— On s'en branle, merci mon ange.

Il ôta lui-même la protection en papier de ses épaules et se leva, lui tendit son téléphone. Il avait l'air nerveux – et pressé.

— Tiens, tu peux le garder ? Si d'ici demain matin je ne t'ai pas passé un coup de fil sur ce téléphone, appelle la police.

Elle plongea son regard dans le sien, tout en glissant le téléphone dans son sac.

— Tu me fais peur, Damien…

— T'as compris ? Pas d'appel d'ici demain matin, tu préviens la police.

— Damien, qu'est-ce que tu t'apprêtes à faire ? Tu m'inquiètes…

Il se pencha, déposa une bise sur sa joue.

— T'en fais pas, ma belle, je gère. Garde le téléphone près de toi, OK ? lança-t-il en quittant la loge.

Est-ce que son cœur battait plus vite tandis qu'il remontait le couloir vers les ascenseurs ? Un peu, qu'il battait plus vite ! Il appuya nerveusement sur le bouton. Dans la cabine vide, il inspira et expira à plusieurs reprises pour se calmer. Mais son pouls repartit dans les tours quand les portes s'ouvrirent sur le parking au sous-sol.

Désert. Silencieux.

Un vrai décor de série B. Ou Z. Ça dépendrait en grande partie de ce qui allait suivre.

Il se dirigea vers son véhicule, garé sur l'emplacement à son nom, contre le mur du fond. Jeta des coups d'œil à droite et à gauche en traversant le parking. Quel était l'abruti qui avait collé les emplacements VIP si loin des ascenseurs ? Et pourquoi cette partie du sous-sol n'était pas mieux éclairée, bon Dieu ? Ses pas résonnaient dans le vaste espace sonore.

Il avait frimé devant Anita, mais il était loin d'être aussi rassuré qu'il l'avait laissé paraître. En même temps, qui l'aurait été, à sa place ?

Sous le faible éclairage, son SUV Bentley Bentayga S Black Edition Hybrid à 280 000 euros brillait de toutes ses courbes racées, fauve de métal endormi. Soixante-sept teintes de carrosserie possibles, quinze de cuir, huit sortes de boiseries, un V6 turbo et une puissance cumulée de 450 chevaux. Cette caisse, c'était lui. Elle clamait ce qu'il était, mieux que tous les discours. Un matérialiste. Un arriviste. Un pourceau. Le plus gros enfoiré du PAF. Pour qui rien d'autre n'existait que le fric. Dieu ? Un mensonge. La politique ? Des aveugles conduits par d'autres aveugles. L'amour ? Une chaîne aux pieds. La famille ? Une construction mentale… Il se glissa de profil dans l'intervalle étroit ménagé entre son monstre – qui ressemblait autant à un SUV qu'un léopard des neiges à un chat de gouttière – et la voiture voisine, dont le pare-chocs avant grignotait nettement moins d'espace sur l'allée centrale.

Il marcha vers le fond, se pencha en se contorsionnant.

Le téléphone était là, sur le sol, sous la roue arrière gauche. Merde alors ! Ça ne prouvait rien. Ça pouvait très bien être un canular. Ou une blague de collègues.

D'ailleurs, ça ressemblait à un canular. L'enveloppe, le téléphone : un côté trop évident. Comme si le scénariste manquait d'imagination.

Il alluma l'appareil. Pas de code ni de mot de passe. Il ouvrit la portière, se glissa au volant. Un seul numéro dans le répertoire. Il le fit. La clarté jaunâtre des lampes du parking tombait sur le tableau de bord mais laissait l'habitacle dans l'ombre. En entendant la sonnerie, il sentit son muscle cardiaque se contracter. Mais il lui fallut moins de dix secondes pour avoir quelqu'un au bout de la ligne.

— Bonsoir Damien, dit la voix de toute évidence distordue par un logiciel qui la rendait horriblement grave et intimidante.

— Hirtmann ?

— Qui d'autre ?

— Vraiment ?

Un silence.

— Vous doutez de mon identité ?

— Mettez-vous à ma place.

Nouveau silence.

— J'ai tué Charles Fayolle, journaliste à *La Garonne*, et j'ai placé une maison de poupées chez lui. L'information n'est pas parue dans la presse. Et ce cher Martin est en train d'enquêter là-dessus en ce moment même.

— Martin ?

— Le commandant Servaz.

Merde. C'était lui ! Ça collait en tout cas avec ce qu'ils savaient.

— Pourquoi avez-vous tué ce journaliste ?

— L'interview, c'est pour plus tard, répondit le Suisse. Alors comme ça, vous voulez me rencontrer ?

Il déglutit, chercha ses mots :

— Oui, je vais vous rendre célèbre, fanfaronna-t-il, mais il se rendit compte que sa voix tremblait un peu.

— Vraiment ? Ne le suis-je pas déjà ? Mais est-ce que, de votre côté, vous croyez que vous serez à la hauteur, cher Damien ? Je veux dire : à *ma* hauteur.

— Je vais essayer, *Julian*, répondit Dix sur le même ton.

Le silence dura plus longtemps, cette fois.

— Tsss-tsss. Allons, allons. N'essayez pas de me manipuler, Damien. Ça marche peut-être avec ces demi-célébrités à l'ego si fragile que vous invitez dans votre émission, mais ça ne marchera pas avec moi.

Dix choisit de la jouer modeste :

— Désolé, vous avez raison, c'était stupide.

— Voilà qui est mieux… Vous n'êtes pas quelqu'un de stupide, Damien, je le sais. Vous êtes quelqu'un de brillant, d'intelligent et de provocateur, qui joue selon ses règles, pas celles des autres. J'aime ça. Parce que je suis comme vous. Mais, pour l'instant, on va jouer selon les miennes, c'est d'accord ?

La voix métallique, caverneuse du logiciel lui mettait les nerfs en pelote. *C'est d'accord, sale enfoiré*, songea-t-il, *du moins tant que je n'ai pas le choix*.

— Oui, dit-il en se rendant compte qu'il transpirait, mais comment je vais faire pour filmer l'interview sans mon téléphone ? Pour prouver au monde entier que notre rencontre a bien eu lieu ? Mes fans veulent des images, vous vous en doutez. Ils veulent vous voir, vous entendre, ils ne se contenteront pas d'une interview… euh… écrite, ou même sonore.

— Détendez-vous, j'ai tout le matériel qu'il faut.

Il se demanda si c'était vraiment de nature à le détendre.

— Très bien, dit la voix, vous allez mettre le haut-parleur et laisser le téléphone allumé sur le siège passager. Ne vous inquiétez pas, la batterie est pleine. La première étape est à Montmartre. Devant le Sacré-Cœur, vous trouverez deux poubelles en haut à droite du grand escalier quand vous regardez la ville. Vous récupérerez une enveloppe dans l'une d'elles. À l'intérieur, il y aura votre destination suivante. Restez en ligne pendant tout le trajet et ne prononcez pas votre destination à voix haute. Pas un mot à qui que ce soit sur l'endroit où vous allez, même à moi, vous comprenez ?

— Oui.

— Et, Damien… je ne suis pas quelqu'un qu'on peut rouler dans la farine…

— J'en suis convaincu, répondit-il.

Voix chevrotante de nouveau. *Bon Dieu ! Qu'est-ce qu'il te prend ? Ressaisis-toi ! Tu es Damien Dix, le plus gros salopard du PAF. Montre que tu en as !*

— Allons-y, dit la voix. C'est parti.

Il sursauta :

— Quoi, maintenant ? Tout de suite ?

CHAPITRE 66
Là-bas

— Nous étions une fratrie de cinq enfants. Lucas est l'aîné. Gaël est né l'année suivante. Je suis née deux ans après lui. Hermine était l'avant-dernière et Florian est le benjamin, « un accident », selon notre mère.

Jasmine battit des paupières dans la pénombre du café. Ses beaux yeux brillaient. Esther brûlait d'envie de prendre des notes, mais elle avait peur de rompre le charme. Elles n'étaient pas très loin de la porte, qui n'arrêtait pas de s'ouvrir et de se refermer, et des odeurs de marijuana chatouillaient ses narines, sans qu'elle pût déterminer si elles provenaient de la rue ou du bar.

— Très vite il est apparu, dès qu'il a commencé à grandir, que Gaël était le chouchou de notre père. Je ne vais pas te refaire l'histoire de la dynastie Mandel, ni celle des ciments Mandel. Tout ça est connu. Du moins la partie officielle. Même si la partie cachée est plus sombre, plus complexe : tout est toujours plus complexe que ce qu'on en voit. Disons que notre père n'a jamais cessé d'être un tyran odieux, dur, entêté, impitoyable. Avec ses employés comme avec tous ceux qui ont travaillé sous ses ordres, du domestique aux directeurs. Et avec sa famille aussi. Aujourd'hui, il ne fait pas de doute qu'il serait visé par un nombre considérable de plaintes pour cruauté mentale et harcèlement moral, mais, en ce temps-là, les hommes comme lui avaient tous les droits.

Jasmine avala une gorgée de bière, l'accompagna d'un shot de genièvre cul sec, lorgna Esther.

— Bois. Je ne vais pas me soûler la gueule toute seule.

La journaliste s'exécuta. La sono du bar diffusait un vieux tube des Supremes remis au goût des années 1980 : *You Keep Me Hangin' On*. Kim Wilde au chant. Le café se remplissait. Elle recevait des coups de coude des clients qui passaient derrière elle.

— Mon frère, Gaël, pas Lucas ni Florian – Florian a toujours été une fleur fragile, vulnérable, dès son plus jeune âge –, Gaël, donc : il avait tous les talents et la beauté du diable. Toutes les filles à ses pieds. Et la famille aussi. Du moins notre père. Comme je l'ai dit, il était son préféré. Et, très vite, il est devenu évident qu'il était celui en qui papa plaçait tous ses espoirs. Il pouvait se montrer très dur avec Lucas, et surtout avec Florian, qu'il n'hésitait pas à traiter de mauviette, mais il passait tout à Gaël. Ça nous rendait folles, ma sœur et moi, on trouvait ça tellement injuste, mais notre père s'en contrefichait. Il n'en a jamais fait qu'à sa tête, peu importait les conséquences pour ceux qui l'entouraient, les souffrances et les traumatismes qu'ils pouvaient endurer. C'était la vieille école. Pas de pitié, pas de place pour les faibles.

Son regard se fit dur.

— Je ne sais pas si c'est ça qui a gâté mon frère, ou s'il était comme ça à la naissance, mais très vite aussi on a remarqué que Gaël avait une part sombre. C'était quelqu'un de totalement égoïste. Il fallait toujours que tout tourne autour de lui et de lui seul. Il devait en permanence être le centre de l'attention. Il pensait que les autres n'étaient là que pour le servir et l'admirer. Et puis, derrière la façade parfaite, l'intelligence, la beauté, les performances sportives, se cachait un être irrémédiablement pourri et détraqué.

Esther entendit la colère et la tristesse se glisser dans sa voix.

— Ça a commencé dès l'adolescence. Quand des filles du voisinage ont rapporté que Gaël les avait menacées et forcées à des attouchements. Puis à du sexe oral. À l'époque, tout ça a été étouffé grâce aux relations de papa et aux grosses sommes d'argent qui ont été versées aux parents. Mais les choses n'ont fait qu'empirer. Gaël sortait avec des filles, et puis elles rompaient et on apprenait qu'il avait exigé d'elles qu'elles fassent des trucs tordus, ou qu'il les avait humiliées d'une manière ou d'une autre. Ou même frappées, étranglées jusqu'à ce qu'elles perdent connaissance, menacées de mort… Les filles n'osaient pas porter plainte parce qu'elles avaient honte de raconter ça à leurs parents ou parce qu'elles étaient mortes de trouille, mais elles se confiaient à d'autres, et ça finissait par nous revenir aux oreilles, à Hermine et à moi. Mais ce n'était pas tout.

Elle garda le silence un moment, le nez dans sa bière. Quand elle reprit la parole, ce fut avec une expression égarée.

— Le soir, quand il était à la maison, il venait dans notre chambre, celle qu'on partageait à cette époque, Hermine et moi, et il nous faisait le récit de ses comportements déviants. Sans nul doute des viols, même s'il ne prononçait jamais le mot. Il disait : « C'était tellement facile, je ne savais pas que c'était aussi facile, et aussi bon. » Puis il nous disait qu'il avait tout inventé, que c'étaient des histoires, et il nous souhaitait bonne nuit. Mais je savais que tout était vrai. Il ne montrait jamais le moindre remords. Au contraire, il adorait se vanter. Ça nous terrifiait quand Gaël nous rendait visite tard le soir, on n'avait pas envie d'entendre ces horreurs, mais il ne nous laissait pas le choix.

— Et tu dis qu'aucune des filles ne s'est jamais plainte ?

— Si, une ou deux fois. Mais la chose a été étouffée.

— Je vois. Continue.

— Le pire, c'est quand Gaël a commencé à entraîner Lucas dans ses turpitudes.

— Ils avaient quel âge, à ce moment-là ?

Jasmine réfléchit.

— Lucas devait avoir quatorze ans, Gaël, treize. Gaël avait sauté une classe et ils ont été dans le même collège. Ensuite, il s'est passé un truc en troisième et Gaël a été envoyé dans un autre lycée que Lucas.

Le Caousou, la colonie des Isards, le chef des quatre viré du collège : ça collait… Abba et *Does Your Mother Know* avaient succédé à Kim Wilde.

— Les années ont passé. Soit Gaël avait arrêté, soit il avait appris à dissimuler, en tout cas on n'entendait plus parler de lui. Il poursuivait ses études. Et puis, un jour, un papier est sorti dans la presse locale. Il ne donnait aucun nom, aucun détail. Mais il parlait du fils d'une riche famille de la région et de jeunes filles terrorisées. À la suite de cet article, notre père nous a convoqués dans son bureau, Hermine, Lucas, Florian et moi. Il nous a dit quelque chose comme : « Vous savez tous que Gaël est malade, nous allons l'envoyer se faire soigner dans une clinique spécialisée à l'étranger… Mais rien de ce qu'il a pu vous dire ne doit sortir d'ici, je vous interdis d'en parler à quiconque en dehors de cette maison. » On a compris qu'il faisait aussi ça pour mettre Gaël hors de portée des griffes de la police et de la justice. Et Gaël est parti. Je n'ai jamais su où ils l'avaient envoyé. On a été soulagées, ma sœur et moi, quand Gaël a été expédié à l'étranger. Oh oui. Du moins le temps que ça a duré.

— Quel âge avait Gaël, à ce moment-là ?

— Je dirais dans les vingt-cinq…

— Continue.

Elle vit Jasmine hésiter.

— Et puis, un an et demi après, *il est revenu.*

Elle considéra son verre vide, fit signe au barman.

— Il va m'en falloir un autre. Tu m'accompagnes ?

Sa diction était de plus en plus approximative. Esther se dit qu'il était temps qu'on arrive à la fin de l'histoire. Elle acquiesça d'un signe de tête.

— D'accord.

Dix filait à travers la campagne. Noire. Bien au-dessus de la vitesse autorisée. A13, N12. Sa destination : Montfort-l'Amaury, au fin fond des Yvelines. Il l'avait trouvée dans l'enveloppe à Montmartre. Il devait récupérer une autre enveloppe dans une poubelle au pied de la tour Anne-de-Bretagne, et il avait quarante-cinq minutes pour le faire.

Merde, c'était tout près de chez lui ! Du moins de sa maison de week-end, celle où il emmenait ses *conquêtes*.

Hirtmann était-il au courant ? L'avait-il espionné ?

Si c'était le cas, ça changeait la donne.

Déjà, se rendre dans un endroit inconnu pour y rencontrer sans témoin un tueur en série. Si, en plus, le tueur en question avait découvert son vilain petit secret. Hirtmann avait-il l'intention de le faire chanter ? Dans quel but ? Obtenir du fric pour sa cavale ? Des victimes innocentes que Dix recruterait grâce à sa technique habituelle ?

— Vous êtes bien silencieux, Damien, dit la voix déformée et terriblement grave dans l'appareil posé sur le siège passager.

Dix se contenta de conduire sans répondre.

— J'ai regardé votre émission, continua Hirtmann. Vous savez ce qu'a dit Robert MacNeil au sujet des informations télévisées ? Ah, oui, j'oubliais : vous ne savez pas qui est Robert MacNeil. C'est le journaliste qui a créé et présenté au siècle dernier l'un des premiers programmes d'informations de la télévision publique américaine, le *Robert MacNeil Report*. Il critiquait l'approche de l'information pratiquée par les chaînes concurrentes. Selon lui, leur volonté de simplifier les programmes, de ne pas trop exiger des téléspectateurs, de créer une stimulation permanente les infantilisait à force d'éviter la complexité, les nuances et la profondeur. C'est pourtant ainsi que fonctionne la télé de nos jours, pas vrai, Damien ? Aucune connaissance préalable n'est requise du téléspectateur, sans quoi il zappera sur une autre chaîne. Une émission comme la vôtre ne doit jamais exiger de lui qu'il fasse preuve de réflexion, ou, pire encore, lui demander un effort. Encore moins de maîtriser les sujets abordés. N'ai-je pas raison, Damien ?

Bon sang, où est-ce que le Suisse voulait en venir avec ce prêchi-prêcha ?

Il quitta la N12, fit le tour d'un rond-point, passa sous la voie rapide puis remonta une longue ligne droite bordée d'arbres que ses phares faisaient surgir de la nuit. Il entra dans le bourg. Au bout d'une première avenue éclairée, il s'engagea dans les étroites rues pavées du centre-village, grimpa un raidillon et déboucha sur la place de l'église. Les ruines de la tour médiévale étaient à droite, en haut de la place en pente, après les dernières maisons, dressées sur un tertre. Il alla se garer au pied de la petite colline noire.

— Je suis arrivé, dit-il. À la tour.

— Très bien, dépêchez-vous.

Il descendit, escalada le sentier obscur et plongea la main dans la poubelle en bois en s'éclairant à l'aide du téléphone.

L'enveloppe était là.

Il l'ouvrit, en sortit la feuille pliée.

Se figea.

L'adresse était à Grosrouvre, un village à cinq kilomètres de là qu'il connaissait bien. C'était *son* adresse. À quoi jouait Hirtmann, bon sang ? Il redescendit, s'assit au volant, regarda l'appareil sur le siège passager.

— Hirtmann, c'est…

— Taisez-vous, l'interrompit la voix. Je vous ai dit de ne pas évoquer votre destination à voix haute.

Se le tenant pour dit, il franchit le carrefour suivant, à la sortie du village, s'enfonça dans les bois noyés de ténèbres et de brumes, virage après virage.

— J'espère que vous êtes bientôt arrivé à destination, il vous reste dix minutes. Reprenons. Nous nous sommes tellement habitués aux émissions comme la vôtre, Damien, que nous ne nous étonnons même plus de leur vulgarité et de leur insignifiance. Le résultat, c'est que les notions d'éducation, de connaissance et de vérité ont disparu de la plupart des programmes. Et que l'incohérence, la trivialité, le superficiel et l'insipide sont devenus la norme.

Mais de quoi est-ce que le Suisse était en train de parler, bon Dieu ? Était-ce ce genre de galimatias qu'il allait débiter pendant l'interview ? Le public de *Tout le monde regarde* voulait du sang, du scandale, des clashs. Pas des sermons.

Il entra dans le dernier village, le traversa, jusqu'au moment où il ralentit devant son portail. En roulant sur le gravier puis sous le carport, il vit qu'il y avait de la lumière derrière les volets clos. *Hirtmann était chez lui !* Comment le Suisse avait-il fait pour entrer et neutraliser l'alarme ? Dix coupa le moteur, prit une inspiration. Il eut les jambes qui tremblaient en descendant et, en cet instant, il aurait volontiers échangé son luxueux SUV contre un flingue.

La Lune jouait à cache-cache entre les nuages et un vent léger mais froid faisait frissonner le lierre de la façade. Les pignons de la maison avaient un aspect menaçant.

C'est le moment de vérité, mon petit Damien.

Il tourna la poignée de la porte, sous la marquise. Elle n'était pas verrouillée. Dans le vestibule, il pivota vers le salon à sa gauche, d'où montait la musique. Sa musique. Aerosmith. Il entra, écarquilla les yeux.

— Qu'est-ce que vous faites là ?

CHAPITRE 67

La famille royale

Amsterdam dans les enceintes. Pas la version de Brel, celle de Scott Walker. Voix chaude de crooner. Une dose en plus de violons et de cuivres. Jasmine reprit une gorgée de bière, une respiration, puis s'élança :

— Son retour, c'était, comment dire ? Imagine une séance de torture où tu crois avoir enduré les pires souffrances et où tu découvres que ce n'était rien à côté de ce qu'il t'arrive maintenant… Quelque chose dans ce goût-là…

Nouvelle gorgée, nouvelle respiration.

— On a vite compris qu'il était revenu pire qu'avant. Je ne savais pas ce qu'on lui avait fait là-bas, ni où il avait été pendant tout ce temps-là. Mais il y avait dans ses yeux une absence de vie qui nous faisait froid dans le dos. Il avait l'air d'un robot. Ce ton monocorde quand il parlait, sa façon de nous regarder. Il devait prendre des médocs. Et surtout, il n'arrêtait pas de tourner autour d'Hermine. Je ne sais pas s'il avait fantasmé sur elle pendant son séjour là-bas, s'il s'était fait des films et si ses fantasmes avaient fini par prendre corps et occuper tout son esprit, mais il ne la laissait pas en paix. Il lui faisait une espèce de cour malsaine. C'était sa sœur, bordel ! Un jour, c'était un énorme bouquet de roses blanches qu'elle trouvait dans sa chambre, un autre jour un bijou dans sa boîte à gants, un autre, un livre. Les cadeaux n'étaient jamais signés, mais elle savait d'où ils venaient. Hermine était terrifiée. Elle était convaincue – et je n'étais pas loin de penser comme elle – que notre frère voulait qu'elle se sente redevable, *forcée* de céder à ses avances, en vertu d'une espèce de logique tordue, qu'un jour il viendrait réclamer son dû, son *retour sur investissement*, pour employer le vocabulaire de notre père. Il lui tenait des propos tellement déplacés. Il lui expliquait que, dans la famille royale de l'ancienne Égypte, mais aussi chez les Incas et dans la Perse antique, l'union entre frère et sœur était la plus noble, la plus valorisée. Il disait à Hermine que, pour la religion mazdéenne, l'humanité était née d'un triple inceste entre les dieux, d'abord du Ciel qui avait fécondé la Terre sa fille, puis le fils né de cette union avait couché avec sa mère, laquelle avait engendré des jumeaux, garçon et fille, d'où descendait toute l'humanité. Il disait à ma sœur des choses telles que : « Hermine, nous sommes des rois, nous sommes des dieux, regarde comme nous vivons, toi et moi, tôt ou tard, nous nous unirons et tu porteras ma descendance. » Il disait que c'était pour son bien, pour le bien de la famille, qu'il la protégerait, qu'il protégerait leur enfant. Qu'elle finirait par comprendre, que plus tôt elle accepterait, mieux ce serait. C'était totalement dingue. Un jour, n'y tenant plus, j'ai décidé d'en parler à notre père. Il m'a écoutée sans broncher puis, quand j'ai eu fini, il a verrouillé les portes et il est entré dans une colère noire. Il m'a flanqué une gifle terrible en me disant que j'étais une vipère et de ne plus jamais proférer ce genre de mensonges devant lui.

Jasmine sourit, le nez dans sa bière. Esther réalisa qu'il coulait goutte à goutte dans le verre sans que Jasmine s'en rendît compte.

— Trois mois environ après le retour de Gaël, on a trouvé le cadavre de ma sœur au bord du fleuve, juste en face de la cimenterie. Comme tu le sais, le viol et le meurtre ont été attribués à Hirtmann, qui s'était évadé de l'Institut Wargnier peu de temps avant. Mais ce n'est pas lui qui a tué et violé ma sœur : c'est mon frère.

— Comment tu peux en être sûre ?

— On a trouvé un scarabée près du corps. Selon mon psychopathe de frère, c'était un symbole de vie, de mort et de résurrection dans l'Égypte ancienne. Il en avait toujours un sur lui.

Les larmes de Jasmine ruisselaient sur ses joues à présent ; elles tombaient soit sur la table soit dans sa bière, jusqu'au moment où elles formèrent une petite flaque autour du verre, une toute petite flaque. Un cercle de larmes.

— Pourquoi tu n'as rien dit à la police ?

Elle essuya son nez et ses yeux d'un revers de manche.

— J'aurais dû, je sais. Mais j'avais peur de la réaction de mon père et de mes frères. Et puis, un mois et demi environ après qu'on a trouvé le corps d'Hermine au bord de la Garonne, Gaël s'est tué dans cet accident de voiture, et j'ai su que le cauchemar était terminé, qu'il ne violerait plus personne. L'horreur avait pris fin.

— Il ne se « contentait » pas de violer, si j'ose dire, rectifia Esther sèchement, il kidnappait des femmes, il les torturait, il les tuait.

Jasmine hocha la tête.

— Oui, je sais… Je l'ai compris plus tard pour tous les meurtres et les disparitions qu'il y avait eus dans la région, mais il était mort à ce moment-là. À quoi bon remuer le passé ? Je ne m'en sentais pas la force. Et puis les disparitions avaient cessé…

— Sauf que ça a recommencé.

— Quoi ?

Pendant le quart d'heure qui suivit, Esther lui parla de la mort de Fayolle, de son journal, de l'enquête de la police et des nouvelles victimes. Jasmine l'écouta sans broncher.

— On a découvert que, quand ils étaient internes au collège, Gaël et Lucas faisaient partie d'un groupe de garçons qui se sont livrés à des choses ignobles, poursuivit Esther. Et Gaël et Lucas sont aussi passés par la colonie des Isards, une colonie de vacances où ont eu lieu des viols il y a longtemps.

Jasmine but une gorgée, réfléchit, mais son regard était rendu de plus en plus vaseux par les brumes de l'alcool.

— De quand dis-tu que datent les dernières disparitions ?

— Cet automne.

Jasmine secoua la tête.

— Ça ne peut pas être Lucas. Florian et lui sont les seuls membres de la famille avec qui je suis restée en contact. Lucas est à New York depuis août pour développer la filiale de Mandel aux États-Unis. Il est rentré il y a moins de dix jours en France pour préparer les fêtes en famille. Et puis, oui, bien sûr, Lucas n'est pas un saint : c'est un homme de pouvoir. Comme tous les hommes de pouvoir, il peut se montrer intraitable, exigeant, cruel. Qu'on soit un homme ou une femme, le pouvoir, c'est le shoot ultime de testostérone, un concentré d'androgènes. Toute personne parvenue près du sommet à qui la banque de la vie a accordé un crédit de pouvoir aussi important sera tentée un jour ou l'autre d'en abuser…

Esther pensa à ce que lui avait raconté Martin, ce qu'il s'était passé dans la montagne : le 4×4, la poursuite, l'accident. Intimidation ou tentative de meurtre ?

— Mais aujourd'hui, poursuivit Jasmine, Lucas est marié à son travail. Et à sa famille. Ils sont tout pour lui. Il a tiré un trait. Quand Hermine est morte, je me souviens que ça lui a fait un sacré choc. Il s'est confié à moi des années plus tard. Au sujet de ce que Gaël et lui avaient fait par le passé. Il m'a juré qu'il n'avait jamais participé, mais qu'il n'avait rien empêché non plus, qu'il avait trop peur de Gaël. Il se sentait coupable à cause de ça.

— Et tu l'as cru ?

— Oui.

— S'il n'a rien empêché, il est aussi coupable que les autres, répliqua Esther d'un ton sévère. D'accord, ils étaient quatre à sévir au collège. Peut-être que l'un d'eux a recommencé. Qu'en dis-tu ?

Jasmine fronça les sourcils. Son rimmel avait coulé.

— Je ne sais pas si c'est eux, mais il y en avait deux qui traînaient souvent avec Gaël, deux que je n'ai jamais aimés…

Esther la fixa, attendant la suite. Jasmine vérifia que son verre était vide, jeta un coup d'œil au barman, mais il était occupé ailleurs ; elle renonça et poursuivit :

— Leur façon de nous regarder, Hermine et moi, de regarder les autres filles, d'en parler… ça nous mettait toujours mal à l'aise. Ces connards étaient vraiment malsains.

— C'étaient des amis de ton frère ?

— Oui, ils ont fait une partie de leur scolarité ensemble.

Esther émergea brusquement du brouillard éthylique comme si on lui avait fait une piqûre d'adrénaline directement dans le cœur.

— Tu te souviens de leurs noms ?

Jasmine réfléchit.

— De leurs prénoms seulement : l'un s'appelait Gérald, l'autre, mon frère le surnommait Fred, mais je me souviens que Gaël les appelait « les deux N ». Je crois que c'est parce qu'ils avaient des noms de famille qui commençaient par cette lettre.

Esther retint sa respiration et son envie de sourire : il y avait un Gérald et aussi un Frédérick parmi les quatre qui avaient semé la terreur au Caousou. Et leurs noms de famille commençaient par la lettre N.

— « Les deux N », hein ?

Elle avait du mal à cacher son excitation.

— Oui…

— Tu reviens parfois dans la région ? demanda-t-elle, plus pour faire redescendre la pression que pour faire avancer l'enquête.

— Jamais. J'ai tiré un trait. Je ne veux rien savoir, ni de ma famille ni de ce qu'il se passe dans ce pays : ce n'est plus le mien.

Elle souleva son verre de bière vide, sur les parois duquel s'attardaient des traînées de mousse.

— Tu savais que, dans l'Égypte ancienne, on plaçait des cruches de bière parmi les objets funéraires ? C'est mon salopard de frère qui m'a appris ça. La bière était une boisson très populaire, considérée comme un don des dieux. Quand une personne avait assez d'argent, sa famille l'inhumait avec des cruches pleines de bière.

— Ça me plaît, dit Esther en levant son verre, mais je préférerais être enterrée avec une bouteille de Jack Daniel's, si j'ai le choix.

Jasmine rit.

Un rire si expressif qu'Esther l'accompagna. Morrissey dans les enceintes. *All The Lazy Dykes*.

La main de Jasmine se posa sur sa cuisse, sous la petite table haute et ronde. Un geste amical. Innocent. Sans conséquence. Qui était peut-être la façon qu'avait sa voisine de lui signifier qu'une complicité – et, qui sait, peut-être même une belle amitié – était en train de naître entre elles. Comme une chose allant de soi. Oui, pourquoi pas ? C'est vrai qu'elles s'étaient rapprochées au cours de cette soirée.

La main remonta sur sa cuisse, sous la table. Haut. Trop haut.

— Si on allait chez moi ?

La voix de Jasmine plus rauque tout à coup, ses yeux brillants, pareils à deux pièces de monnaie.

— Tu as déjà dormi sur un *houseboat* ?

— Jasmine…

— OK, je vais être plus précise : tu as déjà baisé sur un *houseboat* ?

— Jasmine, je suis vieille, moche, et tu es bourrée.

— OK pour la troisième affirmation. Pas d'accord avec les deux autres.

La main remonta. Esther sentit une bouffée de chaleur grimper le long de son cou vers son visage. Honte ? Malaise ? Ou autre chose ?

— Jasmine, primo je suis hétéro, deuzio tu regretteras tout ça demain matin au réveil, une fois que tu auras dessaoulé et que tu me verras sous un éclairage, disons, plus cru… Crois-moi.

— Je prends le risque, chuchota Jasmine dans son oreille, penchée sur elle, avant de s'écarter pour plonger son beau regard dans celui d'Esther.

Laquelle glissa à regret sa main sous la table pour retirer celle de sa voisine.

— C'est non, Jasmine. Mais merci pour l'offre. Vraiment.

CHAPITRE 68

Étude en rouge

— Où est Hirtmann ?

— Tu n'es pas content de nous voir ?

Il les considéra l'une après l'autre, leurs beaux visages, leurs regards froids, leur imperceptible accent.

— C'était vous au téléphone ?

D'où le logiciel pour déformer la voix. Évidemment. Pourquoi Hirtmann aurait-il eu besoin de déformer la sienne, après tout ? Quel crétin il avait fait ! Mais comment diable avaient-elles obtenu ces infos sur Fayolle et la maison de poupées ?

— Je ne trouve pas ça drôle, dit-il.

— Ça n'a pas pour but de l'être.

— Ah non ? Et c'est quoi, le but, alors ?

— De te punir.

— De me… quoi ?

— *Punir.*

— Qu'est-ce que c'est que cette histoire ? grinça-t-il.

L'une des jumelles avait fait un pas en avant. Il essaya de se souvenir laquelle c'était. Lisa ou Louise ? Bordel, elles se ressemblaient tellement.

— Toutes ces gamines que tu ramènes ici pour les droguer et les violer…

Merde ! Comment étaient-elles au courant ? Est-ce qu'il avait parlé quand il était défoncé ? *Toujours nier.* Ça valait pour les adultères comme pour le reste. Nier jusqu'à la dernière seconde, nier au point que la personne en face finissait par douter, au point que ses certitudes se lézardaient.

— Qu'est-ce que c'est que ces conneries ?

— Damien, Damien…, dit l'autre jumelle, celle qui se tenait un peu en retrait. On s'est renseignées, tu sais. On fait partie d'un forum qui traque les gens comme toi, un truc dans le genre #balancetonprésentateur, tu vois ? Ceux qui profitent de leur position pour abuser de jeunes filles sans défense. Et ton nom revient souvent dans ce forum. Mouais. Tu ne te souviens pas de l'autre nuit ? Tu es plutôt loquace, sous GHB… Et puis, cette gamine, Emma, elle nous a tout balancé.

— Hein ? Quoi ? Emma ? Vous l'avez crue ? C'est une mytho ! Elle a tout inventé !

Nier. Toujours nier.

— Et puis, d'abord, je ne les viole pas. D'accord, elles sont… jeunes, mais elles sont consentantes.

Les jumelles s'étaient rapprochées, leurs bras pendaient le long de leur corps. C'était quoi, ce qu'il apercevait au bout ? Il eut tout à coup l'impression que son estomac se changeait en un bloc de glace : des *lames*… Il tourna la tête, jeta un coup d'œil en direction du râtelier à couteaux dans la cuisine américaine.

Il en manquait deux. Putain, non, sérieux ? C'était quoi, cette dinguerie ? Il avala sa salive.

— Où est Hirtmann ?

— Pas ici, en tout cas.

— Pourquoi vous faites ça ?

Lisa ou Louise regarda sa sœur puis lui, elle sembla méditer un instant :

— Lisa a été violée par notre beau-frère et deux de ses amis il y a deux ans au cours d'une soirée qui a… mal tourné. J'aurais dû être là – on ne se sépare pour ainsi dire jamais, Lisa et moi. Mais ce soir-là, j'étais au cinéma avec notre sœur aînée, celle qui était mariée à ce porc. Quand on est revenues, on a tout de suite compris qu'il était arrivé un truc. Les copains de notre beau-frère étaient partis, il était sorti lui aussi. Et Lisa était en larmes. Elle n'a pas voulu dire tout de suite ce qu'il s'était passé, elle avait trop honte, et elle avait peur que notre sœur ne la croie pas. Et effectivement, quand on l'a raconté à notre sœur aînée, celle-ci a traité Lisa de folle et de putain. On n'a pas aimé. Ça nous a rendues un peu… *zinzins*, tu vois ? On a attendu que son porc de mari, leur bébé et elle partent en vacances dans les Pyrénées pour rendre la justice à notre façon, histoire d'éloigner les soupçons de la cellule familiale : ce sont toujours les proches les premiers soupçonnés, pas vrai ?

— Qu'est-ce que j'ai à voir là-dedans ?

— On te l'a dit, on fait une légère fixette sur les gens comme toi depuis cette histoire.

— Les gens comme moi ?

— Ben ouais : les violeurs, quoi. Sur ce forum, ils sont pris pour cibles. Ou leur entourage, quand celui-ci est au courant et a fermé les yeux. Ton nom étant un de ceux qui reviennent le plus souvent, quand on a entendu ton intervention à la télé, ton stupide défi à Hirtmann, on a vu tout de suite le parti qu'on pouvait en tirer. On est venues pour toi, Damien, pour te *punir*. Donc, on te donne le choix. Soit on tue ta femme et ta fille et on te laisse la vie sauve, soit… on te tue toi. Tu choisis quoi ?

Contre toute attente, il éclata de rire :

— Vous êtes complètement frappées, ma parole ! C'est dingue ! Il vous manque une case ! Et vous croyez tout ce qui se dit sur votre putain de forum ? Bon, assez rigolé : foutez le camp de chez moi.

— Sinon quoi ?

Il fit un pas en avant.

— Sinon je te défonce ta jolie petite gueule, sale pute. Et celle de ta salope de sœur. Tu crois peut-être que j'ai peur de vous parce que vous avez piqué deux couteaux dans ma cuisine ? Sans déconner ?

L'instant d'après, un trait de feu traversa son flanc gauche, juste au-dessus de la hanche. Il tourna la tête dans cette direction, incrédule. L'une des jumelles se tenait à présent tout près de lui, sur le côté. Elle l'observait sans broncher. Visage inexpressif. Regard évaluateur. Comme si elle se livrait à une expérience. La lame au bout de son bras : *elle était rouge*. Le même rouge qu'il apercevait à présent en haut de son jean, à hauteur de sa taille et sur sa cuisse gauche. Est-ce qu'elle avait osé le poignarder ?

— Espèce de salope, gronda-t-il. Me touche pas, putain !

Le deuxième coup, porté de face par sa sœur, l'atteignit juste au-dessus du nombril, à peine amorti par ses vêtements, que la lame déchira sans effort. Il se fit la réflexion qu'il n'aurait pas dû aiguiser autant ces foutus couteaux, que ça pouvait être dangereux.

— Putains de salopes ! cracha-t-il.

— Ce serait pas un pléonasme, ça ? T'as pas l'impression de te répéter ?

Une guitare électrique dans ses oreilles. Un solo de Joe Perry, le *Toxic Twin*. Mais lequel ? *Crazy* ? *Amazing* ? *Janie's Got a Gun* ? Il n'était plus capable de penser clairement. Il entendait des voix, mais il ne comprenait pas ce qu'elles jactaient. Le coup suivant lui fendit la cuisse près des parties génitales. C'était peut-être bien elles qui étaient visées, car il avait bougé au dernier moment.

Il leva les mains en un geste de défense.

— Arrêtez, arrêtez ! Stop !

Il ressentit une douleur atroce sur le côté du cou quand la lame le transperça. Comme si les crocs d'un pitbull s'étaient refermés dessus. Il grimaça, leva une main sans force vers l'endroit où la lame avait frappé, posa les doigts sur la plaie, sentit entre eux une rivière de sang chaud qui jaillissait à gros bouillons. Il perçut à peine les coups suivants. Tomba à genoux sur le plancher. Baissant les yeux, il vit que son torse et son jean étaient couverts de sang. Un sang bien rouge. On aurait dit qu'on lui avait jeté dessus un pot de peinture. Tellement rouge qu'il avait l'air faux. Comme dans les premiers *Dracula* en couleurs, ceux avec Christopher Lee, ceux de la Hammer qu'il aimait bien revoir quand tout le monde était couché.

Il leva les yeux.

Louise ou Lisa se tenait juste devant lui. Debout. Immobile. Il ne voyait pas sa sœur. Elle était peut-être passée derrière. Il avait l'impression que la vie s'écoulait par ses blessures, que toutes ses pensées confuses s'éclaircissaient brusquement en une seule, d'une clarté désespérée et pourtant vaine, il le savait : *je ne veux pas mourir*.

— C'est quoi, déjà, la phrase que tu dis à la fin de ton émission à la con ? demanda Louise.

— Je… je me rappelle plus…

— Alors, tant pis.

Dans le brouillard qui gagnait ses pensées, il la vit faire un signe à sa sœur qui, pas de doute, se trouvait derrière lui à présent. Celle qui était debout face à lui, au-dessus de lui, se pencha, déposa un baiser doux, chaud, sur ses lèvres déjà froides, et elle expira dans sa bouche un parfum de menthe, comme si elle lui insufflait un dernier souffle de vie.

L'instant d'après, il sentit des doigts empoigner ses cheveux, lui renverser la tête en arrière, et la lame bien affûtée par ses soins lui fendit la gorge et le larynx d'une oreille à l'autre, tel un couteau dans une motte de beurre.

— Vous avez vu l'heure, Kopelman ? Ici, tout le monde dort.

— Sauf vous, apparemment.

1 h 45 du matin. Il s'était couché puis, après avoir constaté que le sommeil le fuyait, s'était relevé et avait repris la lecture du journal de Fayolle dans le salon. La voix de la journaliste patinait comme des semelles trop lisses sur un sol gelé tout en conservant un contrôle approximatif de sa diction.

— Vous avez bu ?

Une hésitation au bout du fil.

— Un peu… Je suis à Amsterdam, je viens de parler à la fille Mandel, celle qui…

— Je sais qui c'est.

— Elle est formelle : ce n'est pas Hirtmann qui a assassiné sa sœur.

— Et c'est qui, alors ?

— Un mort.

— Hein ?

Une toux à l'autre bout du fil.

— Leur frère, Gaël Mandel, celui qui a perdu la vie dans un accident de voiture en 2009, celui que nous soupçonnions.

— 2009, l'année où les disparitions ont cessé, commenta-t-il à voix basse. Il aurait violé et assassiné sa propre sœur ? Elle aura été la dernière de la liste, en somme. La dernière avant que son frère se tue.

— C'est ce qu'elle affirme. Je vous ferai un récit plus complet le moment venu. Vous n'imaginez pas à quel point cette famille est…

— OK, l'interrompit-il, il est mort. Et pourtant les disparitions ont repris.

— Justement, c'est là où je voulais en venir.

Il entendit des cris, des sifflets derrière la voix de Kopelman.

— Elle m'a parlé des deux membres de leur petit groupe qui traînaient toujours avec Gaël et Lucas. Et il s'agit de deux des quatre du Caousou…

Il se redressa, toute fatigue envolée.

— Vraiment ? Et Lucas, le frère, celui qui m'a envoyé ses sbires là-haut, vous en faites quoi ?

— Elle ne pense pas qu'il soit dans le coup. Et il a un alibi pour les disparitions.

— Ah bon ? Alors pourquoi ils m'ont poursuivi ?

— Peut-être simplement pour que vous leur lâchiez les baskets. Lucas Mandel est un homme puissant. Lui et ses amis haut placés ne doivent pas aimer qu'on les espionne et qu'on les file comme de vulgaires criminels.

— Mmm. À voir… Elle vous a donné des noms ?

— Des prénoms, plutôt. Mais j'ai retrouvé les noms : ce sont bien ceux de la bande du Caousou, ceux sur la photo de M. Wolfs en compagnie des deux frères : Gérald Noesser et Frédérick Nahon, surnommés « les deux N ». J'ai fait une recherche rapide sur Internet. Noesser est médecin-chef à l'hôpital de Saint-Gaudens, Nahon, quant à lui, dirige une petite entreprise de jardinage. Il est paysagiste, un truc dans ce genre. Sauf qu'il est écrit « définitivement fermé » en face des coordonnées de l'entreprise.

Il se leva, se mit à faire les cent pas dans le salon silencieux.

— Ce qui veut dire, enchaîna-t-il, qu'il était amené à se déplacer et à entrer dans les maisons… Il faudra voir si les familles des victimes n'ont pas fait appel à des jardiniers récemment. Et si les victimes elles-mêmes ou un membre de leur famille n'ont pas séjourné à l'hôpital de Saint-Gaudens. Ça pourrait expliquer que nous n'ayons pas trouvé de point commun entre les victimes jusqu'ici. C'est du bon boulot ! Je vous tiens au courant, reposez-vous.

— Bonne nuit, Servaz.

Il se demanda si elle le serait, bonne. Il aperçut une lueur de l'autre côté de la vitre, dans le noir : un des gardes venait de s'allumer une cigarette. Il s'étira. Il était temps d'aller se mettre au lit, même s'il n'avait pas sommeil.

Esther Kopelman termina sa cigarette, qu'elle écrasa sur le rebord de la fenêtre, attrapa les battants de celle-ci pour la fermer. Son regard tomba sur le canal deux étages plus bas. Les rideaux de ces dames étaient ouverts ; elles exposaient leur fonds génétique en devanture, seules, à deux ou à trois, dans des ambiances rouges ou fuchsia. Des corps sculpturaux pour la plupart, entretenus en salle de fitness, des ventres plats, musclés ou liposucés, des seins siliconés et des tenues légères. Une vraie publicité contre l'exploitation sexuelle et les ravages du masculinisme décomplexé. Aussi bien ce dernier s'affichait-il chez des grappes de mâles multiethniques dont la moyenne d'âge, pour ce qu'elle en voyait, tournait autour des trente ans et dépassait rarement les quarante. Elle songea au geste de Jasmine dans le bar – que d'aucuns auraient qualifié d'agressif. Au temps pour ceux qui pensaient que seule l'équipe des boomers blancs hétéros méritait d'être promue en Ligue 1 des prédateurs sexuels.

Il y avait aussi quelques hommes plus âgés aux cheveux gris, précédés de leur bedaine, qui déambulaient sur les quais, mais ils étaient escortés par leurs bourgeoises et ils semblaient tous descendus du même autocar pour retraités. Esther referma la fenêtre, qui ne la protégeait pas plus du bruit que du froid. Elle comprit pourquoi la chambre était si bon marché. Elle attrapa la bouteille de Jack Daniel's, s'en versa une rasade dans le verre à dents. Après quoi, elle alla récupérer ses boules Quies dans sa trousse de toilette.

CHAPITRE 69

Les trois sœurs

À 8 h 45 le lendemain, Samira, Servaz, la nouvelle et Meyrink étaient réunis dans la salle au deuxième étage.

— Gérald Noesser et Frédérick Nahon, dit Servaz. Samira et Fortunat, vous vous renseignez sur ces deux-là. Noesser est médecin-chef à l'hôpital de Saint-Gaudens, Nahon tient une entreprise de jardinage. D'après Jasmine Mandel, la sœur d'Hermine Mandel, violée et assassinée en 2009, ils pourraient être les hommes à l'origine des disparitions. Stéphanie, tu viens avec moi.

— Euh… je croyais que c'était moi, maintenant, la cheffe de groupe, fit observer Samira. Ce n'est pas ce qu'a dit Hervelin ?

— Depuis quand une capitaine a un commandant sous ses ordres ? Mais bon, on va dire que c'est toi la cheffe de groupe, et que moi, je suis ton ministre des Affaires étrangères, quelque chose comme ça. Et, comme on va voir un poste avancé, *tu m'as confié* cette mission hautement diplomatique.

— Un poste avancé ? releva-t-elle, perplexe.

— Le meurtre de cet Allemand, Niklas Eidinger, dont la femme, Hilma, a disparu dans la vallée du Lys le 29 septembre. Celui qui ne colle pas avec le reste. Et si elle était là, précisément, la clé de l'histoire ?

— Comment ça ?

— Si le fait que ça ne colle pas avec le profil des victimes d'Hirtmann nous indiquait précisément la voie à suivre pour éclaircir toute l'affaire ? Si on considère que la femme a disparu comme les deux autres sur une période et sur un territoire qu'elles ont en commun, il y a de fortes chances que ces trois disparitions soient liées. Mais le mode opératoire ne colle pas : pourquoi s'en prendre à un couple alors qu'il aurait pu s'en prendre à une femme seule comme les autres fois ? Pourquoi se compliquer la vie à entrer chez des gens et à tuer le mari ? Il enlève la première victime sur un parking de supermarché, la deuxième sur le chemin du lycée et, tout à coup, il s'en prend à un couple ? Est-ce qu'il a cédé à une impulsion après avoir aperçu la femme ? Ou alors, il y a une autre hypothèse : on a plusieurs coupables, mais ils se connaissent et ciblent le même genre de victimes.

— Et Hirtmann, on en fait quoi ? On en est où de ce côté-là ?

— Pour le savoir, il faudrait qu'on ne nous change pas de tâche toutes les cinq minutes, glissa la nouvelle d'un ton qui déplut à Servaz.

— Je trouve qu'effectivement on ne creuse pas assez de ce côté, appuya Samira en le regardant.

— Je n'ai pas dit que Stéphanie et Meyrink devaient arrêter de le chercher. Et depuis quand on n'est plus capables de mener deux tâches de front ?

La sécheresse de son ton les prit au dépourvu.

— Allons-y, dit-il en se tournant vers Stéphanie Kraczyk. Et n'oubliez pas que nous avons encore une victime dans la nature, dont on ne sait pas si elle est morte ou vivante, lança-t-il en pensant à la mère du bébé.

La nouvelle hésita, jeta un regard interrogateur à Samira, laquelle lui répondit d'un léger signe de tête.

— Hilma et Niklas Eidinger, énonça Stéphanie dans la voiture en relisant ses notes. Vivaient à Sarrebruck. Ils se sont mariés l'année dernière. Elle travaillait comme directrice générale adjointe dans une boîte au Luxembourg, il était *community manager* dans la même boîte.

Si Servaz ne se trompait pas, la Sarre était le plus petit et le plus francophone des Länder allemands, limitrophe de la France et du Luxembourg, avec beaucoup de travailleurs transfrontaliers.

— « *Community manager* » ? dit-il.

Il devina qu'elle l'observait, mais il garda les yeux rivés sur la route.

— Un métier qui consiste à faire vivre une marque, une société sur les réseaux sociaux, à créer une communauté, à interagir avec les internautes pour le compte de ladite société. Assurément, elle avait un poste plus élevé que le sien. Des études ont montré que quand c'est la femme qui est mieux payée au sein d'un couple, le risque de rupture est plus important de 40 %, sans parler du cas de figure où les deux travaillent pour la même boîte, qui n'a pas été étudié à ma connaissance, mais qui ne doit rien arranger.

Il acquiesça prudemment, tout en se faisant la réflexion que la nouvelle avait un cerveau qui n'arrêtait jamais de mouliner.

— Il faut espérer que les flics de Saint-Gaudens auront fait correctement leur travail, ajouta-t-elle.

La remarque le surprit.

— Pourquoi ne l'auraient-ils pas fait ?

— Parce que j'ai vérifié : ils sont une cinquantaine, mais seulement cinq au judiciaire, et la moyenne d'âge de ces cinq-là dépasse les quarante ans.

Il fixa la forêt blanche et la route bordée de congères en se demandant ce qu'il devait répondre. Était-ce une allusion à son âge à lui ? Est-ce que ça voulait dire qu'elle le trouvait *has been*, lui aussi ? Après tout, il avait dépassé les quarante ans depuis longtemps.

— Est-ce que ce n'est pas une garantie d'expérience, au contraire ? demanda-t-il.

— Ou de sclérose, de résistance au changement, répondit-elle sans se démonter. Et de pantouflage. J'ai lu une interview qu'ils ont donnée. L'un d'eux a déclaré : « Il y a moins de stress qu'à la ville. » Ça en dit long sur son état d'esprit, non ? En voilà un qui parle avec son cœur. Ils affirment aussi être polyvalents, de « vrais couteaux suisses », c'est le terme qu'ils emploient. Pas bon signe, ça.

Cette fois, il quitta la route des yeux pour la regarder.

— Où tu as trouvé ces informations ?

Elle lui montra son téléphone.

— Là-dessus. *Open sources*. Pendant le trajet.

Elle lui parlait avec assurance, comme si elle était la professeure et lui l'élève, ce qui ne fit qu'accroître son irritation.

— Et que penses-tu de ce qu'il vient de se passer au bureau ? demanda-t-il.

— Entre la capitaine Cheung et vous ? (Elle prit le temps de réfléchir.) Je pense que vous avez outrepassé les ordres de la hiérarchie, ce qui est parfaitement inadmissible, mais que, effectivement, ça pose un problème qu'une capitaine donne des ordres à un commandant.

— Et donc ?

— Vous auriez dû être écarté du groupe.

Il eut l'impression d'avoir reçu une gifle. Incroyable. Cette gamine tout juste sortie de l'école était en train de lui faire la leçon ! Il sentit la colère le submerger. Elle aurait dû lui poser des questions, profiter de son expérience, chercher à apprendre de lui au lieu de lui faire la morale ! C'était quoi, cette nouvelle génération de je-sais-tout-donneurs-de-leçons ? Est-ce qu'ils pensaient vraiment qu'ils n'avaient rien à apprendre des précédentes ? Qu'il fallait faire table rase du passé ?

Et s'ils avaient raison ? Après tout, c'était sa génération à lui et celle qui l'avait immédiatement suivie qui avaient tout foiré : il n'y avait qu'à voir l'état du pays et du monde pour s'en convaincre.

Il n'empêche, il n'allait pas jouer les modestes : dans son métier, il était le meilleur, tout le monde le savait. On avait dû le lui dire, non ? Alors pourquoi n'en tenait-elle pas compte ? Il avait déjà compris qu'elle était intelligente et douée, mais il semblait qu'elle avait hérité de papa député un défaut rédhibitoire à ses yeux : le manque d'humilité. Puis il se souvint qu'à vingt ans il avait la même assurance qu'elle.

La vallée du Lys ne tirait pas son nom d'une jolie fleur mais d'un torrent de montagne.

Traversant Luchon, ils continuèrent leur route vers le sud, roulant au pied de hautes pentes boisées, entre prairies et forêts ensevelies sous le drap blanc de la neige. Le chalet était là, au sortir d'une large courbe, dans la partie la plus évasée de la vallée, sous un grand ciel également blanc.

Servaz se gara au bord de la route, derrière une voiture de police. Dès qu'il eut coupé le moteur, une silhouette apparut, sortant de la maison. Elle descendit vers eux la courte allée gravillonnée. Servaz la reconnut : le major Delabarre, le chef de la sûreté du commissariat de Saint-Gaudens, notamment chargé du judiciaire. Delabarre avait travaillé en ville avant de choisir de « se mettre au vert ». Il avait bonne réputation.

Servaz fit les présentations. La nouvelle serra la main du major avec la raideur d'une jeune femme qui rencontre pour la première fois son futur beau-père et qui n'aime pas ce qu'elle voit.

— Venez, dit Delabarre.

Ils grimpèrent les marches de la terrasse. Il leur montra la rambarde en bois au passage.

— C'est là qu'était pendu le chiot, dit-il.

Il fit le geste de serrer une main autour de son cou. Ils traversèrent la terrasse, la porte était ouverte. Le major avait ôté les scellés. Aucune odeur particulière à l'intérieur, à part peut-être celle du bois – pin ou érable – qui était partout : sur les murs, le plancher, au plafond. Une seule fenêtre avait ses volets ouverts – sans doute par le major avant qu'ils arrivent –, aussi régnait-il dans la grande pièce une pénombre humide et froide. Il leur répéta ce qu'ils savaient déjà : l'homme baignant dans son sang à l'étage, dans le lit conjugal, la femme disparue, le bébé bien vivant dans son lit à barreaux.

— Ils avaient loué le chalet sur Booking, dit le major. Le propriétaire peste parce que c'est la pleine saison et qu'il est privé de loyer tant que l'endroit est sous main de justice.

— Qu'est devenu le bébé ? demanda Servaz.

— Deux sœurs de la femme disparue sont venues d'Allemagne pour le réclamer, elles étaient très affectées. Aux dernières nouvelles, les services sociaux allemands étudient encore le dossier et font des difficultés pour le leur confier parce qu'elles sont trop jeunes. En attendant, le bébé est chez ses grands-parents. C'est ce que m'a rapporté mon homologue allemand.

Servaz serra les dents. L'urgence lui serrait la gorge. Où était la mère du bébé ? Déjà au fond d'une tombe improvisée comme les deux autres ? Ou détenue quelque part ?

— Avez-vous remarqué quelque chose d'étrange dans cette affaire ? demanda Stéphanie du même ton professoral qu'elle employait, semblait-il, avec tout le monde.

Le major baissa les yeux pour la dévisager.

— Tout est étrange dans cette histoire : on a zéro piste, zéro indice, zéro mobile. Ce n'est pas une tentative de cambriolage, rien n'a été volé, il n'y a pas de traces d'effraction et j'ai du mal à croire que les victimes dormaient dans un endroit aussi isolé, dans un pays étranger, sans verrouiller leur porte.

Le major s'approcha de la seule fenêtre dont les volets étaient ouverts. Il contempla le paysage de neige.

— Toutefois, on a demandé à la police allemande d'enquêter de son côté, et ce qu'elle a trouvé, c'est que le mari avait trempé dans des histoires plutôt louches… Il avait été accusé de viol par une collègue, mais l'affaire a débouché sur un non-lieu.

L'intérêt de Servaz s'éveilla immédiatement. Comme deux roues dentées qui s'imbriquent l'une dans l'autre et se mettent à tourner ensemble, deux idées venaient de s'associer.

— Les sœurs de l'épouse, demanda-t-il, de quoi elles avaient l'air ?

— Ce sont des jumelles, répondit le major.

Servaz retint sa respiration.

Il passa en revue les possibilités. Il ne s'était pas trompé. *Sa première impression… celle qu'il avait eue dès le début… dès les premiers instants… sa première intuition*… Il savait que s'il employait ce mot devant la nouvelle, elle hausserait les sourcils et elle penserait que c'était encore un truc de dinosaure, le coup de l'intuition : le genre de chose dont les vieux briscards se vantaient et qui, par le passé, avait débouché sur nombre d'erreurs judiciaires. Et elle n'aurait pas tout à fait tort. Il n'empêche : il avait toujours fait confiance aux siennes.

— Blondes, regard froid, belles, dans les vingt ans ? demanda-t-il.

Le major le dévisagea.

— C'est ça… Vous les connaissez ?

— Peut-être.

CHAPITRE 70

Le joueur invisible

— C'était quoi, cette histoire de jumelles ? demanda Stéphanie dans la voiture. Vous les connaissez ?

— Possible.

— Qu'est-ce qui vous a fait penser à elles ?

— Un accent.

Elle le scruta, attendit la suite. Qui ne vint pas.

Samira contemplait son écran.

Plus exactement elle contemplait l'Instagram de Gérald Noesser. Des palmiers, des buildings étincelants sur un front de mer, des hôtels particuliers rococo qui ressemblaient à un décor pour un péplum : Miami Beach. Noesser en maillot de bain sur la plage, en famille. Noesser devant un *food truck*, à la main un pain de maïs garni de viande. Noesser avec femme et enfants dans une ferme d'alligators. Les images dataient toutes de septembre et octobre 2022.

Exit Noesser.

Une demi-heure plus tôt, elle était tombée sur un avis de décès. Qui datait d'août. Frédérick Nahon. Décédé « après un long combat contre la maladie ». Voilà pourquoi il était écrit « définitivement fermée » en face de la raison sociale de son entreprise. *Exit Nahon...*

Deux pistes qui, à peine ouvertes, se refermaient sur des impasses, une fois de plus. *Restait Hirtmann...* Mais Martin ne semblait pas croire à cette piste-là non plus. Pour quelle foutue raison ?

Et si ce n'était pas le Suisse qui enlevait et tuait ces filles, alors qui ?

CHAPITRE 71

Le grand secret

Au siège de TV7, David Enguerran considéra Anita d'un air à la fois sévère et indulgent, si tant est que la combinaison fût possible.

— Tu dis que Damien t'a donné son téléphone hier soir et qu'il t'a demandé d'appeler la police ce matin s'il ne t'avait pas jointe entre-temps ?

Elle baissa les yeux sur ses mains, qu'elle tordit nerveusement.

— C'est ça. Et je lui ai répondu qu'il me flanquait la trouille.

— Et qu'est-ce qu'il vous a dit ensuite ? demanda Loïc Maisonneuve, le directeur général de la chaîne, qui avait l'air aussi pâle que d'habitude, ou peut-être bien un chouïa plus pâle que d'habitude.

— Qu'il gérait. Que je ne devais pas m'inquiéter. Après ça, il est parti.

Enguerran hocha la tête, sans se départir de son air sévère et indulgent.

— Et ce matin, au lieu de vérifier si Damien avait appelé, tu as…

— … appelé ma fille, c'est son anniversaire, répondit Anita en virant au cramoisi. Mais j'y ai pensé en arrivant ici. J'avais toujours son téléphone dans mon sac.

— *Ce* téléphone, commenta le directeur des programmes en prenant l'appareil qui se trouvait sur son bureau.

Maisonneuve posa les yeux dessus comme s'il était radioactif.

— J'ai vu qu'il n'avait pas appelé, poursuivit Anita, et je me suis souvenue de ce qu'il avait dit. Je suis venue tout de suite vous en parler…

— Il faut prévenir la police sans tarder, déclara Maisonneuve d'un ton sinistre, et joindre son épouse. Il est peut-être chez lui en train de dormir, on ne sait jamais.

Il avait prononcé ces derniers mots sans conviction. Enguerran décrocha le gros appareil multitouche sur son bureau.

— On va faire ça dans l'ordre inverse, corrigea-t-il. D'abord j'appelle sa femme. Ensuite, s'il n'est pas chez lui, on prévient les flics. On aura l'air fin s'il est rentré chez lui. Ou s'il est quelque part avec une fille.

— Sans son téléphone ? dit Anita, sceptique.

Il la regarda, ne releva pas, mais son visage se ferma.

— Angelina, dit-il une minute plus tard dans le combiné. Comment ça va ? C'est David, de TV7. Dis-moi, est-ce que Damien est là ?

En milieu d'après-midi, Enguerran, Maisonneuve, Claire Blanchard, la vice-présidente et directrice d'antenne, mais aussi le comité exécutif de la chaîne au grand complet ainsi que le président du groupe de médias auquel TV7 appartenait étaient rassemblés au dernier étage, dans la grande salle de réunion avec vue imprenable sur la Seine. La police avait trouvé le cadavre de Dix dans sa résidence secondaire des Yvelines, laquelle grouillait à présent de flics, de techniciens en scène de crime et de magistrats, et serait très prochainement cernée par les journalistes, les curieux et les caméras de télévision.

— Vous avez intérêt à me trouver une solution, bordel ! rugit Yvon Le Guern, le président du groupe de médias, un homme massif, irascible, vulgaire, que son cardiologue devait considérer comme en sursis. On est sur le point de signer cette vente ! J'ai une réunion avec le futur actionnaire majoritaire demain et vous savez ce qui est à l'ordre du jour de cette putain de réunion ? Je vous le donne en mille : parts de marché, audiences, stratégie de la chaîne, et *Damien Dix, le roi de l'audimat*, la jolie dot dans la corbeille de la mariée. Vous voyez d'ici ce que je vais lui dire : « Salut, j'imagine que vous êtes au courant que notre présentateur star, celui que votre patron apprécie tant, celui qui faisait les beaux jours de la chaîne, vient de se faire saigner façon halal »…

— Je ne crois pas que, par les temps qui courent, ce genre de propos soit…, intervint Claire Blanchard.

— Mets une sourdine, Claire ! l'interrompit Le Guern. Ou je te vire de cette salle à grands coups de pompe dans le cul.

Enguerran vit Claire Blanchard blêmir.

— Putain, tout le monde ici savait que Dix choisissait les trous dans lesquels il fourrait sa bite exactement à l'inverse de la façon dont il choisissait son whisky : il fallait qu'ils aient moins de vingt ans d'âge ! Et personne n'a eu les couilles de le ramener à la raison ?

— Je ne pense pas que sa mort soit liée à ses déviances sexuelles, objecta Enguerran d'une voix posée et discrètement désapprobatrice.

Le président du groupe lui lança un regard menaçant.

— David ! Nous vous écoutons… Éclairez-nous donc de vos lumières.

Le ton sarcastique n'échappa à personne.

— Je pense que Damien est tombé dans un piège.

— Tendu par qui ?

— Julian Hirtmann.

Il y eut un silence dans la salle. Puis Le Guern émit un ricanement lugubre.

— Le tueur en série ? Qu'est-ce que vous nous chantez là ? Vous n'êtes pas sérieux ?

— On ne peut plus. Damien avait mis Hirtmann au défi de le rencontrer et ce dernier nous avait contactés, aussi surprenant que cela puisse paraître. Damien était prêt à interviewer Hirtmann. Il voulait un entretien exclusif. Il attendait de ses nouvelles. Le Suisse a dû trouver le moyen d'entrer en contact avec lui d'une manière ou d'une autre. Cette histoire de téléphone, je pense que c'est Hirtmann qui a ordonné à Damien de le laisser ici… Il voulait être sûr que la police ne pourrait pas le géolocaliser. Hirtmann aura attiré Damien dans un piège et, à mon avis, il ne va pas tarder à le faire savoir.

— Julian Hirtmann, mon cul ! répliqua Le Guern d'un ton cinglant. Dommage que vous ne fassiez pas preuve d'autant d'imagination dans l'élaboration de vos programmes… C'est du délire !

— Je pense que David a raison, s'enhardit Maisonneuve à la surprise générale. Et nous sommes pour l'instant les seuls à détenir l'information, à savoir qu'Hirtmann était entré en contact avec la chaîne, que

Damien et lui allaient se voir. À part la police, bien sûr, qui nous a tous interrogés et à qui on a donné l'info. Mais même si ça fuite de leur côté, ça ne sortira pas dans la presse écrite avant demain. En revanche, les correspondants police-justice des chaînes d'info pourraient balancer le scoop d'ici quelques heures, ils ont leurs réseaux au tribunal et dans les services de police.

— Ce qui veut dire ? demanda prudemment le président du groupe.

— Que si on est les premiers à balancer l'info, ça va troller grave dans les heures à venir, s'enthousiasma le *community manager* de la chaîne. On va tout déchirer sur les réseaux sociaux.

— Si on s'y prend bien, renchérit le directeur des programmes, on peut exploser l'audimat ce soir. Mélanie assurera l'intérim. On va faire une émission spéciale. On y mettra de l'émotion, de la gravité, du chagrin, du sentiment. On affichera un immense portrait de Damien plein écran sur le plateau. Tous les chroniqueurs seront présents. Tout le monde ira de sa petite larme, on leur collera des oignons sous le nez s'il le faut. On interrogera les fans sur ce qu'ils ressentent après avoir perdu leur présentateur préféré. Et demain, vous aurez l'émission la plus regardée du PAF à présenter à votre… hum… futur actionnaire majoritaire.

Le Guern fronça les sourcils, qu'il avait aussi broussailleux et noirs que ceux d'un lointain président de la République, dont il avait par ailleurs l'allure.

— Ça peut fonctionner sur le court terme, admit-il. Mais ensuite, on fait quoi ?

— Ça nous laisse au moins le temps d'y réfléchir, répondit Enguerran. Et ça vous permettra de sauver les apparences à la réunion.

Le président du groupe hocha la tête. Pas trop, cependant. Il ne voulait pas donner cette satisfaction à David Enguerran. Ce play-boy prétentieux et collet monté qui l'éclaboussait de sa classe et faisait paraître par contraste sa vulgarité encore plus vulgaire l'agaçait. De son côté, le directeur des programmes constata que tout le monde dans la salle avait les yeux secs. Il se fit la réflexion que la seule qu'il avait vue verser une larme, c'était Anita.

CHAPITRE 72

La traversée des apparences

Emmanuel Sachs était assis devant l'écran géant Samsung avec, face à lui, les visages du Club des Inénarrables Enquêteurs. Dehors, la tempête de neige redoublait. Il l'entendait miauler sous l'avant-toit comme un gros matou qui aurait cherché à entrer.

— On a du nouveau concernant le chauffeur de taxi, annonça Lisa d'un air de triomphe qui n'échappa pas à l'écrivain.

Il vit que tous les cinq partageaient le même air satisfait. On aurait dit qu'ils irradiaient littéralement. Sachs sentit son excitation monter plein pot.

Ils avaient parlé entre eux…

Ils avaient du nouveau…

— Je vous écoute, dit-il.

Les jumelles échangèrent un regard, puis Louise prit la parole :

— On s'est cotisés pour offrir à notre chauffeur de taxi une coquette somme s'il parvenait à nous fournir plus d'informations sur ce client qu'il a pris à l'aéroport et en qui il a reconnu Julian Hirtmann. Il a donc sorti sa comptabilité – il est au régime réel simplifié, il doit par conséquent tenir une trésorerie en bonne et due forme, les recettes comme les dépenses sont enregistrées chaque jour dans le livre. C'est sa femme qui tient la compta.

Louise se tourna vers Lisa, qui prit la suite :

— Notre chauffeur avait une vingtaine de courses payées cash pour les mois de juin et juillet, enchaîna celle-ci. Sur ces vingt courses, trois passagers ont été ramassés à l'aéroport. Et devinez quoi ?

Sachs retint son souffle et son exaspération : cette façon de faire durer le suspense lui mettait les nerfs à vif.

— L'un des clients venant de l'aéroport s'est fait déposer place Victor-Hugo à Toulouse, devant le marché, le jeudi 30 juin, déclara le gamin au bonnet de laine. C'est écrit noir sur blanc dans le livre de comptes.

Ils marquèrent une pause.

— Plus exactement, poursuivit l'ancien banquier d'affaires qui se faisait appeler révérend Powell, l'adresse inscrite est celle du… *commandant Servaz.* Celle de son immeuble. Pas de la maison où il se planque actuellement.

Sachs eut l'impression d'avoir reçu un coup de poing en pleine figure : l'appartement que Servaz occupait encore en juin dernier !

— Ça pourrait être une coïncidence, avança-t-il d'une voix tremblante.

Mais, au fond de lui, il savait bien que non : bon sang, *Hirtmann avait été là !* Peut-être dans ce parking où il avait cru lui parler, peut-être à observer son meilleur ennemi derrière les fenêtres de son appartement. Et aussi, pourquoi pas, ce garçon qu'il avait élevé comme son fils. Gustav lui manquait-il ? Sachs connaissait la vie du Suisse presque mieux que la sienne : Hirtmann n'avait jamais eu d'enfants. Après son évasion, avait-il eu soudain envie de renouer avec cette paternité qu'il avait assumée pendant des années avant que le vrai père de Gustav ne prenne le relais ? Envisageait-il de récupérer l'enfant ? Ou de s'en prendre à Léa ? Comme il s'en était pris à Marianne ?

Et si… Et si… l'hypothèse qui venait d'éclore dans son esprit était si énorme, si improbable, si délirante qu'il sut qu'elle était certainement la bonne. Seigneur ! Il évaluait toutes les possibilités quand son portable sonna au rez-de-chaussée.

— Je reviens, leur dit-il.

Le temps qu'il descende les marches, l'appel avait été basculé sur sa messagerie. Mais avant qu'il ait pu vérifier qui avait appelé, l'appareil se remit à vibrer et à sonner. Il regarda qui cherchait à le joindre.

Quand on parle du loup…

— Commandant, dit-il.

— Sachs ? (La voix du flic était lasse et légèrement hachée : mauvaise connexion.) Bon, j'ai fini par vous obtenir ce que vous vouliez.

— C'est-à-dire ?

— Une protection.

L'écrivain hésita.

— Vraiment ? C'est une excellente nouvelle.

— Mais pas avant demain matin. Vous allez devoir passer une dernière nuit sans, j'en ai peur. Enfermez-vous à double tour, bouclez vos volets et n'ouvrez à personne. Et ne vous faites pas trop d'illusions, Sachs, cette protection est temporaire. Quelques mois tout au plus. Mais c'est toujours ça de pris, non ? Ils seront là demain à la première heure, devant votre porte. Donc, si vous voyez une voiture garée devant chez vous avec deux personnes à bord quand vous vous réveillerez et ouvrirez les volets, ne paniquez pas.

— C'est noté, commandant. Merci ! Espérons qu'Hirtmann n'aura pas l'idée de revenir ce soir. Bonne nuit.

— Bonne nuit, Sachs. Je vous appelle demain.

Servaz avait raccroché. L'écrivain regarda son téléphone. Merde de merde ! *Des flics devant chez lui...* Il n'avait jamais pensé que Servaz accéderait à sa demande. Ces imbéciles allaient l'entraver dans ses derniers déplacements sur l'échiquier ! Il n'y avait pas de temps à perdre. Après, il ne serait plus libre de ses mouvements. Il aurait pu laisser les jumelles s'occuper seules de leur frangine, vu que, après leur petite excursion parisienne, elles étaient revenues dans le coin pour finir le travail. Il avait désapprouvé ce crime : il n'entrait pas dans le cadre, et il risquait de mettre la puce à l'oreille des enquêteurs. Mais il ne voulait pas pour autant se priver de cet épisode. Pas question. Et ils n'avaient plus beaucoup de temps avec la nouvelle donne que venait de lui annoncer le commandant.

Il remonta les marches quatre à quatre.

— Lisa, Louise ! s'exclama-t-il. Rendez-vous à la colonie ! C'est cette nuit qu'on met le point final. Les autres, on vous tient au courant !

Ils lui demandèrent ce qu'il se passait. Il le leur dit en peu de mots. Il ne prit pas la peine d'éteindre l'ordinateur. Il redescendit au rez-de-chaussée, enfila un anorak, des chaussures de neige, glissa un couteau dans sa poche et sortit.

Quand la voiture passa au ralenti devant lui, le pinceau de ses phares capturant les tourbillons de neige, Servaz se rendit compte que les flocons étaient beaucoup plus nombreux qu'une heure auparavant. Ils tombaient par milliers, sans un bruit, recouvrant progressivement la totalité du paysage.

Il était garé au fond d'un chemin creux, tous feux éteints, contre le mur en pierre d'une grange elle-même dissimulée sous un épais matelas de neige, tout comme son pare-brise et son capot commençaient à l'être, et il y avait fort peu de chances pour que Sachs ait remarqué sa présence.

Les difficultés commençaient maintenant.

Comment suivre une voiture par une nuit pareille, sur des routes presque totalement désertes, sans se faire repérer ? Il n'y avait qu'une manière de procéder, la technique de l'élastique, encore une fois. Sauf que là aussi c'était une technique beaucoup plus facile à appliquer sur une autoroute au nombre de sorties limitées que dans une campagne tissée de routes secondaires et de ronds-points.

Il n'avait pas pensé que le piège fonctionnerait. Il avait tenté le coup à tout hasard. Il aurait dû en parler à Samira. Mais il savait qu'elle aurait refusé. Refusé de s'écarter de la procédure. Elle venait d'être nommée cheffe de groupe. Ce n'était pas pour tomber dans les mêmes errements que lui, pour tester une de ces idées à mi-chemin entre la débilité absolue et le pur génie qu'il avait régulièrement et qui les mettaient dans des situations intenables. C'était cet anticonformisme qui avait construit sa légende. Mais ce n'était pas le genre de choses qu'on enseignait à l'école de police ou qu'on pouvait transmettre par greffon.

Maintenant, c'était trop tard, de toute façon. Il était seul.

Il vérifia néanmoins s'il y avait du réseau. Il y en avait. Il passa un appel, tomba sur la messagerie, dessina, à l'aide d'un chiffon, un hublot dans la buée du pare-brise tout en parlant. Sortit du chemin et s'engagea sur la route déjà blanche. Là-bas, les feux rouges de la voiture de Sachs disparaissaient presque au milieu des averses de neige et de l'essaim des flocons dorés dansant devant son capot.

Tandis qu'il roulait sur la chaussée blanche, il songea que, bien des années plus tôt, alors qu'il débutait dans la police, un flic violent, un homme qui lui faisait penser au loup de mer de Jack London, lui avait appris qu'en dernière analyse tout être humain peut se définir par un seul mot. Il savait quel mot le définissait lui. Il était contenu dans son nom : *servir*. De la même façon, dès la première fois où il avait croisé le regard bleu de Sachs et son sourire carnassier, il avait su quel mot définissait l'écrivain : *ambition*. Sachs était un de ces hommes qui feraient toujours passer tout le reste – amour, amitié, loyauté, famille – après son ambition. Une ambition dévorante, démesurée. Il avait su que, même lorsqu'il ferait preuve de compassion, d'humanité, d'empathie, ce ne serait chez lui qu'un masque. Mais était-il prêt à tuer pour elle ? La conviction de Servaz était venue peu après. *Oui*. Et, à présent, le doute n'était plus permis.

Car il voyait un homme qui non seulement voulait retrouver les sommets, mais qui avait succombé à la fascination qu'exerçait sur lui le sujet d'étude qu'il s'était choisi. Un homme attiré par le crime comme le bombyx l'est par la lumière. Et il voyait des gens autour de cet homme captifs de la même fascination. Ils avaient traversé le miroir. Ils avaient pris au pied de la lettre les mots « *true crime* », en avaient fait plus que des mots. Un petit groupe soudé par la même sinistre passion. Un club d'inénarrables assassins. Car il ne leur suffisait plus d'étudier les crimes des autres dans les moindres détails. Ils voulaient savoir ce que cela faisait : de tuer. La connaissance ultime. Irremplaçable. Il pouvait se mettre à leur place. Il avait acquis cette connaissance, lui aussi. Même si, contrairement à eux, il ne l'avait pas cherchée.

Il avait eu le soupçon dès le départ ou presque. Mais ce n'était alors qu'un soupçon. Autrement dit, quelque chose de vague, qui avait à peine la consistance d'un nuage. Lequel nuage était devenu aussi solide et compact qu'un roc quand Sachs avait affirmé à plusieurs reprises que c'était bien Hirtmann qu'il avait vu.

Servaz vit les feux arrière de Sachs entrer dans Saint-Martin-de-Comminges, là-bas. Il accéléra pour se rapprocher, vit l'écrivain slalomer entre les congères et les traces profondes laissées dans les rues par des véhicules plus lourds, remonter l'avenue bordée de cafés et de magasins aux rideaux de fer baissés, passer devant l'église. Pas un chat en ville. Il risquait de plus en plus de se faire repérer. Il ralentit. Laissa les feux rouges s'éloigner. Il avait l'impression de glisser plus que de rouler sur la neige, l'arrière chassant par moments, comme s'il pilotait une luge ou un traîneau.

Quand il ressortit de la ville en suivant une ample courbe qui épousait le tracé de la rivière, la voiture devant avait disparu. Où était-elle passée ? En tournant la tête vers la gauche, il aperçut le clignotement des phares derrière un rideau d'arbres, de l'autre côté du cours d'eau, freina, chassa en effectuant un demi-tour périlleux sur la neige, à l'extrême limite de la perte d'adhérence, puis revint vers le dernier rond-point qu'il avait franchi et en fit le tour pour emprunter la même route que Sachs.

Très vite, elle se mit à grimper, surplombant les toits blancs de Saint-Martin, le clocher et les rues sombres, puis elle s'enfonça dans la forêt. Et il comprit où ils allaient : l'ancienne colonie de vacances des Isards.

Blanc. Les troncs gelés et les branches lourdes de neige des sapins surgissaient dans le faisceau des phares, au milieu des myriades de flocons. Blanc. Il se retrouvait parachuté dans un monde silencieux, féerique, immatériel, qui lui donnait le sentiment d'avoir perdu toute attache avec la réalité. Blanc. C'était dans le domaine des contes de fées, du mythe, qu'il entrait. Là où fable et folklore abolissaient le réel. Il était Thésée, Ulysse et Sinbad. Et ce qui l'attendait au bout de la route, c'était le Minotaure, l'« antagoniste », comme on disait dans les écoles de scénaristes. Il s'acheminait vers ce que ces mêmes écoles appelaient un « climax » : un moment de culmination et de résolution, le sommet de l'histoire. Il avait appris ça en lisant quelques ouvrages sur l'écriture l'été précédent. Quand l'envie d'écrire l'avait repris, trente ans après ses dernières tentatives, lesquelles dataient peu ou prou de la mort de son père[1]. Trente ans de police et trente ans sans écriture, lui qui avait toujours été, au collège comme au lycée, l'élève préféré des profs de français. Cet été, alors qu'on l'avait mis en retrait et en congé, il avait repris la plume. Il s'était assis devant son clavier, avait constaté que c'était comme l'exercice physique ; au début ça coinçait, ça grinçait, puis, petit à petit, les réflexes revenaient. Il avait éprouvé, à relire ces premières pages et en découvrant qu'elles étaient bonnes, une joie bien supérieure à celles qu'il avait ressenties ces derniers temps dans son métier de flic. Il avait même envisagé, comme on caresse un rêve un peu fou et flou, de laisser tomber la police pour devenir écrivain.

1. Voir *Le Cercle*, XO Éditions et Pocket.

Blanc. Là-bas, les feux rouges de la voiture s'allumèrent soudain dans la blancheur et il éteignit aussitôt ses propres phares, ralentit, se gara au bord de la route. Sachs venait de s'arrêter au pied du premier des hauts bâtiments. La route passait juste devant, puis décrivait un virage pour contourner le deuxième, perpendiculaire au premier. Un ruisseau obscur coulait derrière les édifices et, sur l'autre rive, se levait une vague de forêt et de sous-bois, là où la montagne se hissait vers des hauteurs glacées et enténébrées.

Servaz frissonna en voyant Sachs descendre de voiture, enjamber une congère et disparaître par une ouverture ménagée dans le haut mur de la cour précédant le bâtiment.

À travers le pare-brise, il jeta un coup d'œil aux étages, aux rangées de fenêtres, n'aperçut aucune lumière. Y avait-il quelqu'un à l'intérieur la dernière fois qu'il était venu ici ? L'Allemande ? L'aurait-il trouvée si seulement il était entré dans la colonie ? Il ne voyait pas non plus d'autre véhicule que celui de Sachs, mais les bois lui masquaient la route au-delà du virage qu'elle décrivait pour contourner les bâtiments, et il pouvait très bien y en avoir garés plus loin.

Il respira à fond, ouvrit la boîte à gants, sortit son arme. Il vérifia le chargeur, fit monter une cartouche dans le canon. Se débarrassa de son manteau pour avoir une plus grande liberté de mouvement. Puis il ouvrit la portière très lentement pour éviter tout bruit, posa un pied sur la neige fraîche, sous laquelle la route avait entièrement disparu, et sortit dans la nuit. Il faisait très froid. Il se mit en marche sans quitter le bâtiment des yeux, mais rien ne portait à croire qu'on fût en train de l'observer, ni même qu'il y eût quelqu'un derrière ces fenêtres. La neige tombait toujours aussi dru, silencieuse, les gros flocons semblaient pressés d'atteindre le sol et de s'y entasser, ils collaient à sa veste.

Il atteignit le haut mur de la cour, le longea jusqu'à l'endroit où était garé le SUV de Sachs et où, en s'effondrant, le mur avait ménagé un passage. Jeta un coup d'œil. Ça ressemblait à une petite cour d'école avec un préau. La porte sous le préau sombre était ouverte, ou peut-être qu'il n'y avait plus de porte – difficile à dire de là où il se trouvait. Elle évoquait une bouche noire. Une bouche qui l'attendait.

Pas âme qui vive.

Il enjamba la congère, mettant ses pas dans les traces laissées par Sachs, franchit le mur et pénétra dans la cour envahie par les ronces et les arbustes, tous ensevelis sous la neige qui tombait en colonnes d'épais flocons devant les rangées de fenêtres aveugles.

Un monde blanc et muet. Un monde de cristal et de ténèbres. Il ne vit pas d'autres traces que celles de Sachs, mais il savait que la colonie comptait plusieurs entrées. Une légère brise fit dégringoler un gros paquet de neige des branchages et il sursauta, puis le calme revint. Il traversa la cour, s'enfonçant jusqu'aux chevilles, se glissa sous le préau. La porte était bien ouverte, sa vitre brisée.

Noir complet au-delà. Et si Sachs l'attendait de l'autre côté ? Il ne se voyait pas bondir l'arme pointée, tel un putain de commando.

La peur l'effleura comme l'aile duveteuse d'un oiseau quand il pénétra dans le bâtiment.

Personne. Un long couloir désert. Il partait à droite et à gauche, bordé d'un côté par de hautes fenêtres sans vitres donnant sur la cour que traversait la phosphorescence de la neige, de l'autre par des portes closes.

Un bruit sur sa gauche.

Des pas. Lointains. Il y avait une porte battante vitrée là-bas, au fond du corridor. Il se dirigea vers elle. Malgré ses précautions, la bande de caoutchouc au bas du double battant gémit quand elle frotta contre le sol. Il accompagna le mouvement et retint le battant se refermant, puis se dirigea vers le grand escalier, à l'autre bout du hall dans lequel il se trouvait maintenant. Mit un pied sur la première marche. S'immobilisa.

De la musique descendait des étages. *Pas n'importe quelle musique*. Il la reconnut. Mahler. L'adagio de la *Dixième*. La symphonie jamais achevée par le génial compositeur, terminée par un autre.

Était-ce cela que Sachs voulait lui dire ? *Qu'il était en train d'achever l'œuvre d'un autre ?* C'était aussi la musique préférée d'Hirtmann et la sienne…

Il leva les yeux vers l'origine des sons, là-haut, dans les étages. Commença à grimper. Il atteignit un palier intermédiaire. Au-dessus de lui, la musique enflait, grandiloquente, puis redescendait, s'apaisait, traversait une plage presque bucolique, paisible.

Il grimpa encore.

Premier étage. De grandes portes ouvertes à droite et à gauche du palier, sous les hauts plafonds.

Les notes ne provenaient pas de là. Il fallait monter encore. De nouveau, elles se firent dramatiques. Plus d'un compositeur de musique de film s'était inspiré de leurs accents théâtraux. La douceur trompeuse – tantôt apaisante, tantôt fébrile – des instruments à cordes lui mettait les nerfs à vif.

Il s'engagea dans la volée de marches suivante, le canon de l'arme levé, vers le second et dernier étage. Le volume augmenta. Il s'approchait de la source sonore. Il essayait de conserver sa lucidité, mais les notes qui descendaient vers lui, de plus en plus fortes, avaient quelque chose d'irrésistiblement hypnotique.

Une voix résonna faiblement au-dessus de lui, tandis qu'il franchissait les dernières marches de plus en plus lentement :

— Je vais t'enlever ce bâillon. Il ne sert à rien de crier. Il n'y a personne dehors pour t'entendre. Alors, s'il te plaît, épargne-moi tes jérémiades.

La voix de Sachs, presque couverte par la musique.

Elle provenait de la porte ouverte à droite sur le vaste palier. Servaz l'atteignit. La tension raidissait les muscles de sa nuque et ses doigts sur l'arme. Il se rendit compte que, bien que l'atmosphère fût glaciale – son souffle expulsait un petit nuage à chaque expiration –, des rigoles de sueur coulaient sur ses joues.

Des grincements de ressorts sur sa droite, au-delà de la grande porte ouverte. Et une voix. Suppliante. Précipitée. Une langue étrangère. De l'allemand.

L'épouse disparue. La sœur aînée des jumelles.

Il fit deux pas de plus. S'avança dans l'embrasure. Des sanglots succédèrent aux suppliques en allemand. Une nouvelle voix de femme s'éleva alors, dure, sèche, mesquine :

— Arrête de chialer !

Un grand dortoir avec deux rangées d'une trentaine de lits sans draps ni couvertures mais où subsistaient des sommiers à ressorts et même, sur certains, des matelas souillés, couverts d'une épaisse couche de poussière grise. Les murs et le plafond s'écaillaient. Le seul éclairage était dû à la blancheur de la nuit neigeuse qui traversait les vitres – car il y avait des vitres aux fenêtres dans cette partie du bâtiment – et au faible halo d'une lampe-tempête posée sur un rebord, à la tête d'un lit.

Celui où était allongée l'Allemande.

Il se souvint de son nom. Hilma Eidinger.

Ses sœurs l'entouraient.

Lisa et Louise.

Sachs se tenait au bout du lit, tournant le dos de trois quarts à la porte. Les trois autres membres du Club des Inénarrables Enquêteurs étaient invisibles, et Servaz se demanda s'ils avaient participé eux aussi ou s'ils ignoraient tout des crimes commis par les jumelles et l'écrivain.

Il aperçut les restes d'un feu de camp sur le plancher, près du lit. Les flocons poursuivaient leur chute invincible derrière les vitres. La femme, échevelée, hagarde, était attachée par des menottes aux montants de fer, un bâillon sur le menton. Elle portait un manteau d'hiver en fourrure synthétique ouvert sur un pull et un jean sale. Le cœur broyé par l'angoisse, Servaz vit que le froid avait bleui sa peau. Elle avait la respiration heurtée, comme si du mucus obstruait ses voies respiratoires, tandis que ses gémissements faibles étaient ceux d'une personne sans force mais qui souffre. Il serra les dents. Sentit la fureur se répandre dans son cerveau à la vitesse d'un feu dans une pinède.

La voix de Sachs résonna dans le vaste espace, claire, condescendante, sans que l'écrivain prît la peine de se retourner :

— Entrez, commandant.

CHAPITRE 73

Sourires de loup

— Entrez, commandant.

Servaz s'avança dans la salle, l'arme brandie. Sa main tremblait légèrement. Les jumelles braquèrent leur double regard sur lui, tels les foyers de deux loupes concentrant les rayons du soleil sur des brindilles pour y mettre le feu.

Sachs ne s'était toujours pas retourné.

— Merci d'être venu jusqu'à nous, commandant, dit-il. À quel moment avez-vous compris ?

Servaz vit que la musique jaillissait d'une chaîne portative posée à même le sol, entre les lits. Distordue, trop de basses. Un vrai massacre sonore.

— Presque depuis le début, répondit-il. C'est fini, Sachs.

L'écrivain eut une sorte de petit rire amer qui agita ses épaules.

— Vous croyez, commandant ? En êtes-vous bien sûr ? Fini pour *qui* ?

Servaz se força à respirer calmement. Il essayait de dissimuler sa nervosité, essayait de calculer, essayait d'évaluer. Mais la musique qui se déployait – flûtes, violons, hautbois, cuivres – l'empêchait de penser.

— Qu'allez-vous faire, commandant ? Me tirer dans le dos ? Tirer sur Lisa et Louise ? Elles n'ont que des couteaux, et elles sont trop loin pour que vous puissiez invoquer la légitime défense…

C'est alors qu'il les vit : les lames au bout des bras des jumelles. Elles sourirent presque en même temps, comme si elles étaient connectées l'une à l'autre.

— Lâchez ces couteaux ! leur lança-t-il. Et éloignez-vous de ce lit !

L'écrivain eut le même petit rire sardonique. Il se retourna lentement. Un sourire carnassier sur sa belle gueule. Ses yeux bleus étincelaient derrière ses lunettes. Il passa une main dans ses cheveux.

— Sérieux, commandant ? Vous croyez que votre arme vous donne un avantage ? Vraiment ? Vous ne pouvez pas nous tirer dessus sans raison, vous le savez.

Cette musique…

Il essayait de se concentrer, de surveiller à la fois l'écrivain et les jumelles, qui se tenaient debout près du lit. Trop près…

— LÂCHEZ CES COUTEAUX !

Elles ne semblaient pas disposées à obtempérer. Elles l'observaient avec une forme de curiosité quasi scientifique – ou sociologique –, comme s'il était le sujet d'une expérience pour le moins intéressante.

La femme dans le lit le regardait aussi – mais c'était de la peur, une peur toute-puissante, une peur mêlée de larmes, qu'il lisait dans ses yeux.

— Et maintenant, dit Sachs en sortant à son tour une lame de la poche de son anorak, qu'est-ce que vous allez faire, commandant ? J'attends… (Il mit sa main libre contre son oreille, en forme de pavillon de phonographe.) Vous entendez la musique ? On approche du grand accord discordant au milieu de l'adagio, *ce moment où tout bascule*… Je suis sûr que vous savez de quoi je parle. Hirtmann et vous, vous adorez Mahler.

— J'ai dit : lâchez ces…

Sachs pinça son nez pointu ; il fit un pas en avant.

Il était trop loin pour représenter un danger, mais Servaz tourna quand même son arme vers lui. Au même moment, il vit du coin de l'œil une des jumelles se pencher sur la femme dans le lit, poser délicatement la lame sur son cou. Elle le regarda ensuite en souriant, inclinée vers la femme, la lame toujours posée sur la carotide de celle-ci. Derrière les fenêtres, les flocons continuaient de tomber silencieusement dans la nuit.

— C'est vous qui allez lâcher votre arme, commandant, dit Emmanuel Sachs doucement. Allons, soyez raisonnable.

Trois couteaux…

Il pourrait peut-être abattre deux personnes sur trois, à condition de vider au moins la moitié de son chargeur : il n'était pas un tireur d'élite, il avait des résultats catastrophiques au stand de tir.

Mais ce ne serait pas de la légitime défense. Et il n'était pas du tout sûr de pouvoir abattre la jumelle qui avait sa lame sur la carotide de la femme avant qu'elle ait tranché la gorge de sa victime. Il n'était même pas sûr de pouvoir le faire sans blesser cette dernière.

— Commandant…, fit Sachs calmement, son sourire à la fois carnassier et sarcastique maintenant pleinement déployé.

Jouer la montre…

Il leva le canon de son arme vers le plafond, puis se pencha, le bras tenant l'arme bien écarté du corps, pour la déposer au sol. Il se releva, mains ouvertes.

Un signe universel de soumission, de reddition, dans les westerns comme dans les films policiers, qui devait exister depuis la nuit des temps, même s'il n'était pas sûr qu'un historien se fût penché sur la question.

— C'est bon, dit-il. C'est bon.

Le sourire de Sachs s'agrandit encore. Il se retourna vers les jumelles.

Leur fit un discret signe de tête.

Servaz ouvrit la bouche pour crier quand il vit la lame fendre la carotide, le sang jaillir tel un geyser écarlate. Quand il entendit la femme hurler, tandis que la jumelle lui ouvrait la gorge presque d'une oreille à l'autre. Et le cri s'éteignit aussi soudainement qu'il avait jailli quand le larynx et les muscles vocaux furent sectionnés, alors que la lumière de vie quittait les yeux exorbités.

— Noooon ! hurla-t-il en se ruant sur la jumelle.

Il reçut un coup de couteau dans le flanc au passage. De la part de Sachs. Douleur pénétrante, énorme. La morsure d'un serpent à sonnette.

La jumelle l'esquiva comme un torero, envoya sa lame en avant, d'un geste bref et sec, qui l'atteignit à l'abdomen. De nouveau la douleur : piqûre de frelon asiatique.

Ses jambes se dérobèrent.

Il s'effondra sur le lit, sur la morte, bras en travers de son corps, comme s'il voulait la pleurer. Un autre coup, dans les reins cette fois, à travers la veste et la chemise. Douleur terrible.

Il glissa lentement au sol.

Roula sur le dos, contempla les taches et les fissures au plafond, des larmes plein les yeux. Il les ferma un instant, les rouvrit. Sachs se penchait sur lui :

— Vous allez entrer dans la légende, commandant. Poignardé par votre ennemi juré, Julian Hirtmann, que vous avez si longtemps traqué. Ce même Hirtmann qui vient d'assassiner près de Paris le célèbre présentateur de talk-show Damien Dix. Sans doute avec l'aide d'un complice, étant donné le nombre de blessures qu'on lui a trouvées. Cette histoire va faire la une de la presse et des télés pendant des mois. Et quand mon livre sortira, ce sera un succès, car il sera *vécu de l'intérieur*. Plein d'incroyables révélations. Et qui sait ? Peut-être que, d'ici là, mes Inénarrables Enquêteurs et moi, on aura retrouvé le Suisse et on l'aura mis hors d'état de nuire, allez savoir. Sauf à envisager une autre hypothèse, n'est-ce pas, commandant ? Au revoir, je regrette qu'on en arrive là : je vous aimais bien. Mais merci pour le coup de pouce.

Il cligna des yeux, le visage couvert de sueur, tourna la tête vers le bruit de pas qui s'éloignait : Sachs et les jumelles quittaient la salle. Il avait froid. Dans le ventre, dans les reins, partout. Une torpeur l'enveloppa. Il aurait voulu bouger, prendre son téléphone, appeler. Mais l'engourdissement avait gagné ses membres, ses épaules, son cou. Il avait froid et il transpirait en même temps. Il sentit la douleur incendier ses reins et son abdomen, le sang chaud qui imprégnait ses vêtements, et qui devait couler généreusement de ses blessures, même s'il n'avait plus ni la force ni l'envie de regarder.

Il perdit connaissance.

[illegible] ses victimes [illegible]

[illegible]

CHAPITRE 74

Exit le fantôme

Froid.

Ce fut la première chose qui lui vint à l'esprit quand il reprit connaissance. Froid. Il claquait des dents. Puis il s'évanouit de nouveau. Combien de temps passa-t-il dans les vapes ? Impossible à dire. Quand il rouvrit les yeux, la musique avait cessé.

L'avaient-ils coupée en partant ou bien était-elle arrivée à son terme ? Il n'arrivait pas à s'en souvenir.

Si elle avait cessé d'elle-même, cela voulait dire qu'il avait passé plus d'une heure dans le coaltar.

C'est fini, se dit-il. Il avait l'impression que la glace avait envahi tout son corps, qu'il était en train de geler sur place.

Fini...

Il se revit en juin, lorsqu'il avait ouvert la porte de l'appartement. Se repassa le film. Il avait demandé une protection pour Gustav et pour lui après l'évasion d'Hirtmann, mais elle n'était toujours pas arrivée. Pas plus que Léa. Dont le dernier texto envoyé de Roissy-Charles-de-Gaulle – accompagné d'une photo des horaires de départ – l'avait averti quelques heures plus tôt qu'elle prenait le prochain vol pour Toulouse. Retour du Congo.

Il était en train de lire René Girard – la lecture était la seule chose qui lui permettait de s'évader un tant soit peu d'une situation comme celle-là – quand quelqu'un avait appuyé sur le bouton de la sonnette. Il avait arrêté la musique. Mahler, bien sûr. Prêté l'oreille. Mais il n'avait perçu que le silence sur le palier, de l'autre côté de la porte.

L'équipe de protection ? Léa ? Quelqu'un d'autre ?

Il avait attrapé son arme, fait monter une cartouche dans le canon, était allé à la porte. Il avait tiré le verrou.

— Bonsoir, Martin.

Il se tenait sur le seuil. Calme, serein, souriant. Hirtmann. Il avait à peine changé depuis la dernière fois qu'il l'avait vu, en Autriche. Peut-être un peu plus maigre, un peu plus affûté, le teint un peu plus gris.

— Je peux entrer ?

Il avait refusé, avait jeté un coup d'œil vers la porte de Radomil, son voisin musicien, espéré que celui-ci apparaîtrait. Il lui aurait dit de s'enfermer chez lui et d'appeler la police. Hirtmann n'avait pas l'air d'être armé, mais on ne savait jamais.

— Qu'est-ce que tu veux ?

— Voir mon fils. Après, je m'en irai.

— Ce n'est pas ton fils.

Le Suisse avait grimacé :

— C'est pourtant moi qui l'ai élevé avant que tu prennes la relève, Martin. C'est moi qui étais là quand il se réveillait la nuit, quand il faisait des cauchemars, quand il a commencé à marcher et à parler, à faire ses dents, à être malade… *Je veux le voir.*

Oui. Servaz y avait souvent pensé. À ces années où Gustav avait partagé la vie du Suisse. Chaque fois qu'il avait essayé de questionner son fils sur cette période, celui-ci lui avait répondu qu'il ne se rappelait pas.

Quel genre de père avait été Hirtmann ? Quelle sorte d'enfance avait-il offerte à Gustav ? Cette période de sa vie était une page blanche – ou noire – sur laquelle ni Léa ni lui n'étaient parvenus à imprimer la moindre image, la moindre information. Gustav la gardait celée. Pourquoi ?

Froid. Il avait froid.

La glace coulait inexorablement dans ses veines et il savait ce qu'il y avait au bout. Quand son cœur privé de chaleur, privé de sang, privé de volonté de vivre, cesserait de battre.

Il devait lutter, se souvenir.

La mémoire stimulait ce qu'il lui restait d'énergie, de désir de vivre. Il avait dit à Hirtmann de partir, qu'il n'allait pas l'arrêter, pas maintenant. Parce qu'il ne voulait pas que Gustav se réveille et découvre son ancien père adoptif sur le pas de la porte. Parce qu'il ne voulait pas réveiller les souvenirs de son fils, dont il devinait qu'ils étaient traumatiques d'une manière ou d'une autre. Il avait dit à Hirtmann qu'il le laissait libre. Pour l'instant. Qu'il le retrouverait et l'arrêterait, tôt ou tard. Il lui avait parlé de l'équipe de protection qui était en route, et qui arriverait incessamment. Ça n'avait pas eu l'air d'émouvoir le Suisse.

— Laisse-moi passer, avait répondu celui-ci en le repoussant et en entrant dans le living.

Hirtmann avait regardé autour de lui, cherchant à se repérer. Cherchant les chambres. Alors Servaz avait – comment dire – vu rouge. Il avait perdu les pédales. Pété les plombs. Vrillé. La pensée d'Hirtmann pénétrant dans la chambre de Gustav endormi, le réveillant, parlant à son fils, lui était insupportable. Ça n'arriverait pas. *Jamais*. Quel que fût le prix à payer. Il avait saisi l'arme par le canon, l'avait levée, s'était jeté sur le Suisse par-derrière, l'avait frappé à la tête avec la crosse du pistolet. Hirtmann s'était aussitôt effondré comme un pantin dont on a coupé les fils, et il n'avait plus bougé à partir de là, tandis qu'une flaque d'un sang presque noir, luisante, pareille à une couche de vernis, s'élargissait sur le plancher.

Servaz s'était accroupi près du Suisse, avait cherché sans le trouver son pouls à la carotide et au poignet, collé son oreille devant la bouche ouverte sans percevoir le moindre souffle, s'était relevé. Il avait filé dans la salle de bains à la recherche d'une bande et de quelque chose qui pourrait servir de compresse et arrêter l'hémorragie.

Mais quand il était revenu dans le living, le sang s'était presque arrêté de couler, et il avait compris : le cœur d'Hirtmann avait cessé de battre, de pulser le sang dans les artères, de maintenir ce grand corps diabolique en vie. Il avait vu nombre de cadavres au cours de sa carrière. Il savait qu'il suffisait d'un seul coup porté sur le crâne avec suffisamment de force et de désir de tuer. Mais il n'avait pas eu l'impression de frapper si fort que ça. Peut-être la rage et le désespoir qui avaient mû son bras avaient-ils décuplé ses forces.

Il avait jeté un coup d'œil en direction du couloir menant aux chambres, paniqué, terrifié à l'idée que Gustav apparaisse.

La suite s'était passée dans un brouillard où l'instinct de survie avait mené la danse. L'équipe de surveillance allait arriver d'une minute à l'autre. Dès qu'elle serait là, il serait coincé avec un cadavre sur les bras. De toute façon, équipe de surveillance ou pas, il ne pouvait pas se permettre de sortir par la grande porte avec le corps d'Hirtmann sur l'épaule en espérant que personne ne le remarquerait. Et il y avait Léa. Qui, elle aussi, serait là d'un instant à l'autre.

C'était à devenir fou.

Il fallait réfléchir. Vite. Très vite. En vrai, il n'avait pas le temps de la réflexion. Il fallait agir. Sans perdre une seconde. Il avait passé la bande autour du crâne d'Hirtmann comme si celui-ci s'était cogné. Puis il avait filé dans la cuisine, était revenu avec une serpillière, un seau et une bouteille de vin, avait lavé le sol, renversé le vin sur les vêtements du Suisse. Après quoi, il l'avait traîné dans l'entrée, avait placé une chaise près de la porte, l'avait assis dessus tant bien que mal, appuyé contre le mur. Il avait ouvert la porte. Personne sur le palier. Appelé l'ascenseur. Quand la cabine était arrivée à sa hauteur, il était retourné dans le vestibule soulever Hirtmann par les aisselles et l'avait traîné jusqu'au vieil ascenseur, qui présentait un défaut devenu ce soir-là une bénédiction : si on ouvrait trop grand la porte grillagée, elle se bloquait en position ouverte. La descente vers le parking lui avait paru interminable. C'était maintenant le moment le plus délicat, le moment où tout, absolument tout, pouvait basculer. Si quelqu'un entrait dans la cabine, il pourrait toujours prétendre que son ami était ivre et qu'il s'était cogné en tombant, ce que l'odeur de vinasse confirmerait. Tout le monde dans l'immeuble savait qu'il était flic. L'hypothèse d'avoir pour voisin un flic meurtrier traverserait peut-être l'esprit de celui du premier, qui lui avait un jour tenu un discours sur police et fascisme.

Par chance, il avait rejoint le sous-sol sans encombre et trouvé le parking désert. Encore quelques mètres en nage avec les muscles bandés, au bord de la tétanie, les pieds d'Hirtmann traînant sur le sol. Il avait ouvert le coffre de la voiture, placé dans un dernier effort le cadavre à l'intérieur, jeté une couverture par-dessus. Était remonté en quatrième vitesse aérer le living pour en chasser l'odeur de vin et de sang avant d'accueillir Léa.

Il rouvrit les yeux, cligna. Il était de nouveau tombé dans les pommes. Combien de fois encore avant qu'il cesse tout à fait de se réveiller ?

Est-ce qu'il entendait des voix dehors – ou est-ce qu'il les rêvait ? Non, c'étaient bel et bien des voix. Étaient-ce Sachs et les jumelles qui revenaient s'assurer qu'ils ne laissaient pas de témoin derrière eux, qui revenaient finir le travail ?

Le lendemain, il avait sorti la voiture du parking, salué l'équipe de surveillance au passage et pris la direction du sud. De l'Ariège. Le département le plus boisé d'Occitanie, et le moins peuplé. Un cadavre pouvait y disparaître, on ne retrouverait pas ses ossements avant des siècles, si on les retrouvait. Il avait acheté une pelle et une pioche sur la route, avait creusé une fosse au plus profond des bois, ahanant et transpirant. Il payait des années d'inactivité physique.

Il creusait, creusait…

Il creusait encore quand il vit Samira approcher entre les arbres, les yeux écarquillés. Il avait la pelle à la main. Il jeta un coup d'œil à la fosse. Le visage d'Hirtmann affleurait, bien visible. Elle allait le voir !

— Martin, Martin ! Ne bouge pas !

Elle s'accroupit, se redressa, hurla :

— PAR ICI ! VITE !

Hein ? Ne bouge pas ? Mais il fallait qu'il bouge, au contraire ! Qu'il finisse d'ensevelir le cadavre, de faire disparaître Hirtmann ! Il faillit le lui dire quand il prit conscience qu'il n'était pas dans les bois mais allongé sur un plancher poussiéreux et entouré de lits.

Merde, c'était quoi, ça ? Puis il comprit.

— Tu en as mis du temps, murmura-t-il. Tu arrives trop tard…

Elle le retournait, l'examinait. Il le lut dans ses yeux : *elle était terrifiée par ce qu'elle voyait.*

— Tais-toi, dit-elle. Tu n'as qu'une blessure profonde, les autres sont superficielles.

Mais sa voix manquait de conviction. C'était la voix d'une personne qui cherche à se convaincre elle-même, qui a la gorge nouée, qui lutte pour ne pas pleurer.

— J'ai perdu… trop de sang…, dit-il.

Il le sentait. Son cœur. Il faiblissait. Il avait lu qu'un cœur humain bat en moyenne entre cinquante et quatre-vingts fois par minute, soit plus de cent mille fois par jour et trente-six à quarante millions de fois par an. Entre deux et trois milliards de battements pour l'intégralité d'une vie humaine. Cette pompe magnifique. Il la sentait ralentir comme il sentait que Samira appuyait quelque chose contre son ventre. Il baissa les yeux. Un paquet de Kleenex dans son emballage en plastique. Elle faisait pression contre son abdomen pour arrêter l'hémorragie. De l'autre main, elle s'empara de son talkie-walkie :

— Meyrink ! Appelle l'ambulance ! Il est mal en point ! Et on a une seconde personne ici qui a cessé de respirer. Magnez-vous, merde !

Sa voix : proche de l'hystérie. C'était mauvais signe. Tout comme était mauvais signe le froid qui gagnait du terrain, qui ralentissait son sang, l'épaississait, le changeait en banquise.

— Désolé, dit-il. Désolé… J'ai tellement aimé travailler avec toi, tu sais… J'ai aimé chaque minute… J'espère que… que je vais te manquer…

Il vit les larmes jaillir de ses yeux. De grosses larmes qui perlaient au bord de ses paupières, s'accumulaient dans ses cils, étincelaient comme des cristaux dans la lueur de la lampe puis roulaient sur ses joues. Elle avait un beau visage. Beau et laid à la fois. Il envahissait presque tout son champ de vision. Elle le prit, le serra contre elle pour lui donner chaud. Comme on berce un enfant. Et il sentit les sanglots qui la secouaient ; il eut envie de se laisser aller dans cette chaleur dont elle l'entourait, envie de renoncer à lutter. Il aspirait à la paix, la grande paix cosmique de l'univers, le silence, la définitive nuit.

— Ta gueule, Martin, protesta-t-elle, penchée sur lui, la voix enrouée. C'est des conneries, tout ça ! Accroche-toi.

Il voulut secouer la tête, mais il en était incapable. Tout était gelé en lui. De la glace partout. Il sentit qu'il lâchait prise, la grande paix venait. Le néant solitaire et froid. L'univers venait à lui. Aspirait à reprendre chacun de ses atomes.

— C'est trop tard, chuchota-t-il. C'est fini pour moi…

Il se demanda s'il avait vraiment parlé. Ou si la voix était dans sa tête.

— MEYRINK ! L'AMBULANCE ! hurla-t-elle au comble du désespoir dans le talkie-walkie, et le cri lui vrilla les oreilles. MEYRINK, PUTAIN !

Il remua les lèvres :

— Samira… Embrasse Léa et Gustav pour moi…

— MARTIN, NON !

Le froid était partout à présent. Il tombait. Une chute lente. La douleur s'en allait, les muscles se relâchaient, seul subsistait le froid. Et la paix. Il sentit son cœur ralentir. Battement après battement. Cela ne dura que quelques secondes. Un dernier battement, puis plus rien.

— NOOOOOOOONNNN !!! hurla-t-elle. Non, non, non, non, non !

Elle eut la vue qui se brouillait. Les larmes débordaient de ses paupières, s'échappaient de ses cils, coulaient sur ses joues. Elle secoua la tête, les essuya d'un revers de manche. Mais elles jaillissaient sans interruption à présent. Puis elle contempla à travers elles cet homme qu'elle avait tant aimé, tant admiré, tant copié. Cet homme qui n'était pas une légende à ses yeux mais un ami. L'ami le plus fiable, le plus solide, le plus sincère qu'elle ait jamais eu.

Cet homme qui était mort.

CHAPITRE 75

Légende

— Quoi ? dit Hervelin au téléphone. Vous en êtes sûr ?

Il avait blêmi, son regard fixé sur le mur en face de lui.

— Personne ne doit savoir qu'il y est allé tout seul sans prévenir qui que ce soit, décida-t-il après quelques secondes de réflexion. J'avais confié la tête du groupe à la capitaine Cheung. Ça non plus, personne ne doit le savoir. Qu'il a désobéi à mes ordres, je veux dire. Ça me ferait paraître faible. Ça montrerait que je ne tiens pas mes troupes.

Un silence au bout du fil.

Il devina ce que pensait son interlocuteur : qu'il était en train d'ouvrir le parapluie, ce que d'aucuns appelaient le principe PTC : « Protège Ton Cul ». Mais n'était-ce pas ça aussi, être chef ? Faire passer les intérêts de la maison – qui, en l'occurrence, coïncidaient avec les siens – avant ceux de ses éléments pris un par un ? Un bon chef ne devait être ni trop sentimental, ni trop humain, ni trop inhumain. Le juste milieu, cher à Aristote. Était-il un bon chef ? Il voulait le croire, même s'il savait que l'homme dont on venait de lui parler au téléphone n'aurait certainement pas été d'accord. Mais qu'était, après tout, cet homme ? Officiellement, une légende, un mythe. En vérité, une tête brûlée, un exalté, un danger public, une menace constante pour la réputation du service. Certes, il avait obtenu des résultats exceptionnels au fil des ans, on ne pouvait pas lui enlever ça, des résultats qui avaient fait trop souvent la une de la presse au goût d'Hervelin.

Mais, si on faisait le bilan entre ses exploits et tous les tracas, scandales et macchabées que cet homme avait semés sur sa route, pas sûr que la balance penchât en sa faveur. Hervelin songea à l'adjoint de Servaz : Espérandieu. N'avait-il pas été une victime collatérale des imprudences de son chef de groupe, lui aussi ? On pouvait dire ça, non ? Il réfléchit à la capitaine Cheung, qui allait prendre la suite. Il espéra que Servaz n'aurait pas trop déteint sur elle.

— Il y a un truc bizarre, dit Corentin Loridan à la rédaction de *La Garonne*.

Esther se rapprocha du jeune geek, qui se penchait par-dessus son bureau, le nez presque collé à son écran.

— Quoi ? demanda-t-elle.

— Tu sais qu'avant de me lancer dans les podcasts j'ai fait partie des ShinyHunters ?

— Des quoi ?

— Un gang de hackers hexagonaux. On volait des données confidentielles d'entreprises et on les revendait sur le darkweb. On en faisait aussi chanter quelques-unes en échange de cryptomonnaies. C'est à ce groupe qu'est supposé avoir appartenu Sébastien Raoult, tu sais : le Français arrêté au Maroc et qui attend d'être extradé vers les États-Unis.

Esther le dévisagea d'un air soupçonneux, les pupilles noires, tout à coup.

— Mmm. Tu ne t'es pas vanté de ça, je parie, pendant ton entretien d'embauche ?

— J'en ai parlé à Chaumette, protesta-t-il, l'air outré. Je crois même que ça lui a plu.

— Bon, vas-y, viens-en au fait.

— Eh bien, je suis entré dans le serveur du journal, dans la messagerie qu'on utilise tous, et… hum… j'ai piraté les données de Fayolle…

— Tu as quoi ?

— Oui, bon, c'était pour la bonne cause. Et je crois avoir identifié Lucrèce.

— Vas-y, explique.

— Contrairement à Virgile, qui semble n'avoir communiqué avec Fayolle que de vive voix, Lucrèce échangeait en réalité avec Fayolle par messages électroniques.

— Et ?

— Et j'ai réussi à remonter jusqu'à son IP, même s'il utilisait un VPN et des trucs dans ce genre. Lucrèce s'appelle Emmanuel Sachs. C'est bien l'écrivain que ce policier nous a demandé de…

— Quoi ? l'interrompit-elle.

Elle se souvint de la dernière entrée du journal de Fayolle, la veille de sa mort : *Demain, j'aurai la visite de Lucrèce, un tas de questions à lui poser…*

— Et ce n'est pas tout, continua le geek. Dans leur dernier mail, Fayolle dit à Lucrèce qu'il veut le…

— Bordel de merde, s'exclama Esther Kopelman en bondissant de sa chaise sans même attendre la fin.

— Où tu vas ?

— Faut que je voie quelqu'un !

Un souffle chaud forçant ses poumons. Comme si la personne qui soufflait les prenait pour une bouée gonflable. Et puis cette pression douloureuse sur son sternum. Pas une fois : trois… quatre… cinq…

Bon sang, stop : arrêtez ça !

Celui ou celle qui appuyait dessus allait finir par lui casser une côte ! Avant que le souffle revînt forcer sa gorge et ses poumons une fois de plus, il ouvrit grand les yeux et aspira une goulée d'air avec un bruit rauque. Un long *arrrrrrgghhhh* qui le fit tousser convulsivement dans la foulée.

Il surprit le regard de Samira. Et son sourire. Le plus beau, le plus vaste sourire qu'il lui eût jamais vu. Il la vit se retourner pour parler à quelqu'un derrière elle. Pas parler, hurler :

— PAR ICI, VITE ! MERDE, MAGNEZ-VOUS, BANDE DE TROUS DU CUL ! SINON JE VOUS JURE QUE JE VOUS COLLE TOUS EN GARDE À VUE !

Une cavalcade.

Des silhouettes approchaient et se penchaient sur lui. Des visages, des regards. Des voix, des ordres. On le manipulait, on le retournait tout doucement.

— Trois blessures par arme blanche ! lança une voix pleine d'autorité. Traumatisme pénétrant de l'abdomen, orifice d'entrée dans la région… Blessure peu profonde à la hanche droite… arrêtée par l'os iliaque… Blessure dans le bas du dos, muscle iliocostal… A frôlé les vertèbres sacrées… Bordel, il peut remercier ses vêtements ! Cyanose des lèvres, extrémités froides. A perdu beaucoup de sang. Prévoir bloc dans les meilleurs délais. On l'envoie où ?

La voix de Samira :

— Il va s'en tirer ?

Il n'entendit pas la réponse. Il était reparti dans les limbes. Quand il rouvrit les yeux, des lueurs tournoyantes balayaient l'intérieur d'une ambulance. Il était allongé sur ce qui devait être un brancard, un masque à oxygène sur le visage. Il respirait dedans. Quelqu'un se pencha sur lui. Samira.

— Sachs ? demanda-t-il à travers le masque.

Elle mit un doigt sur ses lèvres.

— Chut, ne dis rien, repose-toi.

Il essayait de fixer son regard sur elle, mais ses yeux partaient dans tous les sens. Il n'arrivait pas à les contrôler.

— Sachs, les jumelles, répéta-t-il dans un effort violent qui le fit grimacer et lui fit tourner la tête. Ils se sont échappés, il faut…

— Chut, Martin ! Tais-toi. On l'a intercepté à trois kilomètres d'ici. Les deux filles ont filé dans les bois mais elles n'iront pas loin, la zone est cernée. Dis-moi : comment tu en es venu à soupçonner Sachs plutôt qu'Hirtmann d'être derrière les dernières disparitions et les derniers meurtres ? Non, ne dis rien : tu me raconteras ça plus tard.

— Il faut le laisser se reposer, intervint le secouriste à côté d'elle sur un ton de reproche.

— Oui, oui, je sais, dit-elle. Mais pour une fois qu'il est obligé de m'écouter…

Il entendit la gaieté dans la voix de Samira, la même qui brillait dans ses yeux, là tout de suite. Il sourit. Prit la main de Samira, la serra. Elle était plus chaude que la sienne.

— Mggrrr, grommela-t-il.

— Quoi ?

Elle se pencha. Il vit l'infirmier leur lancer un regard noir.

— La prochaine fois…, commença-t-il.

— La prochaine fois que quoi… ?

— La prochaine fois que tu me fais du… bouche-à-bouche…

— Oui ? Eh bien, quoi ?

— Avale… pastille menthe… avant…

Il la vit placer une main en écran devant sa bouche et souffler dedans. Il sourit de nouveau sous le masque, se dit que, s'il avait pu, il l'aurait prise dans ses bras.

Il n'aimait pas l'idée d'être allongé dans un lit devant autant de personnes. Encore moins dans un lit d'hôpital avec pour tout accoutrement une blouse ridicule. D'ailleurs, il y avait beaucoup trop de monde dans cette chambre. L'infirmière le leur avait dit : « Messieurs-dames, il faut le laisser se reposer. » Ce que, visiblement, personne n'avait l'intention de faire.

— Donc, fit Esther Kopelman, nous avons Sachs qui se faisait appeler Lucrèce et qui était en contact avec Fayolle et lui fournissait certaines informations. Dans quel but ?

— Je suppose, dit-il, qu'il voulait accréditer la thèse selon laquelle les disparitions récentes étaient l'œuvre d'Hirtmann. Sachs était fan du Suisse, il écrivait un livre sur lui. Il savait qu'Hirtmann fabriquait des maisons de poupées dans sa prison et il avait forcément connaissance du meurtre d'Hermine Mandel, attribué à Hirtmann. C'est pour ça qu'il a représenté la famille dans ces figurines : pour orienter l'enquête vers le Suisse. Selon le vendeur, la maison de poupées a été commandée par une très belle brune qui se faisait appeler Lamia : je pense que, quand on lui montrera une photo des jumelles, il la reconnaîtra. Après avoir lu l'article de Fayolle où celui-ci faisait le lien entre les anciennes disparitions et les nouvelles, Sachs a pris contact avec le journaliste et peut-être essayé de le convaincre de la culpabilité d'Hirtmann. Mais Fayolle était déjà sur une autre piste : celle des anciens élèves du Caousou, son journal en témoigne.

Il grimaça en sentant un élancement à hauteur de l'abdomen.

— Sachs avait l'intention d'évoquer les derniers meurtres dans son livre de *true crime*. Celui qui allait lui permettre de renouer avec le succès. Une sorte d'enquête parallèle qui allait faire un carton selon lui. Vous voulez parier qu'il va en écrire un autre en prison ?

— Mais pourquoi avoir tué Fayolle ? demanda Stéphanie Kraczyk.

— Sur ce point, on ne peut qu'émettre des hypothèses, dit-il en résistant à la tentation de se gratter là où des pansements étaient posés sur ses blessures. Peut-être l'insistance de Sachs a-t-elle fini par mettre la puce à l'oreille de Fayolle. Il semblerait que Fayolle ait compris à un moment donné. Il y a dans son journal cette phrase : « Demain, j'aurai la visite de Lucrèce : un tas de questions à lui poser »... Imaginons que le journaliste n'avait pas encore de certitude. Il dit à Sachs qu'il veut le rencontrer. Et là, une fois Sachs face à lui, Fayolle comprend que ni son hypothèse d'un retour du passé ni l'hypothèse Hirtmann n'est la bonne, qu'il a en vérité l'assassin devant lui. Un écrivain mytho, mégalo et fasciné par le crime au point d'en commettre lui-même. Et de son côté, Sachs a peut-être compris que le journaliste l'avait démasqué, qu'il était obligé de le tuer.

— Qui de Sachs ou des jumelles a enterré les femmes vivantes selon toi ? voulut savoir Esther Kopelman.

Il attrapa le verre d'eau sur la table de chevet. Il avait les lèvres, la langue et la gorge aussi sèches qu'un vieux parchemin.

— Sachs, dit-il. C'est lui qui était le grand fan d'Hirtmann. Et le plus tenté de l'imiter. Il nous reste à déterminer si les autres membres du « club » ont participé. Je parierais que oui. Ils sont tous fascinés par le crime. À un moment donné, ces gens ont dû se dire que la meilleure façon de comprendre ce que cela fait de tuer, était de passer à l'acte. Et ils y ont pris goût.

— Mais pour quelle raison Fayolle n'aura-t-il pas soupçonné Hirtmann ? relança Meyrink. Qu'est-ce qui l'empêchait de le faire, d'envisager sa culpabilité ?

— Peut-être que l'autre informateur de Fayolle, le flic nommé Virgile, avait des renseignements que Lucrèce n'avait pas, suggéra Samira en regardant son chef de groupe.

Qui préféra lever les yeux vers l'écran de la télé suspendue, où une chaîne d'info parlait de l'assassinat du célèbre présentateur de l'émission *Tout le monde regarde*, assassinat attribué au tueur en série Julian Hirtmann. L'heure s'affichait en haut à droite.

— Il reste combien de temps avant la fin des gardes à vue ? demanda-t-il.

Samira le lui dit.

— Quant aux jumelles, elles se sont peut-être vengées du viol de l'une d'entre elles par leur beau-frère, suggéra la nouvelle en se souvenant de ce que leur avait dit le chef de la sûreté de Saint-Gaudens dans le chalet. Ce dernier avait eu maille à partir avec la justice allemande pour un autre viol, même si ça avait débouché sur un non-lieu.

— Meurtrières et vengeresses, alors ? souleva Esther en jetant un coup d'œil à la télé, où le portrait de Damien Dix s'affichait à gauche de l'écran tandis que la présentatrice remuait les lèvres, son coupé, à sa droite. Vous avez vu cette histoire, à propos ?

— Quelle histoire ? demanda Servaz.

Elle montra la télé :

— Le présentateur qui avait un rendez-vous secret avec Julian Hirtmann et qui a été tué par ce dernier.

Il y eut une seconde de silence, pendant laquelle il crut remarquer que Samira l'observait.

— Si c'est bien Hirtmann qui a fait le coup, souleva-t-il. Dix est peut-être tombé sur un imitateur, lui aussi.

Kopelman lui lança un regard aigu.

— Qu'est-ce qui te fait croire ça, Martin ?

Tiens, elle l'appelait Martin et elle le tutoyait maintenant. Il haussa les épaules.

— Il faut toujours se garder de sauter trop vite aux conclusions à ce stade de l'enquête, se justifia-t-il.

— C'est une des premières choses que le commandant nous a apprises à l'école de police quand il est venu nous donner une conférence de trois heures, précisa Stéphanie Kraczyk. Vous auriez dû voir dans quel état tout le monde était : *la légende qui débarquait à l'école*.

Samira lui lança un coup d'œil perplexe.

— La… *légende* ? répéta-t-elle en souriant.

— Ouais, une putain de légende, renchérit Meyrink à l'autre bout de la pièce.

— Reste plus qu'à savoir qui est ce Virgile, intervint Esther, les ramenant à la réalité. Ce type est plus fuyant que le monstre du loch Ness. Quelqu'un a une idée là-dessus ?

Samira consulta ostensiblement sa montre.

— Je crois que Martin a besoin de se reposer, dit-elle. Il est grand temps d'y aller. Sinon, on va se faire jeter dehors par les infirmières.

Elle leva une main pour leur indiquer la direction de la porte. Tous sortirent lentement après avoir salué Servaz. À sa grande surprise, la nouvelle vint déposer une bise sur sa joue, puis vira au rouge pivoine devant sa propre audace et s'éclipsa. Samira referma la porte sur eux. Elle se retourna lentement vers lui.

— Qu'est-ce qu'il y a ? demanda-t-il en croisant son regard.

— Virgile…

— Eh bien ?

— Tu n'as rien à me dire à ce sujet ?

— Du genre ?

— C'était toi, pas vrai ?

Il hésita, grimaça à cause de l'élancement qu'il venait de ressentir à hauteur de l'abdomen, acquiesça d'un signe de tête.

— Je l'ai pensé dès le début, lâcha-t-elle. Un flic à ce point cultivé à l'hôtel de police, il n'y en a pas trente-six, n'est-ce pas ? Pourquoi ?

Il le lui dit. Même si ce n'était pas son service qui avait été chargé de l'enquête à l'époque des premières disparitions, Fayolle l'avait contacté et lui avait parlé de son obsession pour l'affaire. Obsession qui était rapidement devenue la sienne. Servaz avait décidé d'aider le journaliste en toute discrétion, en fouillant dans les procédures, en cherchant d'éventuels loupés ou des pistes insuffisamment explorées. Mais ça n'avait pas débouché sur grand-chose. Jusqu'à la découverte du journal de Fayolle.

— Selon Évariste Lienhart, dit Samira, Fayolle était près de résoudre toute l'affaire et il devait te voir peu de temps avant sa mort.

Il secoua la tête.

— Il ne l'a pas fait. Il m'a dit qu'il avait encore quelques détails à vérifier. Peut-être a-t-il appris entre-temps qu'il devait avoir la visite de Lucrèce.

Elle lui jeta un regard noir.

— Tu aurais pu m'en parler. Ta fichue habitude de faire cavalier seul.

Il acquiesça, l'air repentant. Elle changea de sujet :

— Tu n'aurais pas une idée de l'endroit où se trouve Hirtmann ?

Dans un trou au fond des bois, pensa-t-il.

— Pas la moindre. Mais ce n'est pas notre enquête. Et il y a fort à parier qu'il a quitté la région depuis longtemps. S'il est jamais venu jusqu'ici…

Elle l'étudia. Son visage était aussi innocent en cet instant que celui d'un enfant, tandis qu'il lui rendait son regard. *Un enfant qui cherche à dissimuler un mensonge*, songea-t-elle. Elle hocha la tête.

— Au fait, la PTS a appelé : tu leur as filé le téléphone de Gustav pour qu'ils l'examinent suite aux insultes et aux menaces de mort que ton fils a reçues.

Il acquiesça, front plissé tout à coup.

— Ils ont découvert que le destinataire et l'expéditeur étaient une seule et même personne : *ton fils*. D'après eux, c'est Gustav qui se les envoyait.

— Comment ça ?

— Il a créé plusieurs profils à partir desquels il s'est envoyé à lui-même ces messages de haine et ces menaces.

Il en resta bouche bée :

— Mais pourquoi ?

— Il paraît que ça s'appelle *automutilation numérique*. Quête d'attention, symptôme dépressif, haine de soi, appel à l'aide… C'est plus fréquent qu'on ne pense. Il faut que tu l'emmènes chez un psy, Martin.

Je suis sûre que ça peut s'arranger. On a tous fait des conneries à cet âge.

Elle déposa le petit téléphone de Gustav sur la table de chevet.

— La *légende*, hein ? répéta-t-elle encore une fois, sourire aux lèvres, en faisant le tour du lit.

Elle marcha jusqu'à la porte, l'ouvrit, s'arrêta.

— La légende…, fit-elle une dernière fois, sans se retourner, la main sur la poignée, avant de sortir et de refermer.

CHAPITRE 76

Parole de femme

Debout au milieu de l'allée, il regardait le soleil se lever. Là-bas, de l'autre côté de la route, au bout du champ, derrière la lointaine ligne d'arbres. Il tournait le dos à la maison, tournait pareillement le dos à sa vie d'avant.

Il avait congédié les gardes, leur avait dit que c'était terminé. Et il s'apprêtait à congédier de la même façon quelqu'un d'autre. Ça aussi, c'était terminé. Était-ce vraiment ce qu'il voulait ? Ils avaient longuement parlé la veille au soir. Léa lui avait expliqué pourquoi elle lui avait caché qu'elle soignait le fils de son ancien amant. Rien que cette pensée-là était douloureuse : *ancien amant*. N'importe comment, le moment était venu d'en finir avec les mensonges, les cachotteries, les secrets, d'en finir avec la douleur.

Il entendit le gravier crisser derrière lui. Des pas légers. Il ne se retourna pas. Elle le rejoignit, un plaid sur les épaules, se colla à son dos et l'entoura de ses bras en même temps que du plaid. Il sentit son parfum. Léger, lui aussi. Il fut un temps où ce geste aurait fait se gonfler sa poitrine de quelque chose qui aurait ressemblé au bonheur. Une chaleur. Rien ne pouvait remplacer cette chaleur-là.

— Tu es rentrée pour lui ou pour moi ? demanda-t-il.

— On a déjà parlé de ça hier.

— Réponds.

Il devina qu'elle hésitait.

— Je suis rentrée pour vous deux, Martin. Pour lui parce que son enfant avait besoin de moi. Et pour toi parce que *moi*, j'avais besoin de *toi*.

— Pour nous deux, alors ? Dans cet ordre-là ?

Il avait parlé trop vivement. Il marqua une pause. Chercha ses mots.

— Mais moi, *je ne partage pas*, Léa.

— Qu'est-ce que ça veut dire ?

— Je veux que tu t'en ailles.

— Quoi ?

— Tire-toi.

— Martin…

— Tire-toi, Léa, s'il te plaît.

— Martin, je…

— Fous le camp.

Elle l'attrapa par les épaules, le força à se retourner, à la regarder. Elle battit des cils. Les rayons de l'aurore coloraient d'orange son visage et ses yeux rougis.

— Et Gustav ? dit-elle. Tu as pensé à Gustav ? Il a besoin d'une mère, pas seulement d'un père qui…

— Qui ?

— Qui sera toujours hanté par tous ses morts, quoi qu'il fasse. Tu crois que c'est facile tous les jours de vivre avec toi ? Tu crois que c'est facile pour un garçon de son âge ? Que *c'est ce qu'il lui faut* ? Un père comme toi, et pas de mère ?

Il ne parvenait pas à chasser de son esprit l'image de *l'autre*.

— Tu es en train de me dire que tu veux rester pour Gustav ?

— Je veux rester pour Gustav et pour toi. Pour *nous*…

— Pourquoi ?

Elle haussa un sourcil.

— Pourquoi ? Parce que vous êtes les hommes de ma vie. Parce que j'aime vous trouver en rentrant de l'hôpital. Parce que je n'échangerais pour rien au monde les moments qu'on a ensemble tous les trois. Parce qu'il va devenir un beau jeune homme qui se souviendra grâce à nous que ses parents s'aimaient et l'aimaient, et qu'il croira en l'amour grâce à ça. Parce qu'on est plus forts et plus heureux tous les trois que tout seul chacun de son côté. Et ça vaut aussi pour toi, Martin Servaz. Tu crois que tu seras plus heureux si je m'en vais ? Tu crois que Gustav sera plus heureux ? Qu'est-ce que tu cherches : une revanche ? une vengeance ? à me punir ? Est-ce que ça vaut le coup, dis-moi ? Laisse-nous une chance. *Laisse-nous une chance à tous les trois…*

Est-ce qu'elle avait raison ? Est-ce qu'on était mieux à deux que seul ? Ou bien était-ce trois, le chiffre magique ? Ou quatre, ou cinq, selon le nombre d'enfants qu'on désirait ? Bref, étaient-ce les enfants qui faisaient tenir debout un couple dans la durée, était-il plus solide avec que sans ? Il n'avait pas de réponse à cette question. Il n'avait pas spécialement l'impression que son mariage avec Alexandra était devenu plus solide le jour où Margot était née. Ou peut-être que si. D'un autre côté, qui avait envie de vieillir seul ? D'affronter l'automne puis l'hiver de sa vie, le déclin de ses facultés, la maladie, sans personne pour l'accompagner ? Et pourtant, il y en avait toujours un qui partait le premier, non ? Et un autre qui se retrouvait moins à pleurer celui qui était parti qu'à devoir réorganiser son existence, renégocier les termes de celle-ci et se préparer au dernier combat. Il avait peut-être devant lui dix ou quinze ans en bonne santé. Après, ma foi, les choses se compliqueraient sûrement.

— Et ton toubib ? demanda-t-il.

— Il ne compte pas. Il ne compte *plus*… Je soigne son fils parce que en tant que père il me l'a demandé : *en tant que père*… Point barre. C'est toi, Gustav et moi, désormais.

— Tu en es sûre ?

— Aussi sûre que le soleil se lève à l'est, répondit-elle en regardant le soleil d'hiver s'arracher à l'horizon gelé.

— Il y a autre chose que je dois savoir ?

— Oui, que tu es un connard, un flic un brin parano et un idiot. Mais ça me va.

Il sourit. Il se souvint d'une phrase qu'il avait un jour soulignée dans un roman de Moravia : « Il lui paraissait aussi, à cause d'un goût fataliste pour les symétries morales, que cette aventure presque familiale était le seul épilogue que méritait sa vie. »

— Monsieur Sachs, déclara la jeune juge d'instruction, à l'issue de votre garde à vue vous êtes ici pour répondre des faits d'homicide volontaire, séquestration, actes de torture et recel de cadavre sur les personnes de Nadia El Madani, Noémie Colin, Hilma et Niklas Eidinger et Charles Fayolle. Reconnaissez-vous les faits ?

Elle avait consulté les procès-verbaux, elle connaissait la réponse. L'écrivain la regarda sans prononcer un mot. Il avait un air rêveur, comme s'il était subitement devenu sourd. Son avocat prit la parole :

— Madame la juge, mon client souhaite garder le silence afin de préparer sa défense.

L'avocat était un homme aux traits fins dans la trentaine. Il appartenait à un important cabinet parisien, cabinet qui avait proposé à Sachs de le représenter et mis sur le coup trois de ses plus brillants pénalistes. Il fallait bien ça dans une affaire appelée à avoir un grand retentissement, une véritable aubaine pour le cabinet : des mois et des mois de battage médiatique, de caméras braquées, de micros tendus, d'articles de presse et de passages à la télé. L'avocat avait adopté un air grave pour répondre mais, au fond de lui, il jubilait. Il était encore jeune, mais il savait qu'il avait un avenir tout tracé, un avenir en or massif, et il s'en réjouissait. Tout le monde voulait être en haut de l'affiche, pas vrai ?

La juge se tourna vers sa greffière :

— Veuillez noter que M. Sachs, en présence de son avocat, souhaite garder le silence. Monsieur Sachs, au vu des éléments qui sont à ma disposition, je vous mets en examen pour assassinat, séquestration, actes de torture et recel de cadavre. (Elle se tourna vers le conseil.) Maître, vous aurez le droit d'accéder au dossier et de solliciter des actes d'instruction. Je saisis dès cet instant le juge des libertés et de la détention afin de demander votre détention provisoire. Nous nous reverrons bientôt.

Sortant de sa torpeur, l'écrivain se redressa sur sa chaise :

— Je suis une personnalité, dit-il, j'aurai droit à une cellule individuelle ? Est-ce que je peux avoir un ordinateur dans ma cellule ? Du papier, des stylos, des livres ?

— Vous verrez ça le moment venu avec votre avocat, trancha la juge. Messieurs, dit-elle aux deux policiers debout près de la porte, veuillez amener M. Sachs et maître Wagner devant le juge des libertés et de la détention. Et faites entrer les sœurs jumelles.

— Tout ce que je veux, c'est écrire, dit Sachs en sortant.

La jeune juge regarda sa greffière. Il en restait cinq à mettre en examen aujourd'hui, car les membres du Club des Inénarrables Enquêteurs avaient fini par passer aux aveux. La journée promettait d'être longue.

— Gustav, tu veux bien venir avec moi ? dit la jeune femme. Je vais te montrer quelque chose.

Ils le regardèrent l'accompagner dans la pièce voisine, se tournèrent vers l'homme chauve, en bras de chemise et nœud de cravate serré, qui maintenait pour eux la porte de son bureau ouverte. Léa l'avait choisi. Selon elle, c'était le meilleur pédopsychiatre à cent kilomètres à la ronde.

— Je n'irai pas par quatre chemins, dit le psy au crâne pointu dès qu'ils furent assis. Je suppose que vous êtes allés sur Internet et que vous avez tapé les mots *automutilation numérique* ?

Ils hochèrent la tête.

— Donc vous savez de quoi il s'agit : l'automutilation numérique fonctionne de la même façon que l'automutilation tout court, il s'agit pour l'adolescent de s'infliger des blessures qui ne sont pas physiques, mais psychiques et numériques. L'adolescent crée un ou plusieurs faux profils sur les réseaux sociaux et profite de leur anonymat pour s'envoyer à lui-même des insultes, des menaces de mort, des messages haineux toujours plus durs. Certains garçons le font pour blaguer, mais la plupart du temps ces messages traduisent une haine de soi, une image de soi dégradée, une dépression, un appel à l'aide ou tout ça à la fois. Est-ce qu'il a déjà eu des troubles du comportement alimentaire, des troubles du sommeil, des tendances suicidaires ?

Servaz lui parla de la maladie dont souffrait Gustav, des conséquences de celle-ci, et de l'opération qu'il avait subie.

— Je vois, fit le psy. Dans ce pays, 21 % des collégiens se sentent isolés et 13 % des lycéens ont déjà fait une tentative de suicide. On estime à 6 % environ ceux qui pratiquent l'automutilation numérique, mais ce chiffre est en constante augmentation. Malheureusement, l'usage des réseaux sociaux crée plus d'adolescents malheureux que d'adolescents épanouis, et personne ne sait comment stopper le phénomène.

Il redressa son nœud de cravate, fit décrire à celle-ci une verticale parfaite. TOC, songea Servaz. Geste compulsif, obsession du contrôle. Ce n'était pas parce qu'on était psychiatre, capable d'identifier les symptômes et d'établir un diagnostic, qu'on échappait aux troubles et aux manies.

— En revanche, j'ai une bonne nouvelle : nous avons des pistes pour soigner Gustav, car nous avons acquis quelque expérience en la matière ces dernières années.

Servaz prêta l'oreille. Il attendait pour se faire une opinion. Au cours de sa carrière, il avait croisé bon nombre de psychiatres. Plus d'une fois, ils avaient émis des avis divergents au sujet d'un seul et même individu. Plusieurs affaires judiciaires récentes avaient aussi mis en lumière le manque de fiabilité des expertises produites. Et pourtant, combien de fois il avait dépendu d'elles qu'un dangereux criminel aille en prison ou bien se retrouve dans un établissement psychiatrique à la surveillance et à la sécurité toutes relatives, avec une perspective de libération anticipée.

— L'autre bonne nouvelle, c'est que vous avez l'air d'être un couple uni et équilibré, dit le psy en les observant. Il n'y a pas de meilleur traitement pour Gustav qu'une cellule familiale *unie, solidaire et aimante*. Plus il sentira de l'amour entre ses parents, et entre vous et lui, plus vite et mieux il guérira. Est-ce le cas ?

Ils échangèrent un regard, puis Léa tourna le sien vers le psy.

— Absolument, dit-elle.

L'homme chauve tapa dans ses mains.

— Très bien ! Dans ce cas, nous pouvons passer aux choses sérieuses et faire entrer Gustav !

Servaz observait son nœud de cravate : il était si serré qu'on aurait dit un nœud coulant.

Il replia l'exemplaire du jour de *La Garonne*, le posa sur le siège passager. L'article s'affichait en une :

L'ÉCRIVAIN ET L'ASSASSIN
par Esther Kopelman

Il descendit, il faisait beau et froid. Il verrouilla sa voiture et se dirigeait vers l'hôtel de police quand Stéphanie Kraczyk surgit du bâtiment et marcha dans sa direction comme si elle avait guetté son arrivée.

— Bonjour, patron, ça vous dirait de prendre un café ?

Patron. C'était nouveau ça. Elle portait ce matin-là un manteau d'hiver sombre et bien coupé, qu'elle n'avait certainement pas payé avec sa solde de lieutenante, sur un tailleur et des chaussures à talons. Pas vraiment une tenue d'enquêtrice, plutôt celle d'une jeune femme qui se rêvait commissaire.

— Pardon ? fit-il.

— Un café. Mais pas ici, ajouta-t-elle en montrant le bâtiment. Plutôt loin des oreilles indiscrètes, si ça ne vous fait rien.

Il la fixa, perplexe. Elle lui rendit son regard. Pas un regard triomphant ni suffisant, cette fois. Plutôt un regard complice. Un regard qui lui disait que c'était important et qu'il valait mieux que personne n'entende.

— D'accord, dit-il.

Ils firent quelques centaines de mètres le long du canal, franchirent ses eaux paisibles, s'installèrent en terrasse avenue Honoré-Serres, malgré les voitures qui les frôlaient. L'air était frais et même mordant mais ensoleillé.

— Alors, de quoi tu veux me parler ?

Elle inspecta ses ongles, détailla les voitures qui passaient, puis reporta son attention sur lui.

— J'ai retrouvé le taxi qui a ramassé Hirtmann à l'aéroport, lâcha-t-elle brusquement. Il est formel. Il l'a reconnu. Il m'a expliqué qu'il l'a eu comme client au début de l'été, que le Suisse a payé en cash, et il m'a donné l'adresse où il l'a déposé.

— Ah oui ? Au début de l'été ? Vraiment ? Quelle mémoire !

— Oui… En fait, des… *jumelles* lui ont posé les mêmes questions que moi… Et cette adresse, *c'est la vôtre*.

Il esquissa un sourire, mais le cœur n'y était pas : dès qu'elle avait prononcé le mot « taxi », il avait deviné où elle voulait en venir. Les cinq membres du Club des Inénarrables Enquêteurs avaient été déférés à l'issue de leur garde à vue. Il se demanda combien de temps il faudrait pour que cette histoire de taxi remonte à la surface.

— Le témoignage d'un chauffeur de taxi, dit-il prudemment, c'est pas vraiment ce qu'il y a de plus fiable. Encore moins si longtemps après.

Elle ne dit rien, elle serra sur elle les pans de son manteau d'hiver. Le vent glacial agitait les quelques mèches échappées de son chignon, qui accrochaient la lumière.

— Il a gardé une trace de la course dans sa compta, répondit-elle finalement, lieu de départ, lieu d'arrivée, date, heure…

— Ah bon. Et donc ?

De nouveau, elle examina les voitures passant derrière lui avant d'avoir le courage d'affronter son regard.

— Et donc je remarque que, depuis cette date, Hirtmann a disparu de la circulation. Personne ne l'a revu. Envolé. Pschitt. À part les habituels témoignages fantaisistes.

— Et tu en conclus quoi, lieutenante ?

Il avait parlé d'une voix dure, tranchante. Il la vit baisser les yeux sur la table avant de les lever vers lui.

— Eh bien, je me demande… *s'il n'est pas mort.*

Il déglutit. Un nœud dans sa gorge, l'impression de manquer d'air.

— Tu insinues quoi, là ?

— Rien du tout.

— Tu en as parlé à Hervelin ?

— Je n'en ai parlé à personne à part vous.

— Qu'est-ce que tu attends de moi ?

Il la vit rougir. Une légère coloration sur ses joues, que le soleil d'hiver caressait. Elle ouvrit de grands yeux.

— Rien. Absolument rien ! Je voulais vous le dire, c'est tout. Parce que si Hirtmann est mort, ça veut dire que c'est quelqu'un d'autre qui a tué ce présentateur télé, comme vous l'avez suggéré.

— Mmm.

Il songea : *tu veux me montrer à quel point tu es douée, tu as coincé la « légende ». Et, en même temps, tu veux me prouver que je peux compter sur toi. Que tu es fiable. Ou alors, tu te dis qu'à partir d'aujourd'hui je te suis redevable. Et pas qu'un peu.*

— Je peux te poser une question ? dit-il.

— Allez-y.

— Qu'est-ce que tu penses de moi ? Vas-y. Sois sincère.

Elle hocha la tête d'un air pénétré, se tortilla sur sa chaise.

— Eh bien, je me demande, commandant…

— Oui… ?

— Vous êtes une vraie légende, et vous êtes de loin… le type le plus brillant, le plus intelligent que cet hôtel de police ait vu passer. Ça ne fait pas le moindre doute. Et pourtant… pourtant, pendant que les autres montaient en grade, passaient des concours, s'élevaient, brillaient, votre carrière est restée au point mort. Elle n'a pratiquement pas évolué en trente ans de bons et loyaux services.

Il attendit quelques secondes avant de demander pour la seconde fois :

— Et tu en conclus quoi ?

Elle le regarda d'un drôle d'air.

— Je crois que vous souffrez d'un TDAH.

— Je te demande pardon ?

— Un trouble du déficit de l'attention.

— Je sais ce qu'est un TDAH…

— Vous ne vous êtes jamais fait diagnostiquer ? Je vous rassure : j'en ai un aussi. Je prends des amphètes pour ça. Mais ne le répétez pas.

Il eut soudain envie d'éclater de rire.

— Tu es sérieuse là ?

— Je ne vois pas d'autre explication. Avec le cerveau que vous avez, vous devriez être bardé de diplômes et depuis longtemps commissaire divisionnaire. Ou directeur de la police, je ne sais pas… Ça ne doit pas être très difficile pour quelqu'un comme vous. Et non pas… euh, commandant.

Elle avait parlé avec un débit précipité, comme si elle était embarrassée par ses propres mots. Pendant un instant, ils s'observèrent en silence dans la lumière rasante, qui creusait les ombres et soulignait les détails de son visage. Et il se dit que, tout compte fait, il l'aimait bien. Puis il reprit la parole :

— Il y a peut-être une autre explication, dit-il.

— Laquelle ?

— Je n'avais aucune envie de devenir commissaire divisionnaire ou directeur de la police, par exemple.

Elle le regarda, perplexe :

— Est-il possible d'avoir si peu d'ambition ? s'étonna-t-elle, et il sut – mais ne le savait-il pas déjà ? – qu'elle n'en manquait pas de son côté.

— Disons que j'en avais peut-être une autre au départ.

Il la vit froncer les sourcils.

— Je peux savoir laquelle ?

Écrivain, pensa-t-il. *Je voulais être écrivain.*

Note d'auteur

Je suis un conteur, un inventeur d'histoires. Et si j'ai un conseil à vous donner, c'est de ne jamais faire confiance aux conteurs d'histoires. Ainsi, dans ce roman, vérité et mensonge, réalité et fiction s'entremêlent. La preuve ? Le Caousou existe. Cet établissement d'enseignement privé a bien été fondé par les Jésuites en 1874 et a vu défiler quelques célébrités de la politique, des médias et du sport. La ressemblance s'arrête là. À ma connaissance, aucun événement de la même nature que ceux décrits dans ce livre ne s'y est jamais déroulé.

Les ciments Mandel, eux, n'existent pas. Et encore moins une famille comme celle-là. Mais j'ai pu constater, en me penchant sur l'histoire peu banale de ces grands groupes, que les ciments Mandel ont quand même quelques points communs avec une poignée de cimentiers internationaux, dont l'influence et les pressions qu'ils exercent dans de nombreux pays, les manœuvres pour lesquelles ils ont été maintes fois traduits en justice, ne sont pas sans rappeler celles du cartel tout-puissant de l'industrie pétrolière, les fameuses « Sept Sœurs ». À l'heure où j'écris ces lignes, chose à peine croyable, cinq militants de l'ONG environnementale Just Stop Oil viennent d'être condamnés outre-Manche à plusieurs années de prison ferme pour avoir planifié le blocage de l'autoroute faisant le tour du Grand Londres. Aussi, comme je ne tiens pas à affronter des bataillons d'avocats ni des tribunaux, je précise que ceci est une fiction et que toute ressemblance avec des personnes existantes ou ayant existé serait absolument fortuite ; j'ajoute qu'à aucun moment ce roman ne pointe du doigt une entreprise ou un groupe de personnes en particulier, même si, plus généralement et comme il est dit dans ce livre, pétrole et béton, ces deux divinités du XXe siècle, ont largement contribué à défigurer la planète et à la déshumaniser.

En revanche, concernant l'obscure tirade que j'ai mise dans la bouche d'un de mes personnages, universitaire grand teint, je ne l'ai pas inventée, pour caricaturale qu'elle soit. Elle sort tout droit, au mot, à la virgule près, du *Manifeste cyborg et autres essais* de Donna Haraway, philosophe et professeure au département des sciences humaines de l'université de Californie à Santa Cruz, titulaire de la chaire d'histoire de la conscience et des études féministes, et figure emblématique des *science studies*.

Sur une note plus gaie, je tiens à remercier, parce qu'ils vivent dans le monde réel et en sont les brillantes et intègres vigies, Magali Lafourcade, ancienne juge d'instruction, enseignante à l'IEP de Paris, secrétaire générale de la Commission nationale consultative des droits de l'homme et auteure d'ouvrages de référence, et Sébastien Aguilar, expert en police scientifique affecté à la Préfecture de police de Paris, coauteur des ouvrages *Police scientifique* et *Au cœur de l'enquête criminelle*, pour m'avoir évité quelques erreurs grossières. S'il en reste, elles sont de mon fait.

Je me dois de remercier également Sarah Hirsch et Céline Derouet, gardiennes de l'orthodoxie des textes, qui ont relu celui-ci avec un œil toujours aussi aiguisé et l'ont sauvé *in extremis* de quelques récifs vers lesquels ce paquebot se dirigeait. Enfin, un grand merci à Édith Leblond, mon éditrice, et à Laura Muñoz Hermida, qui a eu la primeur de ce texte et qui a été la première à le commenter.

Table

DEUXIÈME PARTIE

TROISIÈME PARTIE

QUATRIÈME PARTIE

PLUS DE LIVRES POUR LES AVEUGLES !

Chère lectrice, cher lecteur,

Je suis le parrain de l'association **CTEB (Centre de transcription et d'édition en braille)**.

Reconnue d'intérêt général, elle permet depuis trente ans la transcription en braille de l'actualité littéraire aux déficients visuels francophones.

Défendre l'accès au livre et à la culture pour tous les publics, c'est défendre l'éducation et la formation, l'égalité des chances et l'autonomie.

Mes derniers livres ont été transcrits en braille par le CTEB et sont disponibles, au même prix que l'édition originale pour voyants, sur le site : **www.cteb.fr**.

Un livre en braille coûtant très cher à produire, vous pouvez aider le CTEB dans ses missions en faisant un don sur : **www.cteb.fr/faire-un-don-au-centre-de-transcription-en-braille/**.

Bernard Minier

Cteb

Centre de Transcription
et d'Édition en Braille

Association loi 1901 reconnue d'intérêt général

Composition et mise en pages
PCA – 44400 Rezé

#lisez! engagé
Pour plus d'information :
www.lisez.com
Imprimé sur du papier issu de forêts gérées durablement.

Imprimé en France par MAURY IMPRIMEUR
en février 2026
N° d'impression : 289169

POCKET
92, avenue de France, 75013 Paris
serviceclients@lisez.com

S35762/01